RÉPERTOIRE ALPHABÉTIQUE

OU

TABLE DE LA 4ᴱ ÉDITION

DU

MANUEL DU MINISTÈRE PUBLIC

DE

M. J.-F.-L. MASSABIAU

PAR

M. HEIMBURGER

MAGISTRAT

Table vault escole notable.

PARIS

IMPRIMERIE ET LIBRAIRIE GÉNÉRALE DE JURISPRUDENCE

MARCHAL ET BILLARD, IMPRIMEURS-ÉDITEURS

LIBRAIRES DE LA COUR DE CASSATION

Place Dauphine, 27

1886

RÉPERTOIRE ALPHABÉTIQUE

ou

TABLE DE LA 4ᵉ ÉDITION

DU

MANUEL DU MINISTÈRE PUBLIC

PARIS. — IMPRIMERIE L. BAUDOIN ET C⁰, RUE CHRISTINE, 2.

RÉPERTOIRE ALPHABÉTIQUE

OU

TABLE DE LA 4ᴱ ÉDITION

DU

MANUEL DU MINISTÈRE PUBLIC

DE

M. J.-F.-L. MASSABIAU

PAR

M. HEIMBURGER

MAGISTRAT

Table vault escole notable.

PARIS

IMPRIMERIE ET LIBRAIRIE GÉNÉRALE DE JURISPRUDENCE

MARCHAL ᴇᴛ BILLARD, Imprimeurs-Éditeurs

LIBRAIRES DE LA COUR DE CASSATION

Place Dauphine, 27

—

1886

TABLEAU DES PRINCIPALES ABRÉVIATIONS

Arr. Min.	Arrêté ministériel.
C. C.	Code civil.
C. Com.	Code de commerce.
C. F.	Code forestier.
C. P.	Code pénal.
Cre.	Commissaire.
Déc. min.	Décision ministérielle.
Décr.	Décret.
G. des S.	Garde des Sceaux.
J. de p.	Juge de paix.
L.	Loi.
M. P.	Ministère public.
P. G.	Procureur général.
Pol. Corr.	Police correctionnelle.
Pol. S.	Police simple.
P. V.	Procès-verbal.

RÉPERTOIRE ALPHABÉTIQUE

DU

MANUEL DU MINISTÈRE PUBLIC

de M. MASSABIAU.

A

Abandon d'actif du failli, I, p. 529, 4824.
— des affaires par le M. P., I, p. 498, 646, p. 205, 665; désistement, I, p. 569, 4884; statist., III, p. 573, 5767.
— de cause par avocat, III, p. 244, 4848.
— d'enfant déposé à l'hospice, I, p. 550, 4860, VII, 44°.
— d'insensé ou furieux, II, p. 495, 2837, 4°, § 7, art. 476, §, 7 du C. P.
— de machines et instruments sur la voie publique, art. 474, § 7, 472 du C. P.; statist., III, p. 567, 5757.
— de poste par magistrat, II, p. 547, 4003.
Abatage d'arbres, I, p. 554, 4860, 5°; II, p. 590, 4420.
Abattoirs, réglements municipaux, II, p. 496, 2837; décret 1er août 4864.
Abonnement, débitants et fabricants de boissons, II, p. 509, 3882; octroi, II, p. 516, 3909; tarif des commissaires-priseurs; interdiction, III, p. 308, 5446.
Abréviation interdite; copies d'huissier, III, p. 382, 5224; actes notariés, III, p. 390, 5327.
Absence, I, p. 260 à 272, 875 à 942.
— certificat d'enregistrement, I, p. 333, 4433.
— déclaration d', I, p. 473, 573, 3°.
— défenseur en Pol. Corr., II, p. 248, 3049 à 3024.
— défenseur aux assises, II, p. 343, 3337.

— cession d'office ministériel; preuve de l', III, p. 247, 4946.
— greffiers, III, p. 344, 5428.
— héritiers, I, p. 485, 4679.
— inculpé, II, p. 248, 2946.
— juge, tribunal complété, III, p. 208, 4840.
— juge de paix et suppléants, III, p. 182, 4762.
— juré, notification de la liste, II, p. 330, 3293; peine, II, p. 333, 3302.
— magistrat, I, p. 42, 134; motif, régistre des pointes, III, p. 484, 5567.
— militaire disparu; Cir. min. 4 décembre 1884.
— père de fille majeure; mariage, I, p. 447, 4537, 2°.
— prévenu, audience, II, p. 225, 2944 à 2943; audition de témoins, II, p. 236, 2980; citation, II, p. 248, 2946.
— statist. civile, III, p. 504, 5642.
— surveillé de la haute police, II, 423, 3593.
— suspension de l'exercice des droits civiques, II, p. 616, 4202.
Absent, I, p. 479, 589, p. 480, 493.
— accusé contumax, II, p. 303, 3240; p. 534, 3955.
— inscription d'hypothèque, I, p. 400, 4372.
— retour; femme remariée, I, p. 447, 4537, 2°.
Absolution, assises, II, p. 356, 3375.
— complice, I, p. 585, 4932.
— contumax, II, p. 535, 3965.
— définition, II, p. 257, 3054.

1

— jugement d', II, p. 256, 3051 ;
   frais, II, p. 432, 3634.
— peine disciplinaire, III, p. 490,
   4782.
— pourvoi en cassation contre le
   jugement d', II, p. 363, 3396.
— restitution du cautionnement, II,
   p. 168, 2754.
Abstention, corruption des fonctionnaires
   et agents, II, p. 557, 4032 ; p.559,
   4036, p. 564, 4040.
— juges, I, p. 462, 4593 ; p. 465,
   4607 ; instruction, II, p. 58,
   2392 ; juge de paix, I, p. 462, 4597.
— M. P. bienséance, délicatesse, I,
   p. 483, 597, 598, p. 466, 4612,
   4613 ; négligence ou connivence,
   I, p. 567, 4875 ; obligation, I,
   p. 566, 4873 ; réquisition d'information, II, p. 97, 2527.
Abus, appel comme d'. L. du 18 germinal an x, art. 6
— d'autorité, I, p. 53, 463 ; I, p.542,
   4859, IV, 8° ; II, p. 544, 3986 ;
   2°, p. 543 à 547, 3990 à 4003 ;
   contre la chose publique, II,
   p. 544, 3985, 9° ; débit de boissons, I, p. 549, 4860, VI, 44° ;
   provocation à crime ou délit, I,
   p. 585, 4934 ; recrutement, I,
   p. 562, 4860, 9° ; III, p. 442,
   4642.
— de blanc seing, I, 551, 4860, VIII,
   9°, art. 407 C. P.
— de confiance ; comptable public,
   II, p. 566, 4058 ; domestique,
   I, p. 545, 4859, IX, 9° ; notaire,
   III, p. 392, 5335 ; III, p. 447,
   5405 ; ordinaire, I, p. 554, 4860,
   VIII, 9°.
— de la détention, enfants en correction, Cir. min. 14 mars 4876 ;
   spéculation des parents.
— franchise postale, III, p. 444, 5474 ;
   présomption d'abus, III, p. 454,
   5492.
— garantie sur cautionnement des
   fonctionnaires et officiers ministériels, III, p. 257, 4976.
— plaidoiries, I, p. 246, 704, 704.
— de pouvoir, magistrats et officiers
   de police, I, p. 544, 4859, 48° ;
   visites domiciliaires, II, p. 38,
   2334.
— ouverture de lettre, II, p. 544,
   3993.
— significations, mandements de justice, III, p. 54, 4360.
— taxes, surveillance du parquet, III,
   p. 70, 4422.
Acceptation de fonctions ou service militaires à l'étranger, I, p. 384,
   4318.

— de gratification ou présent, recrutement, I, p. 562, 4860, XXII,
   4°, médecins, ibid., 40°.
Accessoire, condamnation, II, p. 430 à
   453, 3624 à 3699.
— cumul des peines, II, 425, 3603.
— de fabrique, meubles, I, p. 336,
   4448.
— d'office cédé, III, p. 237, 4921.
Accident, chemin de fer, avis télég.
   au parquet, III, p. 456, 5505.
— divers, I, p. 384, 4307.
— magistrats, I, p. 44, 436, p. 68,
   208, p. 75, 231, 232, p. 83, 258.
— manufactures, enfants, Cir. min.
   44 juin 4879, 44 avril 4884.
— mines, usines, carrières, I, p. 380,
   4305, Cir. min. 24 juin 4884.
— refus de service requis en cas d',
   art. 475, § 42 du C. P.
— règlements de police, II, p. 495,
   2837 2°, § 5.
— vapeur, machines, Cir. min. 24
   juin 4884.
Accouchement non déclaré, I, p. 550,
   4860, VII, 43°.
— en prison, III, p. 444, 4856.
— recherches de trace, II, p. 45, 2358.
Accusé absous, frais, II, p. 432, 3634.
— acquitté, démence ou imbécillité,
   I, p. 443, 4448.
— définition, I, p. 539, 4857.
— contumax, II, p. 534, 3955 ; signalement, II, p. 540, 3983 ; III,
   p. 464, 4707.
— fugitif, II, p. 303, 3210 ; arrestation et interrogatoire, II, p. 304,
   3214.
— indigent, témoins cités d'office, II,
   p. 344, 3332.
— notification de l'acte d'accusation
   et de l'arrêt de renvoi, II, p. 302,
   3208.
— partie civile, I, p. 654, 2464 ; 662,
   2492.
— pluralité, récusations, II, p. 337,
   3348.
— renseignements, compte crim., III,
   p. 486, 5575.
— traduit aux assises, sans arrêt de
   renvoi, prise à partie, II, p 580,
   4095, 5° ; précautions à prendre,
   II, p. 346, 3349.
— translation, voie ferrée, Cir. min.
   20 nov. 4884.
Achat d'armes et effets militaires, I,
   p. 583, 4860, IX, 25° ; complicité, juridiction, I, p. 644, 2425.
— de créance par avoué, III, p. 285,
   5058.
— de gibier, temps prohibé, II, p. 488,
   3843.
— d'immeuble par commune, I,

p. 299, 4006 ; par officier minist., III, p. 269, 5044.
— d'ouvrages vieux d'or ou d'argent
sans inscription sur les registres
des marchands, I, p. 564, 4860,
XX, 10°.
— de suffrages, élection, II, p. 648,
4207.
Acompte à témoin indigent, III, p. 35,
4314.
Acquiescement, adultère, acquittement,
I, p. 627, 2079.
— affaires domaniales, I, p. 322,
4095.
— arrêt de renvoi, II, p. 309, 3233.
— civil, I, p. 240, 798, 799.
— condamnation en pol. corr., II,
p. 267, 3086 ; en Pol. S., II,
p. 207, 2879 ; à la prison, II,
p. 288, 3462.
— contumace, II, p. 538, 3975.
— interdiction, I, p. 424, 4446.
— forêts, II, p. 585, 4406.
— mineur, I, p. 505, 4754.
— M. P., II, p. 268, 3092, 3093.
— pourvoi du M. P. en appel ou en
cassation, II, p. 268, 3094.
Acquisition d'immeuble par une commune, I, p. 299, 4006.
— tribunaux, délibérations, vote, III,
p. 202, 4820.
Acquit-à-caution de marchandises saisies, I, p. 328, 4445.
— circulation de boissons, II, p. 540,
3885.
— octroi, II, p. 549, 3948.
— timbre des, circ. min. 30 mai 4872,
I, p. 495, 4745.
Acquittement, absolution de peine disciplinaire, III, p. 490, 4782.
— appel de sentence d', mesures à
prendre par le M. P., II, p. 268,
3094.
— en appel, demandé par le M. P.,
II, p. 268, 3090.
— assises, II, p. 350, 3364 ; p. 356,
3374 ; dommages-intérêts, contrainte, II, p. 444, 3660.
— avis au préfet, II, p. 259, 3064.
— cautionnement restitué, II, p. 468,
2754.
— chasse, motifs, II, p. 497, 3842.
— contumax, II, p. 535, 3965 ; p. 539,
3979.
— défaut de comparution, II, p. 247,
3047 ; p. 254, 3044.
— défaut de discernement, I, p. 594,
4960 ; Cir. min. 44 mars 4876.
— démence ou imbécillité, I, p. 443,
4448.
— exécution de jugement d', II,
p. 284, 3449.
— extrait de jugement transmis au

ministre de l'intérieur, III,
p. 477, 5548.
— des frais, contrainte, élargissement, II, p. 454, 3690 ; app.,
p. 638, 55.
— partie civile, pourvoi en cassation,
II, p. 376, 3442.
— partiel ou de coaccusé, frais et dépens, II, p. 434, 3623 ; p. 436,
3645.
— pourvoi en cassation, II, p. 363,
3395 ; p. 365, 3403.
— purge de défaut ou contumace, avis
au parquet d'origine, Cir. min.
7 déc. 4884.
— Pol. Corr., II, p. 287, 3054 ; frais
et dépens, II, p. 432, 3629.
— Pol. S., II, 202, 2860.
— requis par le M. P., I, p. 567, 4877.
— statist. crim., III, p. 554, 5726.
Acte d'accusation, II, p. 304 à 304, 3204 à
3245 ; publié prématurément, I,
p. 556, 4860, XI, 48° ; III, p.
404, 4526.
— administratif, interprétation, I,
p. 305, 4032.
— adoption, inscription ; I, p. 347,
4485
— affirmation de P. V, II, p. 46,
2273, 2274.
— annulable, enregistrement, I, p.
333, 4432.
— appel civil, I, p. 244, 814 à
818 ; jugement de simple police,
II, p. 203, 2865.
— arbitraire ; fonctionnaire, II, p.548
4006.
— authentique, III, p. 6, 4224.
— autorité municipale, II, p. 495,
2836.
— autorité publique ; destruction volontaire, I, p. 545, 4859, IX,
42° ; détournement, I, p. 542,
4859, IV, 2° ; I, p. 547, 4860,
IV, 4° ; soustraction, II, p. 566,
4056.
— de barbarie, I, p. 544, 4859, VIII,
4°.
— cassé ; reprise de procédure, II,
375, 3444.
— de cautionnement ; dépôt par le
conservateur, I, p. 408, 4402.
— cession d'office, III, p. 230 à 246,
4903 à 4944.
— constitutif ; partie civile, I, p. 660,
2485.
— décès de détenu ; circ. min.,
8 août 4876.
— décès ; mort accidentelle, I, p. 379,
4302.
— décès de supplicié, II, p. 382, 3464.
— décès de titulaire d'office, III,
p. 247, 4946.

— dépôt de répertoire de notaire, III, p. 402, 5363.

— dernière volonté; formalités; témoins, III, p. 427, 5433.

— désistement d'appel correctionnel, II, p. 279, 3432, 3133.

— détourné par un juge, I, p. 542, 4859, IV, 2°.

— dévouement; magistrat, I, p. 44, 136.

— échangé avec l'étranger; législation; visa; circ. min. 19 mai 1880, 22 juin 1880.

— écrou, II, p. 426, 2618; radiation, II, p. 478, 2783; II, p. 240, 2994.

— engagement militaire, I, p. 375, 4285, 4286.

— enregistrement, soumis à l', I, p. 333 à 336, 4131 à 1148; II, p. 25, 2297.

— état civil, I, p. 345 à 348, 4479 à 1490; divorce, L. 27 juillet, Cir. min. 3 octobre 1884; expéditions et extraits gratis, I, p. 439, 4543; id. payés, III, p. 39, 4326; feuilles volantes, I, p. 548, 4860, IV, 10°; mentions superflues, I, p. 548, 4860, IV, 15°; statist., III, p. 501, 5612.

— extrajudiciaire; droits des huissiers, I, p. 483, 4673, 7°.

— faux; attentat à la liberté, II, p. 549, 4011.

— huissier; vérification, III, p. 40, 4329 à 4334.

— illégal, II, p. 544, 3985, p. 544, 3995, 3996.

— illisible, I, p. 176, 577, 43°.

— impression ordonnée par une loi, III, p. 53, 4366, 6°.

— instruction, II, 58 à 63, 2393 à 2408; liberté provisoire, II, p. 466, 2746; supplémentaire, II, 478, 2782.

— interruptif de prescription; action publique, I, p. 622, 2053 à 2059; peine correctionnelle, II, p. 286, 3156.

— irrégulier; amende, I, p. 175, 577, 8°.

— judiciaire destiné à l'Algérie, Cir. min., 24 novembre 1876; à l'étranger, I, p. 479, 4660; encre rouge pour l'adresse, Cir. min., 28 février 1876; signifié hors d'Europe et d'Algérie, Cir. min., 5 juillet 1872, 17 avril 1882; signifié dans le grand-duché de Luxembourg, Cir. min., 5 juillet 1884; venant de l'étranger, transmission, Cir. min., 15 février 1877.

— mariage supprimé ou perdu, I, p 449, 4544.

— M. P., partie jointe et partie principale, I, p. 482 à 485, 597 à 600; visa en débet, I, p. 495, 4747.

— naissance; cessionnaire d'office, III, p. 247, 4947; condamné, III, p. 470, 474, 5533; dossiers criminels, I, p. 593, 4957; élections; indigents, I, p. 334, 4426 inutile pour procédure criminelle, III, p. 478, 5552; prénoms, I, p. 348, 4189; omission; avis, 4 thermidor, an XIII, I, p. 365, 4248; suppléé par acte de notoriété, I, p. 426, 4465.

— nomination d'officier public, III, p. 245, 4941.

— notarié; autorisation des établissements publics et religieux, circ. min., 30 avril 1884; conservation, III, p. 393, 5337; expéditions, III, p. 404, 5368; faux radié, réformé ou rétabli par arrêt de cour d'assises, III, p. 8, 4234; nul, III, p. 363, 5255; solennité, III, p. 388 à 394, 5322 à 5330, 392, 5334; statist., III, p. 543, 5638.

— notoriété; au lieu d'acte de décès, III, p. 485, 4770; au lieu d'acte de naissance, I, p. 426, 4465; candidat avoué, III, p. 276, 5035; consentement au mariage, I, p. 427, 428, 4473, 4474; faux ou altération, III, p. 8, 4229; militaire disparu, I, p. 267, 895; officier ministériel; remboursement de cautionnement, III, p. 262, 4992; statist., III; p. 524, 5659.

— nul ou frustratoire; officiers ministériels, I, p. 475, 575.

— opposition à défaut correctionnel, II, p. 251, 3033.

— parquet; signification, I, p. 482, 4674.

— police judiciaire, II, p. 25 à 54, 2297, 2382.

— préliminaire du M. P., assises, II, p. 339 à 345, 3324, 3344; correctionnelle, II, p. 223 à 226, 2936 à 2945.

— président; statist. civile, III, p. 509, 5628.

— présentation; cession d'office, III, p. 246; 4945.

— présence, I, p. 386, 4325.

— procédure; allégation fausse, III, p. 2, 4214, 4212.

— production; ordre, I, p. 451, 4556.

— produit en justice; timbre, I, p. 497, 4723 à 4725, p. 498, 4726 à 4728.

— récusation de conseiller ou juge, I, p. 462, 4594.

— remplacement militaire, I, p. 460, 4586.

— repentir, déserteur; Cir. min.; guerre, 10 avril 1880, XIV.

— respectueux non exigé, I, p. 448, 4543, p. 548, 4860, 44°; art. 452, C. C.

— séditieux; poursuites, II, p. 597, 4444.

— simulé; fonctionnaires; adjudications, II, p. 570; 4068.

— société; dépôt par notaire, III, p. 399, 5353; statist. civile, III, p. 524, 5659; commerciale, III, p. 527, 5663.

— sous seing privé, III, p. 397, 5349; enregistrement, I, p. 335, 4443.

— testamentaire au profit des fabriques, hospices; avis à donner par les notaires, III, p. 399, 5355; Cir. min., 7 juin 1882.

— translatif de propriété, I, p. 336, 4447.

Actif, faillite, abandon, I, p. 529, 4824; exagération, III, p. 8, 4230.

Action, adultère, II, p. 454, 455, 3701 à 3703.

— de chasse, II, p. 494, 3823.

— condamnation à l'amende, II, p. 396, 3514.

— civile, I, p. 653, 2464; en matière criminelle, I, p. 653 à 672, 2464, à 2229; poursuite directe, ibid.

— contributions indirectes, II, p. 503, 3863.

— criminelle M. P., I, p. 472, 574.

— disciplinaire; magistrats, III, p. 489, 4784; officiers ministériels, III, p. 274, 5030; I, p. 646, 2036.

— de la famille; interdiction, I, 412, 4444.

— hostile non approuvée par le Gouvernement, I, p. 540, 1859, 6°.

— contre notaire, III, p. 423, 5422. nullité de mariage, I, p. 446 à 449, 4534, 4545.

— personnelle et immobilière contre les étrangers, Suisses ou autres, I, p. 388, 4334, 4332.

— possessoire des communes, I, p. 298, 1004, L. du 5 avril 1884.

— possessoire en J. de p.; statist., III, p. 534, 5673.

— publique, I, p. 472, 574; I, p. 656, 2472, p. 563 à 653, 1864 à 2164; chasse, II, p. 493, 3829; II, p. 269, 3093.

— de société, I, p. 553, 4860, 27°.

Activité, remise en; magistrat, I, p. 76, 234.

— de service militaire, I, p. 637, 2440, 642, 2428; mort violente en, I, p. 377, 4293.

Addition frauduleuse; actes notariés, III, p. 426, 5432; nom, I, p. 374, 4273, p. 374, 4284; notes d'audience correctionnelle, II, p. 235, 2977.

Adhésion procurée à des associations internationales, I, p. 546, 4860, § II, 44°.

Adirement, procédure, II, p. 460, 2722; procès-verbal forestier, II, p. 586, 4109.

Adjoint au maire, administration, L. du 5 avril 1884, titre III, affirmation de P. V. criminel, II, p. 43, 2264; p. 14, 2262; attroupements, intervention, II, p. 469, 3749; auxiliaire du parquet, II, p. 76 à 78, 2453 à 2460; franchise postale avec le M. P., III, p. 460, 5513; incapacité d'autoriser la commune à ester en justice, I, p. 297, 999; incompatibilité de fonctions, I, p. 7, 12, 5°; liste du jury, II. p. 323, 3272; officier de police judiciaire, II, p. 3, 2237; pourvoi en cassation, II, p. 204, 2869, 2870.

— au syndic d'agents de change ou courtiers, II, p. 464, 3736.

Adjonction, assesseurs aux assises, II, p. 345, 3347.

— bulletins de vote, II, p. 617, 4206.

— juge d'instruction, II, p. 56, 2387, 2388.

— jurés, II, p. 337, 3314.

— notaires à la chambre, III, p. 448, 5440.

Adjudicataire, coupes de bois, nomination de facteurs ou gardes-vente, II, p. 585, 4408.

— de glandée, panage et paisson, C. F., 53 à 57.

— huissier, objets vendus par eux, III, p. 353, 5227.

Adjudication, audience des criées, I, p. 436, 437, 439, 442.

— association secrète entre marchands de bois, II, p. 584, 4405.

— devoirs des notaires, III, p. 398, 5351, 5352.

— dissimulation du prix réel par les notaires, III, p. 417, 5405 ; p. 427, 5433.

— fonctionnaires, II, p. 570, 4068.

— immeuble de mineur, I, p. 504, 4747.

— magistrats, III, p. 489, 4779.

— marchés passés au nom de l'Etat, décret 18 novembre 1882.

— préparatoire, I, p. 496, 4749.

— registre du greffe, III, p. 326, 5464, 16°

— statist., III, p. 509, 5627 ; p. 545, 5642.

Administrateur abusant de l'autorité, I, p. 542, 4859, IV, 8°.

— cédant à la corruption ou à la faiblesse, *ibid.*, 4°, 6°.

— destruction, détournement, soustraction, suppression d'actes ou titres, II, p. 568, 4062.

— provisoire d'absent, I, p. 473, 573, 3° ; d'aliéné, I, p. 279, 937 ; p. 442, 1416 ; d'interdit, I, p. 448, 1434, 1435.

Administration de biens de condamné, II, p. 615, 4499.

— de charité, libéralités, avis par les notaires, III, p. 399, 5355.

— douanes, poursuites, II, p. 603, 643, 4460 à 4494.

— forestière, citation directe, II, p. 243, 2900 ; poursuites, II, p. 584, 4104 ; II, p. 88, 2499 à 2502 ; p. 90, 2504 ; chasse, II, 494, 3832.

— judiciaire, compte rendu, III, p. 494, 5587.

— postale, poursuites, III, p. 99, 4513.

— publique, ajournement à, I, p. 477, 4653, 4654 ; appel, II, p. 276, 3420 ; condamnation, frais, dépens, II, p. 434, 3626 à 3628 ; contrainte, II, p. 444, 3667 ; p. 445, 3672 ; p. 446, 3677 ; contributions indirectes, poursuites, II, p. 503, 3863 ; extraits de jugements, coût, III, p. 38, 4325 ; dépens et frais de procès, II, p. 434, 3626 ; dispense d'avoué au criminel et correctionnel, III, p. 284, 5055 ; dons et legs, avis par les notaires, III, p. 399, 5355 ; paiement des frais de justice, III, p. 74, 4423 ; partie civile, I, p. 224, 721 ; I, p. 669 à 672, 2219 à 2230 ; pourvoi en cassation, II, p. 362, 3394 ; transaction, II, p.

287, 3459 ; statist., III, p. 508, 5626.

— volontaire de substances malfaisantes ou nuisibles, I, p. 544, 4859, VIII, 5° ; p. 550, 4860, VII, 5°.

Admissibilité de faits, adultère, I, p. 473, 1638.

— prise à partie, II, p. 584, 4097.

Admission candidat officier ministériel, délibération des cours et tribunaux, III, p. 499, 4813, 5° ; III, p. 204, 4819.

— excuse des jurés, P. V. d', II, p. 336, 3314.

— tableau des avocats, III, p. 206, 4834, 4835.

Admonestation aux inculpés par le M. P., I, p. 573, 4893.

Adoption, I, p. 272 à 275, 943 à 924 ; acte d', I, p. 347, 4485 ; statist., III, p. 503, 5643 ; p. 508, 5626.

— des motifs des premiers juges en appel, II, p. 246, 3042.

Adresse et discours, projet, délibération des cours et tribunaux, III, p. 199, 4813 ; p. 202, 4822.

— des lettres, franchise, III, p. 446, 5476.

Adultes, jeunes, maisons centrales, quartier spécial, III, p. 122, 4580.

Adultère, II, p. 454 à 460, 3700 à 3717 ; I, p. 625, 2067 ; compte rendu des débats, III, p. 103, 4524 ; pourvoi du M. P. contre jugement relaxant la femme, II, p. 363, 3395 ; tribunal civil, circonstances atténuantes, I, p. 600, 1980.

Affaire abandonnée, civile, I, p. 498, 646, p. 205, 665.

— administrative, I, p. 477, 580.

— administration publique, évocation à l'audience correctionnelle, II, p. 227, 2946.

— assises, II, p. 294 à 358, 3472 à 3382.

— civile, statist., III, p. 504 à 509, 5616 à 6527.

— classée par le M. P., II, p. 33, 2319 ; statist., III, p. 545, 5705.

— commerciale, attributions du M. P., I, p. 509 à 524, 4760 à 4796 ; statist., III, p. 525 à 529, 5664 à 5668 ; défaut, I, p. 224, 729 ; dispense de conciliation, I, p. 486, 603, 5°.

— communicable au M. P., I, p. 472 à 480, 572 à 593.

— contentieuse, I, p. 474, 567 ; p. 472.

473, 572; p. 476, 578, 579; p. 480, 592.

— contradictoire, I, p. 222, 723, 724; p. 223, 725.

— contumaciale, II, p. 534, 3964.

— correctionnelle, II, p. 208 à 290, 2883 à 3474; communication, II, 458, 2749; — jugée par la 4re chambre de la cour, statist., III, p. 585, 5794.

— criminelle, incompétence du juge d'instruction aux assises, II, p. 57, 2390; relevé adressé au P. G., III, p. 492, 5590.

— disciplinaire, I, p. 474, 574; compte rendu annuel, III, p. 492, 5589; statist. des cours, III, p. 500, 5607.

— dispensée de conciliation, I, p. 486, à 488, 603, 604.

— domaniale, I, p. 320, 4085, 4086; défaut d'un mémoire, sursis, II, p. 565, 4054; greffe, registre, III, p. 326, 5464, 49°

— engagée, juges, absence, empêchement, I, p. 450, 454, 487, 492.

— en renseignement, II, p. 33, 2324.

— étrangères, intermédiaire du ministre des, I, p. 479, 4659; commission rogatoire, II, p. 454, 2707.

— extrajudiciaire, I, p. 474, 567; I, p. 473, 573; p. 480, 593.

— fiscale, I, p. 475, 577.

— forestière, ordonnancement et paiement des frais de justice, III, p. 72 à 73, 4428 à 4434.

— instruction, II, p. 96 à 490, 2525 à 2824.

— judiciaire, compte rendu interdit, III, p. 103, 4523, 4524.

— juridiction volontaire, I, p. 474, 567.

— jugée en chambre du conseil, I, p. 429, 446.

— litigieuse entre Français et étranger, I, p. 386, 4330.

— officier ministériel, M. P., I, p. 474, 574.

— ordinaire, statist., III, p. 507, 5622.

— politique, II, p. 598, 4144; II, p. 26, 2300.

— sans suite, I, p. 566, 4873; p. 567, 4875; II, p. 97, 2527.

— simple police, II, p. 490 à 208, 2822 à 2882; — statist., III, p. 533, 5677.

— sommaire, I, p. 204, 663, 664; défaut, I, p. 224, 729; taxe, p. 234, 762; statist., III, p. 507, 5622.

Affectation, cautionnement des officiers ministériels et fonctionnaires, III, p. 259, 4983..

Affichage, acte d'accusation et arrêt de renvoi, II, p. 303, 3240.

— acte de société commerciale, I, p. 547, 4785, 3°.

— banqueroute jugement de, II, p. 478, 3773.

— consignations, I, p. 318, 4079.

— contraventions aux règlements sur l', I, p. 559, 4860, XVII, 6°.

— contrebande, jugement, II, p. 644, 4486.

— déclaration de cessation de fonctions d'officier ministériel, III, p. 262, 4990.

— demande en réhabilitation, I, p. 534, 4830.

— envoi en possession de succession en déshérence, I, p. 494, 4702.

— extraits d'arrêts ou jugements condamnant à des peines afflictives ou infamantes, III, p. 52, 4366.

— jugements civils, I, p. 233, 770.

— jugement disciplinaire contre notaire, III, p. 426, 5434.

— jugement de séparation de commerçants, I, p. 548, 4787.

— liberté, L. 29 juillet, C. min., 9 novembre 4884.

— obscénités, affiche, dessin, écrit, emblème, gravure, image, imprimé, L. du 2 août 1882.

— ordonnances concernant l'ouverture des assises, II, p. 344, 3239.

— réhabilitation, I, p. 534, 4831.

— séparation de biens, I, p. 475, 4648.

— timbre, II, p. 460, 3749.

Affiche, arrêt de coutumace, II, p. 535, 3967; p. 536, 3968.

— blanche, Circ. min., 24 février 4876; L. 29 juillet, Circ. min., 9 novembre 4884.

— causes, I, p. 200, 652.

— destruction, enlèvement, lacération, statist., III, p. 569, 5757; L. 29 juillet, Circ. min., 9 novembre 4884.

— jugements ou arrêts, I, p. 233, 769, 770; II, p. 452, 3694; p. 453, 3696; interdiction, I, p. 420, 4442.

— jugements contre les officiers ministériels, III, p. 267, 5006.

— ordonnance rendue contre contumax, II, p. 534, 3956; p. 532 3957.

— timbre, II, p. 460, 3724; Circ. min. 24 février 4876, L. du 30 mars 4880.

— usure, III, p. 467, 4745.

— vente d'objets saisis par l'octroi, II, p. 549, 3949.

Afficheur, poursuites, I, 559, 4860, XVII, 6°; L. du 29 juillet et

Circ. min., 9 novembre 1881 ;
L., 2 août 1882.

Affiliation à corporation militaire étrangère, I, p. 384, 4318.
— à l'Internationale, I, p. 546, 1860,
§ 2, 10°, 11° ; II, p. 472, 2761.
— de magistrat à des sociétés en opposition avec le Gouvernement,
III, p. 187, 4775.

Affineur, contraventions, I, p. 560, 1860,
XX, 4°.

Affinité, I, p. 431, 4486 ; témoignage en
pol. corr., II, p. 231, 2964.

Affirmation, certificat médico légal de
juré, II, p. 334, 3305.
— procès-verbaux, II, p. 42 à 47,
2259 à 2274 ; chasse, II, p. 496,
3840 ; garde forestier, II, p. 93,
2518 ; avis au M P., II, p. 94,
2521 ; refus par le maire de recevoir affirmation, II, p. 586,
4409 ; gendarmerie, III, p. 437,
2457 ; navigation, II, p. 545,
3906 ; octroi, II, p. 518, 3914.
— témoins de mariage, domicile inconnu des ascendants, I, p. 428,
4473 ; noms mal orthographiés,
I, p. 365, 4248.
— de voyage, registres du greffe, III,
p. 326, 5461, 47°.

Affouage, bois d', L., 23 novembre 1883.

Age, accusés, statist., III, p. 587, 5796.
— attentat à la pudeur, II, p. 482,
2795.
— avoués, III, p. 276, 5034.
— commis greffier, III, p. 313, 5131.
— commissaire-priseur, III, p. 300,
5100.
— condamnés, statist., III, p. 558,
5738, 5739.
— dispenses, mariage, I, p. 431 et
436, 1486, 1504 ; Circ. min.,
11 novembre 1875, 20 oct. 1876.
— dossier de cession, preuve de l' III,
p. 247, 4947.
— greffier, III, p. 306, 5147.
— huissier, III, p. 335, p. 5485.
— inculpés, renseignements, II, p.
482, 2795 ; prise en considération, I, p. 592, 4953.
— juge de paix, III, p. 480, 4756.
— jurés, II, p. 335, 3309.
— limite, magistrature, I, p. 49, 152.
— magistrats, I, p. 5, 7 ; dispenses,
I, p. 9, 18 à 24.
— mariage, I, p. 430, 4482 ; I, p. 446,
4534, 4536.
— mineurs, circonstances, aggravantes, II, p. 59, 2395 ; détention
correctionnelle, II, p. 260, 3066.
— officiers ministériels, III, p. 221,
4880.

— prisons, séparation suivant l', III,
p. 111, 4547 ; p. 446, 4560, 8°.
— protection des enfants en bas âge,
Circ. min., 12 février 1883.

Agence judiciaire du Trésor, franchise
postale, I, p. 404, 4375 ; III,
p. 450, 5489.

Agent d'affaires, I, p. 522, 4797 ; cession d'office, emploi inutile d'III,
p. 380, 5302 ; suspicion, I,
p. 268 et 269, 898, 899 ; III,
p. 397, 5349.
— allumettes, P. V., II, p. 22, 2288 ;
suites ; II, p. 804, 3864 ; p. 526,
3914.
— change, II, p. 464 à 465, 3722 à
3737 ; concussion, II, p. 555,
4027, 4° ; contraventions, I,
p. 552, 1860, IX, 40° ; contrebande, incapacité, II, p. 611,
4186 ; démission, publication,
I, p. 548, 4788 ; failli, I, p. 545,
4859, IX, 7° ; serment, III,
p. 439, 5462, 8° ; p. 440, 5462,
IV.
— chemin de fer, police judiciaire,
II, p. 7, 2249, 5°.
— contributions indirectes, arrestation par ; II, p. 504, 3864 ; serment, III, p. 439, 5462, 43°.
— dépositaire de la force publique,
arrestation par ; II, p. 53, 2377 ;
attroupements, intervention, II,
p. 468 et 469, 3749, 3750 ; citation à prévenu, II, p. 247, 2944 ;
outrage, I, p. 548, 1860. V. 2°, 3°.
— diplomatique, commission rogatoire, II, p. 454, 2707 ; témoin,
II, p. 140, 2664 ; plainte en diffamation ou injure, I, p. 625,
2071.
— douanes, huissiers, II, p. 607, 4473 ;
témoins, II, p. 608, 4475.
— émigration, surveillance, Circ.
min., 12 janvier 1874.
— forestier, armes à l'audience, I,
p. 87, 272 ; procès-verbaux, II,
p. 21, 2286 ; serment, III, p. 439,
5482, 11°.
— gouvernement, abus d'autorité, I,
p. 542, 4859, IV, 8° ; II, p. 548,
4006, 4007 ; adjudications, commerce, II, p. 570, 4068 ; I,
p. 548, 1860, IV, 3° ; corruption,
I, p. 542, 4859, IV, 4°.
— de la navigation, police judiciaire,
II, p. 9, 2249, 18° ; significations,
I, p. 393, 4350.
— octroi, opposition à l'exercice, II,
p. 517, 3910.
— de police, caractère, II, p. 3, 2237 ;
procès-verbaux, II, p. 22, 2287 ;
II, p. 75, 2452 ; témoin en pol.

corr., II, p. 230, 2959; serment profess., III, p. 444, 5465,
L. du 5 avril 1884 art. 403; taxe à
témoins, III, p. 34, 4310; sûreté,
information, III, p. 61, 4394.

Agent, université, I, p. 444, 4410.
— de vivres, flotte, Décr., 5 décembre
1882.
— voyer, police judiciaire, II, p. 7,
2249, 6°.

Aggravation, chasse, II, p. 497, 3843.
— faux témoignage, argent reçu, III,
p. 22, 4277.
— peine, appel correctionnel, II,
p. 280, 3436 à 3139.
— pourvoi en cassation, II, p. 365,
3403.

Agiotage. Décr. du 13 fructidor an III,
C. P., 422.

Agréé. de trib. de comm., I, p. 512,
4773; pactes interdits avec les
huissiers, remise de salaire, III,
p. 349, 5248.

Agression contre puissance étrangère,
I, p. 540, 1859, 6°.
— douteuse, rixe, querelle, I, 572,
1894.
— repoussée, excuse, I, 597, 1970.

Agrément, commissaire-priseur, délib.
du trib., III, p. 300, 5400, 5402.
— commis greffier, III, p. 312, 5434.
— garde champêtre communal, préfet, II, p. 82, 2475; particulier,
II, 84, 2484; forestier communal, II, p. 89, 2502, particulier,
II, p. 90, 2506.
— greffiers, III, p. 307, 5448,.
— officier ministériel, chef de l'État,
III, p. 222, 4883; magistrats du
siège, III, p. 230, 4903; p. 254,
4958.

Aide et assistance, complice, I, p. 586,
1934.
— contre-maître, pol. jud., II, p. 7,
2249; p. 95, 2524.
— expert, salaire, taxe, III, p. 57,
4380; paiement, frais urgents,
III, p. 63, 4402.
— maître de la marine, II, p. 7, 2249;
p. 95, 2524.

Aïeul décédé, serment, mariage, I, p. 428,
4473; du prévenu, déposition en
Pol. Corr., II, p. 234, 2963.

Ajournement, I, p. 492 à 496, 647 à
636; exploits, I, p. 477, 4653;
lignes et syllabes, I, p. 480,
1665; notaire poursuivi disciplinairement, III, p. 424, 5424;
statist., appels, III, p. 502,
5642.

Algérie, actes judiciaires concernant l', I,
p. 480, 4663, Circ., min., 17
avril 1882.

— bulletin n° 2, d'individus nés en,
III, p. 472, 5535.
— juges de paix, appel des sentences
des cadis. Décr., 27 avril 1877;
compétence étendue, Décr. du
27 mai 1882.
— organisation judiciaire, modification, décr. 13 déc. 1879.
—· préséances, avis du conseil d'Etat,
6 mars 1877.

Alibi, rédacteurs de procès-verbaux, II,
p. 94, 2520; témoins, II, p. 136,
2649.

Aliénation, biens de mineur, I, p. 503,
4742, 4743, p. 504 et 505, 4744,
4750.
— condamnés à une peine afflictive
ou infamante, incapacité, II, p.
645, 4198.
— mentale, I, p. 604 à 604, 4987 à
4994.
— officier ministériel, cession d'office, III, p. 226, 4892.

Aliéné, I, p. 478, 587; I, p. 442, 4414;
mesures conservatoires et de po-
lice, I, p. 276 à 284, 925 à 944,
L. 5 avril 1884; acquitté ou
renvoi par ordonnance, II, p.
478, 2784; curateur, I, p 474,
573, 7°; hypothèque, I, p. 400,
4372; infractions aux règlements
et séquestration illégale, I, 550,
4860, VII, 12°; interdiction de
dépôt dans les prisons, III, p.
448, 4563; sûreté publique,
maire, L. 5 avril 1884, art. 97, 7°.

Alignement, droit du Cre de pol., II, p.
73, 2442.

Aliments, contrainte par corps, II, p.
444, 3666, 3668, p. 445, 3670.
— détenu en route, III, p. 55, 4374.
— empoisonnés, scellés, II, p. 46,
2360.
— failli écroué, I, p. 525, 4844.
— inculpé, II, p. 52, 2375, p. 54,
2384.
— mineur détenu par mesure de correction, II, p. 346, 4072.

Allégation fausse, acte de procédure,
III, p. 2, 4244.

Allège, navigation, droits, II, p. 545,
3905.

Alliance, contrainte par corps, obstacle,
II, p. 442, 3663.
— dispenses d', I, p. 434 à 436, 4486,
à 4504; circ. 11 novembre 1875,
20 octobre 1876.
— magistrats entre eux, I, p. 9, 18,
49, p. 43. 31; avec commis greffier, III, p. 313, 5431; greffier,
III, p. 306, 5447, 5°; officiers
ministériels, III, p. 220, 4875;
III, p. 250, 4957, p. 254, 4964.

— obstacle à l'action publique, I, p. 623, 624, 2064 à 2064.

— prévenu et témoin ; inform., II, p. 443, 2672 ; pol. corr., II, p. 231, 2963, 2964.

Allocation aux juges de paix ; menues dépenses, III, p. 483, 4766 ; décr., 28 janvier ; Circ. min., 15 décembre 1883.

— traitement des magistrats, I, p. 54, 167.

Allocution directe ; décis. discipl. de la cour de cassation, III, 192, 4790.

Allumettes chimiques ; colport. ; arrest., II, p. 504, 3864 ; p 526, 3944 ; contrav., I, p. 557, 1860, XIII, 4° ; emprisonnement, II, p. 62, 2406 ; monopole, peine, II, p. 508, 3878, 3884 ; procès-verbaux, II, p. 22, 2288.

Alose, longueur, pêche ; décr. 10 août, 20 novembre 1875.

Alsaciens-Lorrains, bulletins n° 1, non visés par le P. G., Circ. min., 5 mai 1877, bulletins n° 2; mariage, Circ. min., 21 décembre 1874 ; option, Circ., min. 30 mars 1872 ; caisse des retraites, 15 juillet 1879 ; casier judiciaire, Circ. min., 26 février 1872 ; 30 décembre 1873.

Altération, clefs, I, p. 545, 1859, IX, 5° ; I, p. 551, 1860, VIII, 3°.

— élection, II, p. 647 à 649, 4206, 4209.

— extrait de casier, III, p. 5, 4221.

— frauduleuse de la vérité par écrit faux, III, p. 4, 4210.

— marchandises, mélange malfaisant, I, p. 545, 1859, IX, 2°.

— nom, pénalité, II, p. 575, 4083.

— registre domestique, III, p. 9, 4235.

— vin ou marchandise, batelier, voiturier, I, p. 554, 1860, VIII, 1°.

— vote d'élection, II, p. 541, 3985 ; II, p. 647, 4206.

Amas, ordures et fumiers, règlements, II, p. 496, 2837, 3°, § 2.

Amélioration des condamnés mineurs de 16 ans, II, p. 259, 3065 ; p. 264, 3072.

Amende, appel corr., condamnation, II, p. 282, 3142, 4°.

— civile, I, p. 475, 577 ; I, 233, 768 ; recouvrement, Circ. min., 28 août 1877, 25 juin 1879.

— commune condamnée à l', I, p. 304, 1029.

— comptable, détournement, soustraction, II, p. 566, 4057.

—. consignation, pourvoi en cassation crim., II, p. 368, 3445 ; p. 369, 3446.

— correctionnelle, II, p. 395 à 399, 3510 à 3525.

— dénégation d'écriture, I, p. 507, 4759.

— douane, fixe et proportionnelle, II, p. 609, 4478 ; I, p. 327, 4444.

— faux incident civil, I, p. 399, 4374.

— fol appel, I, p. 246, 247, 826 à 830 ; correctionnelle et police simple, II, p. 280, 3435.

— greffier, mandat d'arrêt irrégulier, II, p. 424, 2644 ; II, p. 406, 2555 ; III, p. 335, 5485.

— immixtion dans les fonctions d'agent de change ou courtier, II, p. 464, 3734, 3735.

— infraction à des lois spéciales, cumul des peines, II, p. 425, 3604, 3605.

— juré absent, II, p. 333, 3302 ; sortie de la chambre des délibérations, II, p. 354, 3369.

— magistrat, mépris d'arrêté de conflit, I, p. 309, 4046.

— mixte, II, p. 282, 3142, 2°.

— non comparution en conciliation, I, p. 191, 192, 642 à 646.

— notaire, III, p. 394, 392, 5331, 5333 ; III, p. 424, 5426.

— octroi, II, p. 520, 3920, 3921.

— officier public, III, p. 264 à 266, 4996 à 5004.

— peine exclusivement personnelle, II, p. 438, 3652.

— perception illégale ou arbitraire II, p. 95, 2522.

— pièce écrite ou signée, déniée à tort, I, p. 507, 4758.

— postulation illicite, III, p. 297, 5092.

— prescription, II, p. 287, 3158.

— procès-verbal criminel non enregistré, II, p. 48, 2280.

— recours en grâce, sursis, III, p. 83, 4460.

— recouvrement, douanes, II, p. 643, 4491 ; percepteur, Circ. min., 29 décembre 1873 ; II, p. 399, 3522 et Circ. min., 22 décembre 1879, 23 mars 1882.

— refus de visa d'original, de signification, I, 478, 4657.

— rejet de demande en faux incident, I, p. 399, 4374 ; de prise à partie, II, p. 582, 4401 ; de récusation, I, p. 464, 4603 ; de renvoi à un autre tribunal, I, p. 470, 4626.

— remise ou modération, I, p. 484, 594 ; III, p. 88, 4478.

— témoin défaillant, information, II,

p. 445, 2677; Pol. Corr., II, p. 232, 2968; p. 233, 2974.

Ami du prévenu, défenseur, II, p. 238, 2989.
— du pupille, conseil de famille, I, p. 500, 4731; p. 502, 4738, 4739.

Amnistie, condamné, II, p. 285, 3452.
— contrainte par corps, II, p. 454, 3690.
— déserteurs et insoumis, Circ. min. 40 avril 1880, L. 16 mars 1880.
— généralités, I, 608 à 612, 2009 à 2022; insurrection de 1874, Circ. min. 3 avril 1878, 47 avril 1878; casier, Circ. min. 20 juillet 1878, L. 3 mars 1879, 14 juillet 1880, Circ. min. 4 septembre 1880; presse, L. du 2 avril 1878.
— récidive, III, p. 134, 4621.

Amovibilité, juge d'instruction, II, p. 55, 2384.
— J. de p., I, p. 49, 149.
— M. P., I, p. 50, 153.

Amphithéâtre, dissection, corps des suppliciés, II, p. 379, 3454.

Ampliation, nomination de magistrat, I, p. 45, 36.
— d'officier ministériel, III, p. 257, 4974.

Amputation, salaire de l'homme de l'art, III, p. 56, 4378.

Analogie, complicité admise par, I, p. 587, 1938.

Analyse chimique, expert, taxe, III, p. 57, 4380.
— matière empoisonnée, II, p. 46, 2360.

Anatomie, études nécessaires au magistrat, II, p. 414, 2355.

Ancienneté, rang d', magistrats, I, p. 23, 71.

Angleterre, extradition, I, p. 577, 1904; 579, 1912; Circ. min. 30 juillet 1872.

Anguille, longueur, pêche, Décr. 10 août, 20 novembre 1875.

Animal dangereux, féroce, malfaisant ou nuisible, chasse, arrêté préf., II, p. 488, 3842, 4°; divagation, II, p. 495, 2837, 4°, § 8; III, p. 567, 5757; dommage, responsabilité, II, p. 437, 3647; piège, II, p. 492, 3826.
— domestique tué ou maltraité, I, p. 554, 4860, X, 9°, 40°, 44°; II, p. 465, 466, 3738, 3744; statist. crim., III, p. 569, 5757.
— infecté, maladie contagieuse, divagation, I, p. 554, 1860, X, 45°; Décr. 22 juin 1882.
— mise en fourrière, dépenses, frais urgents, III, p. 65, 4402

— mort, défaut d'enfouissement, statist. crim., III, p. 568, 5757 2°; L. 28 septembre, 6 octobre 1791, art. 3, 4, 13, t. II; L. du 24 juillet 1881, art. 34; Circ. min. 45 mars 1883.
— tué ou blessé par imprudence, stat. crim., III, p. 568, 5757, § 3, 8°; art. 479, 2° et 3°, C. P.

Année d'emprisonnement, II, p. 405, 3537.

Annonce judiciaire, indigents, gratuité, III, p. 106, 4532.
— ordonnance d'ouverture d'assises, journaux, II, p. 311, 3239.
— publique de souscription prohibée, I, p. 555, 1860, XI, 44°; L. 29 juillet, Circ. min. 9 novembre 1881.

Annulation, délibération du barreau, III, p. 214, 4858; de chambre de discipline, III, p. 273, 5027; III, p. 440, 5389.
— d'instruction, II, p. 254, 3044.

Antécédents des inculpés, II, p. 482, 2795, 4°; de leur famille, II, p. 483, 2796.

Antériorité, mandats de justice, II, p. 401, 2539.

Anticipation, défaut correctionnel, appel, II, p. 270, 3098; opposition, II, p. 254, 3032.
— délai d'exécution de condamnation, II, p. 288, 3463.

Antidate, actes, faux, II, p. 546, 4002; ordres, C. de Com., 139; C. P. 147.

Antilles, C. P. métropolitain, L. 8 janvier 1877.

Apologie, faits qualifiés crimes ou délits, I, p. 555, 1860, X, 12°; III, p. 408, 4530; L. 29 juillet; Circ. min. 9 novembre 1881.

Apoplexie, mort subite par, I, p. 384, 4307.

Apostille, actes notariés, III, p. 390, 5329; recours en grâce, III, p. 79, 4447.

Appareil de jeux et loteries, confiscation, II, p. 400, 3527, 8°; p. 402, 3530.
— usage de contrefaçon d', II, p. 483, 3799.
— à vapeur, destruction, I, p. 545, 1859, IX, 11°; police, L. 24 juillet 1856, Décr. 30 avril 1880; Circ. min. 47 septembre 1883.

Appariteur de commune, caractère, II, p. 3, 2237; droit, II, p. 9, 2250; P. V., II, 22, 2287.

Appât enivrant ou détruisant le poisson, I, p. 558, 1860, XV, 2°.

Appeaux, chasse, II, p. 493, 3828.

Appel, comme d'abus, L. du 18 germinal

an x, art. 6 ; Circ. min. 9 novembre 1881.

— adjudication préparatoire, I, p. 437, 442.
— action immobilière, tuteur, I, p. 506, 4755.
— adultère, II, p. 455, 3704.
— à minima, II, p. 281, 3437.
— assistance judiciaire, appel, disp. de consignation d'amende, I, p. 247, 828; appel incident, I, p. 286, 964 ; appel du P. G., I, p. 287, 968.
— de causes, huissier, III, p. 345, 5207; général, I, p. 496, 637; ordinaire, I, p. 499, 648 ; matière crim., correct. et de S. P., II, p. 227, 2946 ; II, p. 204, 2858.
— chasse, M. P., II, p. 494, 3831, 3835.
— civil, I, p. 239 à 248, 795 à 830; statist., III, p. 502, 5612, 7 ; III, p. 499, 5605.
— commercial, statist. des jugements de compétence, III, p. 502, 5612.
— compétence, II, p. 245, 3009.
— conseil judiciaire, I, p. 425, 4464.
— contrainte par corps, II, p. 441, 3660.
— correctionnel, II, p. 263 à 283, 3078 à 3445 ; II, p. 594, 4432, 4433 ; p. 595, 4434, 4435; comp. crim., III, p. 555, 556, 5730, 5733; III, p. 576 à 580, 5775 à 5778.
— décisions, chambre des notaires, III, p. 415, 5403 ; p. 420, 5445; conseil de discipline des avocats, III, p. 209, 4842; III, p. 218, 4867 à 4870 ; conseil de discipline des officiers ministériels, III, p. 270, 5014 ; des tribunaux, III, p. 270, 5016 ; p. 294, 5083; contre les notaires, III, p. 424, 5425, 5426.
— délibération du barreau, III, p. 214, 4868.
— douanes, II, p. 612, 4488, 4489; I, p. 326, 4409.
— domaines, I, p. 323, 4096.
— élections, I, p. 330, 4422.
— engagement militaire, I, p. 376, 4290.
— état civil, I, p. 366, 4254 ; p. 449, 4544.
— faillite, I, p. 242, 808.
— forêts, II, p. 587, 4412; p. 594, 4432, 4435.
— identité, reconnaissance d', III, p. 433, 4647.

— incident, I, p. 242, 805; assist. judic., I, p. 286, 964 ; correct., II, 274, 3403.
— incompétence, I, p. 230, 754.
— indéfini, II, p. 281, 3438.
— interdiction, I, p. 421, 4445 à 4448.
— des jurés, II, p. 332, 3298.
— mariage, nullité, I, p. 446, 4537; p. 448, 4542; des prêtres, I, p. 442, 4822.
— M. P., partie jointe, I, p. 484, 698, 7°.
— notes d'audience correctionnelle, II, p. 235, 2978.
— opposition, II, p. 253, 3039.
— ordonnances du juge d'instruction, II, p. 60, 2400; p. 61, 2401, 2402; mandat d'arrêt, II, p. 121, 2610; id. de comparution, II, p. 112, 2577; dépôt, II, p. 116, 2592; experts, II, p. 404, 2851; liberté provisoire, II, p. 164, 2738.
— des ordres à l'audience, I, p. 453, 4564 ; signification des appels en matière d', I, p. 453, 4560.
— postulation illicite, III, p. 297, 5094.
— récidive établie en, III, p. 439, 4633.
— recrut. ou remplac. militaire, I, p. 461, 4589.
— récusation de juges, I, p. 467, 4617.
— règl. de juges, I, p. 468, 4620.
— signification, I, p. 480, 4666.
— simple police, II, p. 204 à 204, 2859 à 2868; p. 255, 3046; — compétence, II, p. 209, 2887 ; — statist., III, p. 570, 5759.
— sous les drapeaux, abus d'autorité, II, p. 545, 3997.
— successions vacantes, I, p. 487, 4688.
— de témoins en S. Pol., II, p. 228, 2952.

Appelant, I, p. 240, 795 ; amende, I, p. 173, 577 ; décédé, I, p. 481, 4667; détenu, II, p. 274, 3412; principal et incident, I, p. 247, 705.

Appelants, chasse avec, II, p. 493, 3828.

Application, actes administratifs, I, p. 305, 4032 ; fausse de la loi, cassation, II, p. 360, 3389; des lois requises par M. P. en Pol. Corr., I, p. 244, 3000; des peines, II, p. 263, 3076, 3077; de la peine, assises, II, p. 356, 3376; production de la loi, II, p. 562, 4045.

Apport dotal des femmes d'officiers, cir. min. 3 avril 1875.
— de pièces au parquet du P. G., II, p. 26, 2302.
— de pièces de comparaison en matière de faux, III, p. 45, 4257.

— matières d'or et d'argent en foires sans bordereau, I, p 560, 4860, XX, 6º.

Apposition, placard, saisie immobilière, III, p. 353, 5229; scellés, I, p. 484 à 486, 4676 à 4682.

Appréciateur de mont-de-piété, estimation exagérée, II, p. 574, 4069, 4º.

Appréciation d'une affaire par M. P., I, p. 570, 4886; p. 574, 4889; partie jointe en Pol. Corr., II, p. 244, 2998.

— de faits matériels par la chambre des mises en accusation, II, p. 296, 3187.

— des indices de crime ou délit par le M. P., II, p. 34, 2322.

— réservée à l'administ. des douanes, II, p. 640, 4482.

— souveraine du trib. de S. Pol., II, p. 499, 2854.

— du trib. corr. sur les faits de la prévention, II, p. 244, 3007.

pprentissage, mineurs, détenus en correction, II, p. 260, 3068, 3069; p. 264, 3070.

— responsabilité civile des artisans, II, p. 437, 3647.

— traités, II, p. 496, 2837, 4º, § 43.

Approbation des décisions discipl. de 4ʳᵉ inst. par les cours et le ministre, II, p. 496, 4802.

— des règlem. de police, II, p. 496, 2839.

Approvisionnement de papier timbré, I, p. 498, 4726.

Aptitude, candidat à un off. minist., certificat, III, p. 249, 4952; greffier, III, p. 306, 5447.

— des conseillers à siéger à la chambre d'accus., II, p. 292, 3174, 3175.

Apurement de compte, comptable public, I, p. 404, 4374.

— d'incident aux assises, publicité, II, p. 347, 3354.

Arbitrages, statist. civile des appels, III, p. 502, 5642, 30º.

Arbitraire du juge substitué à la loi, II, p. 475, 2776.

Arbitre forcé, forfaiture, II, p. 540, 3984; p. 564, 4042; — prévarication, ibid., 4043.

— incapacité, II, p. 448, 3575.

— ministère public choisi comme, III, p. 488, 4778.

— récusé, I, p. 467, 4645.

Arbre abattu, coupé, écorcé ou mutilé, I, p. 554, 4860, X, 5; II, p. 590, 4420.

Archevêque, franchise postale, III, p. 459, 5543; p. 464, 5545;

poursuivi, I, p. 628, 2080; p. 630, 2087; scellés en cas de décès, cir. min. 8 janv. 4884.

Architecte du départem., I, p. 89, 278.

Archives, greffe, III, p. 324, 5460; frais d'emballage et transport, ordonnancés par le préfet, III, p. 67, 4407.

— nationales, avis au directeur, des ventes de manuscrits et autographes par les comm. pris., III, p. 304, 5440; soustraction, I, p. 519, 4790; p. 549, 4860, VI, 8º.

— négligence des déposit., détourn., soustraction, destruction, enlèvement, II, p. 544, 3986, 7; II, p. 568 et 569, 4062 à 4067.

— préfectures, I, p. 357, 4223.

— tribunal, I, p. 97 à 405, 305 à 332; circ. min. 26 sept. 4875; local, I, p. 84, 262.

Argent, matières d'; contrôle, marques, poursuites, II, p. 543, 544, 3898, 3903; pièce à conviction, III, p 329, 5465; 4º titre, L. 25 janv. 4884, décr. 6 juin 4884.

Armateur excusé comme juré, II, p. 334, 3304.

Arme à feu; stationnement la nuit dans les bois avec, II, p. 490, 3848.

— apparente ou cachée, circonst. aggrav., I, p. 545, 4859, IX, 4º.

— attroupements avec, II, p. 468, 3748; saisie, II, p. 400, 3527, 43º.

— audience, dépôt, I, p. 439, 449; forêts, I, p. 87, 272.

— chasse, confiscation, II, p. 400, 3527, 44º; II, p. 499, 3854.

— délit et duel, complicité, arme procurée, I, p. 585, 4933.

— enlèvement d', émeute, II, p. 474, 3757.

— état de siège, remise, I, p. 654, 2454.

— évasion facilitée, III, p. 429, 4605; p. 430, 4608.

— garde champêtre, II, p. 83, 2478.

— garde forestier, II, p. 89, 2504.

— gendarme, usage des, III, p. 437, 5458.

— de guerre, détention, fabrication, vente, I, p. 553, 4860, IX, 23; confiscat., II, p. 400, 3527, 45º; II, p. 466, 2742.

— militaire; vente, achat, mise en gage, I, p. 553, 4860, IX, 25º.

— portée contre la France, I, p. 386 4327; I, p. 540, 4859.

— pièce à conviction, bris, dépôt ou vente, III, p. 329, 5466.

— prohibée, fabrication, débit, port d', I, p. 550, 4860, VII, 4º; con-

fiscation, II, p. 400, 3527, 5°;
II, p. 466, 3744.
— témoin, dépôt des, I, p. 87, 272.
— vagabonds, mendiants, gens sans
aveu, I, p. 849, 4860, VI, 48°.
Armée, administration, L. 46 mars 4882.
— exclusion par suite d'interdiction
des droits civiques, II, p. 449,
3576.
— organisation, L. du 43 mars 4875,
45 déc. 4875.
— recrutement, L. 27 juillet 4872,
34 déc. 4875.
Arpenteur forestier, II, p. 7, 2249.
— incompatibilité avec fonction de magistrat, I, p. 7, 42.
Arrangement des affaires, I, p. 203, 660;
commerce, I, p. 543, 4775; fail-
lite, II, p. 475, 3774; gardes et
délinquants, II, p. 587, 4440: en
justice de paix, statist., III, p.
532, 5675; de notaire avec ses
créanciers, III, p 449, 5442;
poursuites des faits punissables
nonobstant, II, p. 77, 2458.
Arrérages de rentes, demande en paiement d', I, p. 486, 603, 7°; demandes en appel, I, p. 246, 822;
secours viager, III, p. 397, 5348.
Arrestation, accusé, ordonnance de prise
de corps, II, p. 304, 3244.
— audience, sur l'ordre du président,
I, p. 439, 450.
— chasse, II, p. 492, 3827.
— colporteurs de tabacs, II, p. 526,
3944.
— condamné à la prison, II, p. 407,
3542.
— contrainte par corps, II, p 443,
3665; appendice, p. 636, 52
— contributions indirectes, II, p. 504,
3864.
— contumace, II, p. 534, 3962; p.
538, 3975.
— date de l', feuille de renseignements, II, p. 483, 2796.
— déserteur, rébellion, III, p. 437,
5458.
— failli, I, 525 à 527, 4808 à 4817.
— faux témoin, à l'audience, III, p.
49, 4268 et p. 20, 4274 à 4273;
après l'audience par M. P., III,
p. 24, 4273.
— flagrant délit, II, p. 54 à 54, 2373
à 2382; II, p. 74, 2444; II,
p. 77, 2457; député, sénateurs
et hauts fonctionnaires, I, p. 627,
2080.
— de fonctionnaire sans autorisation
préalable; prise à partie, II, p.
580, 4095, 9°.
— par garde champêtre, II, p. 7,
2494.

— par garde-forestier, II, p. 92,
2844.
— par gendarmes, états à fournir au
P. G., III, p. 433, 5449.
— huissiers, III, p. 348, 5245.
— identité, Circ. min. 42 octobre 4875;
— illégale, I, p. 544, 4859, VIII, 8°;
p. 550, 4860, VII, 44°; II, p. 544;
3985, 3°, II, p. 547 à 550,
4004, 4044.
— lieu d', II, p. 404, 2840.
— de magistrat; flagrant crime ou
délit, I, 633, 2096.
— militaire, I, p. 642, 2427.
— ordonnance du M. P., I, p. 439, 450.
— pourvoi, II, p. 373, 3434.
— préfet, II, p. 4, 2239.
— préjudiciable, à éviter, II, p. 96,
2526.
— provisoire, de malfaiteur à l'étranger, I, p. 579, 4913.
— en transport, II, p. 39, 2338.
— vagabond, détention sans information, concours de l'autorité administrative, III, p. 434, 5446;
L. du 40 vendémiaire, an IV,
titre 3, art. 5 et 6.
Arrêt d'acquittement, II, p. 356, 3374.
— d'admission en cassation, I, p. 257,
864, 865.
— affichage, cour d'assises, II, p.
453, 3698.
— d'appel, défaut, II, p. 280, 3434,
nullité; II, p. 277, 3423.
— avant faire droit et définitif, I, p.
226 à 229, 738 à 749; rejet
crim., II, p. 377, 3446.
— cassation, civil, I, p. 257, 865;
soit communiqué en matière criminelle, II, p 344, 3344.
— cessation de poursuites, II, p. 98,
2534.
— civil, éléments, rédaction, I, p. 448
à 464, 479 à 546.
— contradictoire et défaut, I, 222 à
226, 723 à 737.
— contumace, II, 535, 3964.
— cour d'assises, II, p. 356, 3377.
— exécution, I, p. 258 à 259, 869 à
873.
— évocation, II, p. 98, 2534; II, p.
490, 2820.
— inconciliabilité, III, p. 464, 4700.
— de jonction, chambre d'accusation
II, p. 297, 3489.
— mandat d', II, p. 405, 2554; p.
407, 2559; p. 423 à 426, 2608
à 2648; contrainte, II, p. 408,
2563; fugitif, II, p. 443, 2583;
réquisit., II, p. 440, 2570; transfert, II, p. 409, 2567, visa du
maire ou J. de p., II, p. 409,
2568.

— non-lieu, II, p. 487, 2811 ; p. 489, 2816, 2817 ; p. 490, 2820 ; statist., III, p. 583, 5783.

— provisoire, I, p. 226 à 229, 738 à 749.

— règlement de juges, notification, III, p. 449, 4660.

— réhabilitation, condamné, plus ample information, III, p. 454, 4676 ; failli, I, p. 532, 4835.

— de renvoi ; chefs d'accusation, II, p. 296, 3185 ; II, p. 299, 3194 ; statist., III, p. 582, 5780 ; transcription sur le registre d'écrou, II, p. 426, 2648 ; vices de procédure couverts ; II, p. 309, 3233.

— de renvoi abusif, I, p. 201, 202, 657, 658 ; p. 203, 661 ; p. 204, 662.

— sur renvoi de cassation, I, p. 258, 868.

— de soit communiqué d'une demande de renvoi devant un autre tribunal pour suspicion légitime, notification au M. P., III, p. 460, 4692 ; rejet, III, p. 460, 4695.

— de transmission de commission rogatoire aux Etats sardes, II, p. 155, 2710.

Arrêté administratif général prohibé, II, p. 365, 4055 ; translation des condamnés, II, p. 414, 3553.

— changement de nom, I, p. 373, 4284.

— chasse, II, p. 487, 488, 3814, 3842.

— conflit, I, p. 307, 4040.

— disciplinaire contre officier minist., III, p. 273, 5025, 5026.

— municipal, caractère, II, p. 77, 2456 ; force oblig., II, p. 494, 2835 ; L. du 5 avril 1884, art. 94, 95, Circ. min., du 21 août 1884.

— du P. G., désignant l'officier du M. P., en S. P., II, p. 494, 2824 ; p. 492, 2826 et 2827 ; réglant le nombre des placards de condamnations à des peines afflictives et infamantes, III, p. 52, 4366.

— répartition du jury, préfet, II, p. p. 322, 3274.

— du tribunal, illégalité, I, p. 446, 368.

Arrêts, peine universitaire, III, p. 92, 4487.

Arriéré, instruction, II, p. 57, 2389 ; II, p. 473, 2774 ; tribunal, I, p. 205, 665.

Arrondissement de navigation, II, p. 545, 3904.

Arsenal, I, p. 477, 588 ; significations ou exécutions dans un, II. p. 453, 2706.

Art de guérir, contraventions, I, p. 562, 4860, XXIII ; compétence, II, p. 210, 2890.

Articulation de faits, adultère, I, p. 473, 4638.

— inscription de faux contre un P. V. forestier, II, p. 587, 4442.

— presse, II, p. 216, 2909 et 2910 ; réquisitoire définitif du M. P., II, p. 470, 2762 ; III, p. 408, 4544 ; L. du 29 juillet 1884.

Article, dépense des huissiers, détail, III, p. 42, 4336.

— de journal, signature de l'auteur, III, p. 404, 4516, L. du 29 juillet 1884.

— liquidation, de frais criminels, III, p. 63, 4397.

— non-valeurs, frais de justice, III, p. 64, 4399.

Artifice coupable, provocation à crime ou délit par, I, p. 585, 4931.

— tir de pièce, statist., III, p. 567, 5757, 3°, art. 471, § 2, C. P.

Artilleur, marine, I, p. 638, 2443.

Artisan, commerçant, I, p. 524, 4797.

— responsabilité civile, II, p. 437, 3647.

Artiste, faillite, I, p. 521, 4797, 2°.

Ascendant, absent, décédé, disparu, consentement à mariage, I, p. 427, 4473 ; coups et blessures volontaires sur, I, p. 544, 4859, VIII, 3° ; excuses, I, p. 597, 4974.

— des prévenus, témoignage, II, p. 234, 2963.

Asile aux conspirateurs, II, p. 34, 2322.

— aux malfaiteurs, I, p. 586, 4935.

Aspirant, huissier, III, p. 337, 5187 ; notaire, III, p. 370, 5275.

Assassinat, I, p. 543, 4859, VIII.

Assemblée générale des corps judiciaires, I, p. 448, 373 ; assistance du parquet, III, p. 200, 203, 4814, 4824 ; des notaires, III, p. 429, 431, 5439, 5444 ; de l'ordre des avocats, III, p. 243, 4855 ; du parquet pour conclure, I, p. 248, 744, 742 ; du tribunal ou de la cour ; agrément d'officier ministériel, III, p. 254, 4958 ; mesures disciplinaires vis-à-vis d'officiers ministériels, III, p. 274, 5020 ; convocation des juges suppléants, III, p. 174, 4742 ; présence du greffier, III, p. 323, 5158.

— nationale, membre, poursuites, I, p. 627, 2080.

Assesseur, assises, II, p. 313, 3245 ; 316, 3256 ; adjoint, II, p. 345, 3346, 3347 ; nomination, II,

p. 314, 3248, 3249 ; transport, indemnité, III, p. 26, 4286.

Assiette des droits, boissons, II, p. 508, 3882.
— des droits de mutation, I, p. 335, 336, 4444, 4448.
— octroi, II, p. 546, 3908.
— voitures publiques, II, p.527, 3944.

Assignation, assises, témoins, II, p. 340, 3326 ; 344, 3329, 3332.
— d'avoué devant la chambre de discipline, III, p, 292, 5077.
— à bref délai, I. p. 186, 603, p. 200, 651.
— civile, I, p. 192, 647 et suivants.
— compagnie de chemins de fer, I, p. 484, 4669.
— domicile inconnu, I, p. 477, 4653.
— état civil, I, p. 368, 4260.
— correctionnelle, II, p. 220, 2923 ; p. 228 à 236, 2952 à 2981.
— information, témoins, II, p. 435, 438, 2647 à 2656.
— des magistrats personnellement, I, p. 484, 4670.
— au M. P., I, p. 483, 4671.
— à notaire devant tribunal civil, III, p. 424, 5424.
— nouvelle en Pol. S., II, p. 199, 2852.
— Pol. Corr , II, p. 220 à 223, 2923, 2935 ; par M. P. sur opposition à défaut ,II, p. 253, 3038.
— par la régie des contributions indirectes, II, p. 506, 3874.
— responsabilité civile, II,p.438,3650.
— tardive, I, p. 496, 635.
— tenante, II, p. 254, 3042.

Assimilé aux militaires et marins, I, p. 638, 2443.

Assises, actes préliminaires du M. P., II, p. 340 et 344, 3326, 3332 ; II, p. 310 à 321, 3236 à 3267.
— session extraordinaire, jurés, II, p. 328, 3288 ; statist., III, p. 486, 5574, 5575.

Assistance de complice, I, p. 586, 4934.
— défenseur, assises, II, p. 342, 3337 ; Pol. S., II, p. 198, 2848.
— d'huissier, inscription, d'écrou, III, p. 46, 4350; 47, 4352, 4354; 48, 4355.
— judiciaire, I, p. 281 à 292, 945 à 986; Allemands, décret 44 mars 4884 ; Autrichiens, Hongrois, décret 49 mars 4880 ; bureau, local, I, p. 85, 265 ; M. P. partie jointe, I, p. 480, 594 ; statist., III, p. 518, 5647; III, p. 503, 5644 ; circ. min., 22 janvier 4879.
— du juge par le greffier, III, p. 322, 5453.

— du J. de p. par huissier, III, p. 344, 5499.
— du M. P. aux informations, II, p. 430, 2634 ; II, p. 444, 2675.
— publique, hospices, commissions, I, p. 293, 988.

Association,adjudicataires ou marchands de bois, II, p. 584, 4405.
— charitable, placement de jeunes détenus, correctionnels, II, p. 260, 3068, 262, 3072.
— criminelle, II, p. 467, 3746.
— illicite, I, p. 550, 4860, VI, 49°; pour étude de notaire, III, p. 362, 8285.
— internationale, II, p. 472, 473, 3760, 3765 ; I, p. 546, 4860, 40°, 44°.
— malfaiteurs, I, p. 543, 4859, VII, 4°.
— opérations usuraires, III, p. 468, 4720.
— non autorisées, délit, direction, I, p. 546, 4860, § II, 7°, 9°; p. 550, 4860, VI, 49 ; L. 24 mars 4884 ; circ. min. 45 sept. 4884.
— politique et clandestine, surveillance et répression, II, p. 598, 4444.
— religieuse enseignante,surveillance, III, p. 97, 4506.
— syndicale ou professionnelle, L. 24 mars 4884 ; circ. min. 45 sept. 4884.

Assurance maritime, concl. du M. P., I, p. 480, 594 ; statist., III, p. 502, 5642.

Assureur de contrebande, II, p. 602, 4456; p. 604, 4462; p. 607, 4473; p. 644, 4485.

Atelier de condamnés, I, p. 640, 2122; II, p. 394, 3495.
— travail des enfants dans les, inspection, décr. 7 déc. 4868; L. 49 mai 4874 ; circ. min. 4er mars 4876; décr. 3 mars 4877; circ. min. 44 juin 4879, 44 avril 4881; statist., III, p. 569, 5737.

Attaché au parquet, juge suppléant, I, p. 444, 364 ; concours, arr. et circ. min. 40 oct. 4875 ; déc. 29 mai 4876; circ. min. 4 juin 4876.

Attaque contre l'autorité de la chose jugée par des magistrats, III, p. 487, 4775.
— contre le chef de l'Etat, I, p. 555, 4860, X, 3°; les cultes, la famille, la propriété, ibid : 5° le gouvernement, ibid : 6°, à l'audience par avocat ou avoué, I, p. 446, 477 ; p. 447, 478; le pouvoir judiciaire par des magistrats, III, p. 487, 4775; le respect dû aux lois, I, p. 555, 4860, XI, 44°; la société, II, p. 468, 3747.

— par voie de presse, réq., introd., articulat., II, p. 98, 2530; L. 29 juillet 1881.

Atteintes au commerce et à l'industrie, I, p. 552, 1860, IX ; à la liberté du travail ou de l'industrie, II, p. 502, 3858 ; L. 21 mars 1884 ; Circ. min. 15 sept. 1884.

Attelage de délinquant forestier, saisie et séquest., II, p. 92, 2512.

Attentat aux cultes, avis au G. des S., II, p. 597, 4440.
— contre le gouvernement, I, p. 540, 1859, 8° ; avis au G. des S., II, p. 597, 4440.
— d'un équipage de commerce, I, p. 544, 1859, VIII, 14°.
— individuel par un magistrat, prise à partie, II, p. 580, 4095.
— liberté, II, p. 541, 3985, 3° ; II, p. 547, 552, 4004 à 4049.
— liberté individuelle, droits civiques, constitution, I, p. 544, 1859, 17°.
— mœurs, I, p. 550, 1860, VII, 8° et 9° ; audiences interdites aux femmes et aux enfants, II, p. 347, 3350.
— ordre public, I, p. 543, 1859, VII.
— personnes, I, p. 543, 1859, VIII.
— politique, I, p. 540, 1859, § 2.
— propriété, I, p. 544, 1859, IX.
— pudeur, I, p. 544, 1859, VIII, 6° ; âge de la victime constaté, II, p. 182, 2795 ; compte rendu des débats, III, p. 103, 4524 ; recherches médicales, II, p. 45, 2359 ; tentative, I, p. 590, 1945.
— sécurité publique, I, p. 549, 1860, VI.
— vie du chef de l'Etat, I, p. 540, 1859, 7°.

Attitude des avocats à l'aud., III, p 214, 4850.
— du M.P. à l'aud., I ,p.220, 748, 749.

Attributions, avoués, III, p. 282, 288, 5054, 5066 ; p. 294, 5076.
— cour de cassat., II, p. 358, 3383.
— chambres et conseils de discipline, III, p. 269, 5044 ; III, p. 245, 4859 ; III, p. 412 à 415, 5395 à 5402.
— juges de paix, états annuels, statist. III, p. 529 à 534, 5669 à 5678.
— maires et préfets, II, p. 195, 196, 2837; L. 5 avril 1884.
— M. P., I, p. 169 à 259, 563 à 874.
— poursuites distinctes de l'information, II, p. 35, 2326.
— offic. de pol. judic., II, p. 5, 2244 ; II, p. 6, 2246.
— trib. corr,, II, p. 209 à 214, 2887 à 2894.

Attroupement. II, p. 467 à 474, 3746, 3755.
— contrebande avec, II, p. 604, 4455.
— dégâts et dommages ; responsabilité des communes, L. 5 avril 1884, art. 406.
— empêchement de l'exercice des droits civiques, II, p. 617, 4204, 618, 4208.
— pénalité, I, p. 550, 1860, VI, 19° à 21°.
— provocation, I, p. 554, 1860, XI, 1°.
— répression, II, p.195, 2837, 2°, § 2 ; Circ. min. 13 mars 1883.
— tumultueux ; motifs d'état de siège, I, p. 630, 2152.

Aubergiste, commerçant, I, p. 521, 1797, 3°.
— recherche de gibier, II, p. 488, 3814.
— règlement de police, II, p. 195, 2837, 2°, § 11 ; statist., III, p. 568, 5757.
— registres irréguliers, art. 475, C. P. ; statist., III, p. 567, 5757.
— responsabilité civile, II, p. 438, 3649.
— ventes publiques chez les, III, p. 398, 5354.
— vol commis par un, I, p. 545, 1859, IX, 4°.

Audience, blâme au M. P. interdit à l', I, p. 220, 749.
— civile, I, p. 435, 436, 437, 438.
— commerciale, I, p. 437, 438. 443, 444, p. 543 à 547, 1777 à 1782.
— correctionnelle, I, p. 138, 445, 446 ; II, p. 208, 2885, 2886.
— cour d'appel, I, p. 434, 421.
— criées, I, p. 436, 437, 439, 442.
— crimes à l', I, p. 442, 459, 461.
— délits d', I, p. 444, 457.
— écarts des avocats, I, p. 446, 475, 476.
— extraordinaire, I, p. 449, 379.
— fautes des avocats et officiers ministériels ; compétence, III, p.270, 5046.
— greffier rôle d', III, p. 323, 5158.
— justice de paix, III, p. 484, 4769.
— nature et durée ; registre de pointes, III, p. 484, 5567.
— ordinaire, I, p. 417 à 419, 374 à 378.
— petit criminel, I, p. 419, 376.
— police simple, I, p. 444, 455 ; II, p. 498, 2845 ; injures ou outrages, II, p. 494, 2834 ; I, p. 443, 465 ; violences ou cris, II, p. 243, 2904, 225, 2942.
— procès-verbaux dressés par les cours et tribunaux à l', II, p. 20, 2284, 9°.
— référé, I, p. 118, 372.

— règlement des, I, p. 447 à 426, 371 à 402.

— de relevée, I, p. 420, 380.

— rentrée, I, p. 425, 426, 390, 402, p. 422, 380; Déc. min., 45 novembre 1884; Circ. min. 24 octobre 1883.

— silence troublé; tumulte; I. p. 439 à 443, 447 à 464.

— solennelles; cours, I, p. 442, 356; I, p. 421, 423, 383, 390; I, p. 220, 745; assistance du greffier, III, p. 323, 5458; convocation des juges suppléants, III, p. 474, 4742; entérinement de lettres de grâce, III, p. 86, 4474; tribunaux, I, p. 422, 389.

— statist., III, p. 504, 5646.

— suspension d'; crimes commis pendant, I, p. 443, 464.

— vacations, I, 422 à 425, 389, 394, 398, Décr. 42 juin 4880; Circ. min. 49 juillet 4880.

Audiencier, huissier, III, p. 335, 5483; p. 340, 5497; en j. de p., III, p. 341, 342, 5499, 5200; résidence, III, p. 344, 5206.

Auditeur au conseil d'Etat; franchise postale, III, p. 460, 5513.

Audition du M. P. au civil, I, p. 249, 745; au correctionnel, II, p. 242, 3002, 3004.

— des témoins; appel, II, p. 277, 3425; assises, II, p. 348 à 350, 3383 à 3360; délégation, II, p. 403, 2548; information, II, p. 59, 2396; II, p. 443, 2674; non assignés, II, p. 222, 2932, 2934; tribunal correctionnel, II, p. 224, 2929; refus d'audition, II, p. 229, p. 2955; non contradictoire, II, p. 236, 2980.

Auditoire, affiche des ordonnances d'assises, II, p. 344, 3239.

— simple police, II, p. 498, 2845.

Auteur, articles de journaux; signature, III, p. 404, 4546, L. du 29 juillet 4884.

— crimes inconnus; informations, II, p. 96, 2526; poursuites, II, p. 296, 3488; de délits, I, p. 574, 4895.

— droits d', mépris, confiscation de recette, II, p. 400, 3527, 42°.

— fausse nouvelle, III, p. 405, 4528, 4529.

— réunion séditieuse avec rébellion et pillage, I, p. 544, 4859, VIII, 4°.

Authenticité, actes de l'état civil, I, p. 348 4494.

— actes notariés, III, p. 360, 5254, p. 392, 5334.

— officiers publics, III, p. 6, 4224, 4226.

Autographe, vente, I, p. 549, 4790, obligations imposées aux commissaires priseurs, III, p. 304, 5440; Circ. min. 23 avril 4883.

Autopsie, accident, I, p. 377, 4296; autorisation, II, p. 66, 2447; opportunité, II, p. 45, 2356; requise par un brigadier de gendarmerie, II, p. 80, 2468.

Autorisation, citation d'un grand fonctionnaire, II, p. 438, 2687.

— création de journal, III, p. 404, 4546, L. 29 juillet, 4884.

— décoration étrangère, II, p. 575, 4085.

— dépenses extraordinaires d'information criminelle, III, p. 60, 4394.

— député ou sénateur poursuivi, I, p. 627, 2080.

— établissement religieux ou ecclésiastique; acceptation de libéralité, III, p. 400, 5356.

— femme mariée, pour ester en justice, I, p. 455, 4570; statistique, III, p. 509, 5626.

— incapables, I, p. 293 à 295, 987 à 992.

— judiciaire, I, p. 456 à 458, 4574 à 4582.

— mariage de militaire ou marin, I, p. 414, 4520.

— préalable; presse, L. du 29 juillet; Circ. min. 9 novembre 4884.

— de résider en France, I, p. 384, 4308.

— sursis pour défaut d'autorisation de plaider, II, p. 565, 4053.

Autorité, abus d', II, p. 543 à 547, 3990 à 4003.

— administrative et municipale; règlements, II, p. 495, 2837, L. du 5 avril 4884.

— administrative et militaire, rapports avec le parquet, III, p. 434, 433, 5445, 5448.

— chose jugée, attaquée par un magistrat, III, p. 487, 4775; invoquée, I, p. 478, 583, p. 612, 2023.

— civile, définition, quant aux réquisitions de la force publique, II, p. 574, 4078.

— constituée; délits contraires au respect dû aux, I, p. 439 à 443, 447 à 464.

— diocésaine altération d'acte de l', III, p. 4, 4249.

— empiétement des, II, p. 563 à 565, 4048 à 4055.
— de justice, expropriation, I, p. 394, 1342.
— maritale, I, p. 434 à 459, 1567 à 1582.
— maternelle, I, p. 315, 1068.
— militaire; état de siège, I, p. 650 à 653, 2152 à 2160.
— du ministre, I, p. 52, 160.
— paternelle, I, p. 434, 594, p. 315, 1068.
— publique manquements envers les dépositaires de l', I, p. 548, 1860, V, 2° et 3°.
— sanitaire, I, p. 346, 1182; maritime, Décr., 22 février 1876, titre XI.
— solennités; cérémonies; préséances; Circ. min. 24 février 1876.
— du tuteur, p. I, 315, 1068.
— universitaire, III, p. 94, 4483, 4484; surveillance de l'enseignement public, III, p. 95, 4498.

Autriche, assistance judiciaire, Décr., 19 mars 1880.
— extradition, I, p. 577, 1904.
— traité de commerce, Décr., 8 mars 1884.

Auxiliaire des officiers de police judiciaire, II, p. 6, 2245; attributions communes, II, p. 63 à 67, 2409 à 2424; du parquet, II, p. 3, 2237.

Avance des frais, assistance judiciaire, I, p. 290, 978; contributions indirectes, II, p. 507, 3876.
— partie civile, I, p. 665 à 667, 2204 à 2214.
— procédures militaires, III, p. 33, 4307.
— témoins, III, p. 35, 4314; Circ. min. 30 juillet 1872.

Avancement, magistrats, I, p. 37, 144; p. 62 à 67, 489 à 204; suppléants, III, p. 175, 4744.

Avantage au profit d'un créancier de de failli, II, p. 479, 3785, 3786.

Avant faire droit, appel de jugement, II, p. 264, 3079; civil, I, p. 206, 609; I, p. 226 à 228, 738 à 746; correctionnel, II, p. 247, 3046; 264, 3080.
— juges de la cause, I, p. 151, 494.
— recours en cassation crimin., II, p. 360, 3386.
— renvoi à un autre tribunal pour suspicion légitime, III, p. 159, 4694.
— statist., cours, III, p. 500, 5608;

tribunaux, III, p. 505, 5617; p. 514, 5632.

Avarie maritime, rapport, I, p. 534, 1844; statist. des appels, III, p. 502, 5642, 43°.

Avenue gardée, transport de justice, II, p. 39, 2337.

Avertissement à un avocat, peine disciplinaire, III, p. 247, 4863;
— en conciliation, I, p. 488, 489, 606, 607; III, p. 185, 4769; III, p. 343, 5202; exception, III, p. 353, 5230.
— au contribuable, I, p. 313, 1060.
— exécution des condamnations correctionnelles, II, p. 406, 3540 et appendice, p. 635, 50; simple police, II, p. 206, 2877, 2879.
— aux inculpés par le M. P., I, p. 573, 1893.
— aux juges par le G. des S., III, p. 193, 4792.
— aux magistrats, II, p. 6, 2247; III, p. 197, 4805, 4808.
— aux membres des tribunaux de J. de p., III, p. 193, 4792.
— au M. P. pour négligence ou connivence, I, p. 567, 1875.
— en simple police, II, p. 204, 2858.

Aveu, audience correct., II p. 236, 2979; II, p. 237, 2984.
— chasse, II, p. 497, 3842, p. 498, 3844.
— éléments de conviction du juge, II, p. 245, 3008.
— gens sans, arrestation, II, p. 53, 2377.
— judiciaire de propriété, I, p. 336, 1145.
— matières d'or et d'argent, II, p. 514, 3900.
— officiers ministériels non autorisés ou désavoués, I, p. 174, 574.
— preuve par, II, p. 18, 2280.
— P. V., II, p. 23, 2290.
— résultat pour l'information, II, p. 172, 2769.

Avis, affaires d'assises, avis au G. des S. du résultat, II, p. 358, 3382.
— d'affirmation du P. V. forestier au M. P., II, p. 94, 2524.
— agent de change, création de charge, avis du M. P., III, p. 299, 5099.
— d'acquittement par M. P. au préfet pour faits relatifs à la tranquillité publique, II, p. 289, 3064.
— amende, remise ou modération, avis du M. P., p. 484, 594.
— d'arrêt de renvoi aux maires par P. G., II, p. 304, 3243; append., p. 632, 42; au P. G., II, p. 300, 3199.
— d'arrêt d'appel par le P. G., II, p. 283, 3144.

— cession d'office, rapport du M. P. et avis de nomination à l'impétrant, III, p. 254, 4964; III, p. 256, 4970; avis du M. P. sur le traité, III, p. 244, 4937; avis de la chambre des avoués, III, p. 293, 5079.

— condamnation aux travaux forcés et réclusion, avis par le M. P. au J. de p., II, p. 645, 4196.

— condamnation de simple police, avis par le receveur aux condamnés, II, p. 206, 2877.

— congé du juge d'instr., avis du M. P., II, p. 58, 2394.

conseil d'État du 4 thermidor an XIII, serment relatif au domicile des ascendants, I, p. 428, 1473.

conseil d'État du 30 mars 1808, erreurs dans les actes de l'état civil, I, p. 365, 1248.

— crimes, avis du maire au M. P., II, p. 77, 2457; garde champêtre au maire, II, p. 84, 2481.

— délits politiques, avis au préfet, II, p. 597, 4140.

— déplacement des condamnés, avis au M. P., II, p. 413, 3559.

— détention irrégulière ou arbitraire, avis au M. P., II, p. 550, 4012 à 4014.

— destitution de tuteur, avis des parents, I, p. 502, 1738, 1739.

— dispenses d'âge ou parenté, M. P. I, p. 481, 594.

— dispenses d'alliance, conseil de famille, et M. P., I, p. 432, 434; 4490, 4493.

— dispense de 2e publication, I, p. 481. 594.

— élargissement, avis par le M. P. au directeur des Domaines, II, p. 454, 3694; appendice, p. 637, n° 56; p. 452, 3693.

— enseignement, avis au recteur par le M. P. de poursuites pour infraction aux lois sur, III, p. 95, 4498.

— état civil rectification d', avis des parents, I, p. 368, 1259.

— experts criminels, II, p. 44, 2342; p. 43, 2350.

fausses nouvelles propagation de, avis au P. G., III, p. 405, 4529; au G. des S. des jugements, III, p. 405, 4529.

— forêts, avis au M. P. des poursuites en matière de, II, p. 94, 2524.

— au gardien chef des décisions des tribunaux, Cir. min. 26 oct. 1875.

— grâces, avis de recours par le M. P. aux finances, III, p. 83, 4460. id.

du rejet, III, p. 83, 4462; proposition de grâce, III, p. 85, 4468; du résultat à l'impétrant, III, p. 87, 4474.

— greffier, avis du J. de p. pour la nomination d'un, III, p. 308, 5448.

— interdiction, avis du conseil de famille, I, p. 414, 1422, 1423; p. 415, 1425, 1426; p. 422, 1449.

— interdiction civique, avis par le M. P. au préfet des condamnations à l', II, p. 418, 3574.

— jugements, partage, I, p. 482, 497; p. 454, 505.

— libération des condamnés placés sous la surveillance, avis par le M. P. au préfet, II, p. 447, 3570; II, p. 424, 3600.

— magistrats, défense de donner leur avis sur les matières litigieuses, III, p. 488, 4777.

— maires, avis au public, II, p. 77, 2456.

— mariage de l'enfant d'un interdit, avis des parents, I, p. 481, 593.

— militaires, avis du M. P. au commandant militaire des département ou division, de la mise en jugement de militaires pour délits de douane, II, p. 608, 4475.

— mineur, avis des parents pour commerce, I, p. 481, 593; pour emprunts, ibid.; pour mariage, art. 160 C. C; détention par voie correctionnelle, avis du M. P., I, p. 481, 594; transaction, avis de trois jurisconsultes, I, p. 506, 1753.

— non comparution en conciliation, I, p. 494, 642, 643.

— notaire, avis du M. P. pour le certificat de moralité et capacité d'un candidat, III, p. 374, 5278, 5279; résidence, avis du tribunal, III, p. 384, 5343.

— ordonnance d'assises, avis au P. G. de la publication de, II, p. 312, 3239.

— poursuites disciplinaires contre les avocats, avis du résultat au P. G.; III, p. 248, 4866.

— postes, avis des poursuites à l'inspecteur des postes, III, p. 400, 4514.

— réhabilitation, avis par le M. P. au préfet ou sous-préfet des demandes, III, p. 452, 4669; des maires et J. de p., III, p. 453, 4671; du parquet, III, p. 454,

4674 ; de la cour, III, p. 455, 4677, 4678.

— réduction des études de notaires, III, p. 377, 5292.

— renvoi à un autre tribunal pour suspicion légitime, avis du M. P.; III, p. 459, 4694.

— simple police, avis des condamnations donné par le receveur d'enregistrement, II, p. 206, 2877.

— suppléant de j. de p., avis du J. de p. sur les candidats, III, 479, 4784.

— transport du M. P., avis du juge d'instruction, II, 37, 2334.

— université, avis au recteur des poursuites concernant les membres ou élèves de l' III, p. 93, 4493.

Avocat. III, p. 203 à 219, 4825, 4872.

— appel correctionnel, pouvoir spécial, II, p. 266, 3085.

— candidat notaire, stage, III, p. 366, 5264.

— choisi, II, p. 238, 2988.

— complétant chambre d'accusation, II, p. 292, 3475.

— complétant tribunal, I, p. 433, 427 à 429; p. 434, 432; forfaiture, prévarication, II, p. 561, 4043; partage de voix, civil, I, p. 455, 506, 508.

— doctrines coupables, I, p. 446, 477, 478.

— écarts d'audience, I, p. 446, 475, 476 ; III, p. 214, 4849.

— général, I, p. 442, 354, 355; cour de cass., I, p. 255, 857.

— grève des, I, p. 243, 693 ; p. 215, 698.

— honoraires, distraction des dépens, criminel, II, p. 434, 3636, 3637.

— inconnu, I, p. 243, 694.

— jeune, I, p. 246, 704.

— malade ou empêché, I, p. 264, 702.

— d'office, II, p. 239, 2290 à 2294; assises, stagiaires, II, p. 342, 3334; civil, I, p. 243, 690.

— officiers de justice, I, p. 445, 473, 475.

— pol. corr., II, p. 226, 2944.

— pol. simple, II, p. 498, 2848.

— postulation illicite, III, p. 296, 5090.

— remplaçant le M. P., I, p. 445, 367.

— secret professionnel, II, p. 29, 2307; p. 446, 2682.

— serment profess., III, p. 444, 5465.

— signalé au ministre, III, p. 494, 5588.

— statist., III, p. 504, 5616.

Avortement. I, p. 544, 4859, VIII, 8° ; tentative, I, p. 590, 4946.

Avoué. III, p. 275 à 297, 5031, 5094.

— agréé, I, p. 513, 4774.

— agrégé à l'agence judiciaire du Trésor, I, p. 401, 1374.

— ancien, candidat juge de paix, III, p. 479, 4753, 4754.

— appel correct., qualité, II, p. 266, 3085.

— assises, avocat d'office, II, p. 342, 3334, 3335.

— avocat, III, p. 207, 4839; p. 206, 4834.

— cassation, pourvoi, qualité, II, p. 366, 3405.

— complétant tribunal, I. p. 433, 427, 429; forfaiture, prévarication, II, p. 564, 4043; partage de voix, I, p. 455, 506, 508.

— contributions indirectes, ministère en matière de, II, p. 506, 3873.

— décédé, I, p. 237, 783.

— doctrines coupables, I, p. 446, 447, 477, 478.

— honoraires, distraction des dépens criminels, II, p. 434, 3636, 3637.

— incompatibilité avec les fonctions de magistrat. I, p. 6, 11, 4° ; p. 7, 12, 3°.

— licencié antérieur à 1812, I, 213, 692, 693.

— mandataire en justice de paix, I, p. 489, 608 ; p. 490, 611.

— mesures disciplinaires, I, 498, 643.

— office d'. I, p. 243, 690.

— officiers de justice, I, p. 445, 473, 474.

— parenté et alliance prohibée, III, p. 220, 4875; certif. de non parenté ou alliance pour nomination, III, p. 250, 4957.

— plaidoirie, Circ. min. 9 juillet 1878 ; Algérie, décr. 27 décembre 1884.

— police corr., ministère, II, p. 208, 2885 ; II, p. 226, 2944, 2945 ; p. 238, 2988, 2989.

— produit d'un office, calcul, III, p. 234, 4914.

— remises sur les salaires d'huissier, pactes prohibés, III, p. 349, 5248.

— remplaçant le M. P., I, p. 445, 366, 367.

— secret professionnel, II, p. 29, 2307 ; II, p. 146, 2682, 2683.

— serment, III, p. 439, 5462.

— soustraction de pièces, II, p. 568, 4063.

— taxe, prescription, L. 5 août 1881

Ayant-droit, intervention dans une cession d'office, III, p. 231, 4905 ; p. 243, 4934.

B

Bac, exempt de droits, II, p. 545, 3905; L. du 28 avril 1816, art. 231.
— police des, II, p. 495, 2837, 1°, § 15.
— statist. crim., III, p. 569, 5757.
Bachelier en droit, avoué, III, p. 277, 5036.
— ès lettres, faux certificat d'aptitude, III, p. 7, 4229.
Bagne. I. p. 477, 578; II, p. 384, 3469.
Baïonnette, arme de guerre, II, p. 466, 3742.
Bail, faillite, I, p. 523, 4803; présomption, I, p. 335, 4444.
Bailleur de fonds, cautionnement, III, p. 260, 261, 4986 à 4989.
Bains de rivière, inobserv. des règlements, C. P., 471, n° 15.
— statist. crim., III, p. 569, 5757.
Baisse opérée frauduleusement sur les denrées, I, 552, 4860, IX, 11°; des salaires, II, p. 502, 3858.
Bal public, police de, II, p. 495, 2837, 2°, § 9.
— contraventions, C. P., p 471, § 15; statist. crim., III, p. 568, 5757, § 2.
Balisage, protection du, L. du 27 mars 1882.
Baleine, pêche de la, I, p. 558, 4860, XV, 3.
Ballot de livres, mise en vente de, I, p. 549, 4789.
Ballottage, élections consulaires, Circ. min. 13 février, 1884.
Ban, ouverture d'un, publication, contumace, II, p. 532, 3957.
— rupture de, I, p. 549, 4860, VI, 1°; récidive, III, p. 435, 4621, 4622; p. 438, 4629.
— de vendanges, chasse, II, p. 487, 3814; règlements, II. p. 496, 2837, 5°, § 5; statist. crim.; III, p. 568, 5757. C. P., art. 475.
Bande armée, approvisionnement, armement, commandement, direction, levée, organisation de, I, p. 544, 4859, 14°.
— de malfaiteurs, I, p. 543, 4859, VII, 1°.
— franchise sous, III. p. 447, 5479; p. 448, 5481.

— scellant l'urne du jury, II, p. 329, 3289.
Bandoulière des gardes champêtres, II, p. 83, 2478.
Banni, rentrée du, I, p. 540, 4859.
— reprise du, III, p. 432, 4614.
— surveillance de la haute police, II, p. 420, 3580.
Bannie, publication des arrêtés par, II, p. 487, 3814.
Bannissement, dégradation civique, II, p. 394, 3503.
— pactes illégaux faits par un ministre, II, p. 549, 4008.
— peine, II, p. 392, 393, 3498, 3501.
— surveillance de la haute police, II, p. 420, 3580.
Banque de France, billets faux, avis au gouverneur, III, p. 17, 4260.
— interdiction aux officiers ministériels de faire la, III, p. 220, 4875; idem aux notaires, III, p. 363, 5258; III, p. 446, 5404.
Banqueroute, agents de change, courtiers, II, p. 468, 3730.
— complicité, I, p. 584, 4928, 4929.
— frauduleuse, peine, I, p. 545, 4859, IX, 7°.
— indices, I, p. 524, 4805; p. 527, 4848; p. 528, 4824.
— réhabilitation, III, p. 152, 4668.
— règles générales, II, p. 473 à 482, 3766 à 3793.
— simple peine, I, p. 554, 4860, VIII, 7°.
Banquette de voiture, droit du dixième pour le fisc, II, p. 528, 3944, 3945.
Baraterie, confiscation, II, p. 404, 3527, 21°; peine, I, p. 545, 4859, IX, 3°.
Barbarie, peine, I, p. 544, 4859, VIII, 1°.
Barreau. III, p. 203 à 219, 4825 à 4872.
Barricade, insurgés, II, p. 474, 3759.
Base, droit d'enregistrement pour un officier ministériel, III, p. 245, 4940, 4944.
— estimation d'un office ministériel, III, p. 233, 4944; huissier, III, p. 337, 5489.
— taxe à témoins, III, p. 31, 4300, 4302.
Bassin de navigation, II, p. 545, 3904.
Bateau, chargé de marchandises dangereuses; Décr., 31 juillet 1875.

— impôts, II, p. 545, 3905; p 527, 3944. L. 28 avril 1816.
— incendie, I, p. 545, 4859, IX, 44°.
— inobservation des règlements; compte crim., III, p. 569, 5757.
— jaugeage, tarif, II, p. 545, 3904, 3905.
— à vapeur, navigation fluviale, Décr., 9 avril 1883; règlement, L. du 24 juillet 1856; Décr. du 25 janvier 1865.
Batelier, altération des vins, liquides ou marchandises, I, p. 554, 4860, VIII, 4°.
— vol, I, p. 545, 4859, IX, 4°.
Bâtiment de l'Etat, I, p. 325, 4403.
— de mer, confiscation, II, p. 404, 3527, 24; impôts, II, p. 528, 3944.
Bâtonnier des avocats, III, p. 204, 4827; élection, délibération transmise au P. G., III, p. 209, 4844; mode d'élection, III, p. 214, 4857; réquisitoire, appendice, III, p. 607, 65.
Bavière, actes destinés à la, I, p. 479, 4660; extradition, I, 577, 4904.
Beau-frère, mariage avec belle-sœur, I, p. 431, 4485; du prévenu, témoignage en pol. corr., II, p. 234, 2963.
Belge, témoin, II, p. 444, 2665, 2666.
Belgique, extradition, I, p. 577, 4904.
Bénéfice de la cession de biens, I, p. 295, 993.
— des circonstances atténuantes, supprimé, en matière forestière, II, p. 591, 4426.
— fonctionnaire, acte simulé, II, p. 574, 4069, 2°, 5°.
— d'inventaire, I, p. 486, 1683, 4684; pour mineur, I, p. 505, 4754.
— du pourvoi, perdu par l'évasion, II, p. 370, 3424.
Besoin du ménage, I, p. 453, 4568.
— physique, excuse de délit, I, p. 604, 4995.
Bestiaux, marchand de, I, p. 524, 4797, 5°.
— paccage, pâturage, C. P., 479, n. 40 et compte crim., III, p. 568, 5757, § 3, 3°.
— police sanitaire, Décr. 22 juin 1882.
— saisis en délit par les gardes forestiers, II, p. 92, 2542.
Bête de charge ou trait, mauvaise direction ou course rapide, C. P. 478, n° 4 et statist., III, p. 567, 5757.
— fauve, destruction, II, p. 488, 3842, 4°.
Bibliothèque des cours et tribunaux,

achat, délibération, III, p. 499, 4843; Décr. 28 janv. 1883.
— d'officier ministériel, cession, prix séparé, III, p. 237, 4922.
— soustractions dans les, II, p. 569, 4066.
— statist. des, Circ. min. 26 septembre 1877.
Biens communaux, chasse, II, p. 490, 3820; gestion, vente, L. 5 avril 1884.
— du contumax, II, p. 539, 3980.
Bière, fabrication et vente, droits, II. p. 509, 3882; glucose, Décr. 48 septembre 1880.
Bigamie, complicité de l'officier de l'état civil, II, p. 573, 4074.
— frais de procédure en annulation du 4er mariage, III, p. 62, 4395.
— nullité du 4er mariage, I, p. 446, 4537.
— pénalité, I, p. 544, 4859, VIII, 7°.
— question préjudicielle, I, p. 645, 2437.
— tentative, I, p. 590, 4947.
Bijou confié à la poste frauduleusement, I, p. 564, 4860, XXI, 40°.
Bijouterie, contravention en matière de, I, p. 560, 4860, XX. Quatrième titre, L. 25 janvier 1884.
Bilan actif exagéré, passif diminué, III, p. 8, 4230.
— dépôt au greffe, I, p. 295, 994; I, p. 522, 4798.
Bilboquet, ouvrage de ville, presse, loi du 29 juillet, Circ. min., 9 novembre 1884.
Billard, police des, II, p. 195, 2837, 2°, § 9; huissier, défense de tenir un, III, p. 340, 5196.
Billet de banque, falsification, I, p. 544, 4859, § 3, 2°; poursuites, compétence des magistrats et officiers de police, II, p. 6, 2246; III, p. 46, 4289.
— collectif de chemin de fer, transport des détenus; Circ. min. 29 novembre 1884, 11 février 1885.
— de commerce, destruction volontaire, I, p. 545, 4859, IX, 42°.
— de faveur pour audience, I, p. 427, 407.
— à ordre, antidate, C. de Com. 439; C. P. 447.
— signé par un cessionnaire d'office ministériel, III, p. 239, 4927.
— de vote, falsification, II, p. 647, 4206.
Blâme de l'autorité municipale ou du M. P. dans un jugement de simple police, II, p. 204, 2857.
— de conclusions du M. P., I, p. 220, 749.

— d'un huissier cessionnaire de droits litigieux, III, p. 353, 5227.

— des magistrats, mesure disciplinaire, II, p. 6, 2247.

— d'une partie, dans les motifs d'un jugement, prise à partie, II, p. 580, 4095, 8°.

Blanc, acte notarié, III, p. 390, 5327.

— mariage entre nègres et blancs, I, p. 438, 1509.

Blanc seing, abus, I, p. 554, 4860, VIII, 9°; art. 407 C. P.

Blé en vert, vente prohibée, L. 6 mess. an III.

Blessure excusable, I, p. 596, 1967; p. 597, 1970.

— expertise, II, p. 46, 2361, 2362.

— involontaire, I, p. 550, 4860, VII, 7°.

— mortelle en duel, I, p. 384, 1307.

— survenues aux magistrats, I, p. 68, 208; p. 75, 231, 232; p. 83, 268.

— volontaire, I, p. 550, 4860, VII, 2°; qualifiée, I, p. 544, 4859, VIII, 3°; poursuites, I, p. 572, 4891 ; rapport médical, II, p. 46, 2361 ; sursis, II, p. 254, 3043.

Bois communaux, chasse, II, p. 494, 3822; régime forestier, II, p. 583, 4102, 4103.

— coupe en délit, saisie, II, p. 92, 2544.

— des particuliers, délits, plainte, I, p. 625, 2069.

— taillis volontairement incendié, I, p. 545, 4859, IX, 11°.

— du tribunal, menues dépenses, I, p. 94, 293; Décr. 28 janv. 1883.

— statist., contraventions légères, C. F., compte crim., III, p. 568, 5757.

Boisson, commerce de, par les préfets, s-préfets et command. militaires, I, p. 548, 4860, IV, 4°; II, p. 571, 4074.

— confiscation, II, p. 400, 3527, 6°.

— contributions indirectes, I, p. 557, 4860, XIII, 2°; règles générales, II, p. 508 à 524, 3882 à 3933.

— débit, L. 17 juill. 1880, Circ. min. Int. 20 août 1880, Just. 18 janv. 1884.

— falsifiée et nuisible, vente ou débit, I, p. 550, 4860, VII, 6°; p. 553, 4860, IX, 16°; saisie en fraude, II p. 404, 3527, 20°; statist., I II, p. 568, 5757.

Bonne foi, chasse, II, p. 497, 3842.

— circonstances atténuantes, I, p. 604, 1983.

— contributions indirectes, II, p. 506, 3872.

— douanes, II, p. 610, 4182.

— excuse, I, p. 599, 1976; p. 601, 1983.

— octroi, II, p. 517, 3911.

— officiers ministériels ayant encouru des amendes, III, p. 264, 4997.

— tabacs, II, p. 526, 3940.

— transport de lettres, III, p. 99, 4510.

Bookmakers, Circ. min. 17 mai 1876.

Bordereau de collocat., I, p. 453, 1559; III, p. 320, 5447.

— de frais de justice, III, p. 71, 4425; p. 72, 4426, 4427; appendice, p. 809, n° 60.

— d'inscription de cautionnement de conservateur des hypothèques, I, p. 499, 1408.

— d'inscription hypothécaire, I, p. 400, 1373 ; p. 404, 4388, 4389 ; circ. min. 12 mai 1883.

— d'ouvrages d'or et d'argent vendus en foire, I, p. 560, 4860, XX, 6°.

— de traitement du juge de paix, III, p. 482, 4763.

Borne, déplacement, suppression, I, p. 554, 4860, X, 12°.

Boucher, infraction aux règlements, II, p. 496, 2837, 4°, § 5; statist., III, p. 568, 5757; C. P., 471, § 15.

Bouilleur de crû, L. 14 déc. 1875.

Boulanger, délits successifs, I, p. 615, 2033; p. 594, 1954 ; infractions aux règl. de pol., II, p. 496, 2837, 4°, § 4; statist., III, p. 568, 5757; C. P., 471, § 15.

Boulet de forçat, II, p. 384, 3469; récidive, III, p. 436, 4624; remise de la peine, III, p. 88, 4476.

Bourg, résidence d'un notaire au, III, p. 383, 5309.

Bourse, autorisée pour chasse au lapin, II, p. 491, 3824.

— de commerce, surveillance, II, p. 73, 2443; agent de change et courtier, II, p. 461, 3725.

— commune, avoués, III, p. 295, 5085; comm.-pris., III, p. 302, 5107 ; huissiers, III, p. 358, 5243 ; notaires, III, p. 430, 431, 5444 à 5444.

— incapacités de se présenter à la, condamnés pour contrebande, II, p. 644, 4486.

Bouteille, transport de boissons à la, II, p. 514, 3893.

Braconnage, répression, circ. min. 22 janv. 1880.

Brasserie, L. 28 avril 1816, ch. V, Décr. 18 septembre 1880.

Brême, extradition, I, p. 577, 4904.

— poisson, longueur, pêche, Décr. 10 août, 20 nov. 1875.

Brésil, ouverture de succession au, I, p. 489, 1695.

Brest, bagne, II, p. 384, 3469.

Breuvage, avortement, I, p. 544, 1859, VIII, 5°, p. 590, 4946.

Brevet de capacité, commission d'examen, III, p. 98, 4509.

— d'invention, II, p. 482, 483, 3794. 3799; déchéance ou annulation, I, p. 473, 572 ; I, p. 549, 4791, circ. atténuantes, I, p. 600, 1979; publicité du jugement, I, p. 284; 771 ; transmission au G. des S. des jugem., I, p. 520, 1793; circ. min. aux premiers présidents, 3 août 1878, avec circ. annexe du min. de l'agric. et du comm. 23 juill. 1878.

— de librairie, III, p. 407, 4538.

Brigade de gendarmerie, établissement, répartition, suppression, avis du M. P., III, p. 435, 5454.

Brigadier des forêts, II, p. 89, 2501; adjudication, fraude, II, p. 574, 4069.

— de gendarmerie, procès-verbaux, II, p. 24, 2286, 10°, 11°; II, p. 80, 2468.

Bris de clôture, I, p. 554, 1860, X, 12 ; I, p. 594, 1950.

— de prison, I, p. 549, 1860, VI, 4°; III, p. 425, 4592.

— de scellés, I, p. 543, 1859, VI, 7°; négligence ou connivence des gardiens et dépositaires, II, p. 544, 3986, 7° ; pour vol, I, p. 543, 4859, IX, 4°; p. 549, 1860, VI, 6° et 7°.

— de télégraphe par les insurgés, II, p. 471, 3759.

Brocanteur, règlements de police, II, p. 496, 2837, 4°, § 8 ; défaut de registres, III, p. 568, 5757; C. P., 474, n° 45.

Brouillon à retrancher des dossiers, II, p. 484, 2793.

Bruits injurieux ou nocturnes, II, p. 495, 2837, 2°, § 3 ; incompétence du garde-champêtre pour les rapporter, II, p. 86, 2488 ; statist., III, p. 567, 5757; C. P., 479, n° 8, 480, n° 5.

Budget communal, L. 5 avr. 1884, c. III.

Bulletin administratif, I, p. 402, 324.

— des affaires portées à la chambre d'accusation, II, p. 300, 3200.

— des arrêts, I, p. 400, 314 à 348; p. 404, 349 à 320.

— de condamnations ou n° 1 et 2, III, p. 469 à 479, 5530 à 5554; app.,

648, 649, 76 et 77; administratifs, circ. min. 49 fév. 1874, 48 déc. 1874, 27 août 1875. Alsaciens-Lorrains, circ. min. 26 fév. 1872 ; dossier criminel, II, p. 479, 2787 ; recrutement, circ. min. 1er oct. 1879, 31 mai 1883 ; statist., III, p. 575, 5774.

— d'entrée dans une maison d'aliénés, I, p. 277, 929,

— des lois, envois, I, p. 97, 305 ; p. 98, 307; p. 99, 340 à 343 ; registre de publication, greffe, III, p. 327, 5461, 38°; reliure, I, p. 94, 294. L. 28 janvier 1883.

— de tirage au sort du jury, II, p. 327, 3284.

— de vote, électoral, falsification, II, p. 647, 4206; du jury, II, p. 355, 3374 ; publication, distribution, sans dépôt ; Circ. min., 29 décembre 1877.

Buraliste, greffier incompatibilité, III, p. 310, 5123.

Bureau, administration publique, dépôt public, II, p. 569, 4066.

— assistance judiciaire, I, p. 281 et 282, 945 à 950.

— bienfaisance ou charité, I, p. 293, 988 ; avis du Conseil d'État, 11-24 mars 1880.

— conciliation, I, p. 485 à 492, 601 à 646, III, p. 485, 4774 ; non comparution, I, p. 476, 577, 4.

— conservation des hypothèques, I, p. 279, 938.

— consultation gratuite, III, p. 242, 4854.

— douane, I, p. 326, 4405 ; II, p. 604, 4454 ; II, p. 604, 4462.

— électoral, outrages, violences, II, p. 649, 4208.

— enregistrement, II, p. 48, 2281.

— garantie des matières d'or et d'argent, police judiciaire, II, p. 8, 2249, 10° ; II, p. 544, 3900 ; contraventions, I, p. 560, 4860, XX, 3°; procès-verbaux, II, p. 544, 3900.

— marguilliers, I, p. 293, 988, 3°, I, 396, 4360.

— messageries, I, p. 328, 4445.

— navigation, II, p. 545, 3904.

— nourrices, Décr. 27 février 1877, art. 35.

— octroi, II, p. 549, 3919.

— placement, L. 25 mars, 6 avril 1852, art. 474, § 45, C. P.

— poste, saisies, II, p. 4, 2240 ; II, p. 544, 3994.

C

Cabane, destruction de, I, p. 554, 1860, X, 7°.

Cabaret, contraventions, II, p. 510, 3888, 3889.

— ouvert à une heure indue, statist. III, p. 568, 5757, C. P., 471, n. 15.

— police des, II, p. 495, 2837, 2°, § 44 ; L. du 17 juillet 1880, Circ. min., 20 août 1880, 48 janv. 1881.

— vente publique dans les, III, p. 398, 5354.

Cabaretier, commerçant, I, p. 521, 1797, 3°.

Cabinet du président du tribunal civil, local, I, p. 84, 262.

Cabotage, grand, I, 534, 1844.

Cachet de lettre, chargement, III, p. 449, 5487 ; de notaire, III, p. 364, 5259.

Cachetage, commission rogatoire, II, p. 152, 2700.

— dossier, II, p. 409, 2566.

— pièces à conviction, II, p. 49, 2368.

Cachot, peine contre les détenus, III, p. 113, 4552 ; prévenu mis au, I, p. 565, 4867.

Cadavre, recherche de l'identité, I, p. 376, 1292 ; p. 378, 1299 ; questions à poser au médecin, II, p. 44, 2354 et II, appendice, p. 624, n. 27 ; compétence pour l'information, II. p. 100, 2535.

Cadeau reçu à raison des fonctions, II, p. 556, 4028.

Cadenas, effraction, I, p. 545, 1859.

Cadi notaire. Algérie, exécution des jugements, Décr. 8 avril 1882.

Cadre de statistique, III, p. 495, 5597.

Café ouvert à heure indue, C. P., 471, n. 15 ; statist., III. p. 568, 5757 ; police des, II, p. 495, 2837, 2°, § 9, L. du 47 juillet 1880, Circ. min., 20 août 1880, 18 janvier 1891.

Cahier des charges, de ventes d'immeubles de mineur, I, p. 504, 4747 ; dépôt du, I, p. 496, 4719 ; dires consignés sur les émoluments du greffier, III, p. 320, 5148.

— des dépositions des témoins, II, p. 59, 2394 ; II, p. 444, 2673 ; II, p. 454, 2699.

Caille, chasse de la, II. p, 487, 3812, 1°.

— de provenance étrangère, commerce, Circ. min., 29 avril 1878.

Caisse des dépôts et consignations, I, p. 318 à 319, 4078 à 4083 ; versement du produit des pièces à conviction, III, p. 329, 5168; versement du produit des ventes de biens de failli, I, p. 528, 4820.

— d'épargne, malveillance, Décr. 15 avril 1852 ; postale, L. 9 avril 1881, Décr. 31 août 1884.

— des invalides de la marine, I, p. 670, 2220, 9° ; frais de justice, I, p. 674, 2225.

— pièce à conviction, III, p. 329, 5167.

— publication à son de ; ordonnance contre contumax, II, p. 534, 3956.

— des retraites, I, p. 477, 578 ; actes de l'état civil, I, p. 384, 1499; pièces gratuites, III, p. 318, 5442.

Calcul du délai d'appel des jugements correctionnels, II, p. 270, 3096, — des frais de voyage des huissiers, III, p. 42, 4338.

Calendrier grégorien, prescription de, I, p. 620, 2048.

Calomnie base de décision judiciaire, II, p. 579, 4094.

Cambodge, juridiction française, Décr. 24 février 1881.

Campagne militaire du magistrat, I, p. 74, 228.

Canal navigable, garde de, II, p. 9, 2249, 20.

— mise à sec de, III, p. 60, 4394.

Candidat juge de paix, III, p. 478 à 480, 4749 à 4757.

— officier ministériel, pièces et formalités, III, p. 246 à 253, 4947 à 4962.

Canne à épée, II, p. 466, 3743.

— ordinaire, sans dard ni ferrement contrebande, II, p. 602, 4153.

Canot, navigation, droits, II, p. 515, 3905.

Canton, changement de circonscription, III, p. 482, 4764.

— helvétiques, I, p. 389, 1333.

— justice de paix par, III. p. 478, 4747.

— maritime, I, p. 327, 1143.

— original de citation par chaque, II, p. 246, 2907; p. 221. 2928.
— supprimé, transport des minutes du juge de paix, III, p. 334, 5174, à 2834.
— tribunal de, II, p. 491 à 494, 2822, à 2834.

Cantonnement militaire, réquisitions L. 3 juillet 1877; décret 2 août 1877.

Cantonnier, droit des, II, p. 9, 2250.
— force des procès-verbaux, II, p. 21, 2286, 6°.
— police judiciaire, II, p. 7, 2249.
— des ponts et chaussées, corruption, II, p. 559, 4036, 6°.

Capacité, certificat de, avoué, III, p. 277, 5036; commis greffier, III, page 343, 5134; greffier, III, p. 306, 5147; huissiers, III, p. 336, 5186; officier ministériel, III. p. 249, 4952.
— de contracter devant notaire, III, p. 398, 5354.
— électorale, I, p. 329, 1117.

Capitaine, gendarmerie, cérémonies, cortèges, rang, III, p. 471, 4728.
— d'habillement, faux sur ses registres, III, p. 7, 4229.
— navire, fautes, statist. des appels, III, p. 502, 5642; rapport des, I, p. 533 à 535, 1838 à 1845; réclamations en cas de naufrage, I, p. 328, 1445.
— port, serment, III, p. 440, 5462, VII.
— rapporteur, commission rogatoire, II, p. 452, 2704; franchise postale III, p. 460, 5513; p. 461, 5515; p. 463, 5549.

Capture, condamné correctionnel, II, p. 407, 3542.
— contraignable, II, p. 448, 3681.
— droit de, III, p 49 et 50, 4356 à 4359; et appendice, p. 598, n. 58.
— failli, I, p 525, 4810.
— par huissier, III, p. 348, 5245.

Caractère d'imprimerie, vente de, I, p. 519, 4789.
— intentionnel du fait, appréciation par la chambre d'accusation, II, p. 296, 3487.
— public des fonctionnaires, III, p. 5, 4223.

Carence, contrainte contre des insolvables, II, p. 446, 3674.
— procès-verbal de, par les gardes forestiers, II, p. 91, 2509.

Cargaison, confiscation, II, p. 401, 3527, 21.

Carrière, accidents, I, p. 380, 4305; exploration au cours d'information, dépense, III, p. 60, 4394.

Cartes, à jouer, II, p. 512, 3894, 3897;

colportage, procès-verbaux des gardes-champêtres, II, p. 86, 2489; pénalité, I, p. 557, 1860, XIII, 3°.
— postales, fabrication, Arr. min. 7 octob. 1875.

Cartouche de guerre, confectionnement, fabrication, II, p. 467, 3744; II, p. 521, 3925; p. 523, 3930.

Cas disciplinaires, magistrats, III, p. 487, 4775; notaires, p. 446, 5404, 5405.
— épineux, médical, information, choix d'experts, II, p. 44, 2354.
— de responsabilité des communes, I, p. 300 à 304, 1007 à 1030; L. 5 avril 1884.

Caserne, chambre de sûreté, II, p. 550, 4012; III, p. 124, 4588.
— garde provisoire des inculpés à la, II, p. 51, 2374.
— prison civile considérée comme annexe de, I, p. 640, 2123.
— réquisition du M. P., en ce qui concerne les, I, p. 476, 573.
— significations dans une, I, p. 481, 4668.

Casier judiciaire, III, p. 468, 5525; administratif, Circ. min., 19 février, 18 décembre 1874; 27 août 1875, 9 décembre 1875; Alsace-Lorraine, Circ. min., 7 février 1873; Allemagne, Circ. min., 26 février 1872.
— central, III, p. 439, 4632; p 468, 5527; p 471, 5534.
— recrutement, Circ. min., 1er octob. 1879; 31 mai 1883; statist., III, p. 575, 5774.
— Suisse, Circ. min., 20 décembre 1880, 7 décembre 1881.

Cassation, arrêt de renvoi, II, p. 307, 3222.
— avocats, décisions disciplinaires, III, p. 219, 4872.
— chambre de discipline d'officiers ministériels, recours impossible contre les décisions, III, p. 270, 5014.
— civil, I, p. 250 à 258, 841 à 868.
— criminel, II, p. 358 à 377, 3383 à 3446.
— douanes, II, p. 643, 4490.
— élections, I, p. 331, 1124.
— ordonnances du juge d'instruction, II, p. 184, 2800.
— pourvoi en assistance judiciaire, I, p. 286, 962, 963.
— reconnaissance d'identité, III, p.133, 4617.
— registre des pourvois, greffe, III, p. 325, 5164, 13°.
— simple police, II, p. 205, 3874.

Castration, excusée, I, p. 598, 1973.

— pénalité, I, p. 544, 4859, VIII, 5°.

— pièces à conviction, II, p. 50, 2371.

Catalogues de ventes d'autographes, livres, manuscrits, obligation pour les commissaires-priseurs d'adresser un double exemplaire au ministère des affaires étrangères, Circ. min. du 23 avril 1883.

Cause ardue, I, p. 218, 744.

— arriérée, I, p. 205 à 207, 665 à 670.

— communicable, I, p. 472 à 480, 572 à 593; p. 208 à 242, 675 à 688.

— contradictoire, I, p. 222, 723, 724; p. 223, 725.

— distribution, I, p. 499, 647.

— enrôlement, I, p. 496 à 499, 637 à à 646.

— entendue, I, p. 247, 704.

— liée, I, p. 200, 653; identité de juges, I, p. 450, 487.

— renvoi, I, p. 204 à 205, 657 à 664.

— requête civile, I, p. 248, 832.

— de suspicion légitime des juges, III, p. 457 et 458, 4683, 4688, Inst., II, p. 58, 2392.

Caution, douanes, II, p. 605, 4465.

— contrainte par corps, II, p. 442, 3662, 2°.

— *judicatum solvi*, I, p. 389, 4336; I, p. 635, 2468.

— liberté provisoire, II, p. 464, 2725; p. 466 à 468, 2746 à 2756.

— pourvoi en cassation contre jugement ou arrêt ordonnant un payement à faire par le Trésor, I, p. 256, 862.

— notaire, incapacité d'être caution, III, p. 446, 5404.

— trésorier de la chambre des huissiers, III, p. 360, 5249.

Cautionnement, agents de change, II, p. 462, 3726.

— commissaires-priseurs, III, p. 304, 5102.

— conservateurs des hypothèques, I, p. 407 à 410, 4400 à 4409.

— greffiers, III, p. 307, 5447, 8°.

— huissiers, III, p. 337, 5488; p. 338, 5494.

— journaux, III, p. 404, 4547; I, p. 556, 4860, X, 23°, L. du 29 juillet 4884.

— notaires, III, p. 384, 5304.

— officiers ministériels et fonctionnaires, III, p. 257 à 264, 4976 à 4995.

— recouvrement des amendes sur le, III, p. 265, 5002.

— statist. civ., appel en matière de, III, p. 502, 5642, 30°.

— versement nécessaire pour toucher l'indemnité de cession d'office, III, p. 223, 4884; pour le serment, III, p. 256, 4972.

Cave, exploration pour information, frais, III, p. 60, 4394.

— visite de la régie, boissons, II, p. 509, 3884.

Caverne, exploration nécessaire pour information, frais, III, p. 60 4394.

Cavités abdominale, encéphalique et thoracique, II, p. 45, 2356.

Cécité, juré, II, p. 334, 3305.

Cédant d'office ministériel, renseignements, rapport du M. P., III, p. 253, 4964.

Cédule, détenus, II, p. 442, 2670.

— ports et arsenaux, II, p. 453, 2706.

— simple police, II, p. 493, 2832.

— témoin d'information, II, p. 436, 2654, 2652, 2653.

— témoin de divers cantons, II, p. 246, 2907; III, p. 45, 4346.

Ceinture, insigne des magistrats, II, p. 468, 3749; p. 470, 3752, Circ. min., 47 juill. 1852.

Célébration de mariage sans preuve de consentement des parents, I, p. 548, 4860, IV, 44°.

— de mariage de veuve avant délai, *ibid.*, 42°.

— de mariage religieux avant le mariage civil, *ibid.* 44°.

Célérité, cession d'office, III, p. 254, 4965.

— information, II, p. 59, 2395.

— translation de prévenus, II, p. 53, 2378.

— transmission de dossiers d'appel et criminel, II, p. 275, 3448.

Censeur de lycée, juridiction, III, p. 94, 4483.

Censure contre avoué, III, p. 293, 5080, 2° et 3°; clerc de notaire, III, p. 370, 5275.

— contre le gouvernement par un ministre du culte, I, p. 542, 4859, V.

— contre un huissier, III. p. 357, 5240.

— contre un magistrat par cour d'appel, III, p. 493, 4793; p. 496, 4803; p. 498, 4844.

— presse, L. 29 juillet; Circ. min., 9 novembre 1884.

— contre un notaire par la chambre de discipline, III, p. 373, 5283; avec ou sans réprimande, III, p. 447, 5407.

— d'un tribunal entier par la cour de cassation, III, p. 492, 4790,

Cercle, réunion, L. du 30 juin 1884.

érémonial, pour certains témoins, II, p. 440, 2662.
— serment des magistrats, I, p. 48, 49.
érémonie publique, I, p. 24 à 30, 75 à 93, p. 31 et 32, 94 à 98 ; Circ. min., 24 février 1876 ; rang des J. de p. et suppléants, III, p. 484, 4759 ; rang des trib. de 1re inst. et consulaires, III, p. 470, 4727 ; règlements sur les fêtes et, II, p. 495, 2837, 2°, 7.
Certificat d'appel correctionnel, II, p. 274, 3404.
— d'aptitude délivré aux commissaires de police, II, p. 72, 2439, et p. 194, 2833.
— d'assiduité aux avocats stagiaires, III, p. 206, 4833.
— de bonne conduite militaire, III, p. 248, 4948 ; refus de délivrance, III, p. 353, 5228 ; faux, I, p. 547, 4860, III, 7°.
— de cautionnement, inscription de, III, p. 258, 4977 ; remboursement, III, p. 262, 4994, 4992 ; p. 263, 4995 ; liberté provisoire, II, p. 168, 2753.
— de capacité ou d'aptitude pour mariage d'étranger, I, p. 436, 4502.
— de complaisance, délivré par notaire, pénalité, III, p. 427, 5433.
— pour congé de juge de paix, fourni par un suppléant, III, p. 182, 4762.
— contrat de mariage, I, p. 443, 4527 ; III, p. 395, 5344.
— de défaut sans excuse de l'inculpé libre sous caution, II, p. 168, 2753.
— divorce, Circ. min., 3 octobre 1884.
— enregistrement, I, p. 333, 4433.
— faux, III, p. 4, 4220 ; p. 7, 4229.
— d'hérédité pour cession d'office, III, p. 230, 4904.
— d'indigence, dispenses d'alliance ou de parenté, I, p. 435, 4498 ; mariage, I, p. 440, 4516 ; dispense de consignation, I, p. 255, 856 ; I, p. 666, 2206 ; pourvoi en cassation, II, p. 369, 3447 ; contrainte, III, p. 74, 4435 ; veuves et orphelins militaires, III, p. 485, 4770 ; faux, I, p. 547, 4860, § 3, 8°.
— de jouissance des droits civils, civiques et politiques, III, p. 248, 4950.
— de libération du service militaire, pour cession d'office, III, p. 247, 4948.
— pour marins et militaires disparus, I, p. 267, 897 ; I, p. 445, 4530.
— médico-légal, juré, II, p. 334,

3305 ; témoin non malade, II, p. 448, 2690, 2691 ; transport de prévenus, II, p. 53, 2378 ; III, p. 58, 4382, 4383.
— de moralité et capacité, III, p. 248, 4934 ; avoués, III, p. 278, 5040 et 5044 ; notaires, III, p. 370 à 378, 5276 à 5286 ; fabrication et falsification, I, p. 542, 4859, § 3, 7° ; I, p. 547, 4860, III, 7°.
— négatif de condamnations, droits de, greffe, III, p. 475, 5546.
— négatif d'inscription d'acte sur les registres de l'état civil, I, p. 426, 4466.
— de non opposition à défaut, I. p. 239, 794.
— de notoriété suppléant un acte de décès, III, p. 485, 4770.
— pour pension de retraite des concierges et guichetiers, III, p. 422, 4582.
— de propriété de rentes viagères, pension, cautionnement, III, p. 396, 5347 et 5348.
— de publication de mariage, I, p. 429, 4478.
— de publication de purge, I, p. 406, 4396.
— de quitus nécessaire aux huissiers et commissaires-priseurs pour toucher leur cautionnement, III, p. 262, 4993.
— de radiation, ordre et distribution, I, p. 454, 4565.
— pour réhabilitation, III, p. 452, 4669 ; p. 453, 4670 à 4672.
— pour remboursement des dépens en matière forestière, II, p. 593, 4430.
— pour séparation de biens, I, p. 476, 4649, 4650 ; III, p. 395, 5344.
— de stage, avocats, III, p. 206, 4833 ; avoués, III, p. 277, 5037, 5038 ; huissiers, III, p. 336, 5485 ; notaires, III, p. 364 à 370, 5264 à 5275 ; officiers ministériels, cession d'office, III, p. 249, 4952, 4953.
— de versement de deniers à la caisse des dépôts et consignations en matière d'ordre, I, p. 452, 4559.
— de vie, magistrat, pension, I, p. 84, 251 et 252 ; III, p. 395, 5346 ; notaires, déclarations, Circ. min., 30 août 1884 ; titulaires de pension, défunts, Circ. min., 6 février, 47 avril 1882 ; cumul de pensions, Circ. min., 46 mai 1884.
Cessation de délit ordonné par le tribunal correctionnel, II, p. 256, 3052.
— de fonctions, agent de change ou courtier, II, p. 462, 3728 ; fonc-

tionnaire, II, p. 545, 3999; notaire, III, p. 407, 5380; p. 426,
5430; p. 428, 5436.
— de payement, I, p. 522, 1798; II,
p. 474, 3767; notaire failli, III,
p. 363, 5258.
— de travail, obtenu par coalition, II,
p. 502, 3858; L. 21 mars 1884,
Circ. min., 15 septembre 1884.

Cession de biens, I, p. 179, 594; 1, p.
295, 296, 993 à 996.
— de droits litigieux d'un huissier,
III, p. 353, 5227.
— d'office, III, p. 230 à 253, 4903 à 4962;
agent de change, II, p. 462, 3726 à
3729; commissaire-priseur, III,
p. 300, 5102; greffier, III, p. 308,
5119; huissier, III, p. 337,
5187; p. 343, 5204; notaires,
III, p. 375, 5288; poursuites
criminelles, III, p. 375, 5287;
rapport du M. P., III, p. 380,
5304, 5302, Cir. min., 14 juin
1884.
— de procès interdite aux avoués, III,
p. 285, 5059; aux magistrats,
III, p. 489, 4779.

Cessionnaire d'office, fils ou frère du cédant, III, p. 243, 4933, 4935.

Chablis, enlèvement de, I, p. 558, 1860,
XV, 4°, art. 197, C. F.

Chaîne des forçats, II, p. 442, 2669.

Chambre d'accusation, composition, I,
p. 407, 337; L. du 28 août
1883; évocation, II, p. 60, 2399;
II, p. 294 à 310, 3172 à 3235;
réhabilitation, III, p. 454, 4675;
remplacement, I, p. 432, 424;
statist., III, p. 584 à 586, 5779
à 5792.
— des appels correctionnels, II, p.
265, 3084.
— de commerce, Décr., 3 septembre
1851, 30 août 1852, 6 janvier
1853, 22 janvier 1872.
— du conseil, affaires jugées en, I,
p. 129, 416; conflit, I, p. 308,
1043: délibérés, I, p. 451, 452,
493: id. au criminel, II, p. 59, 2397,
2398; liberté provisoire, II, p.
164, 2737; local, I, p. 84, 267;
mesures disciplinaires contre
magistrats, III, p. 496, 4801;
contre officiers ministériels, III,
p. 274, 5048, 5021; prise à partie, II, p. 581, 4099; statist. des
arrêts rendus en, III, p. 501, 5610.
— consultative des arts et manufactures, Décr. 30 août 1852, 24 octobre 1863, 22 janvier 1872.
— de dépôt, II, p. 409, 3548.
— de discipline, avocats, local, I, p.
85, 265; avoués, attributions,

III, p. 289 à 297, 5067 à 5086;
local, I, p. 85, 265; commissaires-priseurs, III, p. 302,
5406; local, I, p. 85, 266; compétence des, III, p. 269, 270,
5011 à 5015; des huissiers, III,
p. 354 à 358, 5233 à 5242; certificat de moralité et de capacité,
III, p. 336, 5185, 5186; estimation d'office vacant, III, 335,
5184; réduction, III, p. 334, 5181;
notaires, III, 409, 421, 5385 à
5418; critique des actes du Gouvernement, III, 373, 5283; local,
I, 85, 265; refus d'examiner un
aspirant, III, p. 372, 373, 5280
5282; surveillance des aspirants
au notariat, III, p. 370, 5275; recours en cassation refusé, contre
les décisions d'une, II, p. 360,
3389.
— d'instruction, local, I, p. 84, 262.
— du jury gardée par la gendarmerie,
II, p. 334, 3369.
— de mise en accusation, I, p. 407,
337; roulement, Circ. min., 19
juillet 1880.
— offense envers les, I, p. 625, 2075,
10°.
— de police municipale, II, p. 550,
4012.
— de sûreté, II, p. 429, 2626; gendarmerie, II, p. 550, 4012; III,
p. 124, 4588; hospices, III, p.
114, 4555.
— syndicale, agents de change et
courtiers, Décr., 5 janvier 1867.
— des témoins, assises, II, p. 349,
3356; pol. corr., I, p. 84, 262;
II, p. 228, 2952.
— temporaire, I, p. 55, 167.
— tribunaux ayant deux, I, p. 111, 352.
— des vacations, I, p. 440, 350; p. 422
à 425, 389, 394 à 398; remplacement d'un membre, I, p. 432,
424; Décr., 12 juin, 4880.

Chancellerie, correspondance, III, p.
456, 5506; pouvoir disciplinaire,
III, p. 493, 4792; p. 496, 4803;
p. 272, 5023.
— légion d'honneur, droits de, Décr.
22 mars 1875.

Change, droit de, usure, III, p. 167, 4746.
— opérations de, interdites aux officiers
ministériels, III, p. 220, 4875;
aux notaires, III, 363, 5258.

Changement, disciplinaire des magistrats, I, p. 51, 196, p. 52, 460.
— de nom et prénom, I, p. 371 à 374,
1272 à 1284; I, p. 479, 590;
pénalité, II, p. 575, 4083.
— du président des assises, II, p. 318,
3257.

— de résidence, huissiers et notaires, formalités, III, p. 199, 4813, 4°; cautionnement, III, p. 258, 4979, 4980; III, p. 348, 5206; notaires, III, p. 386 à 387, 5345, 5320; III, p. 395, 5346; des surveillés de la haute police, II, p. 422, 3594 à 3593.

Chanson contraire aux bonnes mœurs, II, p. 400, 3527, 4°; L. du 2 août 1882.

Chant séditieux, L. du 29 juillet, Cir. min., 9 nov. 1881.

Chanterelles, chasse avec, II, 493, 3828.

Chantier, volontairement incendié, I, p. 545, 1859, IX, 11°.

Chanvre, rouissage du, II, p. 196, 2837, 5°, § 3, et C. Pe, 471, § 15; statist. crim., III, p. 568, 5757.

Chapeau, bas, audience, I, p. 139, 448.

Chapitre de cathédrale, I, p. 294, 988.

Charcutier, règlement de police, II, p. 196, 2837, 4°, § 6, C P., 471, § 15.

Charge, du greffe, III, p. 318, 5143.
— nouvelle, II, p. 488, 490, 2814, 2821; II, p. 297, 3488.
— suffisante pour mise en accusation, II, p. 293, 3478.
— de succession en deshérence, I. p. 491, 1704.
— vente de, III, p. 223 à 255, 4883 à 4968.

Chargement, franchise postale, III, p. 449, 5487; p. 450, 5488.

Charrette, mauvaise direction ou rapidité, C. P., 475, 3°, 476; statist., III, p. 567, 5757.

Charretier, obligation imposée sur les routes au, I, p. 564, 4860, XXI, 2°.

Charte partie, statist., civ. des appels en matière de, III, p. 502, 5642; Com., 273, 278.

Chasse, II, p. 483 à 504, 3800 à 3857.
— affirmation des procès-verbaux, II, 14, 2266.
— confiscation d'armes abandonnées, II, p. 215, 2906; d'armes non saisies, II, p. 402, 3529; d'armes saisies, II, p. 400, 3527, 14°.
— constatation par les gardes-champêtres, II, p. 83, 2479.
— par les gardes-forestiers, II. p. 20, 2284, 2°; p. 95, 2523.
— gratifications pour les agents verbalisateurs, III, p. 51, 4362.
— magistrats, I, p. 53, 464.
— militaires en campagne ou cantonnements, Décr. 24 juillet 1875, art. 546.
— pénalité, I, p. 557, 1860, XII, 1°; contre garde-forestier, II, p. 95, 2523.

— poursuites, I, p. 566, 4873; I, p. 625, 2068; I, p. 674, 2224; partie civile, I, p. 659, 2183, M. P., Circ. min., 22 janvier 1880.
— prescription, I, p. 619, 2046.
— récidive, III, p. 135, 4622.
— règlementation, II, p. 196, 2837, 5°, § 4.
— responsabilité civile, II, p. 439, 3652.
— transit de gibier en temps prohibé, Circ. min., 28 avril 1881.

Château, perquisition dans les, II, p. 48, 2366.

Chaudière à vapeur, destruction, I, p. 545, 1859, IX, 11°; L. 21 juillet 1856; Décr. 30 avril 1880; navigation fluviale, Décr. 9 avril 1883.

Chauffage, tribunaux, dépenses; Décr. 28 janvier 1883.

Chaussée détruite volontairement, I, p. 545, 1859, IX, 11°.

Chaussure fournie aux inculpés, II, p. 53, 2379; frais urgents, III, p. 65, 4402.

Chef d'association internationale, II, p. 472, 3762.
— de bureau d'administration publique, incompatibilité, greffe, III, p. 340, 5423.
— de corps, certificats, réhabilitation, III, p. 153, 4672.
— de culpabilité, appel, examen, II, p. 279, 3429; chambre d'accusation, II, p. 299, 3496.
— d'escadron de gendarmerie, cérémonie, cortège, rang, III, p. 471, 4728.
— d'établissement d'instruction publique, surveillance, III, p. 94, 4494; p. 95, 4497.
— du jury, II, p. 338, 3323.
— de légion de gendarmerie, observations sur les officiers de gendarmerie, II, p. 79, 2462; III, p. 435, 5454; rang, III, p. 471, 4728.
— lieu judiciaire, assises, II, p. 343, 3344; expropriation, choix du jury, I, p. 392, 1344.
— de litige, réponse par les juges à tous les, II, p. 562, 4045, 4046.
— de maison, réquisition, II, p. 36, 2326, 2328, 2329; II, p. 62, 2405; II, p. 64, 2409.
— de parquet, choix des candidats aux justices de paix, III, p. 478, 4754; délibérations du tribunal, III, p. 200, 4815; p. 204, 4848; pourvoi en cassation, II, p. 362, 5392.

— du pourvoi exécutif. L. 31 août 1871.
— de réunion séditieuse avec rébellion et pillage, I, p. 514, 1859, VIII, 3°.

Chemin communal litigieux, I. p. 299; 4005; police, II. p. 196, 2837, 5°, § 7; procès-verbaux des gardes-champêtres, II. p. 86, 2489.
— délimitation de, conflit, II, p. 564, 4051.
— de fer, accidents, avis télégraphique, III, p. 456, 5505; contraventions, II, p. 7, 2249, 5°; assignations, I, p. 481, 1669; poursuites, I, p. 600, 1979; état des décisions en matière de III, p. 486, 5573; infractions au décret de concession, négociation des actions, I, p. 553, 1860, IX, 28; id., par agents de change, II, p. 463, 3732; d'intérêt local, L. 11 juin 1880; Décr., 18 mai, 9 août 1881; statist., III, p. 568, 5757, 20°; transport des détenus, III. p. 55, 4375, Circ. min. 29 nov. 1884, 11 février 1885.
— public, circonstance aggravante de vol, I, p. 545, 1859, IX, 4°; dégradation, C. P., 479, 11°; statist., III, p. 568, 5757; procès-verbaux de gardes-champêtres, II, p 86, 2489; question préjudicielle, I, p. 645, 2437.
— rural, Code rural, L. 20 août 1881.
— sûreté des, II, p. 195, 2837, 4°.
— vicinal, établissement ou élargissement, expropriation I, p. 395, 1358, 1359; pénalité pour contravention sur II, p. 8, 2249, 6°.

Cheminée, défaut de réparation, ramonage, C. P., 471, 4; statist., III, p. 567, 5757.

Chèque, timbre, I, p. 495, 1715, L. 11 juin 1865.

Cherté des subsistances, troubles, mesures, II, p. 547, 4003.

Cheval, circonstance aggravante de contrebande, II, p. 600, 4149; id. de vol, art. 388, C. P.
— course rapide ou mauvaise direction C. P., 475, § 4, 476; statist. p. 567, 5757.
— recensement, L. du 3 juillet 1877 et décret 2 août 1877.
— transport des prévenus, II, p. 53, 2378.

Chèvre empoisonnée, I, p. 554, 1860, X, 8°.

Chien courant, chasse, II, p. 494, 3824, 3825.
— inutile pour fait de chasse, II, p. 494, 3823.
— lévrier, emploi autorisé, II, p. 488, 3812.

Chili, extradition, I, p. 577, 1904.

Chimiste, expert, II, p. 41, 2341.

Chiourme, chef du service des, franchise postale, III, p. 464, 5519, VIII, 7°.
— commissaire des. III, p. 81, 4453; renseignements sur les recours en grâce des forçats et les réhabilitations, III, p. 151, 4673.

Chirurgien, acceptation de dons ou promesses pour favoriser les conscrits, III, p. 442, 4643.
— complice de mutilation volontaire, III, p. 444, 4638.
— secret professionnel, II, p. 446, 2682.
— taxe des vacations, III, p. 56, 4378.

Choix d'un défenseur, II, p. 238, 2987; p. 307, 3222; p. 343, 3338.
— des jurés par les commissions, II, p 324, 3278; p. 325, 3280.
— des moyens de poursuites réservé au M. P., II, p. 33, 2320, 2321; p. 96, 2525, 2526; au juge d'instruction, II, p. 97, 2527.
— des témoins d'information, II, p. 134, 2648.

Chose jugée; I, p. 478, 583, p. 211, 801; p. 569, 1882; action civile, I, p. 569, 1882; force de, I, p. 520, 1792; magistrats attaquant l'autorité de, III, p. 487, 4775; non bis in idem, I, p. 612 à 618, 2023 à 2042; banqueroute simple et frauduleuse, II, p. 475, 3772; ordonnance finale du juge d'instruction, II, p. 488, 2813; II, p. 505, 3870; respect de la, I, p. 259, 872.

Christ, image du, salles d'audience, I, p. 86, 267.

Cidre, fabrication et vente, droits sur, II, p. 509, 3882.

Cigarettes préparées en fraude, II, p. 527, 3943.

Cimetière, règlement de police, II, p. 495, 2837, 2°, § 10; Décr. 14 novembre 1884, L. 5 avril 1884.

Circonscription de commissaire rapporteur, II, p. 452, 2706.
— nouvelle d'un canton électorale, L. du 24 décembre 1875; inutilité de nouvelle institution du J. de p., III, p. 482, 4764.

Circonstance accessoire de culpabilité, I, p. 574, 1896.
— aggravante; chasse, II, p. 497, 3843; poursuites contre un notaire, III, p. 422, 5421; récidiviste, III, p. 436, 4625; relevée par la chambre d'accusation,

II, 295, 3483 ; I, p. 545, 4859,
XI, 1°.
— à recueillir dans une information,
II, p. 59, 2395.
— atténuantes, I, p. 599 à 602, 1978
à 1986; avertissement du président des assises aux jurés, II,
p. 352, 3366; contraventions fiscales, II, p. 506, 3872, 3874 ;
contumace, II, p. 535, 3965;
déclaration défendue à un juré,
II, p. 333, 3302; discernement,
I, p. 594, 1963; poudres, II,
p. 524, 3932; récidive, III, p
436, 4625; simple police, II,
p. 200, 2854, 2855; surveillance
de la haute police, II, p. 427,
3585.
Circulaire électorale, Circ. min., 14 et
27 février 1876; affichage, L.
29 juillet, Circ., min. 9 novembre 1881.
— registre au greffe, III, p. 327,
5164, 36°; au parquet, I, p. 401,
321.
— transmise par la poste, notes manuscrites, III, p. 99, 4512.
Circulation des boissons, fraude, II, p.
514, 3891.
— de journaux, L. 29 juillet, Cir.
min., 9 novembre 1881.
— de marchandises soumises à la
douane, constatation des contraventions, II, p. 8, 2249, 14°.
— de sel, II, p. 524, 3934.
— de sucre, II, p. 525, 3936.
— de tabac, II, p. 525, 3938.
Cire à cacheter, chargements, III, 449,
5487; frais, Décr., 28 janvier
1883; Circ. min., 15 décembre
1883; scellés, II, 49, 2368.
Ciseaux, armes, II, p. 468, 3748, art
401, C. P.
Citadelle, I, p. 476, 578; de Doulens,
détention, II, p. 391, 3493.
Citation en appel, II, p. 275, 276, 3419,
3420.
— d'un avoué devant la chambre de
discipline, III, p. 292, 5077.
— banqueroute, II, p. 475, 3770.
— chasse, II, p. 494, 3832.
— en conciliation, I, p. 488, 605.
— par les contributions indirectes, II,
p. 503, 3863; p. 505, 3870,
3874.
— concurrence des huissiers du canton, III, p. 342, 5200.
— décernées par le juge d'instruction,
exécution, II, p. 97, 2528.
— directe, II, p. 33, 2320, 2321; concours avec l'information, II, p. 98,
2531; p. 473, 2770; Pol. corr.,
II, p. 213, 2900; II, p. 216,

217, 2914 à 2915; en pol. simp.,
II, p. 193, 2832.
— à domicile inconnu, I, p. 477,
1653.
— douanes, II, p. 606, 4169.
— économies à faire, III, p. 44, 4332.
— forêts, II, p. 588, 4415; p. 589,
4416.
— des jurés, II, p. 330, 3292.
— des lois visées par l'ordonnance
définitive, II, p. 474, 2774; par
le réquisitoire définitif, II, p.
170, 2761.
— d'un magistrat devant la cour ou le
tribunal statuant disciplinairement, III, p. 495, 4798.
— d'un notaire devant la chambre,
III, p. 419, 5413, devant le tribunal civil, III, p. 424, 5424.
— d'un officier ministériel en chambre du conseil du tribunal, III,
p. 272, 5021.
— pêche, II, p. 218, 2945.
— portée par la gendarmerie, III,
p. 435, 5455.
— des témoins d'assises, II, p. 344,
3329; d'information, II, p. 136,
2651; d'office, II, p. 344, 3332;
de police correctionnelle, II,
p. 220 à 223, 2923 à 2935.
Citerne mise à sec, information, dépense, III, p. 60, 4394.
Citoyen chargé d'un ministère de service
public, outrage, I, p. 548, 4860,
V, 2°.
— exerçant momentanément les fonctions d'administrateur ou de
juge, corruption et prévarication,
II, p. 564, 4043.
— titre de, II, p. 616, 4200.
Clameur menaçante, atteinte à l'exercice
du droit électoral, II, p. 648,
4208.
— publique, crime, II, p. 36, 2327;
II, p. 37, 2331 ; arrestation, II,
p. 52, 2377; II, p. 74, 2445; p. 87,
2494; militaire, I, p. 642, 4417.
Clandestinité du mariage, I, 447, 1537,
§ 5.
Classe des commissaires de police, II,
p. 69, 2429.
— des magistrats honoraires, I, p. 69,
244.
— des notaires, III, p. 364, 5252;
stage, III, p. 365 à 368, 5262 à
5270.
Classement d'affaire par le M. P., II, p.
33, 2319; statist., III, p. 545,
5705.
— des bulletins du casier judiciaire,
III, p. 470 à 474, 5533 à 5535.
— des chevaux et mulets, L. du 3 juillet
1877; Décr., 2 août 1877.

— des pièces de dossier criminel, II, p. 480, 2794.

Clause prohibée, cession d'office, III, p. 240 à 244, 4929 à 4938 ; résidence des huissiers, III, p. 344, 5204.

Clef altérée ou contrefaite, I, p. 545, 4859, IX, 5° ; p. 554, 4860, VIII, 3° ; constat, II, p. 65, 2412 ; expertise, II, p. 44, 2354.

Clémence du chef de l'Etat, grâces, III, p. 76 à 77, 4440 à 4442.

Clerc de notaire, enlèvement de titre dans l'étude, II, p. 569, 4065 ; incompatibilité, greffier, III, p. 340, 5123 ; rapports avec le patron, III, p. 445, 5401.

Clergé, autorisation de plaider, I, p. 294, 988, 7°.

— avis des condamnations contre les membres du. Cir. min., 31 décembre 1883.

Cléricature, avoué, III, p. 277, 5037 ; notaire, III, p. 365 à 370, 5262 à 5275.

Clientèle des offices ministériels, III, p. 233, 4910 ; absence de, titre nu, III, p. 237, 4920 ; cession de la, III, p. 244, 4939.

Cloche des églises, sonnerie, L. 5 avril 1884, art. 100.

Clocher à clocher, calcul des distances, huissiers, III, p. 45, 4339 ; clef du, L. 5 avril 1884, art. 101.

Clôture, bris de, I, p. 554, 4860, X, 42° ; I, p. 594, 4950.

— de la chasse, II, p. 487, 3844.

— des débats en police correctionnelle, III, p. 24, 4275.

— de propriété, chasse, II, p. 484, 3800, 3802.

— de procès-verbal d'information, II, p. 59, 2394.

— des registres de l'état civil avant la fin de l'année, I, p. 357, 1222.

Club, réunion, L. 30 juin 1884.

Coaccusé, acquittement, frais et dépens, II, p. 434, 3623.

— de contumax, II, p. 533, 3964.

— notification d'arrêt de renvoi et d'acte d'accusation, II, p. 302, 3206.

Coalition des fonctionnaires, I, p. 544, 4859, 49° ; II, p. 544, 3985, 4° ; II, p. 553, 4020 à 4023 ; des maîtres et ouvriers, I, p. 552, 4860, IX, 5° ; II, p. 502, 3858 à 3864, L. 21 mars 1844. Circ. min. 45 septembre 1884.

Coauteur, I, p. 584, 4927.

Coche, impôts sur les, II, p. 527, 3944.

Cochinchine, mariage des Français en, Décr., 27 janvier 1883.

Codélinquant, forestier, II, p. 594, 4425.

Code de justice militaire, L. du 9 juin 1857 et 4 juin 1858.

— progressif de la presse et des hypothèques, I, p. 102, 325.

Codex, medicamentarius, Décr. 13 février 1884.

Cognée, porteur de, en forêt, art. 146, C. F., III, p. 568, 5757.

Cohabitation, adultère, II, p. 455, 3704 ; de la femme et du mari, I, p. 454, 4567 ; séparation, I, p. 472, 4637.

Collaboration du prédécesseur d'un notaire, III, p. 427, 5433.

Collatéraux, mariage prohibé entre, I, p. 431, 4485.

Collections officielles des lois, conservation, III, p. 184, 4768 ; greffe, III, p. 324, 5460.

Collège, délits commis dans un, III, p. 94, 4486 ; p. 93, 4494.

— électoral, fraudes, II, p. 617, 619, 4206, 4209.

— juridiction des principaux, professeurs et régents de, III, p. 94, 4483.

— paiement des sommes dûes par des élèves, I, p. 410, 4440.

— réquisitions en faveur des, I, p. 177, 578.

Collocation en instance d'ordre, I, p. 454, 4556.

Collusion des fonctionnaires, II, p. 573, 4075.

Colonies, actes notariés passés dans les, III, p. 408, 5384 ; produits dans les, III, p. 390, 5326.

— état de siège, I, p. 650, 2153.

— exploits destinés aux, I, p. 478, 4659 ; p. 480, 4664 ; p. 481, 4668.

— de détenus, I, p. 177, 578 ; Circ. min., 11 mars 1876.

— magistrature des, retraite et traitement, I, p. 74, 226 ; p. 75, 230.

— pénitentiaire, II, p. 385, 3469 ; Id. de jeunes détenus visités du P. G., Circ. min. 14 juin 1879.

— succession vacante, I, p. 489, 4694.

Colonnes de compte civil, III, p. 505, 5648 ; p. 509, 5627 ; p. 543, 5640.

Coloration des monnaies, I, p. 544, 4859, III, 2°.

— des vins, Circ. min., 14 octobre 1876.

Colportage d'allumettes, I, p. 557 ; 4860, XII, 4°.

— de brochures, gravures, écrits, lithographies, livres, non autorisé, I, p. 555, 4860, X, 45° ; L. 17 juin, Circ. min., int., 42

août 1880 ; L. 29 juillet, Circ. min., 9 novembre 1881.
— de cartes à jouer, II, p. 512, 3894.
— de gibier, I, p. 557, 1860, XII, 1° ; II, p. 488, 3843, Circ. min., 29 avril 1878.
— de poissons, I, p. 558, 1860, XV, 2°.
— de tabac et cartes, compétence des gardes-champêtres, II, p. 86, 2489.

Colporteur, assignation do ; I, p. 477, 1653, 2°.
— de fausse nouvelle, III, p. 405, 4529.
— de poudres, II, p. 523, 3930.
— do tabac, II, p. 525, 3938 ; p. 526, 3941.
— règlements de police, II, p. 196, 2837, 4°, § 9, L. 17 juin 1880.

Comédien ambulant, ajournement à, I, p. 477, 1653, 2°.

Comestibles gâtés, mise en vente, C. P., 475, § 11 ; statist., III, p. 568, 5757.
— salubrité des, II, p. 196, 2837, 4°, § 3.
— vente à cri public, I, p. 536, 1849.

Comité cantonal, surveillance du, III, p. 98, 4509.
— consultatif d'hygiène, Décr. 7 octobre 1879.
— du contentieux au conseil d'Etat, I, p. 314, 1062.
— de patronage des salles d'asile, III, p. 98, 4508.

Commandant d'armes, rang, Circ. min. 24 février 1876.
— de brigade de gendarmerie, franchise postale, III, p. 463, 5519 ; p. 465, 5521, VI.
— de division militaire, commerce de denrées, I, p. 548, 1860, IV, 3° ; II, p. 571, 4071.
— de la force publique, corruption, II, p. 389, 4036 ; outrage, I, p. 548, 1860, V, 2° ; refus d'exécuter les réquisitions, I, p. 548, 1860, V, 4° ; II, p. 573, 4076.
— de gendarmerie, assistance à l'enterrement des lettres de grâce, III, p. 86, 4474 ; cérémonies, cortèges, rang, III, p. 471, 4728 ; états à transmettre au procureur général, III, p. 433, 5449 ; rapports avec les parquets, III, p. 433, 5449, 5450.
— du génie, franchise postale, III, p. 464, 5519, VIII.
— de subdivision militaire, franchise, Circ. min. 28 janvier 1875.

Commandement, I, p. 243, 840 ; contrainte, II, p. 443, 3665.

— signification de, I, p. 483, 4673, 3°.

Commandite, infractions aux règles sur les sociétés en, I, p. 553, 1860, IX, 27.

Commencement de preuve par écrit, abus de confiance envers l'Etat, II, p. 566, 4058.

Commentaire officiel du règlement de 1811, III, p. 24, 4283.

Commerçant, dépôt des contrats de mariage, III, p. 399, 5353 ; omission du dépôt des contrats et actes de société, III, p. 427, 5432 ; qualité de, I, p. 521, 4797.

Commerce, acte de commerce par les fonctionnaires, II, p. 570 à 571, 4068 à 4074.
— adultérin, II, p. 459, 3744.
— faux en écriture de, III, p. 6, 4224.
— illégitime, dispenses d'alliance, I, p. 432, 1490.
— illicite, confiscation, II, p. 400, 3527, 1°.
— incestueux, enfants nés de, I, p. 432, 1488, 7°.
— interdit aux fonctionnaires, II, p. 571, 4074.
— interdit aux magistrats, I, p. 8 et 9, 15 et 16 ; III, p. 489, 4780 ; aux notaires, III, p. 363, 5288 ; III, p. 446, 5404 ; aux officiers ministériels, III, p. 220, 4875.
— de librairie, III, p. 407, 4538, Circ. min. 9 novembre 1881.
— d'or et d'argent, II, p. 513, 3898.
— règlements de police, II, p. 196, 2837, 4°.
— de salpêtre, II, p. 521, 3924.
— scandaleux, II, p. 433, 4494.
— tribunaux de, I, p. 509 à 513, 4760 à 1776 ; statist., III, p. 525 à 529, 5664 à 5668. L. 26 janvier 1877, L. 8 décembre 1883, Circ. min., 13 février 1884.

Commettant, rapport avec les agents de change ou courtiers, II, p. 464, 3733.
— responsabilité civile, II, p. 437, 3647 ; chasse, II, p. 498, 3848.

Commis d'administration publique, infidèle, I, p. 542, 1859, IV, 2° ; I, p. 547, 1860, IV, 4°.
— concussionnaire, ibid, 2° et 3°.
— des contributions indirectes, assignation par les, II, p. 506, 3871.
— définition du, II, p. 556, 4029.
— expéditionnaire de greffier, III, p. 318, 5136.
— du Gouvernement ou de dépositaire public, destruction, détour-

nement, suppression d'actes ou pièces, II, p. 568, 4062.

— greffier à l'instruction, II, p. 58, 2393; mémoire, frais, III. p. 67, 4440; nomination, serment, traitement, III, p. 343, 344; 5434 à 5434; p. 346, 5438, III, p. 439, 5462, 4°; L. 30 août 4883; perceptions illicites, III, p. 74, 4424; remplaçant les greffiers, III, p. 342, 5429; suppression, Circ. min., 43 novembre, 27 décembre 4883; transport, II, p. 39, 2335.

— de percepteur, soustractions, II, p. 565, 4056.

— de recette, douanes, appel, II, p. 642, 4488.

Commisération du chef de l'État, recommandation d'un condamné à la, III, p. 82, 4457.

Commissaire cantonal, II, p. 74, 2432.

— central, II, p. 69, 2434, rang, avis Conseil d'État, 9 mars 4876.

— des chiourmes, recours en grâce des forçats, renseignements, III, p. 84, 4453.

— communal, II, p. 74, 2432.

— départemental, II, p. 70, 2434.

— général et ordinaire, II, p. 3, 2237.

— du Gouvernement, II, p. 64, 2402; III, p. 460, 5543; franchise postale, III, p. 464, 5545, p. 463, 5549; hôtel des monnaies, police judiciaire, II, p. 8, 2249, 9°; nomination de défenseur d'office devant les tribunaux militaires et maritimes, III, p. 244, 4847.

— de l'inscription maritime, franchise postale, III, p. 464, 5545, p. 464, 5549.

— de police, admission, examen, Circ. min., 24 juin 4879, attroupements, intervention, II, p. 469, 3749; auxiliaire du parquet, II, p. 69 à 76, 2429 à 2452; délits et crimes commis par les, I, 630, 2088; p. 634, 2090; p. 634, 2404, départemental, franchise postale, III, p. 464, 5545; p. 462, 5546; p. 465, 5524; enregistrement des procès-verbaux, II, p. 47, 2276; examen, Arrêté minist, 48 mai 4879; force des procès-verbaux, II, p. 24, 2286, 4°, 40°; franchise postale, III, p. 459, 5544; p. 460, 5513; p. 462, 5546, 5547; p. 464, 5549, 5520; p. 465, 5524, IV et VI; p. 466, 5522; indemnités de transport, exceptionnelles, III, p. 28, 4293; M. P., II, p. 494 à 493, 2822 à 2830; Append., p. 629, 37, 630,

35; poursuites contre les, I, p. 630, 2088; révocation ou déplacement, II, p. 72, 2439; II, p. 494, 2833; serment, III, p. 440, 5462, VI; taxe à témoin, III, p. 34, 4310.

— priseur, candidat, alliance ou parenté, III, p. 250, 4957; capacité, III, p. 249, 4952; cautionnement, III, p. 262, 4993; p. 263, 4994; incompatibilité, III, p. 340, 5423; organisation, III, p. 298 à 305, 5095 à 5146; produits, calcul, III, p. 233, 4944; serment, III, p. 439, 5462, 7°; p. 444, 5465, 7°; ventes d'articles de librairie, I, p. 549, 4789; id. d'autographes ou manuscrits, Circ. min., 23 avril 4883; id. de marchandises neuves, I, p. 535 à 536, 4846 à 4850; p. 645, 2034.

— rapporteur près les conseils de guerre, II, p. 452, 2703; des ports, II, p. 453, 2706.

— spécial désigné par la chambre des notaires pour un procès, III, p. 442, 5496.

— spécial de surveillance administrative, accidents, avis télégraphique aux parquets, III, p. 456, 5505; examen, Arrêté minist., 48 mai 4879; franchise postale, III, p. 464, 5545; III, p. 464, 5549; p. 465, 5520; p. 466, 5522 et Instruct. minist. 40 avril 4876; serment, III, p. 440, 5462, 22°; signalements, Circ. min., 48 mars 4876.

— supérieur, II, p. 69, 2429.

Commission administrative des hospices, L. 5 août 4879, I, p. 293, 988; I, p. 6, 44, 2°; L. 5 avril 4884, art. 449; des prisons, grâces, III, p. 84, 4467; surveillance, III, p. 444, 4549.

— d'agent de change, enregistrement, II, p. 463, 3730.

— commerciale, statist. des appels, III, p. 502, 5642, 2°.

— de comptabilité des cours, I, p. 95, 297, 299.

— confirmative d'huissier, III, p. 339, 5494.

— droit de, en matière civile, usure, III, p. 467, 4746.

— électorale, I, p. 330, 4424.

— d'enquête parlementaire, Circ. min. 34 déc. 4877.

— d'examen des aspirants au brevet de capacité, III, p. 98, 4509.

— d'expropriation, I, p. 394 à 396, 4342, 4368.

— de garde-champêtre, particulier, II,

p. 84, 2484 ; de garde forestier, II, p. 89, 2500 à 2502 ; p. 90, 2506.

— du jury, arrondissement, canton, département, II, p. 322, 3271, et p. 323, 3272, 3273.

— mixte, Circ. min. 3 fév. 1852.

— mixte de réglementation des travaux de zone frontière, Décr. 8 sept. 1878.

— des monnaies, II, p. 514, 3903.

— municipale scolaire, juge de paix, Circ. 44 nov. 1882.

— de notaire, III, p. 384, 5303.

— d'officier ministériel, enregistrement, III, p. 256, 4970 ; inscription au greffe, III, p. 327, 5461, 34.

— rogatoire, généralités, II, p. 147 à 155, 2685 à 2710 ; instruction criminelle, exécution, II, p. 97, 2528 ; perquisition, II, p. 103, 2546 ; poursuites, II, p. 103, 2549 ; transmission, II, p. 109, 2566 ; statist., III, p. 548, 5713 ; tribunaux civils, I, p. 227, 743 ; étranger, I, p. 390, 4339.

— sanitaire, police judiciaire, II, p. 8, 2249, 8° ; serment des membres, III, p. 440, 5463, 20°.

— syndicale de section de commune, L. 5 avril 1884, art. 4, 411, 128 et 161.

Commodité de la voie publique, règlement sur la, II, p. 195, 2837, 1°.

Communauté de corps et biens, reprise après séparation, I, p. 474, 1645.

— d'huissiers, III, p. 335, 5483.

— religieuse reconnue, I, p. 176, 578 ; Décr. 29 mars 1880 ; dispense d'exercice de la régie, II, p. 510, 3887.

Commune, administration de la, L. 5 avril 1884, titre IV.

— assignation, I, p. 486, 603 ; condamnation aux frais et dépens, II, p. 434, 3626.

— consentement à la chasse, II, p. 490, 3820.

— état civil d'une, I, p. 473, 573.

— frais de justice dans l'intérêt d'une, III, p. 71, 4423.

— litiges, I, p. 297 à 304, 997 à 1030.

— insurrection de 1871, destruction du casier, III, p. 476, 5547 ; de l'état civil, I, p. 374, 1271, L. 44 juillet 1880, Circ. min. 4 sept. 1880.

— nom d'une commune pris par un particulier, I, p. 374, 1284.

— partie civile, I, p. 669, 2219 ; p. 670, 2220.

— plaidant commercialement, I, p. 514, 1778.

— pourvoi en cassation, I, p. 298, 1002.

— signification à, I, p. 478, 1656.

— responsabilité des, I, p. 300 à 304, 1007 à 1030, L. 5 avril 1884 ; statist., III, p. 502, 5612, 8°.

Communication à l'enregistrement des répertoires et registres des greffiers, III, p. 324, 5459.

— d'incendie, I, p. 545, 1859, IX, 44°.

— interceptée par des insurgés, II, p. 472, 3759.

— au juge de paix des affaires de simple police, II, p. 72, 2437.

— des jurés avec le public, II, p. 345, 3345 ; II, p. 354, 3369.

— au M.P. des causes civiles, I, p. 208 à 212, 675 à 688 ; des dossiers d'assises, II, p. 344, 3342 ; par la gendarmerie des événements intéressant la sûreté et la tranquillité, III, p. 433, 5449 ; de la liste des témoins à décharge de pol. correct., II, p. 222, 2930 ; des minutes du greffe, III, p. 322, 5454 ; des plaintes reçues par le juge d'instruction, II, p. 63, 2407 ; II, p. 102, 2543 ; des procédures d'information, II, p. 155 à 159, 2711 à 2720 ; ordonnance finale, II, p. 169, 2757 à 2759 ; p. 179, 2786 ; p. 185, 2804 ; des requêtes civiles, I, p. 248, 832.

— officieuse de renseignements à l'autorité administrative, III, p. 431, 5446 ; p. 432, 5447.

— des pièces entre avoués, III, p. 286, 5059.

— au président des assises, des procédures, II, p. 344, 3341.

— au président du trib. correct. des dossiers, II, p. 223, 2936.

— au procureur général des ordonnances finales, II, p. 185, 2802.

— de secrets de fabrique, I, p. 545, 1859, IX, 9° ; I, p. 552, 1860, IX, 9°.

Communiqué, refus d'insérer, III, p. 104, 4526 ; p. 105, 4531 ; L. 29 juillet, Circ. min. 9 novembre 1881.

Commutation de peine, demandes, III, p. 78 à 85, 4446 à 4468 ; effet sur la surveillance, II, p. 419, 3579 ; p. 421, 3586 ; exécution, II, p. 408, 3545 ; prescription de la peine, II, p. 429, 3619.

Compagnie des agents de change à Paris,
II, p. 462, 3726.
— des avoués, chambre de discipline,
III, p. 289, 5067 à 5069.
— de chemin de fer, assignation, I,
p. 481, 1669.
— industrielle, I, p. 480, 594.
— judiciaire, changement de, I, p. 44,
438.
Comparaison, pièces de, pour faux, III,
p. 15, 4253, 4254 ; p. 16, 4258.
Comparant devant notaire, identité, III,
p. 7, 4228 ; III, p. 397, 5350.
Comparution en conciliation, défaut de,
I, p. 175, 577.
— du contumax, II, p. 534, 3962.
— des dignitaires en justice, II, p. 139,
2659.
— d'un magistrat devant une cour ou
tribunal jugeant disciplinair.,
III, p. 495, 4799.
— mandat de, II, p. 405, 2553 ;
p. 406, 2558 ; règles, II, p. 414
et 442, 2574 à 2577.
— par mandataire en pol. correct., II,
p. 244, 2805 ; p. 245, 2904 ; en
pol. simple, II, p. 498, 2848.
— d'un notaire poursuivi disciplinair.,
III, p. 424, 5427.
— de l'opposant à défaut correct., II,
p. 252, 3035.
— en simple police, II, p. 498, 2848.
— des témoins en pol. corr., II,
p. 228 à 233, 3952 à 3974.
— vices de citation couverts par la,
II, p. 248, 2948.
— volontaire, information, II, p. 129,
2626 ; en pol. corr., II, p. 245,
2904 ; simple, II, p. 494, 2832 ;
p. 497, 2841.
Compensation des dépens civils, I,
p. 232, 766 ; p. 233, 767.
— des dépens criminels, II, p. 434,
3627 ; p. 434, 3636 ; p. 435,
3639, 3640.
Compétence, action civile des particuliers,
I, p. 656 à 660, 2171 à 2184.
— administrative, II, p. 9, 2251.
— adultère, II, p. 457, 3709.
— amendes contre les officiers ministériels, III, p. 265, 5000.
— appel, II, p. 279, 3129.
— autorité universitaire, III, p. 94,
4484 à 4486.
— avoués, chambre des, postulation
sans droit, III, p. 296, 5091,
5092 ; réclamations, III, p. 294,
5075.
— brevet d'invention, nullité, II,
p. 482, 3795.
— chasse, II, p. 490, 3837.
— commissaires de police, II, p. 74,
2434.

— complicité, I, p. 587, 1939.
— contributions indirectes, II, p. 505,
3868 ; p. 507, 3874 ; p. 511,
3894.
— courtage illicite, II, p. 464, 3734,
3735.
— crimes, délits et contraventions,
I, p. 538, 1856 ; commis par les
gendarmes, I, p. 638, 2115 ; III,
p. 438, 2459 ; par les magistrats
et officiers de police judiciaire,
I, p. 628 à 637, 2082 à 2109.
— débits de boissons, II, p. 510,
3889.
— délits particuliers ou spéciaux, II,
p. 9, 2251.
— délits politiques et de presse, II,
p. 599, 4145.
— discipline des huissiers, exagération
des frais, III, p. 347, 5212 ;
p. 349, 5216 ; p. 350, 5221 ;
excédant du nombre des lignes,
III, p. 352, 5224 ; peines, III,
p. 357, 5240, 5244 ; des magistrats, action, III, p. 190 à 495,
4783 à 4797 ; avertissement, III,
p. 497, 4805, 4806 ; des notaires, contraventions fiscales,
III, p. 394, 5331, 5332 ; défaut
de résidence, III, p. 383, 5314 ;
fautes, III, p. 416, 5403 ; règlement des honoraires, III, p. 394,
5339, 5343 ; suspension, destitution et autres peines, III, p. 424,
5419 ; p. 422, 5421 ; p. 423,
5423 ; p. 425, 5428 ; des officiers ministériels, III, p. 265,
4999 à 5004 ; en pol. corr., III,
p. 267, 5005 ;
p. 269 à 274, 5014 à 5030 ;
amende, III, p. 265, 4999, 5004.
— douanes, II, p. 599 à 603, 4146 à
4159.
— élections, délits, II, p. 619, 4209.
— état civil, I, p. 366, 1283.
— état de siège, I, p. 652, 2458.
— étendue, juges de paix, Algérie,
Décr., 27 mai 1882.
— évasion, III, p. 426, 4596 ; p. 427,
4597 ; identité, p. 432, 4614,
4615.
— fausse monnaie, II, p. 6, 2246 ;
III, p. 16, 4259.
— faux en écriture, III, p. 11, 4242.
— faux incident civil ou criminel, III,
p. 18, 4263 à 4266.
— forêts, II, p. 588, 4114.
— français commettant un crime ou
délit à l'étranger, I, p. 625,
2066.
— garde-champêtre particulier, II,
p. 85, 2485.
— garde forestier, II, p. 94, 2508,
2509.

— huissiers, II, p. 438, 2655.
— interdiction, I, p. 413, 4419.
— juge de paix, civil, I, p. 229, 752.
— juge d'instruction, II, p. 400 à 402, 2535 à 2543, 2547; reprise d'information sur nouvelles charges, II, p. 490, 2819, 2820.
— jugement correctionnel de, II, p. 245, 3009; appel, II, p. 264, 3078.
— juge de simple police, II, p. 200, 2856, p. 202, 2859, 2860.
— juré, excuse, II, p. 338, 3307.
— liberté provisoire, II, p. 463, 2733.
— mandement aux huissiers, III, p. 44, 4322, p. 45, 4346.
— M. P., action publique, I, p. 567, 4876, p. 575, 4897; mandats, II, p. 440, 2869; opposition à une ordonnance finale de juge d'instruction, II, p. 487, 2808, 2809; règlement de la, II, p. 172, 2768, 2769, p. 473, 2770; reprise d'information sur charges nouvelles, II, p. 490, 2819, 2820.
— notaire, III, p. 364, 5252.
— octroi, II, p. 547, 3943.
— officier de l'état civil, I, p. 446, 4536.
— officier de police judiciaire, II, p. 64, 2409, 2440; II, p. 6, 2246; III, p. 16, 4259.
— ordres et distributions, I, p. 450, 4548.
— parquet, II, p. 404, 2542.
— pourvoi en cassation, II, p. 360, 3387.
— presse, III, p. 402, 4518, 4549, p. 408, 440, 4539, 4545.
— prise à partie, II, p. 580, 4096.
— question de discernement, I, p. 592, 4954.
— recrutement, I, p. 459, 4583.
— récusation, I, p. 462, 4595.
— règlement de juges, III, p. 144 à 149, 4649 à 4660.
— renvoi devant un autre tribunal, III, p. 459, 4689, 4692.
— rupture de ban, II, p. 424, 3598.
— serment des avocats, III, p. 204, 4829; des fonctionnaires, III, p. 438, 440, 5461 à 5462.
— spéciale pour les magistrats, I, p. 628, 2082.
— de tribunal civil, *ratione materiæ*, I, p. 493, 619; I, p. 229, 753.
— de tribunal de commerce, I, p. 509, 4760.
— de tribunal correctionnel, II, p. 209, 2887, p. 210, 2890.
— de tribunal maritime, II, p. 453, 2706.
— de tribunal militaire, I, p. 637 à

644, 2440, 2435; p. 628, 2080; état de siège, I, p. 650 à 653, 2452 à 2460; conflit, III, p. 446, 4654.
— de tribunal saisi après renvoi de cassation, II, p. 376, 3444.
— de tribunal de simple police, II, p. 200, 2856.
Complaisance, certificat de maladie, à un juré, II, p. 335, 3308; à un témoin, II, p. 448, 2690, 2694; stage, III, p. 250, 4955; III, p. 427, 5433.
— récusation de, II, p. 338, 3319.
Complant, statist. des appels en matière de baux à, III, p. 502, 5642.
Complément d'information ordonné par la chambre d'accusation, II, p. 295, 3483.
Complicité, adultère, II, p. 456, 3705, 3707, p. 458, 3710 à 3713.
— banqueroute, I, p. 645, 2034; frauduleuse, II, p. 478, 3782 à 3784, p. 479, 3786.
— commerce des fonctionnaires, II, p. 572, 4074.
— contrebande, II, 602, 4456; p. 606, 4467, p. 610, 4483.
— corruption de fonctionnaire, II, p. 560, 4038.
— criminelle d'un magistrat, I, p. 54, 466.
— d'évasion de criminel, I, p. 543, 4859, VI, 5°; III, p. 428, 4602, 4605; de forçat, III, p. 427, 4600.
— faux en écriture publique, III, p. 6, 4227.
— militaire et civil, I, p. 628, 2080.
— mutilation volontaire, III p. 440, 4637, p. 444, 4639.
— outrage aux mœurs, L. du 2 août 1882.
— postulation illicite, III, p. 297, 5093.
— pourvoi en cassation de complice, II, p. 375, 3439.
— révélée par l'instruction, II, p. 156, 2742.
— théorie de la, I, p. 583 à 589, 1926 à 1943; I, p. 615, 2033.
— de tentative, I, p. 589, 1944.
— de vol entre parents, I, p. 623, 624, 2061 à 2064.
Complot d'équipage de commerce, I, p. 544, 1859, VIII, 14°.
— de fonctionnaires, II, p 544, 3985, 4°; II, p. 553, 4022.
— contre le gouvernement, I, p. 540, 4859, 7°, X.
— politique, indices de, II, p. 34, 2322.
— proposition de, I, p. 546, 1860, § 2, 1° et 2°.

— révélation, I, p. 596, 1966, 2°.
— contre la vie du chef de l'Etat, I, p. 540, 1859, 7°.
Compositeur, amiable, incapacité, II, p. 418, 3578.
Composition de chambre d'accusation, II, p. 294, 3172.
— de conseil de discipline des avocats, III, p. 209, 4844.
— de cour d'appel, I, p. 131, 132, 421 à 425; p. 148, 479.
— de cour d'assises, II, p. 313 à 321, 3244 à 3267.
— identique des cours ou tribunaux pendant la durée d'une affaire, I, p. 150, 151, 487 à 492; I, p. 109, 343, 344.
— pharmaceutiques, vente, I, p. 562, 1860, XXIII, 2°.
— des tribunaux avec des avocats et avoués, I, p. 134, 431, 434; III, p. 208, 4840; avec des juges, I, p. 133 à 135, 426 à 436; I, 149, 484; correctionnel, II, p. 208, 2883.
Compromis, affaire de mineur, I, p. 506, 1756; interdits, I, p. 182, 596; sursis en cas de récusation, I, p. 467, 1616.
Comptabilité de frais criminels, III, p. 23, 4280.
Comptable infidèle, I, p. 542, 1859; IV, 2°; I, p. 547, 1860, IV, 1°; public hypothèque, I, p. 401, 1374; en faillite, I, p. 524, 1807; soustractions, II, p. 565 à 567, 4056, 4061; serment, III, p. 439, 5461; poursuites, Circ. min. 6 juin 1879.
Compte rendu des affaires, I, p. 129, 413.
— des assises, III, p. 486, 5574, 5575, Cir. min., 25 mars 1878.
— des débats parlementaires et judiciaires, Cir. min., 9 nov. 1881.
— des faits intéressants l'ordre public, II, p. 26, 2300.
— au G. des S. et au P. G., III, p. 479, 5553.
— gestion du trésorier de la bourse commune des avoués, III, p. 295, 5086; des huissiers, III, p. 360, 5250.
— des interdictions de communiquer, II, p. 127, 2622.
— interdit, I, p. 556, 1860, XI, n°° 19 à 21; par voie de presse, II, p. 102 à 104, 4520 à 4526.
— des jugements de simple police condamnant à la prison, III, p. 490, 5583.
— statist. annuelle, III, p. 491, 5587.

— des travaux du ressort, III, p. 492, 5589.
— des trésoriers de fabrique, I, p. 396, 1360.
— de tutelle, conciliation, I, p. 187, 603.
— des sommes consignées, fournis par le greffier, III, p. 493, 5594.
Compulsoire, demande à fin de, Pr. 847.
Concentration de la police judiciaire du canton dans les mains du J. de P. II, p. 68, 2426.
Concert criminel, banqueroute frauduleuse, II, p. 478, 3783.
— de mesures contraires aux lois, II, p. 541, 3985, 4°; p. 553, 4020, 4221; peine, I, p. 546, 1860, II, 2°.
— de patrons et ouvriers, II, p. 502, 3858.
Concession de grâce, limite, III, p. 89, 4480.
— de terres, Algérie, Décr., 30 septembre 1878.
Concierge des cours et tribunaux, nomination; délibération, III, p. 199, 4813; menues dépenses, I, p. 94, 293, Décr., 28 janvier 1883.
— de maison d'arrêt, conduite des prévenus, II, p. 224, 2939; concussion, II, p. 555, 4027; détention illégale, II, p. 552, 4018; ordre de remise de l'accusé, II, p. 305, 3217; remise des extraits de condamnation, II, p. 413, 3558; surveillance des accusés appelés à la barre, II, p. 346, 3348; taxe à témoin, III, p. 34, 4310.
— de prison, pension de retraite, III, p. 122, 4582.
— signification d'exploit au, I, p. 481, 1668.
Conciliation, I, p. 185 à 192, 601 à 616; bureau d'assistance judiciaire, I, p. 285, 958, 959.
— droits des huissiers, I, p. 482, 1673.
— médiation du J. de P., III, p. 188, 4774.
— non comparution, I, p. 175, 577.
— notaires, différends, III, p. 419, 5443, p. 443, 5399.
— pouvoir nécessaire aux avoués, III, p. 284, 5055.
— registre des affaires soumises à la, III, p. 328, 5162, 8 et 9; des comparutions en, III, p. 327, 5162.
— statist., III, p. 523, 524, 5657, 5658, p. 532, 5675.
Conclusions des agents forestiers devant

le tribunal, II, p. 588, 4443 ; II, p. 589, 4148.
— des avoués, III, p. 282, 5054.
— déposées, I, p. 207, 208, 672 à 673.
— insérées dans les qualités d'un jugement, I, p. 464, 533 ; simple police, II, p. 197, 2844.
— du M. P., affaire revendiquée par l'administration, I, p. 546, 4860, II, 6° ; assemblée générale du parquet, I, p. 248, 744, 742 ; contradictoires, I, p. 484, 899 ; p. 217 à 221, 707 à 722 ; définitives, II, p. 169, 2759 ; délictueuses, I, p. 546, 4860, 6° ; écrites et verbales, I, p. 219, 743, 744 ; forme, I, p. 485, 600 ; p. 210, 682 ; mention à l'arrêt ou au jugement, I, p. 459, 523 ; p. 464, 534 ; en Pol. Corr., II, p. 240 à 243, 2994 à 3005 ; en Pol. S., II, p. 498, 2845 ; poursuivant disciplinairement un magistrat, III, p. 195, 4799 ; séance tenante ou au pied levé, I, p. 240, 684 ; p. 249, 715 ; tribunal civil, obligation, I, p. 240, 682 ; jugeant commercialement, I, p. 514 à 547, 4778 à 4782.
— nouvelles, I, p. 247, 706.
— du P. G. pour les réhabilitations, III, p. 454, 4676.
— signification, I, p. 207, 208, 674 à 674.
— sommaires au pied des requêtes, I, p. 493, 648.
— subsidiaires, II, p. 474, 2764.
— verbales des parties interdites, I, p. 208, 674.
oncordat. Décr. 28. février 4810 ; mariage des prêtres, I, p. 442, 4524, 4522.
— amiable, I, p. 530, 4824.
— banqueroute, II, p. 474, 3769 ; p. 475, 3770.
— homologation, I. p. 496, 4748.
— judiciaire, I, p. 523, 4802, § 13 ; p. 520, 4823, 4824.
oncours d'attachés à la chancellerie et aux parquets, Arr. et Circ. min. 40 octobre 4875 ; Décr. 29 mai 4876 ; Circ. min. 4 juin 4876.
— des défenseurs aux récusations, II, p. 338, 3320.
— des magistrats, I, p. 62, 490.
— du M. P. aux actes de clémence, III, p. 77, 4442.
oncubine, domicile conjugal, I, p. 473, 4640 ; II, p. 455, 3704, 3705 ; p. 457, 3708.
— se disant épouse légitime, faux, III, p. 7, 4229.

Concurrence entre huissiers, III, p. 342, 5200.
— entre juges d'instruction, II, p. 404, 2538.
— entre juge d'instruction et M. P., II, p. 62, 2403.
Concussion, I, p. 542, 4859, IV, 3° ; p. 547, 4860, IV, 2° ; II, p. 544, 3985, 7° ; p. 544 à 557, 4024 à 4029 ; greffiers, III, p. 349, 5446 ; juge de paix, III, p. 324, 5454 ; prise à partie, II, p. 579, 4094.
Condamnation accessoire, I, p. 233, 234, 768 à 774 ; II, p. 429 à 453, 3620 à 3699.
— à l'amende, I, p. 475, 677 ; I, p. 233, 768.
— aux assises, II, p. 356, 3376.
— civile, grâce, III, p. 89, 4479.
— des communes responsables de meurtres, vols, destruction, pillages, I, p. 304, 4027.
— au criminel, II, p. 430, 435, 3624 à 3640.
— aux dépens civils, I, p. 234 à 233, 759 à 768 ; correctionnels ou criminels, II, p. 430, 3621.
— disciplinaires contre les magistrats, III, p. 493, 4794 ; les notaires, III, p. 425, 426, 5429, 5430.
— aux dommages-intérêts, I, p. 233, 768.
— à l'emprisonnement, II, p. 403 à 447, 3532 à 3570.
— fiscale, II, p. 544, 3890.
— infamante, motif de séparation, I, p. 472, 1635.
— inscription ou omission sur les bulletins n° 2 et n° 4, III, p. 473, 474, 5540 à 5542.
— juré défaillant, II, p. 333, 3303.
— membre ou élève de l'université, avis au P. G., III, p. 94, 4493.
— pécuniaire, contrainte, II, p. 440, 3687 ; exécution, II, p. 283, 3146 ; recouvrement, Circ. min. 22 décembre 4879.
— pol. corr., II, p. 262, 3074, 3075 ; p. 263, 3076, 3077.
— prescription, correctionnel, II, p. 285, 3153 ; 286, 3455 ; civil, ibid, 3457, p. 429, 3616 ; frais, p. 287, 3458.
— recrutement, III, p. 143, 4647.
— à la requête des administrations publiques, casier, Circ. min. 30 décembre 4873.
— statist. crim., III, p. 355, 5729.
Condamné, acte de naissance, III, p. 470, 474, 5533, 5534.
— amnistié, II, p. 285, 3152.

— appel correctionnel, II, p. 265, 3082.

— détenu préventivement, II, p. 288, 3164.

— à l'emprisonnement, II, p. 403 à 447, 3532 à 3570; états, III, p. 490, 5585; à plus de quatre mois, Circ. min. 6 janvier 1874; registre, III, p. 326, 5161, 25°.

— frais, solidarité, II, p. 435, 436, 3644, 3646; Circ. min. 12 juin 4884.

— grâce, II, p. 285, 3452.

— à mort, pourvoi en cassation, II, p. 374, 3426.

— mort du, II, p. 285, 3452.

— notaire, mandataire de, III, p. 398, 5354.

— notice individuelle, recours en grâce, III, p. 80, 4451; p. 84, 4467; p. 85, 4468; et Appendice, p. 602, n° 64.

— peines pécuniaires, frais, remboursement, contrainte, II, p. 442, 3662, 8°.

— politique, II, p. 388, 3484.

— pourvoi en cassation, II, p. 365, 3403.

— réhabilitation, III, p. 450, 4662.

— signalement, III, p. 464, 465, 4707, 4710.

— statistique, III, p. 555, 5729.

— translation, frais, III, p. 55, 4376.

— travaux forcés, libérés, résidence, II, p. 387, 3478.

Condescendance à éviter pour recours en grâce, III, p. 77, 4443.

Conditions, nomination de magistrat, I, p. 4 et 5, 6 à 40.

— occultes d'un traité de cession d'office, III, p. 233, 4909; prohibées, p. 240 à 243, 4929 à 4938.

Conducteur de détenus, corruption, négligence, II, p. 428, 4602 et 4605; poursuites, I, p. 596, 4966, 8°.

— de marchandises confisquées, douane, II, p. 608, 4177.

— de ponts et chaussées, significations par les, I, p. 393, 4350; police judiciaire, II, p. 7, 2249; procès-verbaux, II, p. 24, 2286. 6°.

— de voitures, poursuite, responsabilité, III, p. 99, 4513.

Conduit des eaux pluviales, règlement sur les, II, p. 495, 2837, 4°, § 43.

Conduite antérieure des inculpés, recherches, II, p. 482, 2795, 4°.

— des aspirants au notariat, III, p. 370, 5275.

— des candidats aux offices minis-

tériels, rapport, III, p. 253, 4964.

— des condamnés, recours en grâce, III, p. 80, 4450.

— des concierges et gardiens de maison d'arrêt, surveillance, III, p. 442, 4519.

— extraordinaire des détenus, frais de nourriture, III, p. 55, 4374.

— des magistrats, I, p. 52, 459.

— des prévenus à l'audience, II, p. 224, 2938.

Confection des listes du jury, II, p. 324, 326, 3268 à 3284.

Confesseur, secret professionnel, II, p. 446, 2682.

Confidences professionnelles, II, p. 446, 2683.

Confirmation de jugement, I, p. 246, 824; correct., II, p. 278, 3429; II, p. 408, 3543.

Confiscation, douanes, I, p. 327, 4442; II, p. 608, 609, 4176, 4477.

— chasse, engins prohibés, II, p. 499, 3854; fusil, II, p. 215, 2906; responsabilité civile, II, p. 439, 3652; p. 499, 3848.

— contrebande, II, p. 602, 4456.

— contributions indirectes, II, p. 506, 3874; p. 599, 4446.

— faux poids, I, p. 602, 1986.

— forêts, II, p. 590, 4424.

— au profit des hospices, I, p. 542, 4889, IV, 4°; art. 480. C. P.

— octroi, II, p. 519, 3920.

— objets contrefaits, II, p. 483, 3798.

— objets destinés à corrompre un fonctionnaire, II, p. 558, 4033.

— peine de la, II, p. 399 à 403, 3526 à 3531.

— pol. corr., II, p. 256, 3052.

— poudres, II, p. 522, 3927.

— règlements de police, II, p. 496, 2839.

— sels, II, p. 524, 3935.

— statistique, III, p. 554, 5728.

— sucres, II, p. 525, 3937.

— tabacs, II, p. 527, 3942.

Conflit, I, p. 305 à 313, 4034 à 4088.

— administratif, III, p. 447, 4654.

— criminel et correctionnel, II, p. 564, 4050, 4051, 4052; III, p. 444 à 449, 4649 à 4660.

— de juridiction, connexité, règlement de juges, I, p. 468, 4648 à 4624; I, p. 582, 4923.

— demande en règlement de juges, III, p. 449, 4658 à 4660.

— négatif de juridiction, p. 244, 2894; III, p. 445, 4654; renvoi en correctionnelle après instruction, incompétence, II, p. 255, 3048.

— positif, III, p. 444, 4650.

— registre des; greffe, III, p. 326, 5161, 18°.

— statistique des appels, III, p. 502, 5612.

onfrontation des témoins II, p. 143, 2672; de l'inculpé, II, p. 150, 2694.

onfusion des peines, II, p. 426, 3609; p. 427, 3611, 3612.

— des pouvoirs administratif, judiciaire et législatif, II, p. 563 à 565, 4048 à 4055.

ongé, défaut, I, p. 223, 726; en pol. corr., contre partie civile, II, p. 247, 3048.

— greffier, III, p. 311, 5128.

— juge de paix et suppléant, III, p. 182, 4762.

— juge d'instruction ou de vacation, II, p. 58, 2391; III, p. 171, 4729.

— magistrats, I, p. 37 à 44, 115 à 138; p. 56, 170.

— militaire, cession d'office, candidat, III, p. 248, 4948; mariage, I, p. 441, 4520.

— de la régie, II, p. 510, 3885.

— registre des, III, p. 326, 5161, 30°.

ongédié militaire, juridiction, I, p. 639, 2118.

ongrégation religieuse, autorisation de plaider, I, p. 294, 987.

— dissolution, Décr., 29 mars 1880.

onjoint absent, scellés, I, p. 484, 1676.

— obstacle à la contrainte par corps contre les deux, II, p. 442, 3663.

onnaissance personnelle des faits par le magistrat, II, p. 22, 2289; par les témoins, II, p. 136, 2649.

— spéciale nécessaire aux experts criminels, II, p. 137, 2654.

onnaissement, statist. civile des appels, III, p. 502, 5612; timbre, I, p. 495, 1718.

onnexité, arrêt d'accusation, II, p. 297, 3189.

— compétence, II, p. 211, 2893.

— délits, I, p. 582 à 583, 1922 à 1925.

— disjonction, II, 245, 3010.

— douane, II, p. 600, 4447, 4448; p. 605, 4467.

— résultant d'information, II, p. 156, 2712.

— ordonnance du juge d'instruction, II, p. 175, 2775.

— solidarité, frais, II, p. 435, 3642.

onnivence, banqueroute frauduleuse, II, p. 478, 3782.

— époux outragé, adultère, II, p. 451, 3700.

— évasion des détenus, I, p. 543, 1859, VI, 4°; I, p. 549, 1860, 3°;

II, p. 544, 3986, 6°; III, p. 128, 4605.

— du M. P. pour arrêter des poursuites, I, p. 567, 1875.

— du notaire, dissimulation du prix des adjudications, III, 398, 5352.

Conscription des chevaux, L. du 3 juillet 1877, Décr. 2 août 1877.

Conscrit exempté par corruption, II, p. 557, 4032; p. 559, 4036, 7°; fraudes, III, p. 140 à 143, 4635 à 4648.

— recherche, révolte contre la gendarmerie, III, p. 143, 4646.

Conseil académique, juridiction, III, p. 94, 4483; réprimande devant le, III, p. 92, 4487; poursuites pour immoralité et inconduite, III, p. 95, 4497; p. 96, 4503; P. G. et proc. de 1re instance, membres de droit, III, p 98, 4509; L. du 27 février 1880, Décr. 16 mars 1880, 26 juin 1880.

— des accusés, choix, II, p. 238, 2987; communication des procédures, II, p 158, 2748; contumax, II, p. 534, 3963; désignation d'office, II, p. 239, 2990, 2991; greffier, incompatibilité, III, p. 340, 5124; magistrats cités disciplinairement devant cour ou tribunal, III, p. 195, 4800; recours en grâce, III, 78, 4446.

— d'administration, ministère de la justice; Arr. min., 26 janvier 1876.

— d'arrondissement, élection, I, p. 332, 1128.

— du contentieux administratif à la Martinique, la Guadeloupe et la Réunion, Déc., 5, 10 août 1881.

— de discipline de l'ordre des avocats, décisions pour inscription ou maintien au tableau, III, p. 209, 4842 à 4843; organisation, p. 213 à 219, 4855 à 4872; remplacé par le tribunal, I, p. 146; 475.

— d'enquête militaire, Décr., 29 juin 1878, 31 août 1878, 3 janv. 1884.

— d'État, compte rendu des séances publiques, III, p. 103, 4522; assistance judiciaire, I, p. 228, 947; règlement, L., 24 août 1872; L. du 13 juillet 1879; Décr. 2 août 1879.

— de fabrique, I, p. 203, 988; I, p. 396, 397, 1360, 1363.

— de famille, I, p. 500, 1731; p. 502, 1738, 1739; cession d'office ministériel, III, p. 224, 4887; interdiction, I, p. 414, 1422 et 1423; p. 415, 1425; mariage, art. 160 du C. C.; partages, I, p. 493, 1708; statist. des appels, III, p. 502, 5612; id. des réunions, III, p. 524, 5659.

— général, élection, I, p. 332, 1128; Algérie, Décr. 23 septembre 1875.

— de guerre, conflit, III, p. 146, 4652; 1, 8°; état de siège, I, p. 651, 2184; incompétence civile, I, p. 659, 2181; juridiction, I, p. 637, 644, 2110 à 2136; révision de procès, III, p. 162, 4700.

— judiciaire, I, p. 412, 1416; p. 419, 1440, p. 421, 1448; p. 423 à 424, 1452 à 1464; liste des jurés, II, p. 324, 3277; statist., III, p. 501, 5612, 9°.

— municipal, administration, L. du 5 avril 1884; attestations pour réhabilitations, III, p. 152, 4667; p. 153, 4670.

— de préfecture, autorisation de plaider, I, p. 298, 1000; grande voirie et navigation, II, p. 9, 2251.

— des prises, Décr. 9 mai 1859.

— des prud'hommes, actes de procédure devant le, I, p. 496, 1747; local, I, p. 85, 265; significations, I, p. 482, 1673; électeurs, L. 24 novembre 1883.

— de revision, I, p. 459, 1584; avis des fraudes au parquet, III, p. 140, 4637; conflit avec tribunal correctionnel, III, p. 146, 4651, 8°; fausse déclaration, III, p. 4, 4218; jugement au sujet d'une délibération, I, p. 376, 1291.

— sanitaire maritime, Décr. 22 février 1876, art. 100.

— de surveillance, société, L. 24 juillet 1876.

— supérieur de l'instruction publique, censure en présence du, III, p. 92, 4487, 3°; juridiction, III, p. 91, 4483; Décr. 11 mai 1880.

— supérieur des prisons, Arr. min. 3 janvier 1881; Décr. 26 janvier 1882.

Conseiller assesseur à la cour d'assises, II, p. 313, 3245; p. 314, 3248.

— complétant la chambre d'accusation, II, p. 292, 3170.

— cour d'appel, I, p. 107, 337; poursuivi, I, p. 630, 2089; remplacement et roulement, I, p. 131, 421; p. 132, 423.

— cour de cassation, I, p. 630, 2087.

— cour des comptes, ibid.

— remplacement, II, p. 317, 3256.

— transport, indemnités, III, p. 26, 4286.

— d'État, franchise postale, III, p. 459, 5511; p. 460, 5513; témoins, II, p. 139, 2661.

— général, liste du jury, II, p. 323, 3273; Circ. min. 10 mars 1882; excusé, II, p. 334, 3304.

— municipal, affirmation de procès verbal, I, p. 43, 2261; liste de jury, II, p. 322, 3272.

— de préfecture, avocat, III, p. 208, 4839.

Consentement à mariage, I, p. 447, 1537; p. 448, 1543; p. 449, 1544; p. 548, 1860, 11°; omission de l'exiger par l'officier de l'état civil, II, p. 573, 4073.

Conservateur des forêts, II, p. 94, 2521; contrainte par corps, II, p. 447, 3680; frais de poursuites, mémoires, etc., II, p. 593, 4130; franchise postale, III, p. 463, 5519, V; p. 465, 5521; procès concernant la propriété des bois communaux, observations au M. P., II, p. 583, 4103; appels, II, p. 595, 4135.

— des hypothèques, I, p. 400, 401, 1373 à 1375; p. 407 à 409, 1400 à 1409; franchise postale, III, p. 464, 5519, IX, 7; serment, III, p. 441, 5465.

Conservation, droit de, II, p. 123, 2604.

— des forêts, devoirs des tribunaux, II, p. 587, 4112.

— des minutes de notaire, III, p. 406, 5375 à 5376; p. 408, 5383.

— des pièces à conviction, frais urgents, III, p. 65, 4402.

— des terrains en montagne, L. du 4 avril 1882, Décr. 11 juillet 1882.

Conserve de gibier, II, p. 488, 3813.

Considérant de jugement correctionnel, II, p. 245, 3008.

Considération d'affection, de bon voisinage, d'intérêt, d'oubli, de parenté, d'union faisant obstacle à l'action publique, II, p. 68, 2426; p. 77, 2458.

Consignation d'aliments pour la contrainte par corps, II, p. 444, 3666 à 3669; p. 445, 3670; id. forestière, II, p. 592, 4127; pour incarcération du failli, I, p. 525, 1811; p. 527, 1816, § 3.

— de l'amende d'appel, I, p. 247, 829.

— chasse, II, p. 486, 3806.

— des condamnations en matière de presse, III, p. 109, 4544.

— des frais de la partie civile par un étranger, I, p. 655, 2168; par

tout autre, I, p. 665 à 668, 2201
à 2212; III, p. 493, 5593, 5594.
— octroi, II, p. 520, 3921.
— officiers ministériels, III, p. 221,
4881.
— omission de, notaire, III, p. 427,
5432.
— ordres et distributions, I, p. 452,
1559.
— pourvoi en cassation au civil, I, p.
254, 255, 855 à 857; au criminel II, p. 368, 3415; p. 369,
3416 à 3418.
— prix d'un office ministériel refusé
par les héritiers, III, p. 226,
4891; p. 227, 4894; valeur de
l'office, III, p. 228, 4898.
— produit des pièces à conviction, III,
p. 329, 5168.
— registre des consignations, greffe,
III, p. 326, 5161, 26°.
— requête civile, I, p. 249, 834.
— sommes saisies arrêtées entre les
mains d'officiers publics ou de
comptables de deniers publics,
III, p. 268, 5008, 5009.
— de valeurs mobilières, Circ. min.
20 janvier 1876.
Consistoire protestant, I, p. 294, 988.
Consorts d'un condamné, appel, II, p.
267, 3086.
Conspiration, II, p. 34, 2323; flagrant
délit, II, p. 37, 2330; surveillance du M. P., II, p. 897, 4444.
Constat, procès-verbal de, II, p. 58, 59,
2393, 2396; copie pour l'accusé,
II, p. 340, 3326; indemnité de
transport, III, p. 26, 4288.
Constatation des contraventions, II, p.
197, 2844.
— des conclusions du M. P. en police
correctionnelle, II, p. 242, 3002.
— de mort violente, I, p. 173, 573.
Constitution d'avoué, I, p. 193, 621;
appel, I, p. 244, 814; mode, III,
p. 284, 5056.
— du contumax, II, p. 538, 3975.
— de la partie civile au criminel, I,
p. 660 à 665, 2185 à 2200.
— d'un prisonnier, II, p. 288, 3163;
II, p. 407, 3540.
— de la République, L. du 25 février
1875, 16 juillet 1875, révision;
L. 14 août 1884.
Consul d'Espagne, interprète des nationaux en justice, II, p. 142,
2668.
— italien, frais de voyage des témoins,
II, p. 142, 2667.
Consultation d'avocat, taxe, I, p. 232,
764.
— gratuite pour militaires et indigents,
III, p. 212, 4851.

— greffier, p. 310, 5124.
— interdite aux magistrats, III, p.
188, 4777.
— préalable à la requête civile, I, p.
249, 834.
— du P. G. par les procureurs d'arrondissement, III, p. 456, 5506;
p. 457, 5508.
— rétribuée, forme, III, p. 212, 4853.
Contestation des parties, abstention des
magistrats, III, p. 188, 4777.
— sur restitution du cautionnement,
II, p. 468, 2755.
Contexte des jugements, II, p. 246,
3014.
Contingent cantonal pour le jury, II, p.
323, 3273, 3274, et p. 324, 3278.
Continuation de cause correctionnelle
requise par le M. P., II, p. 244,
2996.
— de poursuites ordonnée par la
chambre d'accusation, II, p. 295,
3183.
— de publication d'un journal suspendu ou supprimé, III, p. 106,
4533.
Contraignable, II, p. 442, 3662; arrestation, II, p. 443, 3665; relevé
trimestriel, II, p. 446, 3676.
Contrainte, cohabitation de la femme
avec le mari, I, p. 454, 1567.
— au contribuable, I, p. 313, 1060;
porteur de, II, p. 9, 2249, 23°.
— pour les consignations, I, p. 318,
1080.
— contre curateur de succession vacante, I, p. 489, 1691.
— contre détenteur ou dépositaire de
pièces de comparaison en matière de faux, III, p. 13, 4248;
p. 15, 4253; p. 16, 4258.
— sur fonctionnaire, II, p. 560, 4039.
— contre un huissier pour versement
à la bourse commune, III, p.
359, 5245.
— corporelle, contre la femme mariée
pour réintégrer le domicile conjugal, I, p. 454, 1567; p. 455,
1569.
— par corps, II, p. 440 à 452, 3655
à 3693; cautionnement de mise
en liberté provisoire, II, p. 467,
2750; chasse, frais, II, p. 499,
3849; exécution des mandats, II,
p. 108, 2564; forêts, II, p. 592,
4127; illégale, prise à partie, II,
p. 579, 4094; obstacle à la nomination d'un officier ministériel,
III, p. 229, 4901; presse, III, p.
102, 4518; transaction, Circ.
min. 23 mars 1882, transfère-
ments à éviter, Circ. min. 5 mars
1880.

— recouvrement des amendes contre les officiers ministériels, III, p. 264, 4998.

— des amendes, II, p. 398, 3549; I, p. 498, 1725.

des droits d'enregistrement, I, p. 339 à 344, 1458 à 1177.

— des droits de douane, I, p. 326, 1106.

— des droits de timbre, I, p. 498, 1725; I, p. 439, 1514.

— des frais dus au Trésor, I, p. 290, 294, 979, 980; I, p. 313, 1060.

— du rôle de restitution, III, p. 74, 4433.

— réhabilitation, certificat nécessaire, III, p. 152, 4667.

— restitution à opérer par un notaire, III, p. 392, 5335; p. 424, 5424.

— statist. des appels, III, p. 502, 5612, 32; criminelle, III, p. 571, 572, 5764, 5766.

— témoins défaillants, II, p. 445, 2677, 2678; assises, II, p. 348, 3355; Pol. Corr., II, p. 232, 2968.

— tentative de, I, p. 542, 1859, IV, 4°; I, p. 548, 1860, IV, 5°.

— trésorier de la chambre des huissiers, III, p. 360, 5250.

Contrariété, arrêts et jugements, I, p. 248, 832.

— cassation, I, p. 253, 849; II, p.361, 3389.

— décision criminelle; revision, III, p. 164, 4697.

Contrat d'apprentissage de jeunes détenus correctionnels, II, p. 260, 3069, 261, 3070.

— à la grosse, statist. des appels, III, p. 502, 5612, 40°.

— de mariage de commerçants, I, p. 443, 444, 1525 à 1529; affichage, I, p. 518, 1786; déclaration, I, p. 443, 1525; dépôt au greffe, I, p. 175, 577, 40°; III, p. 395 et 399, 5344, 5353; III, p. 427, 5432; registre d'inscription, III, p. 326, 5161, 22°.

— et obligations, statist. des appels, III, p. 502, 5612, 16°, 28°.

— d'union de faillite, I, p. 523, 1802, §14.

Contravention, circonstances atténuantes, I. p. 600, 4979, 18°.

— constituée par un fait matériel, II, p. 506, 3872.

— cumul des peines, II, p. 425, 3603.

— énumération des, II, p. 495, 496, 2837; III, p.567 à 569, 5757.

— état civil, I, p. 361 à 363, 1238 à 1243; II, p. 541, 3986, 3°.

— états fournis par la gendarmerie, III, p. 433, 8449.

— fiscale, II, p. 541, 3890; notaires, III, p. 391, 5331, 5332, p. 392, 5333.

— flagrant délit, II, p. 498, 2849.

— forestière, II, p. 584, 4404.

— jugée en Pol. Corr., II, p. 210, 2889; II, p. 255, 3045; appel, II, p. 264, 3078.

— postale, III, 99, 4511; III, p. 454, 5500.

— procès-verbaux; enregistrement, II, p. 19, 2282, 4°.

— provocation, I, p.588, 1943.

— qualification, I, p. 537, 1852, p. 538, 1853; II, p. 506, 3872.

— recherche et poursuites, II, p. 25, 2298; II, p. 37, 2329; commissaire de police, II, p. 73, 2440; maire, II, p. 78, 2459.

— récidive, III, p. 134, 4620; compétence, II, p. 210, 2891.

— à règlements de police, II, p. 495, 496, 2837.

— rurale, III, p. 568, 5757, § 3.

— spéciale; statistique, III, p. 552, 5721.

— timbre, I, p. 497, 1722.

Contrebande avec armes, attroupements, I, p. 543, 1859; VII, 1°; II, p. 529, 3951; II, p. 604, 4455.

— cartes à jouer, II, p. 512, 3896.

— avec crime, II, p. 604, 4454, p. 610, 4481.

— contrainte par corps, II, p. 442, 3662.

— entreprise de, II, p. 600, 4450.

— introduction frauduleuse de marchandises en France, II, p. 603, 4459.

— pénalité correctionnelle, II, p. 608, 4476.

— poudre, II, p. 523, 3930.

— transaction, I, p. 564, 1864.

Contredit à un ordre, I, p. 452, 1558.

Contrefaçon brevet d'invention, II, p. 483, 3797.

— cartes à jouer, II, p. 512, 3895.

— clef par serrurier ou autre, I, p.545, 4859, IX, 5°, p. 551, 4860, VIII, 3°.

— complicité, I, p. 587, 1938.

— d'écriture, III, p. 4, 4249.

— dénonciateur, I, p. 596, 1966, 6°.

— livres d'église; pourvoi en cassation, II, p. 363, 3396.

— marques de fabrique, I, p. 542, 1859, § 3, 8°.

— sceau de l'Etat, effets, marteaux, poinçons, I, p. 544, 4859, § 3, 2°.

— de signature, II, p. 4, 4219.

— timbres poste, I, p. 547, 1860, § 3, 9°.

Contrefacteur, ouvrages imprimés ou gravés, I, p. 553, 1860, IX, 5°.
— marques de fabriques, I, p. 552, 1860, IX, 6°.
— poursuites civiles, I, p. 520, 1792.

Contre lettre, cession d'office, III, p. 231, 4906, p. 236, 4919.

Contre maître, constatant les délits relatifs aux bois de la marine, II, p. 7, 2249, 3°; II, p. 95, 2524.

Contre seing, franchise postale, III, p. 446, 5476 à 5478; III, p. 451, 5491.

Contrevenant, II, p. 196, 2840.

Contre visite, juré malade, II, p. 335, 3308.

Contribution directe extrait du rôle, 1, p. 284, 954; I, p. 440, 1516.
— illégalement perçue, II, p. 544, 3985, 5° et concussion, II, p. 554, 4025.
— indirectes, II, p. 503 à 530, 3862 à 3953; action civile, I, p. 313 à 315, 1059, 1067; appel, I, p. 245, 819, II, p. 271, 3103; confiscation, II, p. 401, 3527, 20°; contrainte, II, p. 446, 3677; II, p. 450, 3685; contravention, I, p. 557, 1860, XIII; employés; police judiciaire, II, p. 8, 2249, 11°; emprisonnement pour fraude, II, p. 62, 2406; serment, III, p. 439, 5462, 13°; nullité des citations à prévenu, II, p. 219, 2918; poursuites, I, p. 626, 2072; I, p. 566, 1872; procès-verbaux, II, p. 13, 2259; affirmation, II, p. 15, 2266; force, II, p. 20, 2284, 3°; II, p. 21, 2286, 9°; réduction de l'emprisonnement, proposée par l'administration, III, p. 83, 4461; signalements des condamnés, extraits. Cir. min., 19 mars 1880; transaction, I, p. 564, 1864, 566, 1872; p. 626, 2072; II, p. 10, 2252.
— et ordre; statist. annuelle, III, p. 534, 537, 5679, 5685.

Contrôle, bureau de garantie, II, p. 514, 3902.
— chemin de fer, franchise, III, p. 464, p. 5519, IX, 6.
— frais de justice, III, p. 24, 4283.
— matières d'or et d'argent, II, p. 513, 3898.
— mémoire d'huissier, III, p. 40, 4329; III, p. 68, 4411, et 4415.

Contumace, amnistie, I, p. 611, 2019.
— banqueroute frauduleuse, II, p. 476, 3774.
bulletin n° 1, III, p. 474, 5542.

— décès du condamné, I, p. 608, 2008.
— demande d'extradition, I, p. 579, 1944, p. 608, 2008.
— droits politiques suspendus, II, p. 616, 4202.
— frais de l'arrêt absolvant pour prescription, II, p. 433, 3633.
— procédure, II, p. 530 à 540, 3954 à 3983.
— recours en cassation, II, p. 370, 3419.
— recours en grâce, III, p. 76, 4441.
— renvoi devant un autre tribunal, III, p. 457, 4685.

Convention illicite avec failli, II, p. 479, 3788.
— qualifiée verbale, I, p. 498, 1727.

Conversion de mandat d'amener en autre mandat, II, p. 117, 2595.
— de saisie, I, p. 403, 406, 1385, 1394.

Conviction de crime ou délit; mineur, I, p. 594, 595, 1962 à 1964; de plusieurs crimes ou délits; cumul, II, p. 397, 3516, p. 425, 3603, p. 426 à 3606.
— des juges correct.; bases, II, p. 244, 3007; II, p. 263, 3076; chasse, II, p. 497, 3842; délits électoraux, II, p. 619, 4209.
— pièces de, II, p. 48 à 51, 2367 à 2372; présentation à l'audience correct., II, p. 234, 2975, p. 237, 2985; remise ordonnée par la chambre d'accusation, II, p. 296, 3186; registre, greffe, III, p. 326, 5161, 27°; appendice, p. 611, 69; remise et vente, III, p. 328, 329, 5163, 5168; transport en cour d'assis., II, p. 305, 3216; II, p. 339, 3324, 3325; transport et conservation; frais urgents, III, p. 65, 4402.

Convocation, cérémonie publique, I, p. 28, 85.
— juge suppléant; assemblée générale, III, p. 174, 4742.
— ordre et distribution, I, p. 452, 1556.

Convoi de chemin de fer; impôt, II, p. 528, 3944.
— entrepreneur de, III, p. 54, 4372.
— funèbre, entrepreneur de, I, p. 524, 1797, 4°.
funèbre, de magistrat, I, p. 33, 102, p. 34, 103, 104.

Convoyeur, exécution capitale, II, p. 379, 3449; p. 380, 3456.
— réquisition, II, p. 53, 2378, 2379.
— transport des prévenus, marchés, Circ. min. 14 octobre 1880; Circ. min. 29 nov. 1884, 44 fév. 1885.

Coopération d'ouvriers à une fabrication

clandestine de poudre, II, p. 523, 3930.

Coparticipant, banqueroute frauduleuse, II, p. 478, 2781.

Copie, acte nécessaire à une information criminelle, III, p. 61, 4394.
— altérée par un huissier, III, p. 2, 4211.
— arrêt de renvoi et d'acte d'accusation, II, p. 302, 3208; individuelle, II, p. 304, 3212.
— assignation par la régie, II, p. 506, 3871.
— citation à prévenu, II, p. 217, 2915.
— citation à témoin en information, II, p. 136, 2651; en Pol. Corr., II, p. 228, 2953; oubli, perte, taxe, III, p. 34, 4313.
— conclusions du M. P. contre un magistrat poursuivi disciplinairement, III, p. 195, 4799.
— conclusions déposées, I, p. 208, 672, 673.
— déclaration d'ouverture d'école, III, p. 96, 4500.
— déclarations écrites des témoins et des procès-verbaux, délivrée au P. G. en matière criminelle, III, p. 61, 4394.
— déposée au parquet, I, p. 480, 1665.
— droits des huissiers, I, p. 482, 1673; I, p. 499, 1727, 5°.
— exploit d'assignation, I, p. 193, 619; écriture illisible, I, p. 176, 577, 13°; papier libre, I, p. 499, 1727, 5°.
— frais criminels, état de liquidation, III, p. 64, 4399.
— notification de la liste des jurés, II, p. 330, 3293, 3294.
— mandat d'arrêt, II, p. 125, 2616.
— minute de simple police pour signification, III, p. 41, 4332.
— mesures disciplinaires contre les officiers ministériels, destinée au Garde des Sceaux, III, p. 272, 5025.
— ordonnance de non lieu, II p. 176, 2779.
— pièce authentique déplacée pour servir de pièce de comparaison, III, p. 15, 4256.
— de pièces d'avoué, émolument, III, p. 286, 5062.
— de pièces de dossiers correctionnels, II, p. 159, 2721; criminels, II, p. 158, 2718; prévenus acquittés, II, p. 259, 3062.
— des plaintes et procès-verbaux inutile en tête des citations à prévenus, II, p. 218, 2915; p. 506, 3871; obligatoire en matière forestière, II, p. 589, 4416; pêche, II, p. 218, 2915; refusée aux témoins, II, p. 137, 2655; p. 138, 2656.
— des procès-verbaux de commissaire de police, II, p. 75, 2450.
— des protêts-huissiers, III, p. 350, 5225; notaires, p. 401, 5358.
— remise par huissier, III, p. 352, 5221, illisible et incorrecte, III, p. 351, 5223; lignes, 5224; peine, III, p. 265, 5000.
— rôles à taxer aux huissiers, III, p. 41, 4332.
— trimestrielle du registre des condamnés, droits du greffier, III, p. 39, 4327.

Coprévenu d'appelant ou d'intimé, II, p. 278, 3127; p. 282, 3140.
— de défaillant, II, p. 224, 2940; II, p. 271, 3100.
— exécution des jugements et arrêts, II, p. 285, 3151.

Coq de bruyère, temps prohibé, circulation, II, p. 489, 3844.

Coque du levant, vente, Décr., 28 septembre 1882.

Coquillages, huîtres et, colportage, transport., vente, Circ. min. Intér., 23 janvier 1882, bull. off., 1882, p. 20.

Cor et cris, chasse à, II, p. 487, 3841.

Corail, pêche, Algérie, Décr. 22 novembre 1883; Décr 30 juin 1884.

Corporation des avocats, III, p. 204, 4827.

Corps constitué, outrages à, L. 29 juillet, Circ. min. 9 novembre 1881.
— du délit, I, p. 573, 574, 1895; II, p. 11, 2254, 6°; procès-verbal, II, p. 40, 2340; transmission au P. G., II, p. 180, 2789.
— dur, jet, II, p. 195, 2837, 1°; art. 471, § 6, C. P.
— d'écriture faux, III, p. 15, 4255.
— de garde, II, p. 51, 2374.
— judiciaire, rang, I, p. 25, 78; Circ. min. 24 février 1876.
— législatif, séances, compte-rendu, III, p. 102, 4520; p. 104, 4526.
— des notaires, poursuites communes, III, p. 431, 5444.
— de supplicié, II, p. 379, 3454.

Correction, mesures de, mineurs de 16 ans, II, p. 259 à 262, 3064 à 3073.
— paternelle, I, p. 315 à 317, 1068 à 1077; I, p. 184, 594.

Correctionnalisation, II, p. 175, 2776; Circ. min., 5 avril 1871.

Correspondance avec les autorités judiciaires étrangères, II, p. 154, 2708; Alsaciens-Lorrains, B. 2.

Circ. min. 2 sept. 1872; commissions rogatoires, avances d'affranchissement, règlement 10 décembre 1875; Instruction générale des postes. n° 181.

— entre chambres de discipline, III, p. 269, 5014.

— consultation du P. G. par, III, p. 457, 5508.

— criminelle entre fonctionnaires, II, p. 553, 4020.

— des dépositaires de l'autorité, interceptée, II, p. 472, 3759.

— avec l'ennemi, I, p. 540, 1859, 2°.

— franchise postale, III, p. 444 à 458, 5471 à 5510.

— de la gendarmerie, choix des jours pour translation des prévenus, II, p. 306, 3218.

— avec gouvernement étranger, I, p. 390, 1340.

— de l'inculpé, saisie, II, p. 544, 3994.

— du juge de paix avec le parquet, II, p. 68, 2426; III, p. 45, 4347. Circ. min. 19 mai 1884.

— des magistrats avec les autorités judiciaires étrangères, II, p. 184, 2708.

— d'un ministre du culte avec une cour ou puissance étrangère, I, p. 543, 1859, V, 3°.

— télégraphique, Circ. min. aux P. G., 19 novembre 1878. Bul. off. 1880, p. 258.

Corruption de fonctionnaire, I, p. 542, 1859, IV, 4°; II, p. 544, 3985, 8°; II, p. 557 à 562, 4030 à 4043; confiscation, II, p. 400, 3527, 2°; recrutement, I, p. 562, 1860, XXII, 4°; tentative, I, p. 561, 1951.

— de garde champêtre et forestier, II, p. 586, 4110.

— de gardien, geôlier, ou conducteur de détenus, I, p. 543, 1859, VI, 6°; III, p. 128, 4605.

— de la jeunesse, excitée, favorisée, facilitée, I, p. 550, 1860, VII, 9°.

— de juge ou juré, II, p. 544, 3985, 5°.

— des salpêtriers, I, p. 560, 1860, 3°.

— de témoin, I, p. 544, 1859, VII, 12°.

Corse, actes judiciaires destinés à la, I, p. 480, 1663.

Corte, citadelle de, détention, II, p. 391, 3492.

Cortège, rang des tribunaux, III, p. 170, 4727.

Costume des agents, fonctionnaires, officiers de police verbalisateurs, II, p. 12, 2258.

des avoués, III, p. 281, 5048.

— des commis-greffiers, III, p. 311, 5126.

— des commissaires de police, II, p. 71, 2433.

— des commissaires-priseurs, III, p. 304, 5104.

— des forestiers, audience, épée, I, p. 87, 272.

— des gardes champêtres, II, p. 83, 2478.

— des greffiers, III, p. 311, 5126.

— des huissiers, III, p. 339, 5496.

— des juges de paix et suppléants en fonction, III, p. 181, 4758; III, p. 184, 4768, 6°.

— des magistrats, audience, I, p. 120, 382; p. 122, 388; cérémonies, I, p. 32, 97; serment, I, p. 18, 49.

— des maires et adjoints, II, p. 78, 2459.

— des officiers de police judiciaire, II, p. 12, 2258.

— port illégal, II, p. 574 à 576, 4080 à 4088; mouvement insurrectionnel, II, p. 471, 3756.

— du président d'assises, I, p. 35, 108.

— usage de, circonstance aggravante, du vol, I, p. 545, 1859, IX, 1°.

— usurpation de, I, p. 549, 1860, VI, 10°.

Cote des pièces, procédures criminelles, II, 179, 2787.

Coton, poudre, détention, fabrication de, II, p. 523, 3928.

Couleur, fabrication, liquides, inflammables, Décr. 27 janvier 1872, 19 mai 1873.

Coupe de bois, meubles, I, p. 336, 1448; adjudication interdite aux magistrats, III, p. 189, 4780.

— et enlèvement d'arbres, II, p. 590, 4120.

— de grains et fourrages, I, p. 554, 1860, X, 6°.

Coups et blessures, circonstances atténuantes, I, p. 602, 1984; excuse, I, p. 596, 1967; p. 597, 1970; non excusables, I, p. 598, 1971; involontaire, I, p. 550, 1860, VII, 7°; qualifiés, I, p. 554, 1859, VIII; I, 597, 1971; volontaires, I, p. 550, 1860, VII, 2°.

— poursuites, I, p. 572, 1894; sursis, II, p. 254, 3043.

Cour d'appel, assistance judiciaire, I, p. 282, 946; conseillers présents à l'audience, rang, remplacement, I, p. 431-432, 424-425; crime commis en, I, p. 442, 464; dépenses, Décr., 28 janvier 1883; Circ. min., 14 avril et Int., 15 décembre 1883; direction suprême de l'action publique, I, p. 565, 1867; droit d'évocation, II, p. 310, 3235; local, I, p. 84, 264; règlement de juge, III, p. 448, 4656 à 4657; répression disciplinaire des infractions des avocats, III, p. 248, 4870; statist., III, p. 496 à 504, 5599 à 5615; surveillance exercée sur les tribunaux par la, III, p. 194, 4785.

— d'assises, compétence, I, p. 538, 4856; douane, II, p. 601, 4454; presse, L. 29 juillet, Circ. min., 9 novembre 1881; crime commis en, I, p. 142, 464-462; local, I, p. 85, 263-264; plénitude de juridiction, I, p. 649, 2148, p. 659, 2484; sessions, II, p. 340 à 324, 3236 à 3267; statist., III, p. 586 à 594, 5793 à 5808.

— de cassation, I, p. 254, 841; assistance judiciaire, I, p. 282, 947; attributions criminelles, II, p. 358, 3383; désignation d'un autre tribunal correct., II, p. 208, 2884; pouvoir disciplinaire, III, p. 192, 4789, III, p. 270 à 274, 5046 à 5030; règlement de juges, III, p. 148-149, 4655 à 4660; renvoi devant un autre tribunal, III, p. 158 à 164, 4689 à 4696; révision de procès criminel, III, p. 163, 4703.

— haute de justice, I, p. 538, 4856; II, p. 310, 3234; II, p. 360, 3388.

— martiale, état de siège, I, p. 654, 2154 à 2156; révision, III, p. 164, 4700.

— spéciale et prévôtale abolies, II, p. 602, 4458.

Courre, chasse à, II, p. 494, 3824.

Courrier, responsabilité civile des maîtres de poste, III, p. 99, 4513.
— transport des dépêches, II, p. 528, 3945.

Cours d'eau navigable et flottable, constatation des contraventions sur un, II, p. 9, 2249, 48°.
— de la justice, obstacle au, audience correct., II, p. 213, 2904; prévenu, II, p. 228, 2942.
— libre de faculté, Décr., 24 juillet 1883.

Course rapide de chevaux, bêtes de trait ou de charge, compte crim., III, p. 567, 5757, art. 475, n° 4 et 476, C. P.
— ou, paris, agences, Circ. min, 17 mai 1876.

— de salon, jeu de hasard, Circ. min., 12 octobre 1876.

Courtage illicite, II, p. 464, 3735 à 3737.
— interdit aux officiers ministériels, III, p. 220, 4875; aux notaires, III, p. 363, 5258; III, p. 416, 5404.

Courtier de commerce, II, p. 461 à 465, 3722 à 3737; clandestin, I, p. 296, 996, 3°; contraventions, I, 552, 1860, IX, 10; concussion, II, p. 555, 4027; contrebande, II, p. 611, 4186; démission, I, p. 349, 4788; faillite, I, p. 345, 1859, IX, 7°; serment, III, p. 440, 5462, IV.

Coût des actes d'huissier, détail sur les exploits, III, p. 42, 4336.
— des actes pour indigents, I, p. 139, 4543.
— des citations à témoins, mention du, II, p. 138, 2656.
— des expéditions du greffe, III, p. 319, 5444.
— des extraits de jugement délivrés à l'enreg., III. p. 38, 4323 à 4325.
— du papier timbré, III, p. 319, 5446.

Couteau ordinaire, non réputé arme, II, p. 602, 4455.

Coutre de charrue abandonné, III, p. 568, 5757, § 4, n° 21, art. 474, § 7, C. P.

Couvert de la franchise, lettres étrangères au service, III, p. 454, 5499.

Couverture des dossiers de cession d'office, III, p. 255, 4968.

Crâne, conservé pour l'audience, pièce à conviction, II, p. 50, 2371.

Créance, achat et vente interdits aux officiers ministériels, III, p. 220, 4875.

Créancier, dénonciation de banqueroute frauduleuse, II, p. 478, 3784; de banqueroute simple, partie civile, II, p. 481, 3789; ordre et distribution, I. p. 454, 1556.

Création d'office de commissaire priseur, III, p. 298, 5096.

Crèche, I, p. 477, 578.

Crédit foncier, purge d'hypothèque, I, p. 407, 4399.

Cri de détresse, flagrant délit, II, p. 37, 2329.
— séditieux, I, p. 546, 1860, n° 44, 43°; détention préventive, II, p. 598, 4443; militaires et marins, I, p. 637, 2440; L. 29 juillet; Circ. min., 9 novembre 1881.

Criées audience des, I, p. 436-437, 439 à 442.

— de vente aux enchères, salaire, III, p. 304, 5114.

Crieur public, C. P. 284 à 288.

Crime, à l'audience, appel et assises, I. p. 442, 459 à 461 ; pendant la suspension d'audience, I, p. 443, 464.

— dans les arsenaux et ports, I, p. 453, 2706.

— états à fournir par la gendarmerie, III, p. 433, 5449.

— à l'étranger par un Français, I, p. 575, 1899 ; I, p. 625, 2066.

— imputé à un tribunal entier, I, p. 636, 2107.

— commis par des magistrats, I, p. 633 à 637, 2096 à 2109.

— commis dans une maison d'arrêt, III, p. 444, 4554.

— commis par un mineur de 16 ans, I, p. 545, 1860.

— politique, avis au ministre et au proc. gén., II, p. 26, 2299.

— poursuites, I, p. 574, 1890; informations, II, p. 35, 2324.

— prescription, action, I, p. 649, 2045.

— dans les prisons, III, p. 114, 4554; L. 25 décembre 1880.

— puni en cour d'assises sans le jury, I, p. 442, 463.

— puni en pol. correct., I, p. 594, 1962 ; II, p. 209, 2887.

— qualification, I, p. 537, 1852.

— récidive, III, p. 133, 4619.

— second crime, III, p. 135, 4623.

Criminel, grand, procès-verbaux, II, p. 11, 2254; tenant le civil en état, I, p. 616 à 618, 2037 à 2042.

Critique des actes du Gouvernement par une chambre de discipline, III, p. 373, 5282.

— des conclusions du M. P., I, p. 220, 749.

— contre le Gouvernement par un ministre du culte, I, p. 542, 1859, V.

— de jurés, remplacement, II, p. 336, 3311.

Crochet, mendiant porteur de, I, p. 549, 1860, VI, 18° ; vol, I, p. 545, 1859, IX, 1°.

Croix, tenant lieu de signature, I, p. 348, 1490.

Crucifix, salle d'audience, I, p. 86, 267.

Culpabilité, arrêt d'appel, mention, expresse de la, II, p. 278, 3129.

Culte, entrave, outrage, I, p. 549, 1860, VI, 11°, et p. 555, 1860, X, 5°.

— protestant, confession d'Augsbourg; L. 1er août 1879 ; Décr., 12 mars 1880.

Culture du tabac, II, p. 525, 3938.

Cumul des amendes, II, p. 397, 3516 ;

— contre un notaire, III, p. 392, 5333 ; contre les officiers ministériels, III, p. 264, 4996.

— des congés de magistrats, I, p. 44, 129.

— de fonctions judiciaires, III, p. 173, 4738.

— d'offices ministériels, III, p. 224, 4879 ; huissier et commissaire priseur, III, p. 309, 5122; p. 310, 5123 ; p. 338, 5190 ; instituteur, III, p. 338, 5190 ; notaires, III, p. 363, 5256.

— des peines, II, p. 425 à 428, 3603 à 3614 ; cartes à jouer, II, p.513, 3897 ; chasse, II, p. 498, 3846; contrainte par corps, II, p. 450, 3685 ; contributions indirectes, II, p. 507, 3875 ; contumax, II, p. 540, 3982; discipline des avocats et officiers ministériels, III, p. 216, 4861 ; p. 217, 4864; p. 274, 5030 ; douanes, II, p. 640, 4182 ; évasion, III, p. 426, 4594-4595 ; forêts, II, p. 591, 4125 ; octroi, II, p. 520, 3920 ; simple police, II, p. 200, 2854 ; II, p. 397, 3516; presse, III, p. 409, 4543 ; usure, III, p. 468, 4749.

— de pension et traitement, anciens militaires ou veuves; Circ. min., 16 mai 1884.

— des pensions, magistrats, I, p. 76, 233-234.

— des traitements, magistrats, I, p. 57, 173.

Curateur d'absent, I, p. 264, 878.

— d'aliéné non interdit, I, p. 174, 573 ; I, p. 280, 944 ; I, p. 187, 603, 44°.

— au bénéfice d'inventaire, I, p. 486, 1684.

— interdiction civique, II, p. 447, 3571.

— à la mémoire d'un condamné, III, p. 462, 4702.

— de militaire disparu, I, p. 274, 907.

— de mineur émancipé partie civile, I, p. 655, 2168.

— de pupille, I, p. 504, 1732.

— à succession en déshérence, I, p. 491, 1700.

— à succession vacante, I, p. 486, 603 ; I, p. 487 à 489, 1685, 1688, 1689, 1691 à 1693 ; statist., III, p. 509, 5626 ; Instr. générale de l'enregistrement, 15 juin 1878.

— de témoin mineur double taxe, III, p. 30, 4297.

Curé, autorisation de plaider, I, p. 293, 988; décédé, scellés ; Circ. min.; 8 janvier 1884.

D

Date, actes notariés, III, p. 390, 5328.
— feuilles de renseignements des dossiers envoyés en accusation, II, p. 483, 2796.
— de naissance des condamnés sur les bulletins n° 2, III, p. 472, 5536.
— des procès-verbaux, II, p. 46, 2274-2272.

Dation de conseil judiciaire, I, p. 424, 1448; p. 424, 1457 à 1460.

De, particule, addition de la, II, p. 575, 4083.

Débats, assises, II, p. 345 à 353, 3345 à 3368.
— clôture des, III, p. 24, 4275.
— contradictoires, contumax, arrêté, II, p. 338, 3975.
— correctionnels, II, p. 223 à 240, 2936 à 2993.
— judiciaires, compte rendu, III, p. 403, 4523.
— nouveaux, correct., sur opposition à défaut, II, p. 252, 3037.

Débauche, excitation à la, I, p. 550, 4860; VII, 9°.

Débet, enregistrement des procès-verbaux en, II, p. 47, 2277; p. 49, 2282, 5°; exception en matière postale, III, p. 400, 4545.
— vérification, moyen de contrôle pour le parquet, II, p. 586, 4440.

Débit de boissons falsifiées ou nuisibles, I, p. 550, 4860, VII, 5°; compte criminel, III, p. 568, 5757; exercice de la régie, II, p. 509, 3882; p. 510, 3886; forains, ib., 3888; L. du 17 juillet 1880; Circ. min.; Int., 20 avril 1880; 18 janvier 1881.
— d'ouvrages littéraires prohibés, I, p. 519, 4789.
— de marchandises, II, p. 496, 2837, 4°, § 1.
— de poudre, II, p. 521, 3924 à 3926.

Débitant de tabac, I, p. 498, 4726; serment, III, p. 439, 5464; p. 440, 5462, V, 5°.

Débiteurs des collèges et lycées, poursuites contre les, I, p. 410, 4410.
— des condamnations, contrainte, II, p. 446, 3676; p. 447, 3679.

Débouté d'opposition, II, p. 252, 3035-3036; p. 253, 3038.

Décapitation, II, p. 384, 3468.

Décence, atteinte par compte rendu, III, p. 403, 4524.
— audience, I, p. 420, 382.

Décès, accidentel ou subit, constat, frais, III, p. 56, 4379.
— acte de, I, p. 347, 4186.
— du complice, I, p. 607, 2005.
— du condamné en simple police, II, p. 207, 2884, en pol. correct., II, p. 285, 3452, en cass., II, p. 372, 3428, élimination du casier judiciaire, III, p. 469, 5529, recours en grâce pour l'amende par l'héritier, Cir. min., 18 avril 1851.
— du contumax, II, p. 539, 3979.
— déclaration de, omission de, I, p. 364, 4247.
— de détenu, III, p. 414, 4554.
— de l'inculpé, I, p. 606 à 608, 2004 à 2008.
— de juge de paix, III, p. 478, 4750.
— de juré, II, p. 324, 3277; p. 327, 3286; II, p. 334, 3305.
— de légionnaire, I, p. 347, 4187.
— de magistrat, I, p. 44, 22; p. 56, 470; p. 74, 220.
— de militaire disparu, Circ. min., 4 décembre 1884.
— de l'officier de l'état civil, I, p. 348, 4491-4492; p. 349, 4493-4494.
— de notaire, III, p. 362, 5254; p. 403, 5365 à 5367.
— du plaignant, adultère, II, p. 458, 3743; p. 459, 3746.
— du prévenu, amende encourue, II, p. 396, 3543.

Décharge de l'amende contre des témoins défaillants en pol. correct., II, p. 233, 2974.
— par les faillis aux greffiers pour leurs registres, I, p. 528, 4820.
— par le gardien de prison, II, p. 122, 2606; II, p. 224, 2938.
— de pièce arguée de faux, III, p. 43, 4247.
— exigée par le porteur de pièces à conviction, II, p. 339, 3325.
— saisie de pièce à, II, p. 48, 2367.
— témoin à, II, p. 222, 2930 à 2933.

Déchéance de l'appel civil, I, p. 241, 804; correctionnel, II, p. 274, 3400; p. 273, 3440.

— de brevet d'invention, II, p. 482, 3795.

— du droit de présenter un successeur à un office ministériel, III, p. 227, 4895-4896.

— d'un greffier pour défaut de cautionnement, III, p. 307, 5447, 8°.

— d'un grevé de substitution, I, p. 494, 4743.

— d'un huissier, III, p. 338, 5492.

— d'un magistrat, I, p. 49, 454 ; III, p. 492, 4794 ; III, p. 498, 4809.

— d'un notaire, III, p. 384, 5305 ; III, p. 404, 5370.

— de l'opposition à défaut correctionnel, II, p. 252, 3035.

— d'un titulaire d'office pour défaut de cautionnement, III, p. 259, 4981 ; pour défaut de serment, III, p. 256, 4972 ; pour non acceptation, III, p. 244, 4937.

Décime, droit de timbre du certificat de vie du magistrat retraité, I, p. 84, 252.

Décision, alternative du juge d'instruction, II, p. 474, 2764.

— bureau d'assistance judiciaire, I, p. 287, 967.

— de commission d'arrondissement pour le jury, II, p. 323, 3275.

—, des cours et trib. statuant disciplinair., III, p. 496, 4801 à 4804 ; p. 499, 4843, 3° ; compétence, III, p. 270 à 274, 5046 à 5030.

— disciplinaire de la chambre des avoués, III, p. 293, 5078 ; de la chambre des notaires, III, p. 418, 5409 ; p. 420, 5416 ; p. 421, 5447-5448 ; p. 425, 5429, p. 428, 5437 ; du conseil de l'ordre des avocats, III, p. 209, 4842-4843 ; recours en cassation, II, p. 360, 3388.

— gracieuse mention et avis à l'impétrant, III, p. 87, 4474-4475 ; mention sur les extraits du casier, Circ. min., 28 avril 1875.

— judiciaire, publicité obligatoire, I, p. 430, 447.

— de justice administrative, pourvoi en cassation contre la, II, p. 360, 3388.

— du M. P. relativement aux affaires à poursuivre, I, p. 574, 4889.

Déclaration d'absence, I, p. 473, 573, 3° ; I, p. 264, 888 ; militaires, Circ. min., 4 décembre 1884.

— d'acceptation ou renonciation, succession, registre, III, p. 325, 5464, 8°.

— d'appel correctionnel, II, p. 272,

3104 ; II, p. 273, 3409 à 3414.

— d'appel de simple police, II, p. 203, 2865.

— de bailleur de fonds de cautionnement pour privilège, III, p. 260, 4986.

— de cessation de fonctions, agent de change, courtier, II, p. 462, 3728.

— de cessation de fonctions pour remboursement de cautionnement, III, p. 262, 4990 ; III, p. 327, 5464, 35°.

— de cessation de paiement du failli, I, p. 522, 4798-4799.

— de contrat de mariage, I, p. 443, 4525 à 4528.

— de création et publication de journal, III, p. 404, 4546.

— de désistement d'appel correctionnel, II, p. 279, 3432.

— écrite de témoin, assises, II, p. 340, 3326 ; II, p. 352, 3366.

— de faillite, I, p. 522, 4799 ; incompétence du M. P., I, p. 524, 4807.

— d'indigence, I, p. 284, 954 ; fraude, I, p. 292, 936.

— de journal, L. du 29 juillet, Circ. min., 9 novembre 1881.

— du jury, II, p. 355, 3372.

— mensongère faite à la gendarmerie, outrage, III, p. 437, 5456.

— à l'octroi fraude, II, p. 519, 3948.

— d'opposition à une ordonnance finale du juge d'instruction par le M. P., II, p. 486, 2804.

— d'option, Alsaciens-Lorrains, Circ. min. 30 mars 1872.

— d'ouverture de débit de boissons, L. du 17 juillet 1880.

— d'ouverture d'école primaire, III, p. 96, 4500.

— de pourvoi en cassation, contre un arrêt de renvoi, II, p. 307, 3223 ; erronée, II, 364, 3400 ; p. 367, 3409 ; forme, II, p. 367, 3444 ; p. 368, 3443 ; simple police, II, p. 205, 2872.

— à la régie, boissons, II, p. 509, 3883.

— de succession au nom d'un mineur, I, p. 506, 4752.

— de témoins de mariage, domicile inconnu des ascendants, I, p. 428, 4473 ; identité des époux, I, p. 368, 4248.

— de transport de boissons, II, p. 544, 3893.

Déclinatoire, I, p. 477, 582 ; p. 305, 4034 ; p. 306, 4035-4036 ; au commerce, *ratione materiæ*, I, p. 515, 4778 ; incompétence pour

crime, correctionnalité, II, p. 476,
2777.

Décompte des frais d'huissier sur les
exploits, III, p. 42, 4336.
— des sommes à payer aux témoins,
III, p. 34, 4342.

Déconfiture des officiers ministériels ;
avis au G. des S., III, p. 222,
4884.

Décoration étrangère, autorisation, I,
p. 394, 4344 ; magistrats, III,
p. 473, 4735.
— française, port illégal de, II, p.
574, 4080 ; *id.* du ruban de la
Légion d'honneur, II, p. 575,
4084 ; usurpation de, I, p. 549,
4860, VI, 40°.
— intérieure du palais, I, p. 86, 267-
268.

Découverte de la vérité, actes destinés
à la, flagrant délit, II, p. 66,
2420.
— industrielle, brevet d'invention, II,
p. 482, 3794.

Décret, à la suite de conflit, I, p. 344,
4052.
— d'institution ou d'investiture de
magistrat consulaire, I, p. 544,
4767.
— de nomination de notaire, III, p.
384, 5303.
— de naturalisation, I, p. 382, 4309.
— de nomination d'officier ministériel, III, p. 256, 4970.
— de réhabilitation, III, p. 456, 4684.

Dédit, cession d'office, III, p. 244, 4938.

Dédommagement, pécuniaire, responsabilité civile, II, p. 438, 3652.

Défaillant en pol. correct., II, p. 224-
225, 2940 à 2942 ; II, p. 250,
3028.
— en pol. simple, II, p. 499, 2849.
— témoin en pol. correct., II, p. 232,
2968 à 2974.

Défaut, appel de, II, p. 267, 3087 ; p. 270,
3097-3098.
— arrêt de, sur appel, II, p. 273, 3410 ;
p. 276, 3120 ; p. 280, 3134.
— de caractère, interdiction, I, p. 444,
4442.
— en cassation civile ou criminelle,
II, p. 376, 3445.
— au civil, arrêts et jugements de,
I, p. 222 à 226, 723 à 737.
— décision de cour ou tribunal jugeant disciplinairement, III, p.
495, 4799-4800 ; p. 272, 5024 ;
contre un notaire, III, p. 424,
5427.
— demandé par le M. P. partie jointe,
I, p. 483, 598.
— de discernement, acquittement pour
I, p. 594, 4960 ; II, p. 259 à 262,

3064 à 3073 ; p. 284, 3440 ;
douanes, II, p. 640, 4482 ; forêts, II, p. 594, 4426.
— douanes, II, p. 608, 4175.
— contre des fonctionnaires, II, p.
440, 2662.
— contre des incapables, I, p. 224, 733.
— jugement ou arrêt civil, I, p. 223,
726 à 729.
— jug. correct. signifié, II, p. 284,
3450.
— en pol. correct., II, p. 224-225,
2940 à 2943 ; p. 247 à 254, 3046
à 3044.
— en police simple, II, p. 499, 2850.
— prescription de la peine, II, p. 286,
3455.
— recours en cassation impossible,
II, p. 359, 3384.
— réputé contradictoire, II, p. 225,
2942.
— de serment, II, p. 230, 2959.
— statist., III, p. 506, 5649, p. 507,
5624 ; criminelle, III, p. 557,
5736.
— de témoins d'information, II, p. 96,
2526.

Défendeur, I, p. 494, 626.

Défensabilité des bois, conflit, II, p. 564,
4054.

Défense, assistance judiciaire, I, p. 288,
974.
— honoraires, II, p. 434, 3636, 3637.
— au fond, II, p. 248, 3024.
— du contumax, II, p. 533, 3960,
p. 534, 3963.
— aux courtiers et agents de change,
II, p. 464, 3733 à 3735.
— droit de ; arrestation, II, p. 422,
2604.
— droit de la, II, p. 238, 2986, 2987.
— légitime, I, p. 605, 4996 à 4999.
— d'un magistrat poursuivi disciplinairement, III, p. 495, 4800.
— du M. P. en transport, II, p. 40,
2340.
— d'un notaire en conciliation disciplinaire III, p. 449, 5443 ; poursuivi, III, p. 424, 5427.
— d'office, assises, II, p. 342 et 343,
3333, 3338 ; II, p. 458, 2748 ;
avoué, III, p. 284, 5054 ; Pol.
Corr., II, p. 238, 240, 2986, 2993 ;
obligation, III, p. 240, 4846 ;
avoué, p. 283, 5054 ; Pol. S., II,
p. 498, 2848.
— tribunal civil, I, p. 243, 690 ; refus,
III, p. 244, 4848.
— de récidive ; pénalité des officiers
ministériels, III, p. 267, 5006.

Défenseur. Algérie, décr. 27 décembre
4884, avertissement donné par le
président des assises, II, p. 346

3349; changement, II, p. 343, 3338; choix, p. 344, 3335.
— Cochinchine, décr. 15 mai 1884.
— juré, II, p. 336, 3344.
— police simple, II, p. 198, 2848.
Déférence du M. P. à l'égard du tribunal III, p. 194, 4796.
Déficit, comptable public; constatation de, II p. 366, 367, 4058, 4059.
Dégats aux marchandises ou matières servant à la fabrication; à l'aide de liqueur corrosive ou autrement, I, p. 554, 4860, X, 3°.
— en réunion ou bande aux propriétés mobilières, I, p. 545, 4859, IX, 3°.
Dégradation de chemin public, art. 479 du C. P., § 44; statist., III, p. 568, 5757 § 3, 9°; question préjudicielle I, p. 645, 2437.
— civique, II, p. 393 à 395, 3502 à 3509; déportation, II, p. 389, 3487; détention arbitraire, illégale, irrégulière, II, p. 551, 4046; forfaiture, II, p. 542, 3988; service à l'étranger, I, p. 387, 4327; témoin frappé de, II, p. 340, 3328.
— de clôture, I, p. 554, 4860, X, 12°.
— aux établissements militaires; constat, II, p. 8, 2249, 46 et 47.
— de monuments publics ou objets de décoration ou d'utilité, I, p. 549, 4860, VI, 9°.
— de signes publics de l'autorité suprême, I, p. 546, 4860, § 44, 44°.
Degré d'instruction des inculpés constaté au dossier, II, p. 483, 2795, 6°.
— de parenté ou alliance, prohibé pour le mariage, I, p. 430 et 431, 1483 à 4486; pour nomination de magistrats, I, p. 9 à 44, 48 à 24, p. 43, 34.
Déguisement, chasse avec, II, p. 497, 3843.
— fourni à un détenu évadé, III, p. 434, 4642.
Délai, affirmation des procès verbaux, II, p. 44, 2265, 2266.
— ajournements, I, p. 196, 634, 635.
— appel civil et commercial, I, p. 241, 804 à 808; correctionnel, II, p. 270, 3096, 3097 à 3099, p. 289, 3166; décision disciplinaire, III, p. 248, 4869; douanes, I, p. 326, 4409; élections, I, p. 330, 4422; enregistrement, I, p. 334, 4436; liberté provisoire, II, p. 464, 2739; nullité de mariage, I, p. 448, 4538; de police simple, II, p. 203, 2864.

— arrêt d'appel correct., II, p. 276, 3424.
— assignation des témoins, II, p. 438, 2656.
— citation après ordonnance du juge d'instruction et sur renvoi de cassation, II, p. 242, 2899.
— citation à prévenu, II, p. 249, 2949; en matière de douanes, II, p. 606, 4470, *ibid.* de contributions indirectes, II, p. 506, 3874.
— citation de notaire devant la chambre, III, p. 449, 5443.
— conclusions du M. P., au civil, I, p. 240, 684, p. 249, 748.
— conflit, I, p. 307, 4838, p. 308, 4042, 4043, p. 344, 4052, 4054.
— contrainte par corps, II, p. 443, 3665.
— décisions correctionnelles; compte criminel, III, p. 564, 5743.
— défense à un avocat inculpé, III, p. 246, 4862.
— dépôt des répertoires des notaires, III, p. 404, 5359.
— enregistrement des actes notariés, III, p. 391, 5330; *ibid.* des procès-verbaux de gendarmerie, III, p. 436, 5456; *ibid.* autres procès-verbaux, II, p. 47, 48, 2275, 2280.
— envoi du bordereau des frais de justice, III, p. 72, 4425.
— envoi de dossier d'appel, II, p. 275, 3447.
— envoi des signalements, III, p. 464, 4708.
— exécution des arrêts de contumace, II, p. 535, 3966, 3967, p. 536, 3969.
— exécution capitale, II, p. 379, 3452.
— exécution des peines, III, p. 562, 5745, 5746.
— de grâce pour contumax, I, p. 608, 2008.
— de grâce pour la peine, II, p. 287, 3464.
— inscription de faux, II, p. 23 et 24, 2294 et 2293; d'hypothèque renouvellement, I, p. 404, 4375.
— interrogatoire de l'accusé, II, p. 307, 3222.
— interrogatoire de l'inculpé, II, p. 428, 2623, 2624.
— jugement refusant délai, recours en grâce contre, II, p. 360, 3388.
— mariage, six mois, Cir. min., 24 décembre 1871.
— notification d'appel, II, p. 273, 3407.
— opposition à contrainte de l'enregistrement, I, p. 344, 4467; à défaut civil, I, p. 238, 790, 794;

à défaut correctionnel, II, p. 250, 3030, p. 251, 3034 ; à une ordonnance finale par le M. P., II, 174, 2773, II, p. 485, 2801, 2803 ; à une ordonnance relative à la liberté provisoire, II, p. 164, 2739.

— ordonnance finale du juge d'instruction, II, p. 473, 2771.

— poursuites ; chasse, II, p. 495, 3836 ; contraventions, I, p. 619, 2045 ; contributions indirectes, II, p. 506, 3874 ; correctionnelles et criminelles, I, p. 649, 2045.

— pourvoi contre l'arrêt de renvoi, II, p. 306, 3224, p. 307, 3224, p. 308, 3226 à 3229 ; en cassation en matière civile, I, p. 253, 254, 852 à 854 ; au criminel, II, p. 366, 3407, 3409 ; élections, I., p. 334, 4124 ; Pol. S., II, p.205, 2874.

— prescription des peines, II, p. 286, 3453, 3454.

— présentation d'un successeur à un office vacant, III, p. 225, 4890, p. 227, 4894, 4895, 4896, III, p. 256, 4969 ; huissier, III, p. 335, 5184.

— procès-verbaux criminels, II, p. 44, 2255, p. 44, 2265 ; enregistrement, II, p. 48, 2278.

— prestation de serment, d'officier ministériel, III, p. 256, 4972 ; d'un notaire, III, p. 384, 5303.

— la purge de la contumace, II, p. 538, 3974.

— réclamation de frais ordinaires, III, p. 69, 4117, 70, 4121.

— rédaction des jugements, I, p. 158, 548.

— réhabilitation, III, p. 154, 4664, p. 155, 4677, p. 156, 4680.

— renvoi des pièces de comparaison à leur dépositaire, III, p. 15, 4254.

— reprise des évadés pour l'immunité des gardiens ou conducteurs, III, p. 430, 4610.

— requête civile, I, p. 248, 833.

— réquisitoire définitif, II, p. 469, 2758, p. 473, 2774.

— signification de jugements forestiers, II, p. 595, 4436.

— translation de l'accusé, II, p. 305, 3248.

— transmission de dossier d'appel, II p. 275, 3147 ; id. de pourvoi de cassation au G. d. S. II, p. 374, 3425, p. 372, 3427 ; id. de procédure criminelle au P. G., II, p. 480, 2788 ; id. de procédure à une autre juridiction, II, p. 480, 2789 et 2790 ; id. de procédure criminelle et des pièces à conviction à la cour d'assises, II, p. 339, 3324 ; des procès-verbaux au M. P. par la gendarmerie, II, p. 44, 2255.

— vente d'objets saisis à l'octroi, II, p. 549, 3949.

Délaissement d'enfant, I, p. 544, 4859, VIII, 40e ; p. 550, 4860, VII, 44 et 45.

— de navire ; statist. civile des appels, III, p. 502, 5642.

Délégation, interdite aux agents de change, II, p. 464, 3724.

— de contre seing, III, p. 446, 5478.

— par le juge d'instruction pour interrogatoire du prévenu hors de l'arrondissement, II, p. 409, 2566 ; aux autres juges, II, p. 447, 2685, p. 449, 2692, aux officiers de police judiciaire, II, p. 63, 2408, p. 70, 2430, p. 72, 2438 ; transport des juges de paix indemnités, II, p. 69, 2428.

— au juge d'instruction, par la chambre des mises en accusation, II, p. 295, 3483.

— du juge de paix par le président des assises, II, p. 340, 3326 ; par le parquet pour vérifier les greffes de simple police, III, p. 332, 5177 ; pour vérifier les registres de l'état civil, I, p. 364, 1235 ; par un tribunal, I, p. 470, 4629.

— de magistrats pour les dépositions des grands fonctionnaires, II, p. 438, 2657.

— du maire à l'adjoint, II, p. 76, 2454.

— du M. P. par le préfet pour les expropriations, I, p. 393, 1349.

— aux officiers de police judiciaire, II, p. 2, 2232.

— perquisitions dans les palais, II, 48, 2366 ; ordinaires, II, p. 402, 2545.

— du procureur à l'officier de gendarmerie, II, p. 80, 2466.

— aux substituts ; II, p. 6, 2245.

Délégué d'agent de change, II, p. 461, 3724.

— cantonal ; droit d'autoriser l'enseignement de la lecture, III, p. 97, 4504 ; juge de paix ; circ. min., 14 novembre 1882.

— du conseil municipal, élection sénatoriale ; magistrat, circ. min., 41 déc. 4875.

Délibération des autorités sur la publication ou l'exécution des lois, II, p. 563, 4048.

— des avocats, élection du conseil et du

batonnier, III, p. 243, 214, 4855, 4858; appendice, p. 607, 65, III, p. 246, 4862, III, p. 493, 5592.
— des avoués et huissiers pour le renouvellement de la chambre, III, p. 493, 5592.
— de la chambre des avoués, III, p. 292, 5078.
— des chambres de discipline, III, p. 269, 5043, 5044.
— de la chambre de mise en accusation, II, p. 298, 3492.
— de la chambre des notaires, III, p. 415, 5402; communication obligée au M. P., III, p. 420 et 421, 5447, 5448; délivrance de certificat de capacité et de moralité, III, p. 374, 5278; expéditions à transmettre au parquet, III, p. 444, 5393.
— du conseil de famille, I, p. 501, 4734, 4735, p. 502, 4738, 1739, p. 505, 4751; état civil, I, p. 368, 1259; demandes dirigées contre le, I, p. 486, 603; vente d'office ministériel, III, p. 224, 4887.
— au conseil municipal pour plaider, I, p. 297, 999; réhabilitation, III, p. 452, 4669.
— des cours et tribunaux; présence du M. P., I, p. 452, 494, 495: III, p. 199, 4814, p. 200, 4815 à 4817; registre des, III, p. 327, 5161, 37, circ. min., 27 novembre 1883.
— du jury, II, p. 354, 3369; suppléants, III, p. 174, 4742.
— des notaires, pour composition de la chambre, III, p. 409, 5386.
— du tribunal; agrément d'un candidat à un office ministériel, III, p. 254, 4957, 3°; huissier, III, p. 337, 5187; augmentation du nombre des avoués, III, p. 275, 5032, 5033; augmentation des menues dépenses, I, p. 95, 297 à 299; autorisation des avoués à plaider, I. p. 214, 694; III, p. 282, 5052; délivrance de certificat de capacité à un candidat huissier, III, p. 336, 5486; disposant par réglementation, I, p. 446, 368, p. 448, 373; désignation des membres du bureau d'assistance judiciaire, I, p. 282, 948; d'ordre intérieur, III, p. 199, 4843; portant blâme ou improbation, I, p. 52, 458; présentation d'un candidat à un office ministériel, III, p. 228, 4897; en cas de récusation de magistrat, I, p. 463, 4598; re-

production ou publication interdite, I, p. 556, 4860, XI, 24°; règlement intérieur, I, p. 448, 373; remplacement du M. P., I, p.445, 367; rôle du M. P., III, p. 202, 4821; roulement, I, p. 106 à 444, 333 à 352; renvoi de procès civil à un autre tribunal, I, p. 135, 436; suppression d'avoué, III, p. 294, 5082; suppression d'office. III, p. 224, 4877, 4878; III, p. 334, 5482.
Délibéré, assises, II, p. 356, 3377.
— chambre d'accusation, II, p. 298, 3492;
— civil, I, p. 452, 493, p. 456, 509.
— commerce, I, p. 543, 4775.
— correctionnel, II, p. 244, 3006.
— rédigé par des avocats, avoués ou hommes de loi, III, p. 242, 4853.
Délinquant, arrestation de II, p. 53, 2377; insolvable frais de capture, III, p. 51, 4361.
Délit, administratif, II, p. 565, 4054.
— antérieur à une condamnation pour fait différent, II, p. 428, 3643.
— d'audience, I, p. 444, 457.
— de chasse, I, p. 557, 4860, XII.
— connexe, II, p. 475, 2775; compétence, II, p. 214, 2893.
— découvert aux débats correctionnels, II, p. 288, 3058.
— énumération des, I, p. 545 à 557, 4860.
— établi sur appel de simple police, II, p. 204, 2868; II, p. 215, 2905.
— état civil, I, p. 362, 4240.
— état trimestriel des, à fournir par la gendarmerie, III, p. 433, 5449.
— flagrant, cabinet d'instruction, II, p. 64 à 63, 2403, 2408; parquet, p. 64, 2409; police, p. 73, 2444; mairie, II, p. 77, 2457; gendarmerie, II, p. 79, 2465; preuve de l'adultère, I, p. 598, 4972; II, p. 458, 3742.
— des fonctionnaires dans l'exercice de leurs fonctions I, p. 547, 4860, IV; II, p. 540 à 578, 3984 à 4404.
— forestier, I, p. 558, 4860, XV, 4°; amnistie, I, p. 609, 2043; appel, II, p. 281, 3438; compétence, I, p. 539, 4856; II, p. 209, 2887; confiscation, II, p. 400, 3527, 46°; contrainte, II, p. 447, 3680, 3684; cumul des amendes, II, p. 425, 3604; poursuite et repression, II, p. 583 à 596, 4402, 4137; plainte nécessaire, I, p. 625,

2069 ; responsabilité du mari, II, p. 438, 3649.

— des fournisseurs, I, p. 545, 4859, IX, 10°.

— liberté ou détention préventive en cas de, II, p. 420, 2600.

— des magistrats, I, p. 628 à 637, 2082 à 2109.

— maritime, I, p. 575, 4900.

— multiples, II, p. 427, 3610-3614.

— nature des, compte criminel, III, p. 550-554, 5717 à 5719.

— nouveau, compétence, II, p. 99, 2534 ; p. 245, 2904-2905 ; p. 258, 3058.

— officiers de l'état civil, I, p. 362, 4244.

— politique commis par des associations ou réunions non autorisées. I, p. 546, 1860, § 2, 9° ; II, p. 420, 2600 ; ordinaires, II, p. 596 à 599, 4438 à 4445 ; états trimestr., III, p. 489, 5584.

— postérieur à un crime, récidive, III, p. 436, 4626.

— poursuites, I, p. 572, 4890 ; p. 573, 4895 ; I, p. 362, 4240.

— prescription, action, I, p. 649, 2045.

— presse, réquisit., introd., II, p. 98, 2530, L. du 29 juillet 1884.

— dans les prisons, III, p. 444, 4584 ; récidive, III, p. 433, 4619.

— qualification du, I, p. 537, 4852 ; p. 538, 4853-4854.

— rural, I, p. 557, 4860, XII.

— spéciaux, II, p. 3 à 7, 2237 à 2248.

— substitution d'un délit à un autre, II, p. 246, 3042.

— successif, I, p. 576, 4902 ; p. 645, 2032 ; faux, III, p. 44, 4242 ; prescription, I, p. 620, 2050.

— tribunal entier commettant un, I, p. 636, 2107.

Délivrance d'actes nécessaires à une information criminelle, III, p. 64, 4394.

— d'expéditions ou extraits de l'état civil, III, p. 39, 4326.

— d'extraits d'arrêts ou jugements pour le recouvrement des frais de justice, III, p. 64, 4404.

— de lettres patentes de remise de peine, III, p. 85, 4469.

— de mandat réquisition, II, p. 420, 2600.

— de permis de chasse, II, p. 486, 3807.

Demande d'assistance judiciaire, I, p. 284, 954.

— de changement de nom, I, p. 374,

4272 ; de résidence d'un notaire, III, p. 385, 5316.

— d'élargissement de contraignable, II, p. 450, 3686.

— à fin de réparation civile au criminel, frais et dépens, honoraires des avoués, II, p. 434, 3636.

— de dispenses, âge, alliance, parenté, I, p. 430 à 436, 4482 à 4504.

— formée contre plus de deux parties, I, p. 487, 603, 9°.

— en grâce présentée par la régie, II, p. 505, 3868 ; règles générales, III, p. 78 à 85, 4446 à 4468.

— incidente plaidée par avoué, I, p. 215, 699.

— interdiction, I, p 443, 4419.

— en modération ou remise d'amende, officier ministériel, III, p. 266, 5004.

— de naturalisation, I, p. 383, 4343.

— nouvelle, appel, I, p. 245, 824.

— en partage, I, p. 492, 4707.

— de permis de chasse, II, p. 485, 3804.

— de réhabilitation, III, p. 451, 4666.

— de règlement de juge, III, p. 447, 4653 ; p. 449, 4658.

— de renvoi à un autre tribunal, III, p. 457-458, 4683 à 4688.

Demandeur au civil, désignation dans l'exploit d'ajournement, I, p. 493, 624.

Démarche mystérieuse, II, p. 34, 2322.

Démence, cas d'interdiction, I, p. 444, 4442 ; p. 442, 4447.

— examen en chambre d'accusation, II, p. 294, 3479.

— frais de jug. correct. absolvant pour cause de, II, p. 432, 3634-3632.

— irresponsabilité, I, p. 602 à 604, 4987 à 4993.

— preuve, I, p. 617, 2038.

— prévenu en, II, p. 258, 3059.

Démission d'agent de change, publication et affiche, II, p. 462, 3728.

— collective complétée, forfaiture, II, p. 544, 3988 ; II, p. 553, 4023.

— de juge de paix et des suppléants, I, p. 470, 4629 ; présentation de candidats, III, p. 478, 4750.

— des magistrats, I, p. 44, 22 ; p. 56, 472 ; p. 82, 256 ; conditionnelle, III, p. 468, 4723 ; p. 470, 4724.

— de membre de trib. de commerce, I, p. 544, 4766.

— d'officiers ministériels, candidats à une justice de paix, III, p. 479, 4752 ; cession d'office, III, p. 247, 4946 ; reprise de fonctions, motifs de la, III, p. 253, 4962 ; III, p. 253, 4964 ; notaires, III, p. 40

à 406, 5371 à 5374 ; p. 422, 5449.
Démolition d'édifice, règlement sur les, II, p. 498, 2837, 3°.
Démonstration menaçante, élections, II, p. 648, 4208.
Dénégation de l'inculpé, II, p. 22, 2289.
Déni de justice, I, p. 548, 4860, IV, 7° ; correct., II, p. 247, 3049 ; II, p. 562-563, 4044 à 4047 ; prise à partie pour, II, p. 579, 4094, 2° ; p. 584-582, 4400.
Deniers, concussion, II, p. 554, 4025.
— détournement, soustraction, II, p. 566, 4056.
— illégalement perçus, II, p. 544, 3985, 7°.
— pièces à conviction, III, p. 329, 5165.
— publics détournés ou soustraits, I, p. 542, 4859, IV, 2° ; 1, p. 547, p. 4860, IV, 4°.
— de succession vacante, I, p. 489, 4692.
Dénonciateur civique, II, p. 28, 2306.
—. fausse monnaie, I, p. 596, 4966, 6°.
— obligé, II, p. 146, 2682-2683.
Dénonciation de banqueroute frauduleuse, II, p. 478, 3784.
— calomnieuse, base, II, p. 34, 2342 ; peine, I, p. 554, 4860, VII, 20° ; I, p. 625, 2070.
— chasse sur terrain d'autrui, II, p. 493, 3829.
— citation directe sur simple, II, p. 243, 2900.
— civique, II, p. 28, 2306.
— criminelle, II, p. 27 à 36, 2303 à 2326.
— fausse à la gendarmerie, outrage aux agents, III, p. 437, 5456.
— aux gendarmes, II, p. 79, 2463.
— officielle, II, p. 28, 2306.
— aux officiers de police judiciaire, II, p. 67, 2421.
— au parquet, I, p. 574, 4888.
— plainte des juges contre l'inculpé, renvoi à un autre tribunal, III, p. 458, 4688.
— rapport des appariteurs de police, II, p. 22, 2287.
Denrées alimentaires ou médicamenteuses falsifiées, I, p. 553, 4860, IX, 46°.
— circulant en fraude, suite par la régie de, II, p. 505, 3867.
Dépaissance, II, p. 594, 4425.
Départ de l'accusé pour la maison de justice, II, p. 305, 3248.
— des jeunes soldats, empêchement, entraves, retard au, III, p. 443, 4646.
Départiteur, tribunaux civils, I, p. 455, 506-507 ; p. 456, 509 à 514.

Dépêche télégraphique, copie au préfet par le direct. du télég., III, p. 405, 4528 ; franchises, III, p. 444 à 467, 5471 à 5524.
Dépens, civils, I, p. 234 à 233, 759 à 767.
— condamnations aux frais, etc., II, p. 430 à 435, 3624 à 3640. Correct. I, p. 659, 2484.
— condamnation des officiers ministériels aux, III, p. 267, 5006.
— délits forestiers, II, p. 593, 4430.
— distinction de l'amende et des, II, p. 396, 3542 ; droits de poste, forêts et pêche, Circ. min. 22 janvier 1880.
Dépenses des cours et trib., I, p. 88, 274-275 ; p. 89, 276-277 ; délibération sur la répartition, III, p. 499, 4843 ; des greffiers, III, p. 318, 5443 ; Déc. 28 janvier et Circ. min., 14 avril, 8 août, 45 décembre 4883.
— extraordinaires, informations, III, p. 60 à 62, 4394 à 4395.
— des gendarmes en cas de conduite de détenus, III, p. 55, 4374.
— des juges de paix, III, p. 184, 4765-4766.
— secrètes nécessitées par une procédure criminelle, III, p. 24, 4283.
Déplacement de bornes, I, p. 554, 4860, X. 42°.
— des condamnés, par faveur, II, p. 440, 3554 ; par mesure d'ordre ou sanitaire, II, p. 443, 3559.
— des commissaires de police, II, p. 72, 2439.
— des dossiers criminels, II, p. 158, 2748.
— des gardes ou préposés forestiers, mémoire de frais, III, p. 73, 4429.
— des greffiers, III, p. 39, 4328.
— des juges d'instruction pour information, II, p. 449, 2692.
— des magistrats amovibles, I, p. 52, 460 ; en transport, III, p. 26, 4288, 4289.
— des médecins experts ou interprètes, III, p. 59, 4386 ; prolongé par force majeure, ibid, 4387.
— des minutes, I, p. 467, 587 ; III, p. 322, 5454 ; de notaire, III, p. 407, 5376.
— des notaires ; changement de résidence, III, p. 385, 5346.
— de pièce authentique en matière de faux, III, p. 45, 4256.
— de registre de l'état civil, I, p. 356, 4220, 4221.
— de témoins instruction, II, p. 449, 2692 ; police corr., II, p. 221, 2925.

Déploiement de force, II, p. 598, 4442.

Déport I, p. 198, 646, p. 205, 625, p. 462, 4593, p. 463, 4598, 4599.

Déportation, II, p. 388 à 390, 3479 à 3488.

Déporté ou banni; rentrée du, I, p. 540, 4859.

— repris, III, p. 432, 4614; transmission d'actes judiciaires, circ. min., 49 février 1876.

— à la Nouvelle-Calédonie, L. 25 mars 1873, décr , 10 mars 1877.

Dépositaire de la force publique, arrestation par, II, p. 52, 2377.

— de pièces arguées de faux, II, p. 442, 3662.

— ordonnance de remise, III, p. 42, 4246.

— public concussion, II, p. 555, 4027; détournement, soustraction, suppression de deniers ou titres, II, p. 544, 3985, 6°; II, p. 568, 4062; négligence, peine, I, p. 542, 4859, IV, 2°; I, p. 547, 4860, IV, 4°; I, p. 549, 4860, VI, 8°; scellés, I, p. 484, 1676.

Déposition aux assises, II, p. 349, 3357.

— écrite des grands fonctionnaires, II, p. 439, 2658, 2659.

— écrite des témoins; communication à l'inculpé, II, p. 458, 2746; contumace, lecture, II, p. 539, 3977; fausse, III, p. 4, 4248, p. 49, 4268, p. 21, 4275, 4276; forme des, II, p. 59, 2394; II, p. 444, 2673.

— de militaire sans arme, I, p. 87, 272.

— orale à l'audience ou à domicile, II p. 233, 2972.

— restrictions imposées par le tribunal, II, p. 232, 2966.

Dépôt de l'acte de cautionnement, I, p. 408, 1402.

— d'armes et munitions; complot, II, p. 34, 2322.

— d'arrêt de rejet de la cour de cassation, II, p. 377, 3446.

— d'arrêté de conflit au greffe, I, p. 308, 1042.

— clandestin de poudre, II, p. 522, 3927, p. 523, 2930, 7°.

— des dossiers civils, I, p. 499, 1728; des dossiers correctionnels, II, p. 223, 2936.

— du failli à la maison d'arrêt, I, p. 525 à 528, 4808 à 4819.

— au greffe des armes et engins de chasse saisis, abandonnés et confisqués, II, p. 500, 3853.

— au greffe en cas de purge, I, p. 406, 1395.

— d'immondices, II, p. 496, 2837, 3°

et art. 447, n° 6 du C. P ; III, p. 568, 5757, § 2, 2°

— de journal au parquet, III, p. 401, 4516, Circ. min., 9 novembre 1881.

— imposé aux imprimeurs, I, p. 555, 4860, X, 46°; loi du 29 juillet 1881 et Circ. min., 9 novembre 1881.

— mandat de, II, p. 405, 2553, p. 406, 2559; contrainte, II, p. 408, 2563; décerné par le M. P. hors le cas de flagrant délit, II, p. 408, 2565, 2566 et p. 626, append, n° 32; règles générales, II, p. 444 à 423, 2586 à 2607; visa du maire ou du juge de paix, II, p. 409, 2567.

— de marchandises de contrebande, II, p. 640, 4184.

— de marques de fabrique, Cir. min. 31 mai 1877.

— de mendicité, I, p. 477, 578.

— des minutes des juges de paix, III, p. 330, 5169.

— de pièce arguée de faux, III, p. 41 à 44, 4244 à 4249.

— de placards et manifestes électoraux, Cir., 44 février 1876, 19 septembre 1877.

— provisoire de l'inculpé à la maison d'arrêt, II, p. 429, 2626.

— public violé; négation, preuve, II, p. 566, 4058.

— de rapport de capitaine de navire, I, p. 533, 4838.

— registre des actes et pièces déposés au greffe civil, III, p. 325, 5161, 6°; au greffe de justice de paix, III, p. 327, 5162.

— des registres de l'état civil, I, p. 354, 4214, p. 355 à 357, 4245 à 4223.

— des répertoires des commissaires priseurs, III, p. 302, 5105; ibid. des notaires, III, p. 404, 5359, 5360, 5364, p. 427, 5432.

— des signature et paraphe des officiers de l'état civil, I, p. 352, 4205; ibid. des notaires, III, p. 388, 5324.

— statist. civile des appels en matière de, III, p. 502, 5642, 26°.

— de sûreté dans les communes, III, p. 424, 4588.

— de tabac, II, p. 527, 3943.

— violation de, question préjudicielle, I, p. 645, 2437.

Dépouillement de scrutin, falsification, II, p. 544, 3985; II, p. 647, 4206.

Députation destinée à établir un concert criminel entre fonctionnaires, II, p. 553, 4020.

— de magistrats; honneurs à rendre,
III, p. 199, 4813, 8°.

Député, élection L. du 30 décembre 1875,
Circ. min., Int., 3 février 1876.

— interdit, I, p. 422, 1449.

— poursuites contre un, I, p. 627,
2080.

Désarmement de délinquants; chasse,
II, p. 499, 3852.

— de la force publique, insurgés, II,
p. 471, 3757,

Désaveu, action en désaveu contre un
offic. minist. I, p. 479, 594.

— demande en, I, p. 187, 603, 10°.

— d'enfant, C. C., 312 et suivants, L.
du 6 décembre 1850.

Descendant du prévenu témoin en Pol.
corr., II, p. 234, 2963.

— vol. par un, I, p. 623, 624, 2061,
2064.

Descente, contentieux civil, I, p. 183, 598,
3°; criminel, juge de paix, II,
p. 69, 2427 et 2428; magistrats,
II, p. 36 à 40, 2327 à 2340;
maire, II, p. 77, 2457; indemnité,
II, p. 65, 2445; tribunal de
S. P., II, p. 198, 2846.

Description des armes des délinquants
de chasse, II, p. 500, 3853.

— de faux billets de banque, fausse
monnaie, sceau falsifiée, III, p.46,
4259.

— des lieux, procès-verbal criminel de,
II, p. 11, 2254, 6°.

— sommaire des objets mis sous
scellés, I, p. 485, 1678.

Déserteur, lois relatives au, I, p. 562,
1860, XXII, 1°, 2°, 3°; amnistie,
Cir. min., guerre, 23 mars 1880.

— militaires, I, p. 639, 2420; capture,
III, p. 49, 4356; rébellion, III,
p. 437, 5458.

Deshérence, succession en, I, p. 490,
492, 1696, 1706.

Désignation d'avocat et d'avoué; assistance judiciaire, I, p. 243, 690;
I, p, 288, 974 à 972.

— d'un assesseur supplémentaire, II,
p. 345, 346, 3347.

— d'un défenseur d'office, II, p. 239,
2990; assises, 2991; appendice,
p. 634 n° 40; II, p. 341, 3333;
III, p, 210, 4846.

— des jours d'audience correction. II,
p. 243, 2899.

— de juridiction, II, p. 59, 2397; par
la cour de cassation en cas de
récusation correctionnelle, II,
p. 208, 2884.

— des prévenus dans les citations directes en Pol. corr, II, p. 247,
2943.

— d'un autre tribunal en cas de règlement de juges, I, p. 135, 435,
436; I, p. 467 à 471, 1618 à
1629 et appendice, n° 11.

— d'un successeur pour un office ministériel, III, p. 223, 4884.

Désintéressement des avocats à signaler
au G. des S., III, p. 212, 4852.

Désistement, adultère, I, p. 627, 2079;
II, p. 455, 3704, p. 458, 3713,
p. 459, 3714.

— de l'action publique en matière
de douanes, II, p. 605, 4465; en
matière forestière, II, p. 594,
4133; II, p. 94, 2521.

— en appel, I, p. 240, 796, 247, 827;
II, p. 379, 3132, 3133.

— de l'appel par les agents forestiers,
II, p. 585, 4106; II, p. 594,
4132; ibid. par le condamné, II,
p. 404, 3535.

— chasse, II, p. 494, 3838,

— contre façon, II, p. 483, 3798.

— contributions indirectes, II, p. 505,
3868.

— de la femme autorisée à ester en
justice, I, p. 458, 1580.

— interdiction, I, p. 413, 1449, p. 421,
1445.

— du M. P., I, p. 568, 569, 1879,
4884; I, p. 669, 2218; après
ordonnance, II, p. 178, 2782.

— de particulier, I, p. 627, 2079; I,
p. 668, 669, 2213 à 2218.

— partie civile, I, p. 668-669, 2213 à
2218.

— passible d'amende, I, p. 475, 577,
3°.

— en pol. correct. par le M. P., II,
p. 254, 3044.

— du pourvoi en cassation, du condamné, II, p. 372, 3427; effet, II,
p. 374, 3433-3434; par le M. P.,
II, p. 363, 3397; notification au
M. P., I, p. 258, 867.

— en simple police par le M. P., II,
p. 493, 2834.

Désobéissance des magistrats, I, p. 53,
461.

Désordres dans les prisons, intervention du maire, III, p. 113, 4553;
notaire, III, p. 419, 5444.

Dessaisissement, citation directe impossible après ordonnance de, II,
p. 473, 2770; douanes, transaction, II, p. 605, 4465.

— ordonnance et réquisitoire de, II,
p. 404, 2544.

— de tribunal pour alliance ou parenté, I, p. 478, 584.

Desservant, I, p. 293, 988; expéditions
d'actes notariés, III, p. 404, 5368.

Dessin, dépôt, L. 29 juillet, Circ. min., 9 novembre 1881.

— exposés, mis en vente, publiés sans autorisation, I, p. 556, 1860, X, n° 29; III, p. 107, 4536.

— obscènes, L. du 2 août 1882, et Circ., 7 août 1882.

Destitution, d'avoué, III, p. 281, 5049.

— de commis greffier, III, p. 314, 5134.

de fonctionnaire, I, p. 548, 1860, IV, 13°; II, p. 346, 4000.

— de garde forestier, II, p. 90, 2804.

— de magistrat, I, p. 49, 150.

— du M. P. pour connivence ou négligence, I, p. 567, 4875.

— de notaire, avis de la chambre, III, p. 418, 5410; avis au trésorier payeur général, III, p. 396, 5346; étude abandonnée, III, p. 422, 5420; compétence, III, p. 404, 5369-5370; démission, III, p. 428, 5436; par le tribunal, III, p. 426, 5430.

de l'officier de l'état civil, mariage de militaire non autorisé, I, p. 441, 4518.

— d'officier ministériel, cession d'office, I, p. 474, 571, 3°; III, p. 228, 4897.

des officiers publics par arrêté ministériel, III, p. 273, 5028; par décret, III, p. 267, 5006.

— du tuteur, I, p. 504, 1734-1735; p. 502, 1736 à 1738.

Destruction, d'actes de l'autorité publique ou d'effets de commerce et de banque, I, p. 543, 1859, VI, 8.

— d'affiches de l'autorité, statist. des juges de paix, III, p. 569, 5757, 7°; art. 479 du C. P., § 9.

d'animal domestique, II, p. 465, 3739; I, p. 554, 1860, X, 9 et 10.

— d'animal malfaisant, inutilité du permis de chasse, II, p. 487, 3840.

— d'armes abandonnées, II, p. 215, 2906.

— de clôture, I, p. 554, 1860, X, 12°.

— d'édifice d'autrui, circonst. attén., I, p. 600, 1980; I, p. 545, 1859, IX, 11°.

— par explosion de mine, I, p. 544, 1859, 13°.

— de greffes ou plants, I, p. 554, 1860, X, 5°; II, p. 590, 4420.

— d'instruments aratoires, cabanes, parcs, I, p. 554, 1860, X, 7°.

— des minutes d'arrêts, jugements ou procédures crim. et correct., II, p. 460, 2722.

— de monuments et objets d'utilité ou de décoration publiques, I, p. 549, 1860, VI, 9°.

— d'objets délictueux ordonnée par le trib. correct., II, p. 256, 3052; id. en matière de presse, III, p. 109, 4543.

— d'objets saisis, I, p. 554, 1860, VIII, 4°.

— de pièces dans les dépôts publics, I, p. 543, 1859, VI, 8°; p. 549, 1860, VI, 8°; ailleurs, I, p. 554, 1860, X, 2°.

— de télégraphe par des insurgés, II, p. 474, 3759.

— du tribunal, I, p. 469, 1622.

— volontaire de chaussées, digues, édifices et ponts, I, p. 545, 1859, IX, 11°.

Détaxe, dépêches de service, III, p. 417, 5478; p. 453, 5497.

Détention arbitraire sur mandat d'amener, II, p. 143, 2581; p. 417, 2593; illégalement prolongée, II, p. 417, 3570; ordinaire, II, p. 550 à 552, 4012 à 4019, dommages-intérêts p', II, p. 549, 4040.

— d'armes de guerre ou prohibées, I, p. 553, 1860, IX, 23°.

— de banni, II, p. 392, 3498.

— de contrebande, II, p. 610, 4484.

— délits politiques, II, p. 508, 4143.

— d'engin prohibé, chasse, II, p. 492, 3826.

— de gibier, temps prohibé, II, p. 488, 3814.

— illégale, crime, I, p. 544, 1859, 18° et 544, VIII, 8°; délit, I, p. 550, 1860, VII, 11°; dénoncée, I, p. 596, 1966; refus de déférer à une réclamation relative à, II, p. 544, 3985; visite des prisons pour constater la, III, p. 445, 4560.

— d'un interdit, I, p. 419, 1441; p. 420, 1444.

— de machines ou engins incendiaires et meurtriers ou explosibles, I, p. 553, 1860, IX, 24°.

— de mineur acquitté, I, p. 594, 1960-1961; condamné, ibid., 1962; durée, II, p. 259, 3066; p. 260, 3067.

— de mineur de 16 ans, Circ. min., 30 octobre 1878, aux P. G., 26 juillet 1883.

— peine, II, p. 390-391, 3489 à 3493; dégradation civique, II, p. 394, 3504.

— peine disciplinaire des collèges et lycées, III, p. 92, 4488.

— de poids ou mesures faux, I, p. 552, 1860, IX, 15°.

— de poudre, II, p. 522, 3927.
— préventive, II, p. 89, 2395; devenue définitive, II, p. 288, 3464, 3465; fraude en matière de contrib. ind., II, p. 504, 3865; peine, II, p. 404, 3534; réserve, II, p. 96, 2526; statist., III, p. 547–548, 5710 à 5712; p. 563, 5747-5748; p. 585, 5790.
— provisoire des déportés, II, p. 389, 3485.
— requise par un père, I, p. 484, 594; I, p. 316, 4074.
— de succession d'un failli, incapacité en résultant, II, p. 616, 4202.
— de tabac, II, p. 527, 3943.
— de vagabond, concours administratif, III, p. 434, 5446, L. du 10 vendém. an IV, titre 3, art. 6 et 7.

Détenu, appelant, II, p. 274, 3412; transport, Circ. min., 29 novembre 1884.
— en centrale, travail, Arr. Min., 13 avril 1882.
— cité en témoignage, II, p. 142, 2670; taxe, III, p. 32, 4305, Circ. min., 29 novembre 1884.
— défaillant, II, p. 225, 2941.
— évasion de, III, p. 125 à 134, 4594 à 4643.
— jeune, éducation, patronage, L. du 5 août 1850; liberté provisoire, Circ. min. int., 20 mars 1883.
— malade, hospices, II, p. 444, 3561, translation, II, p. 444, 3562-3563; III, p. 114, 4555.
— notaire mandataire de, III, p. 398, 5351.
— recommandé, Circ. min., 15 juin 1877.
— tableau des, II, p. 447, 3570.

Détérioration de chemin public, procès-verbal de garde champêtre, II, p. 86, 2489.
— de marchandises ou instruments de fabrication, à l'aide de liqueur corrosive, C. P., p. 443.

Détermination du M. P., plaintes, II, p. 33, 2349.

Détournement d'actes, deniers, effets ou titres par un dépositaire public, I, p. 542, 1859, IV, 2°; p. 547, 4860, IV, 4°; II, p. 568, 4062.
— entre alliés et parents, I, p. 623-624, 2064 à 2064.
— d'archives dans les dépôts et greffes, négligence des dépositaires, II, p. 541, 3986, 7°.
— par les comptables, II, p. 565 à 567, 4056 à 4061.
— d'épave, avis au ministre de la marine, Circ. min., 18 mai 1883.

— par un membre de l'Université, III, p. 94, 4485.
— par un notaire, II, p. 567, 4061; III, p. 392, 5335.
— d'objets appartenant à une faillite, I, p. 624, 2064; II, p. 478, 3782 à 3784.
— d'objets saisis, I, p. 259, 871-872; I, p. 551, 4860, VIII, 4°; tentative, I, p. 594, 1951.
— de procédures crim. ou correct., II, p. 160, 2722; II, p. 568, 4062.
— de sommes par agent de change ou courtier, II, p. 463, 3730.

Dette, civile, suppression de la contrainte, II, p. 440, 3655-3656.
— évasion de détenu pour, III, p. 434, 4644.
— des officiers ministériels, affectation du cautionnement, III, p. 259, 4984.
— onéreuses des magistrats, I, p. 53, 464; notaires, III, p. 427, 5433, 3°.

Deux Siciles, extradition, I, p. 577, 4904; ouverture de succession, I, p. 489, 4695.

Dévastation de plants ou récoltes, I, p. 554, 4860, X, 4°; L. du 6 octobre 1791.
— de propriété, motif d'état de siège, I, p. 650, 2152.
— responsabilité pour les communes en cas de, I, p. 300 à 302, 1007 à 4047.

Développement inutile de l'ordonnance définitive, II, p. 474, 2774.

Devin, métier; statist., III, p. 569, 5787, art. 479, § 7, 480, § 4 du C. P.

Dévolution de succession à l'État, I, p. 494, 4703.

Dictée, juge d'instruction; ordonnances, II, p. 474, 2773.
— des notes d'audience correctionnelle, II, p. 235, 2977.
— de la taxe à témoin, III, p. 34, 4314.

Dies ad quem; délai d'appel correctionnel, II, p. 270, 3096.
— a quo; chasse sans permis, II, p. 486, 3808.

Diffamation envers agent diplomatique, I, p. 625, 2074.
— compte rendu de procès en, I, p. 556, 4860, X, 19; III, p. 403, 5523.
— dommages intérêts, III, p. 108, 4540.
— entre membres de l'Université, III, p. 94, 4484.
— non publique, II, p. 195, 2837, 2°, 16.

— plainte téméraire, II, p. 34, 2345.
— poursuite, I, p. 625, 2071; L. 29 juillet, Circ. min., 9 novembre 1884.
— réciproque, I, p. 599, 4977.
— répression; initiative, I, p. 570, 4886.
— verbale ou autre, I, p. 554, 4860, VII, 21°, 22°.
— proportionnelle des juridictions criminelles, II, p. 314, 3246.

Différence d'orthographe des noms; cession d'office, candidat, III, p. 247, 4947; mariage, témoins, I, p.365, 1248.

Différend entre avoués, III, p. 292, 5076, 5077; entre huissiers, III, p. 356, 5239; entre notaires, III, p. 444, 5399, p. 419, 5443.

Difficulté contentieuse relative à l'exécution des jugements, II, p. 284, 3448.

Dignitaire, chambre des avoués, III, p. 290, 5070; des huissiers, III, p. 355, 5233, 5236; des notaires, III, p. 444, 5394, 5392.
— franchise postale, III, p. 445, 5478.
— honneurs à rendre, I, p. 34, 405.
— en justice comme témoins, II, p.138, 439, 2657, 2660.

Dignité du notaire compromise, III, p. 384, 5312, p. 444, 5404.

Digue, détruite volontairement, I, p. 545, 4859, IX, 41°; garde digue, II, p. 9, 2249, 24.

Diligences, actes et huissiers; mémoires, III, p. 68, 4414 à 4415.
— du M. P. pour significations des arrêts ou jugements, II, p. 248, 3022.
— des parties pour le même objet, I, 237, 783.
— et voitures; police des, II, p. 21, 2286, 14°.

Dimanche, contravention à la loi sur l'observation du, I, p. 428, 4475.
— délai d'appel, II, p. 270, 3096.
— exécution capitale, II, p 380, 3454.
— fermeture du greffe, III, p. 323, 5458.
— inobservation du, II, p. 495, 2837, 2°, §14.
— jour de publication, I, p. 428, 4475.
— procès verbaux, II, p. 85, 2488.
— publication d'ordonnance contre contumax, II, p. 534, 3956.
— travail, L. 12 juillet 1880.
— ventes publiques le, III, p. 398, 5354.

Dimension, copies d'actes, II, p. 438, 2656.

— expédition des jugements et arrêts pour pourvoi en cassation, II, p. 372, 3429.
— papier et timbre, I, p. 495, 4744.

Diplomatie, agent étranger; diffamation; injure; plainte, I, p. 625, 2071.

Diplôme à produire par un avoué, III, p. 277, 5036.
— falsifié, III, p. 7, 4229.
— de licencié ou docteur, serment d'avocat, III, p. 205, 4830, 4832.
— registre d'inscription du diplôme d'avocat au greffe, III, p. 327, 5461, 32°.
— registre d'inscription des diplômes et titres des médecins et officiers de santé, III, p. 327, 5461, 33°.
— représentation du diplôme d'avocat au M. P., III, p. 210, 4845.
— de vétérinaire, Circ. min., 15 mars 1883.

Dire, sur cahier de charge; émoluments du greffier, III, p. 320, 5448.

Directeur des affaires civiles, changement de nom, I, p. 373, 4279.
— de la caisse des dépôts et consignations, I, p. 348, 4080.
— des contributions indirectes; chef du contentieux, I, p. 343, 4059; déplacement des préposés des contributions pour comparaître en justice; mesures à prendre par le, II, p. 444, 2664.
— des domaines; affaires domaniales, I, p. 320, 4086, p. 324, 4094; succession en déshérence, I, p. 490, 4697.
— de l'enregistrement et des domaines, contrainte, II, p. 445, 3673, 3674; franchise postale, III, p. 464, 5545, p. 464, 5519.
— des fortifications; contestation sur servitude, I, p. 325, 4104.
— général des douanes approbation de transaction, II, p. 606, 4467; état mensuel des détenus, II, p. 640, 4480.
— général des forêts nomination des gardes, II, p. 89, 2499.
— de ligne ou station télégraphique, obligation de transmettre copie de certains télégrammes au préfet et au parquet, III, p. 405, 4528.
— de maison d'arrêt; nomination, III, p. 412, 4550.
— de maison centrale, renseignements pour réhabilitation, III, p. 454, 4673; poste, franchise, III, p. 464, 5545.
— des postes; franchise postale, III, p. 464, 5545, § 2, 16°; p. 464, 5519, IX, 9°; incompatibilité avec

les fonctions de greffier, III, p. 340, 5123.
— et directrice de salle d'asile ; poursuites contre, III, p. 98, 4508.
— de la santé autorité sanitaire maritime. Décr. 22 février 1876, art. 86.
— de succursale de la banque de France, avis en matière de faux billets, III, p. 17, 4260.

Direction d'association non autorisée, I, p. 546, 4860, § 2, 7°.
— donnée aux affaires ; statist., III, p. 544, 545, 5704, 5705.
— donnée aux procès-verbaux et aux plaintes, II, p. 33, 2319 ; II, p. 96, 97, 2525, 2528.
— mauvaise ou rapidité des charrettes, voitures et bêtes de charge ; statist. des juges de paix, III, p. 567, 5757, 12°, art. 475, n° 3 et 476 du C. P.
— des poursuites par le M. P., I, p. 569 à 574, 4883, 4896.
— de réunions séditieuses avec rébellion et pillage, I, p. 544, 4859, VIII, 3°.

Discernement, âge, I, p. 594 à 595, 4953 à 4965 ; II, p. 35, 2325.
— défaut de ; acquittement, I, p. 594, 4960 ; II, p. 259 à 262, 3064 à 3073, p. 284, 3140, p. 433, 3634 ; récidive, III, p. 434, 4621.
— définition du, Cir. min., 30 octobre 1878.
— délits forestiers, II, p. 594, 4426.
— douanes, II, p. 640, 4482.

Discipline des avocats, III, p. 245 à 249, 4863 à 4872.
— des avoués, III, p. 294 à 295, 5076 à 5086.
— des commis-greffiers, III, p. 314, 5434.
— des greffiers, III, p. 312, 5430.
— des huissiers, III, p. 356, 5239.
— des étudiants des facultés, Décr., 30 juillet 4883.
— des magistrats, I, p. 51 à 53, 457 à 462 ; I, p. 474, 574, 4° ; III, p. 486 à 199, 4773 à 4842.
— des notaires, III, p. 409 à 429, 5385 à 5438 ; appel, I, p. 247, 827.
— des prisons, III, p. 422, 4584.

Discours injurieux ou diffamatoires des avocats, peines, III, p. 247, 4863.
— installation de magistrats, Circ. min., 43 décembre 4880.
— officiels, délibération des cours et tribunaux, III, p. 199, 4843 ; III, p. 202, 4822.
— pastoral hostile au Gouvernement, I, p. 542, 4859, V, 2°.

— de rentrée, I, p. 425, 400 ; p. 426, 404 ; franchise postale, III, p. 448, 5483 ; transmis au G. des S ; III, p. 491, 5587, Circ. min., 24 octobre 4883.
— séditieux, auteur de, III, p. 405, 4529.

Discrétion à garder pour les recours en grâce, III, p. 84, 4454.
— des huissiers, III, p. 350, 5220.

Discussion des affaires civiles, I, p. 207 à 224, 674 à 722.
— du cautionnement d'un conservateur des hypothèques, I, p. 409, 4407.
— inutile des charges, ordonnance définitive, II, p. 474, 2774.
— en pol. correct., II, p. 209, 2885.

Disjonction, chefs distincts, II, p. 562, 4045.
— prononcée en pol. correct., II, p. 224, 2940 ; II, p. 245, 3040 ; prononcée par le président des assises, II, p. 344, 3343.

Disparition d'un magistrat pensionnaire, I, p. 84, 254.

Dispense d'âge, magistrats, I, p. 5, 8 ; mariage, I, p. 484, 594 ; I, p. 430, 4482 ; étrangers, I, p. 437, 4507 ; officiers ministériels, III, p. 247, 4947, Circ. min., 44 novembre 1875.
— d'alliance, I, p. 434 à 436, 4486 à 4501, Circ. min., 44 novembre 4875 ; Circ. min., 20 octobre 4876 ; étrangers, I, p. 437, 4507 ; états, Circ. min., 44 juin 4884.
— de consignation d'amende, pourvoi en cassation crim., II, p. 369, 3446 à 3448.
— de déposer en justice, II, p. 446, 2682.
— de parenté, I, p. 484, 595 ; I, p. 430-431, 4483 à 4486.
— jury, II, p. 322, 3269-3270 ; p. 334, 3296.
— de production d'acte de naissance au mariage, I, p. 426, 4465.
— de publication pour mariage, I, p. 484, 594 ; p. 429-430, 4479 à 4484.
— de service militaire, I, p. 459, 4583 ; difficultés relatives à cette dispense, I, p. 376, 4289.
— de stage notariat, III, p. 368, 5270 ; p. 369, 5274 ; p. 372, 5284.

Disponibilité, militaire en, I, p. 640, 2424.

Dispositif de décision, I, p. 462, 540 ; I, p. 459, 522.
— cassation, I, p. 253, 854.
— de jugement civil, I, p. 462, 540 correct., II, p. 245, 3044.

— d'ordonnance d'instruction, II, p. 175, 2774-2775.

Disposition de l'administration, mise à la, prévenu acquitté, II, p. 259, 3061.

— mineur de 16 ans envoyé en correction, II, p. 259, 3064.

Disputes, répression des, II, p. 495, 2837, 2°, § 1.

Dissentiment entre le parquet et l'instruction, II, p. 60, 2399; liberté de l'inculpé, II, p. 448. 2596; II, p. 423, 2607.

Dissimulation de prix, actes notariés, III, p. 393, 5336; adjudications, III, p. 398, 5352; p. 417, 5405, 7°; Pénalité, III, p. 427, 5433; ventes, I, p. 337, 1450.

Distances, délai des, assignation sur opposition à défaut, II, p. 251, 3034; citation à prévenu, II, p. 249, 2949.

— calcul des, transport des magistrats, III, p. 26, 4289; p. 27, 4290; voyage des huissiers, III, p. 42-43, 4337 à 4344; témoins, III, p. 30, 4298.

— tableau officiel des, III, p. 348, 5243.

Distillerie, règlement, Décr., 26 août 1876; Décr., 18 et 20 juillet 1878, 18 septembre 1879, 19 septembre 1879, 15 avril 1881.

Distraction des honoraires d'avoués, état de liquidation des frais de justice criminelle, II, p. 434, 3637.

— de pièces des dossiers, II, p. 481, 2793.

Distribution des affaires d'assises, II, p. 343, 3340.

— des affaires ou causes civiles, I, p. 499, 649-650.

— d'armes de guerre et prohibées, II, p. 466, 3742.

— de brochures, écrits, gravures, lithographies, livres non autorisés, I, p. 555, 4860, XI, 45°; III, p. 407, 4536.

— de cautionnement du prévenu mis en liberté provisoire, II, p. 468, 2755.

— par contribution, I, p. 450, 1546; registre, greffe, III, p. 328, 5464, 45°; action du M. P., I, p. 479, 594, 7°.

— gratuite d'affiches, dessins, emblèmes, écrits, gravures, images, imprimés, de peintures obscènes, L. du 2 août 1882; confiscation, II, p. 400, 3527, 4°.

— de deniers provenant de vente sur saisie, incompétence des juges de paix, III, p. 485, 1772.

— des intérêts du cautionnement d'un officier ministériel, III, p. 264, 4989.

— poste, correspondance du parquet, III, p. 449, 5486.

— de poudre, II, p. 524, 3925.

— du prix des immeubles de failli, I, p. 524, 1804.

— du service, parquet, I, p. 414, 364 à 364.

— statist. civile des appels, III, p. 502, 5642, 46°.

— de symboles ou signes séditieux, I, p. 547, 4860, 16°.

Divagation des animaux ou bestiaux malades, I, p. 554, 4860, X, 15.

— d'animaux malfaisants, dangereux ou nuisibles, II, p. 495, 2837, 4°, § 8.

— de fous furieux ou d'animaux féroces et malfaisants, III, p. 567, 5757, art. 475, § 7 du C. P.

Divergence des magistrats sur la taxe, III, p. 70, 4420.

— des parents au conseil de famille, I, p. 503, 1741.

Divertissement d'objets appartenant à un failli, II, p. 478, 3782 à 3784.

— de sommes par les comptables ou officiers publics, II, p. 567, 4061.

Divisibilité des intérêts des parties, I, p. 230, 757.

Division de l'année pour les assises, II, p. 349, 3260.

— des jugements, I, p. 459, 522.

— des questions à poser au jury, II, p. 352, 3366.

Divorce, L. du 27 juillet 1884; colonies, L. du 25 août 1884, Circ. min., 3 octobre 1884.

Dixième impôt du, voitures, II, p. 528, 3945.

Djemaas de justice, suppression, Algérie, Décr., 25 mars 1879.

Docimasie pulmonaire, II, p. 45, 2358.

Docteur en médecine ou en chirurgie, experts, II, p. 44, 2342; faux certificat à témoin, II, p. 448, 2690-2691; faux diplôme, III, p. 7, 4229; légiste, II, p. 44, 2344; recrutement, corruption, II, p. 559, 4036; secret professionnel, II, p. 29, 2307; p. 446, 2682.

Doctorat en médecine, conditions, Décr., 20 juin 1878, 23 juillet 1882.

Doctrine, coupable des avocats ou avoués, I, p. 146-147, 477-478.

— subversive publiée par des magistrats, III, p. 187, 4775.

Document administratif ou judiciaire, enlèvement de, II, p. 569, 4066.

Dol des avoués, III, p. 285, 5057.
— personnel, I, p. 248, 832.
— prise à partie des magistrats pour, II, p. 579, 4094.

Domaine congéable, statist. des appels, III, p. 502, 5612, 4°.
— de l'Etat assignation au, I, p. 486, 603, p. 319 à 325, 4084 à 4104, p. 477, 4653, 4654; pour le, I, p. 472, 572, 2°; commissaire-priseur du, III, p. 303, 5407; statist. des appels, III, p. 502, 5612, 3°.
— et enregistrement; administration des contumace, II, p. 534, 3955, p. 534, 3963, p. 536, 3967, p. 539, 3980; vente des pièces à conviction, III, p. 328, 329, 5463, 5468.

Domestique, animal; destruction, empoisonnement, mauvais traitements, I, p. 554, 4860, X, 8° à 44°.
— coalition de, II, p. 502, 3859.
— extraits d'arrêts ou jugements concernant les, III, p. 64, 4399.
— fugitif; accusé; notifications, II, n° 4, 3244.
— incapacité politique, II, p. 616, 4202, 4203, (L. du 5 avril 1884, art. 32, 4°.
— responsabilité civile du maître, II, p. 437, 3647.
— signification de défaut à un, II, p. 250, 3028.
— vol, I, p. 545, 4859, IX, 4°; II, p. 90, 2506; complice, I, p. 588, 1941.

Domicile de l'accusé II, p. 303, 3240.
— conjugal; adultère, II, p. 456, 3705.
— conséquence du; pour l'inculpé, II, p. 462, 2729; II, p. 242, 2898.
— du contumax, II, p. 534, 3956, p. 534, 3962.
— élu pour mise en liberté provisoire, II, p. 468, 2754.
— inconnu, significations à, I, p. 478, 4658.
— de l'inculpé; saisie au domicile, II, p. 48, 2367.
— indication du domicile sur la feuille de renseignements des procédures criminelles, II, p. 482, 2795.
— indiqué à la femme plaidant en séparation, I, p. 472, 4637.
— introduction par le M. P. dans le, II, p. 38, 2334.
— du juré, II, p. 326, 3284.
— des magistrats, I, p. 36, 444 à 444.

— mandats exécutés au, II, p. 108, 2563.
— mariage; célébration; opposition, I, p. 437, 4504; I, p. 445, 4532, 4533; Circ. min., 24 décembre 4874.
— d'origine, politique, réel, I, p. 329, 4448.
— du prévenu; citation au, II, p. 248, 2946, 2947.
— recherches du gibier en temps prohibé; II, p. 488, 3844.
— réel du rupturier, II, p. 423, 3596.
— saisie-exécution, I, p. 244, 846.
— signification de défaut correctionel, II, p. 249, 3026.
— transféré, II, p. 327, 3286.
— violation de, I, p. 548, 4860, IV, 6°; II, p. 577, 4088.
— visites à, II, p. 46 à 48, 2363 à 2366.

Dommage causé par les animaux ou la ruine des bâtiments; responsabilité des propriétaires II, p. 437, 3647.
— léger à la propriété immobilière ou immobilière d'autrui; statist., III, p. 568, 5757, § 3, 6°, art. 479, n° 4 du Code pénal.
— intérêts, acquittement en Pol. corr., II, p. 289, 3063; acte illégal d'un fonctionnaire, II, p. 549, 4040; adultère complicité, II, p. 458, 3740; alloués par la chambre d'accusation, II, p. 296, 3486; alloués par les cours ou tribunaux, I, p. 233, 768, 769; augmentés par appel correctionel, II, p. 282, 3444; commune condamnée à des, I, p. 304, 4028; contrainte par corps pour les, II, p. 444, 3668; délits forestiers, II, p. 590, 4423; dénonciation mal fondée, II, p. 34, 2313; juge récusé, I, p. 464, 4605; M. P., I, p. 233, 768; navigation et grande voirie, II, p. 9, 2250, 2254; opposition à une ordonnance du juge d'instruction, II, p. 488, 2842; partie civile, I, p. 664, 2499, 2200; Pol. simple, II, p. 204, 2857.

Don et legs aux administrations ou hospices; avis à donner par les notaires, III, p. 399, 5355; formalités, II, p. 400, 5356 et Cir. min., 7 juin 4882.
— aux communes; L. 5 avril 4884, art. 44.
— au profit des pauvres, I, p. 477, 578.
— et présents aux fonctionnaires; cor-

ruption, II, p. 557, 4030, 556, 4028; recrutement, III, p. 442, 4643.

— provocation à un crime ou délit par, I, p. 535, 4931.

Donation d'office ministériel, III, p. 243, 4933, 4935; enregistrement, III, p. 245, 4940.

— statist. civile, III, p. 501, 5612, 14.

Doryphora, mesures de précaution, L. 45 juillet 1878, Décr. 26 décembre 1878, 2 août 1879, Arr. min. 44 décembre 1880.

Dossier de cession d'office ; transmis au G. des S, par le P. G. III, p. 254, 4966, p. 255, 4968.

— communiqués au M. P., étude, examen, investigation, I. p. 244, 212, 685 à 688.

— communiqués au préfet, Cir. min. 47 mars 1879.

— du conflit, I, p. 309, 1048.

— correctionnel, étude et connaissance du, II. p. 224, 2929; perte ou destruction, II, p. 460, 2722.

— criminel adiré, détruit, enlevé, II, p. 460, 2722, communiqué officiensement au prévenu, II, p. 458, 2747 ; distraction de pièces, II, p. 484, 2793; pièces annexées, II, p. 479, 2787; séparé pour chaque affaire, II, p. 99, 2534; transmis après arrêt de renvoi à la cour d'assises, II, p. 339, 3324 ; au M. P. chargé de l'affaire, II, p. 344, 3342 ; au président des assises, II, p. 344, 3344 au ; P. G., II, p. 479, 2787, 2788.

— de dispenses, I, p. 434, 1494.

— individuel des magistrats, I, p. 67, 204, Cir. min., 34 décembre 1883.

— de pourvois en cassation, II, p. 374, 3425, 3426 ; contre un jugement de simple police, II, p. 205, 2873.

— de réhabilitation, III, p. 452 à 455 4667 à 4678.

Dot en péril; séparation de biens, I, p. 474 à 476, 1642 à 1654.

Douanes, action judiciaire, I, p. 325 à 328, 1405 à 4415.

— appel, II, p. 276, 3421.

— compétence poursuites, II, p. 599 à 643, 4446 à 4494.

— confiscation, II, p. 404, 3527, 20°, § 4.

— connexité d'infractions, I, p. 583, 1925.

— contraventions, I, p. 557, 4860, XIII.

— cumul des amendes, II, p. 425, 3604.

— délit douanier commis par un militaire, I, p. 642, 2427.

— livres étrangers, III, p. 407, 4537.

— organisation militaire, Décr. 2 avril 1875, 22 septembre 1882.

— pillage des bureaux de, I, p. 301, 4013.

— préposés; cités en témoignage, II, 440, 2664; police judiciaire des, II, p. 8, 2249, 44°; procès-verbaux, II, p. 44, 2256; II, p. 45, 2266, 2°; II, p. 20, 2285, 6°.

— réduction ou remise de l'emprisonnement, III, p. 83, 4464.

— responsabilité du mari, II, p.438, 3649.

— transactions, I, p. 564, 1864; II, p. 40, 2252.

Double des registres de l'état-civil adirés, incendiés, I, p. 365, 4249; dépôt, greffe, I, p. 354, 4244.

— du répertoire des notaires; dépôt au greffe, III, p. 404, 402, 5359, 5363.

— taxe à témoin, III, p. 30, 4297.

— du traité de cession d'office ; enregistrement, III, p. 246, 4943.

Doullens, citadelle de, détention, II, p. 394, 3493.

Doyen des conseillers, I, p. 408, 340.

Drogmanat, organisation, Décr., 48 septembre 1880.

Drogue jetée dans l'eau, I, p. 558, 1860, XV, 2°.

— médicamenteuses, vente de, I, p. 562, 1860, XXIII, 2° 5°.

Droguiste, règlement de police, II, p. 496, 2837, 4. § 7.

Droit d'appeler; jugement de pol. corr., II, p. 265, 3082; de pol. s., II, p. 202, 2862.

— d'arrestation, II, p. 548, 4004.

— d'assistance dû aux avoués, I, p. 203, 659.

— d'auteur, mépris des droits d', I, p. 553, 1860, IX, 20; confiscation, II, p. 400, 3527, 42°.

— des avoués, copies, I, p. 483, 4674; surveillance du M. P., III, p. 286, 5064.

— de capture, III, p. 49 et 50, 4356 à 4359 ; appendice, p. 598, n. 58.

— de chasse, II, p. 484, 3800.

— civils, civiques, de famille et politiques, II, p. 644 à 649, 4492 à 4209; interdiction, II, p. 447, 3574 ; production du certificat de jouissance par le candidat à un

office ministériel, III. p. 248, 4950, p. 278, 5040.
— de défense, II, p. 238, 2987, p. 239, 2992, p. 243, 3005.
— du dixième, voitures, II, p. 527, 528, 3944 à 3945.
— électoraux et politiques, usurpation de, II, p. 575, 4082.
— d'enregistrement du traité de cession d'office, III, p. 244 à 246, 4939 à 4944 ; statist. civile, III, p. 543, 5638.
— d'évocation, chambre d'accusation, II, p. 340, 3234, 3235.
— de faire défaut, II, p. 247, 3048.
— de grâce, III, p. 76, 4440, 4442.
— de greffe, III, p. 317 à 324, 5444 à 5452 ; bulletins, n°° 4 et 2, III, p. 475, 5544, 5546 ; de recherche, I. p. 439, 4513.
— du greffier, assistance à une exécution capitale, III, p. 39, 4328; autres, III, p. 35 à 39, 4316 à 4328 ; expéditions aux indigents, I, p. 439, 4513.
— des huissiers pour copies, I, p. 482, 483, 4673, 4674 ; autres, III, p. 39 à 48, 4329 à 4355 ; signification de défaut, II, p. 250, 3029.
— illégalement perçus, concussion, II, p. 544, 3985, 7°.
— de la famille attaquée, I, p. 555, 4860, XI, 5°.
— litigieux cédés, aux huissiers, III, p. 353, 5227 ; aux magistrats, III, p. 489, 4779, 4780.
— de mutation, I, p. 335, 4444 ; succession vacante, I, p. 489 ; 4693.
— de navigation, II, p. 545, 3905.
— d'octroi, II, p. 496, 2837, 4°, § 43.
— point de, jugement, I, p. 464, 534.
— proportionnel d'enregistrement, I, p. 337, 4449.
— réunis, administration des poursuites, II, p. 503, 504, 3863, 3864.

— de sceau, dispenses, I, p. 435, 4498 ; naturalisation, I, p. 383, 4345 ; remise de, I, p. 439, 4513, service à l'étranger, I, p. 385, 4324.
— de suite de denrées ou marchandises circulant en fraude, II, p. 505, 3867.
— de timbre, affiches, II, p. 460, 3748.
Duel accepté par magistrat, I, p. 53, 464.
— appréciation de la chambre d'accusation, II, p. 294, 3480.
— blessures mortelles en, I, p. 384, 4307.
— complicité, fourniture d'armes, témoins, I, p. 585, 4930 à 4933, p. 586, 4934.
— constat., I, p. 384, 4307.
— statist., III, p. 574, 5763.
Durée des affaires, statist. civile, appel, III, p. 499, 5604 ; première instance, III, p. 512, 5635 ; statist. crim., III, p. 564, 5743, p. 562, 5745, 5746.
— des audiences, I, p. 449, 377.
— de la chasse, II, p. 499, 3849.
— des contestations, II, p. 442, 3556.
— de la contrainte par corps, II, p. 449, 3682.
— de la détention préventive, III, p. 563, 564, 5747, 5748.
— des fonctions électives et temporaires, II, p. 546, 4002.
— de l'instruction criminelle, II, p. 472, 2769.
— des peines temporaires, emprisonnement, II, p. 404, 3534.
— du permis de chasse, II, p. 486, 3808.
— du service du président des assises, II, p. 348, 3258.
— de la session d'assises, II, p. 342, 3242.
— des vacations d'expert, III, p. 58, 4384.
Dynamite, L. 3 août 1875, art. 32, Décr. 24 août 1875 ; emploi, Décr., 28 oct. 1882.

E

Eau croupissante, II, p. 496, 2837, 3°, §3.
— déversoir; inondation, I, p. 554, 4860, X, 43, C. P., 457.
— et forêts ; appel du M. P., II, p. 269, 3095 ; citation à prévenu,

II. p. 217, 2914 ; exploits, II, p. 94, 2509 ; faits punissables, I, p. 558, 4860, XV.
— plurale ; règlement sur les conduits, II, p. 495, 2837, 4°;

Écarts des avocats; audience, I, p. 446, 475, 476, III. p. 244, 4849.
— des magistrats; conduite, I, p. 53, 164, III, p. 495, 4797, p. 497, 4805, 4808.

Échafaud, emplacement de l', II, p. 380, 3455.

Échange d'immeubles ruraux L. 3 novembre 1884.
— statist. civile, III, p. 502, 5642, § 4, 22°.

Échantillons de marchandises saisies, I, 328, 4445.
— notes manuscrites sur les envois postaux d', III, p. 99, 4512.

Écharpe des magistrats; attroupements, II, p. 468, 3749, p. 470, 3752.
— des maires, II, p. 78, 2459; II, p. 468, 3749, p. 470, 3752.

Échelle des peines, II, p. 426, 3607.

Échenillage, contravention; compte criminel, III, p. 568, 5757, art. 474, n° 8 du C. P., règlement, III, p. 568, 5757, § 3, 4°.

Éclairage, défaut d', matériaux ou excavations sur la voie publique, art. 474, n° 4 du C. P.; compte criminel, III, p. 567, 5757, § 4, 2°.
— extérieur des auberges, cafés et autres lieux publics, art. 474, n° 3 du C. P., compte criminel, III, p. 567, 5757, § 4, 2°.
— règlements sur l', II, p 495, 2837.
— des tribunaux; dépense; Décr. 28 janvier 4883.
— des voitures. II, p. 529, 3948.

Éclaircissement des experts sur leurs rapports ou procès-verbaux, II, p. 137, 2654, III, p. 57, 4384.

Éclusier, police judiciaire, II, p. 9, 2250.
— réquisitions, II, p. 515, 3906.

École, crime et délit commis dans une, III, p. 93, 4494.
— de filles; contraventions aux lois sur compte criminel, III, p. 568, 5757, IV, 4°; surveillance, III, p. 96, 4506.
— de guerre, Décr. 48 février 1876, L. 20 mars 1880.
— maternelle; L. du 2 août 1884.
— militaire, I, p. 477, 578; d'infanterie, Décr. 22 mars 4883.
— des mousses, Circ. min. 44 mars 1876.
— normale, I, p. 477, 578.
— primaire, I, p. 477, 578, III, p. 96, 4500.
— publique; surveillance, III, p. 94, 4495.
— secondaire; ouverture, III, p. 94, 4496.
— vétérinaire, Décr. 21 octobre 4881.

Économe de collège, d'hospice, de lycée;
détournement, dissipation, II, p. 567, 4064, 5°, III, p. 94, 4485.

Économie, extraits de jugements, III, p. 38, 4324.
— frais de justice criminelle, III, p. 24, 4282.
— marchés avec les imprimeurs, III, p. 53, 4369.
— significations par huissier, III, p. 44, 4332.
— sociale, III, p. 407, 4535.
— témoins, III, p. 35, 4345.

Écrit anonyme; menace par, I, p. 544, 4859, VIII, 2°; 550, 4860, VII, 4°.
— déclaré calomnieux, I, p. 233, 769.
— électoraux, affichage, distribution, Circ min. 27 février 4876, 49 septembre 4877.
— injurieux ou diffamatoire des avocats produits en justice, III, p. 247, 4863.
— obscènes, affichage, distribution, exposition, offre, vente, L. du 2 août 1882; confiscation, II, p. 400, 3528, 4°.
— pastoral, C. P., art. 204.
— périodique, I, p. 555, 4860, X, 46 à 34; règles générales, III, p. 404 à 408, 4546 à 4538, L. 29 juillet, Circ. min. 9 novembre 4884.
— provocateur; confiscation, II, p. 400, 3528, 3°.

Écriture, contrefaite; altérée, III, p. 4, 4240; III, p. 4, 4249.
— illisible d'un huissier, I, p. 476, 577, 43°.
— privée faux en, III, p. 5, 4222, p. 9 à 47, 4234 à 4264.
— publique faux en, III, p. 5 à 9, 4223 à 4233.

Écrivains experts, II, p. 40, 2344.
— greffiers accidentels, II, p. 79, 2465.

Écrou, assistance de l'huissier à l'inscription d', II, p. 406, 3539, p. 407, 3542.
— du failli, I, p. 526, 4843, 4844.
— illégal ou irrégulier, II, p. 552, 4048.
— inscription d', II, p. 443, 2584; droits de l'huissier, III, p. 46, 4354.
— judiciaire levé et prolongé administrativement, II, p. 424, 3604.
— mention des décisions gracieuses en marge de l'. III, p. 87, 4475.
— nouveau en cas d'appel, II, p. 407, 3542.
— radiation; droits de l'huissier, III, p. 47, 4352 à 4354.

Édifice consacré au culte, affiches, Cir. min. 9 novembre 4884; circon-

stances aggravantes; du vol, I,
p. 545, 4859, IX, 4°.
— au service de la justice, I, p. 83 à
88, 259 à 272; I, p. 126, 403.
— volontairement détruit ou incendié,
I, p. 548, 4859, IX, 44°.
Editeur d'articles de journaux ou d'écrits,
responsabilité, III, p. 406, 4534.
Edition contrefaite, débit d', I, p. 553,
4860, IX, 49; confiscation, II,
p. 400, 3527, 44°.
Effets de banque ou de commerce détournés ou soustraits, I, p. 542,
4859, IV, 2° et 547, 4860, IV,
4°; II, p. 566, 4086; détruits,
I, p. 548, 4859, IX, 42; falsi-
fiés, I, p. 544, 4859, § 3, 3°(
recouvrement par la poste, Cir.
min. 49 août 4884; par les huissiers, Cir. min. 2 janvier 4882,
20 juin 4882; soustraits volontairement par les dépositaires,
II, p. 569, 4066; timbre, I,
p. 495, 4745; I, p. 496, 4748.
— hausse et baisse déterminées fran-
duleusement, I, p. 552, 4860, IX,
44°.
— militaires; achat, vente, I, p. 553,
4860, 25°; p. 644, 2425.
— mobiliers d'un malade décédé à
l'hospice, I, p. 492, 4705.
— naufragés; douanes, I, p. 327, 4443;
pillage et vol, I, p. 674, 2225.
— publics; constatation des faux, II,
6, 2246.
— rétroactif de la loi; surveillance de
la haute police, Circ. min. 24 février 4874.
— saisis au domicile de l'inculpé, II,
47, 2363.
— du trésor, contrefaçon d', I, p. 544,
4859, § 3, 2°.
— trouvés sur l'inculpé désigné par un
mandat d'amener, II, p. 408,
2565.
Effigie, exécution par, II, p. 383, 3466;
du contumax, II, p. 535, 3966.
Effraction, constat, II, p. 65, 2442.
— élément de tentative, I, p. 594,
4950.
— extérieure et intérieure, I, p. 545,
4859, IX, 4°.
Egalité de voix; rejet de circonstances
atténuantes par le jury, II, p. 355,
3370.
Eglise, police de l'; cérémonies publiques,
I, p. 30, 92; L. du 5 avril 4884,
art. 97, 4°.
— règlements de police, II, p. 195,
2837, 2, § 40.
— voie de réquisition du, M. P., I,
p. 476, 578.

Egout, réglementation, II, p. 495, 2837,
3, § 4.
Egypte, réforme judiciaire, L. 24 décembre
4875.
Elagage des arbres; règlements administratifs, II, p. 496, 2837, 5° § 4.
Elargissement d'aliéné, I, p. 278, 934 à
936.
— par arrêt de la chambre d'accusation,
II, p. 298, 3493.
— des chemins vicinaux, I, p. 395,
4338.
— contrainte par corps, II, p. 445,
3670; II, p. 450 à 452, 3686;
3693; appendice, p. 637, 83 à 86.
— de condamné après cassation, II,
p. 370, 3424.
— d'un enfant détenu par correction
paternelle, I, p. 347, 4076.
— d'un prévenu acquitté en Pol, corr.,
II, p. 257, 3054, 3055; II, p. 287,
3462; sur ordonnance de non-
lieu, II, p. 478, 2783.
— procédure, II, p. 476, 2779; II,
478, 2783.
— provisoire d'inculpé ou de condamné,
II, p. 462, 2729.
— radiation d'écrou, III, p. 47, 48,
4352 à 4354.
Electeur, conditions, L. 30 novembre
4875, Cir. min. 30 décembre
4875.
Election du bâtonnier des avocats, expédition de la délibération au P.G.,
III, p. 209, 4844; réquisitoire du
M. P. pour l', III, p. 607, 65.
— de la chambre des notaires, III,
p. 411, 5393.
— du conseil de discipline des avocats,
III, p. 243, 4855.
— du Conseil municipal, L. du 5 avril
4884, art. 44 à 40.
— de domicile au parquet, I, p. 484,
4670; pour mise en liberté provisoire, II, p. 468, 2754; pour
plaider, I, p. 493, 624, p. 244, 846.
— interdiction d'; peine correctionnelle, II, p. 447, 3574.
— des juges consulaires, I, p. 540,
4764; en capacité, II, p. 644,
4486; L. 8 décembre 4883, Cir.
min. 43 février 4884.
— législative, départementale d'arrondissement et communale, I,
p. 329 à 332, 4446 à 4430, L.
30 novembre 4875, 2 août 4875;
Sénat, L. du 9 décembre 4884;
coïncidence avec les assises, II,
p. 344, 3237.
— obstacles, empêchements, retards
aux, II, p. 647 à 649, 4204 à
4209.

— statist. des juges de paix, III, p. 531, 5674.

Elève des hospices; tutelle, I, p. 504, 1733.

— des lycées et collèges; peines universitaires, III, p. 92, 4488.

— responsabilité civile des instituteurs, II, p. 437, 3647.

— trompette, I, p. 638, 2143.

Eligibilité d'un étranger, I, p. 383, 1343.

— interdiction; peine correctionnelle, II, p. 417, 3574.

— juge de commerce au prud'homme, incapacité, II, p. 644, 4486.

Elimination, casier judiciaire, III, p. 469, 5529.

Eloignement, surveillance de la haute police, II, p. 449 à 425, 3577 à 3602.

— voies de fait sur magistrat, art. 229, C. P.

Emancipation de mineur, 1, p. 507, 1757.

— statist. civil, III, p. 524, 5659.

Emargements, greffiers et commis greffiers, III, p. 316, 5440; magistrats, I, p. 55, 468, 469.

Embarras sur les chemins, P.-v. des gardes champêtres, II, p. 86, 2489.

— sur la voie publique par dépôt de matériaux, III, p. 567, 5757.

— question préjudicielle, I, p. 645, 2437.

Embauchage pour l'ennemi, I, p. 540, 1859, 3°.

— compétence, II, p. 484, 2799; tentative, I, p. 591, 1951; II, p. 34, 2322.

— d'ouvriers pour l'étranger, I, p. 552, 1860, IX, 8°.

Emblème, exposition, publication, vente, sans autorisation, I, p. 556, 1860, XI, 29; III, p. 407, 4536.

— obscène affichage, distribution, exposition, offre, vente; L. du 2 août, Cir. min. 7 août 1882.

— politique; salles d'audience, I, p. 86, 267.

— réglementation, II, p. 195, 2837, 2°, § 4.

— séditieux, exposition, L. du 29 juillet, Cir. min. 9 novembre 1881.

Eméritat des membres de l'Université, III, p. 92, 4487.

Emeute, II, p. 467 à 476, 3746 à 3755; II, p. 598, 4442.

Emigration, infractions aux lois sur la police d', I, p. 563, 1860, XXIV, 4°.

— surveillance des agences, Cir. min. 12 janvier 1874.

Emission de fausse monnaie, I, p. 541, 1859, § 3, 1°.

— de mandat judiciaire, II, p. 416, 2592, p. 418, 2596.

— de mandats multiples contre un inculpé, II, p. 424, 2604.

Emolument des avoués, III, p. 286, 5060, p. 288, 5065, 5066.

— des greffiers, III, p. 317 à 321, 5441 à 5452.

— des greffiers et huissiers près les tribunaux de commerce, I, p. 530, 1827.

— registre des; greffiers de justice de paix, III, p. 328, 5462; vérification trimestrielle, III, p. 490, 5585.

Empêchement légitime d'un juge de paix, I, p. 470, 1627 à 1629.

— par voies de fait ou menaces de l'exercice des droits politiques, II, p. 617, 4204, p. 648, 4208.

— suspensif de l'action publique, I, p. 624 à 628, 2065 à 2081.

Empiétement des autorités administratives et judiciaires, I, p. 544, 1859, 21°; I, p. 546, 1860, 6°; II, p. 541, 3985, 5°; II. p. 563 à 565, 4048 à 4055.

Emploi de la force publique contre un ordre légitime, II, p. 544, 3995.

— public; interdiction civique, II, 417, 3574.

— réservé aux anciens militaires, II, p. 82, 2476.

Employé des administrations publiques; force des procès-verbaux, II, p. 21, 2886, 9°.

— de bureau de garantie, II, p. 8, 2249, 10°; procès-verb., II, p. 20, 2284, 5°.

— de bureau de préfecture et de sous-préfecture; corruption, II, p. 559, 4036.

— des contributions indirectes; police judiciaire, II, p. 8, 2249, 44°; procès-verbaux; II, p. 20, 2284, 3°; p. 21, 2286, 9°.

— de l'octroi, II, p. 8, 2249, 42°; II, p. 20, 2284, 4°; opposition, II, p. 547, 3940.

— des postes, II, p. 8, 2249, 45°.

Empoisonnement, I, p. 543, 1859, VIII; constatation, II, p. 46, 2360; tentative, I, p. 590, 1948; expertise, II, p. 46, 2360.

— de bétail, chevaux, poissons, I, p. 554, 1860, X, 8°.

Emportement du M. P. aux assises, II, p. 350, 3362.

Empreinte du sceau de l'instruction, II, p. 409, 2866.

Emprisonnement, accessoire à la dégradation civique, II, p. 394, 3504.
— douanes, II, p. 609, 4479.
— exécution de condamnation à l', II, p. 284, 3149; sursis, II, p. 287, 3164.
— fêtes légales et religieuss, II, p. 289, 3167.
— peine correctionnelle, II, p. 403 à 417, 3532 à 3570.
— statist. des appels en matière d., III, p. 502, 5642, § 2, 49°.

Emprunt pour mineur, I, p. 503, 1742.

Emulation, magistrats moyen d', III, p. 203, 4824.

Encaissement de cautionnement pour mise en liberté provisoire, II, p. 167, 2750; d'effets de commerce par les huissiers, Circ. min. 2 janvier et 20 juin 1882.

Encan, vente à l', I, p. 548, 4789.

Enceinte fortifiée; déportation, II, p. 388, 3480; réservée; assises, II, p. 347, 3354.

Enchères, audience des criées, I, p. 436, 439-440.
— concussion des officiers ministériels préposés aux, II, p. 555, 4027, 6°.
— énonciation inexacte du prix d'adjudication, III, p. 8, 4229.
— interdites pour la cession des offices ministériels, III, p. 226, 4893; III, p. 233, 4910.
— vente aux, I, p. 535-536, 4846 à 4850; biens de mineurs, I, p. 505, 1748 à 1750; droit exclusif des commissaires-priseurs, III, p. 303, 5409; des huissiers, III, 352, 5226; des notaires, III, p. 398, 5354; pol. des, II, p. 495, 2837, 2°.

Enclos, en matière de chasse, II, p. 484, 3800 à 3802.

Encombrement des maisons centrales, II, p. 443, 3559; III, p. 420, 4573.
— du rôle d'appel, II, p. 276, 3420.

Encre, pour le tribunal même dépense, I, p. 94, 293, Circ. min., 45 décembre 1883.

Enfant abandonné, délaissé, enlevé, estropié, attribué à une mère imaginaire, I, p. 627, 2078.
— exposé, mutilé, recelé, substitué, supposé, supprimé, I, p. 544, 4859, VIII, 9°, 10°; I, p. 550, 4860, VII, 44° et 45°.
— acquitté, renvoyé en correction, appel, II, p. 284, 3440.
— condamné pour contrebande à l'emprisonnement, II, p. 609, 4479.

— d'étranger naturalisé, L. 44 février 1882.
— détenu, séparé des autres condamnés, II, p. 444, 4547.
— inculpé, discernement, peine, I, p. 594 à 595, 4953 à 4965.
— mineur de 45 ans, témoin, II, p. 229, 2958.
— mineur réintégré sous le toit paternel, Circ. min., 44 mars 1884.
— naturel, adoption de l', I, p. 276, 923.
— nom de l', I, p. 374, 4284.
— de notaire, faveur légale, III, p. 378, 5297.
— poursuite de l'assassin des parents, I, p. 654, 2464.
— du prévenu, témoin en pol. correct., II, p. 231, 2963.
— protection des, industrie, inspection, Décr., 7 décembre 4868; L. 49 mai 4874; Circ. min., 4er mars 4876; Décr., 3 mars 4877; Circ. min., 44 juin 4879, 44 avril 4884; nourrissons, Circ. min., 23 décembre 4874, 27 février 4877, 42 février 4883.
— de troupe, I, p. 638, 2443; actions intentées dans l'intérêt d'un, I, p. 654, 2463.
— trouvé, enseignement donné dans les hospices aux, III, p. 97, 4504, omission de remettre à l'officier de l'état civil un, I, 550, 4860, 43°; succession de l', I, p. 492, 4705.

Enfouissement d'animaux morts, défaut d', L. des 28 septembre-6 octobre 4794, art. 3, 4 et 43; art. 600 du Code du 3 brumaire an IV; statist., III, p. 568, 5757, § 2, 5°.

Engagement militaire volontaire, I, p. 374 à 376, 4285 à 4294; I, p. 459, 4583; p. 460, 4587; abus d'autorité, II, p. 545, 3996; bulletin n. 2, III, p. 476, 5546; conditionnel d'un an, L. du 27 juillet 4872, art. 53; L. du 34 décembre 4875; Décr., 40 mai 4880; jeunes détenus, Circ. min. int., 24 mars 4884.

Engin prohibé, chasse, confiscation, II, p. 400, 3527, 44°; II, p. 492, 3826; pêche, II, p. 404, 3527, 47°.

Engrais, fraude dans la vente des, I, p. 553, 4860, IX, 46°.
— soustraits sur les terres, I, p. 557, 4860, XII, 3°.

Enlèvement des affiches de l'autorité, art. 479, n° 9 du C. P.; statist., III, p. 569, 5757, 7°.
— d'arbre, II, p. 590, 4420.

— d'armes et munitions en cas d'état de siège, I, p. 681, 2484; mouvement insurrectionnel, II, p. 471, 3757.

— de boissons sans déclaration, II, p. 544, 3893

— de borne pour vol, I, p. 545, 4859, IX, 4°.

— de gazons, pierres ou terres sur les chemins, I, p. 557, 4860, XII, 4°; art. 479, n° 42 du C. P. et statist. crim., III, p. 568, 5757.

— d'enfant, I, p. 544, 4859, VIII, 9.

— de matériaux, règlement sur les, II, p. 495, 2837, 4°, § 4.

— de mineur, I, p. 544, 4859, VIII, 11°.

— des neiges et glaces, II, p. 495; 2837, 1, § 12.

— de pièces dans les dépôts publics, I, p. 543, 4859, VI, 8°; p. 549, 4860, VI, 8°; II, p. 568-569, 4062 à 4067.

— de prévenus, précautions, II, p. 54. 2380.

— de procédures crim. ou correct., II, p. 460, 2722.

— de signes publics de l'autorité suprême, I, p. 546; 4860, § II, 4°, L. du 29 juillet; Circ., 9 novembre 1884.

— de l'urne électorale, II, p. 619, 4208.

Enliassement des pièces, dossier de pourvoi en cassation, II, p. 374, 3425-3426.

Énonciations des actes de l'état civil, I, p. 347, 4487.

— des bulletins de condamnations, III, p. 469 à 478, 5530 à 5582.

— des citations à prévenus, II, p. 246, 2909 à 2941; p. 247, 2942-2943.

— des commissions rogatoires, II, p. 450, 2695.

— fausses dans un acte, III, p. 2, 4211-4212.

— des jug. de simple pol., II, p. 497, 2843.

— des mandats d'amener, II, p. 444, 2585.

— des mémoires d'huissiers, III, p. 68, 4412.

— des ordonnances finales d'information, II, p. 474, 2773.

— des procès-verbaux, II, p. 40, 2254; p. 86, 2492.

— des signalements, III, p. 465, 4740.

— des taxes à témoins, III, p. 34, 4314.

Enquête civile, I, p. 227-228, 743 à 747.

— constatation d'absence, I, p. 263, 885.

— crim. locale, II, p. 144, 2674.

— électorale et politique, par juge de paix, III, p. 485, 4770.

— pour interdiction, I, p. 448-449, 4437, 4438.

— pour naturalisation, I, p. 382, 4342.

— officieuse, II, p. 33, 2321.

— sur un notaire par la chambre, III, p. 448, 5444.

— pour rectification d'acte de l'état civil, I, p. 367, 4257.

— pour vérification des registres de l'état civil, I, p. 349, 4493.

Enregistrement des actes notariés, III, p. 394, 5330.

— affaires et instances concernant l', I, p. 333-344, 4434 à 4477.

— de cédule à témoin d'information, II, p. 437, 2653, de pol. correct., II, 220, 2923.

— de citation à prévenu, II, p. 248, 2943.

— communication des polices d'assurance à l', L. du 24 juin 1875, 7.

— communication des répertoires et registres des greffiers à l', III, p. 324, 5459; id. des registres des protêts des huissiers, III, p. 354, 5232.

— contumace, séquestre, II, p. 531, 3955; p. 534, 3963; p. 536, 3967; p. 539, 3980.

— exercice de la contrainte par corps par l', II, p. 445, 3673.

— fausse mention d', par un huissier, III, p. 8, 4229.

— des jug. et arrêts civils, I, p. 467, 568-569.

— des jugements commerciaux, I, p. 517, 4782.

— des jug. de simple pol., II, p. 204, 2858.

— des lettres de dispenses, I, p. 435, 4500.

— des lettres de grâce ou de commutation de peine et des lettres de noblesse, I, p. 484, 593.

— des pièces produites en justice, I, p. 334, 4437-4438.

— des prestations de serment, III, p. 442, p. 5467.

— des procès-verbaux criminels, II, p. 47 à 49, 2275 à 2282; forestiers, II, p. 93, 2518; gendarmerie, II, p. 2, 2234; III, p. 436, 5456; huissiers, II, p. 2, 2234; police, II, p. 74, 2448; postes, III, p. 400, 4515.

— registre, au greffe, des affaires de l', III, p. 326, 5461, 20°.

— relevé quinquennal des droits d', à joindre au dossier de cession d'office, III, p. 380, 5302.

— du traité de cession d'office, III, p. 244 à 246, 4939 à 4944.

Enrôlement des affaires civiles, I, p. 496 à 199, 637 à 646; correctionnelles, II, p. 223, 2937.

— greffe, registre des, III, p. 325, 5164, 4°; militaire sans autorisation, I, p. 540, 4859, 44°.

Enseignement primaire et secondaire, I, p. 440-444, 4440-4444; obligation, L. 28 mars 1882; Circ. min. instr. publ., 7 septembre 1882; Arr. min., 22 décembre 1882; surveillance, III, p. 94 à 98, 4494 à 4509.

— supérieur, liberté, L. du 42 juillet 1875; Algérie, L. du 20 décembre 1879; L. du 48 mars 1880.

Entérinement de lettres de commutation de peine, II, 408, 3545; de lettres de grâce, III, p. 85, 4470; p. 86, 4471 à 4473.

— de procès-verbal d'expertise, I, p. 493, 4709.

— de rapport d'expert sur succession bénéficiaire, I, p. 486, 4683.

Enterrement de magistrat, I, p. 33, 402; p. 34, 403-404.

Entrave, au culte, I, p. 549, 4860, VI, 44, Circ. min., 9 novembre 1884.

— à la force publique, II, p. 474, 3789.

— à la liberté des enchères ou des soumissions, I, p. 552, 4860, IX, 3°.

— à la libre circulation des grains et substances, I, p. 552, 4860, IX, 42°.

— au libre exercice de l'industrie ou du travail, II, p. 502, 3858.

Entrée, en fonctions avant serment ou après destitution, interdiction ou suspension, I, p. 548, p. 4860, 43°; II, p. 545-546, 3998-3999.

— en séance des jurés, II, p. 338, 3324.

Entreposeur de tabacs, concussion, II, p. 556, 4027, 9°.

Entrepreneur de contrebande, perquisitions, II, p. 607, 4472; poursuites, II, p. 604, 4464.

— de convois civils et militaires, exemption du droit du dixième, II, p. 528, 3945; transport des pièces à conviction, II, p. 50, 2370; des prévenus, II, 53, p. 2378-2379, et appendice, p. 625, 30; III, p. 54 à 56, 4372 à 4377.

— de convois et pompes funèbres, I, p. 524, 4797, 4°.

— de l'État faisant manquer leur service, I, p. 545, 4859, IX, 40°.

— de messageries, responsabilité civile des, III, p. 99, p. 4543.

— d'ouvrage, coalition, II, p. 502, 3858, L. du 24 mars 1884; Circ. min., 45 septembre 1884.

— pour le compte de l'armée, fraude et négligence des, I, p. 553, 4860, IX, 24.

— de transport de détenus, Circ. min., 29 novembre 1884.

Entreprise de contrebande, II, p. 600, 4450.

— interdite aux notaires, III, p. 446, 5404.

— intérêt pris par les fonctionnaires dans les, II, p. 570, 4068; p. 574, 4070; sur les fonctions judiciaires par les administrateurs, I, p. 544, 4859, 24°; II, p. 563, 4055.

Entretien d'une concubine au domicile conjugal, II, p. 455, 3704; p. 457, 3708; du mobilier du tribunal, fonds spéciaux, I, p. 94, 293.

Envahissement de maison, insurrection, II, p. 474, 3757 à 3759.

Enveloppe close et cachetée, II, p. 409, 2566; franchise sous, III, p. 447, 5479.

Envoi de cession d'office, III, p. 253 à 255, 4963 à 4968.

— d'extraits de jugements correct. au G. des S., II, p. 290, 3170-3174.

— d'extraits de jugements rendus contre des instituteurs primaires, au G. des S., III, p. 97, 4505.

— mensuels, III, p. 483, 5564 à 5573.

— de notes d'audience et d'interrogatoire en cas d'appel ou pourvoi, II, p. 235, 2978.

— de pièces et charges nouvelles après non-lieu, II, p. 489, 2847.

— en possession provisoire des biens de l'absent, I, p. 264, 887; id. de militaire absent, I, p. 274, 906; id. d'une succession en déshérence, I, p. 490, 1697-4698; p. 494, 4702; id. d'une succession en faveur d'héritiers irréguliers, I, p. 484, 593, 4°.

— de procédure crim. au P. G., II, p. 480, 2788.

— de procédures et autres pièces, registre des, greffe, III, p. 326, 5164, 28°; appendice, p. 612, 70.

— de la requête en règlement de juge au G. des S., III, p. 449, 4659.

— du tableau des huissiers, I, p. 225, 735.

Épave détournée, condamné, Avis au

ministre de la marine ; Circ. min., 18 mai 1883.

Épée de combat, arme de guerre, II, p. 466, 3742.

— conservée par les agents forestiers à l'audience, I, p. 87, 272.

— contrebande avec, II, p. 604, 4455.

Épidémie, élargissement provisoire des contraints par corps, II, p. 451, 3693.

— mesures de clémence, III, p. 84, 4466.

— police, II, p. 496, 2837, 3°, § 7.

Épilepsie, I, p. 414, 4412.

Épizootie, I, p. 554, 1860, X, 45° ; II, p. 495, 2837, 4°, § 8.

— comité des, Décr., 24 mai 1876 ; Circ. min., 15 mars 1883.

Époux, divorcé, remarié à l'étranger, I, p. 447, 1537, 3°.

— faux commis au préjudice de l'autre par l'un des, III, p. 9, 4233.

— provoquant l'interdiction de son conjoint, I, p. 445, 4426 ; p. 420, 4443.

— vols entre, I, p. 623, 624, 2064-2064.

Épreuve d'impression adressée en correction au M. P., III, p. 53, 4370

Équipage de navire espagnol, témoignage, II, p. 442, 2668.

— rôle d', I, p. 563, 4860, XXIV, 3°.

Erreur commune, I, p. 454, 504.

— copie, acte d'appel, I, p. 245, 848.

— matérielle, cassation par suite d', II, p. 376, 3442.

— du M. P., réparation, appel, II, p. 268, 3090.

— d'opinion, I, p. 414, 4412.

— d'orthographe dans les noms des parties, mariage, affirmation des témoins, I, p. 365, 4248.

Escalade, circonstance aggravante d', I, p. 545, 4859, IX, 1°.

— élément de tentative, I, p. 594, 4954.

— fraude avec, octroi, II, p. 520, 3922.

— nocturne, I, p. 605, 4997.

— vol avec, affaire correctionnelle, II, p. 210, 2889.

Esclave, conséquence du trafic d', I, p. 384, 1348.

Escompte, en matière civile, usure, III, p. 467, 4716.

Escorte des cours et trib., I, p. 32, 98-99.

— de détenu par les gendarmes, évasion, III, p. 128, 4603.

— indemnité, III, p. 55, 4375 ; voie ferrée, Circ. min., 29 novembre 1884 ; 14 février 1885.

— du président des assises, I, p. 36, 407.

Escroquerie, I, p. 554, 1860, VIII, 8°.

— cumul des peines II, p. 426, 3608.

— jointe à l'usure, III, p. 467, 4714.

— recrutement militaire, III, p. 142, 4642.

— tentative, I, p. 594, 4954.

Espagne, extradition, I, p. 577, 1904.

Espagnol, cité en justice assistance du consul aux dépositions, II, p. 142, 2668.

Espionnage pour l'ennemi, compétence, II, p. 484, 2799 ; en temps de paix, Décis. min., 24 mars 1876.

Esprit, faiblesse, circ. attén., I, p. 604, 1984 ; conseil jud., I, p. 423, 4453 ; interdiction, I, p. 414, 4412.

Essayeur de bureau de garantie, contravention, II, p. 560, 4860, XX, 3°.

Essence inflammable, Décr., 27 janvier 1872 et 19 mai 1873.

Estampe, exposée, mise en vente, publiée sans autorisation, I, p. 556, 4860, XI, 29° ; III, p. 407, 4536 ; dépôt, L. 29 juillet ; Circ. min., 9 novembre 1884.

Estampille du colportage, revision, Circ. min., 24 février 1875 ; L. du 17 juin 1880.

Estimation, droit exclusif des commissaires-priseurs, III, p. 303, 5108.

— de marchandises saisies, par les douanes, II, p. 644, 4487.

— de la valeur d'un office par le tribunal, III, p. 227, 4894 ; p. 236-237, 4920-4924 ; p. 238, 4923 à 4925.

Estomac, empoisonnement, analyse et conservation, II, p. 46, 2360 ; p. 50, 2374.

Estropiement d'enfant abandonné ou délaissé, I, p. 544, 4859, VII, 40°.

Esturgeon, longueur, pêche, Décr., 20 novembre 1875.

Établissement d'aliénés, L. du 30 juin 1838 ; Décr., 4 février 1875 ; I, p. 276 à 284, 925 à 944.

— d'ateliers, balanciers, coupoirs, fabriques, laminoirs, moutons, pressoirs ou usines, non autorisé, I, p. 552, 4860, IX, 2°.

— dangereux, incommodes ou insalubres, Décr., 7 mai 1878, 22 avril 1879, 26 février 1884, 20 juin 1883.

— de bains, règlements de police, II, p. 495, 2837, 2°, § 42.

— de bienfaisance, livraison de gibier saisi, aux, II, p. 489, 3815.

— charitables, placement de jeunes détenus correctionnels dans des, II, p. 260, 3068, p, 262, 3072.

-- de chemin vicinal, I, p. 395, 4358.

— ecclésiastique ou religieux, libéralités aux, devoirs du notaire, III, p. 400, 5356, L. du 24 mai 4825; Décr., 31 janv. 4852.

— insalubre, II, p. 496, 2837, 3°, § 5; ordonnance du 44 janvier 4815, art. 474, § 45, C. P.

-- d'instruction publique, III, p. 94 à 98, 4494 à 4509.

— en pays étranger sans esprit de retour, I, 384, 4348.

— public, assignation, I, p. 486, 603; p. 293, 987-988; I, p. 477, 4653-4654; condamnation aux frais et dépens, II, p. 434, 3626; paiement des frais de bienfaisance, III, p. 74, 4423.

— public et reconnu de bienfaisance, d'instruction, maritime, militaire, de prévoyance, religieux, de répression, etc., I, p. 476-477, 578; libéralités, III, p. 400, 5356, Circ. min., 7 juin 4882, 48 août 4884.

— de l'université, collèges, écoles, lycées, privilèges, III, p. 93, 4494.

— d'utilité publique et de charité, libéralités aux, avis à donner par les notaires, III, p. 400, 5355, Circ. min., 7 juin 4882.

Étang, mise à sec d'un, dépenses d'information, III, p. 60, 4394.

Étape, militaire marchant par, I, p. 639, 2449.

État, annuel, III, p. 491 à 494, 5587 à 5594; p. 495, 5596.

-- des causes arriérées, semestriels, I, p. 206, 668.

— causes concernant l', I, p. 472, 572; I, p. 476, 578.

— civil, crimes et délits relatifs à, répression, II, p. 572, 4072; divorce, Circ. min., 3 octobre 4884, L. du 27 juillet 4884; états destinés à remplacer les registres de l', I, p. 369, 4266; expéditions, extraits, droits des greffiers, III, p. 39, 4326; généralités, I, p. 345 à 381, 4478 à 4307; des inculpés, relevé de l', II, p. 483, 2795, 5°; musulmans indigènes, L. du 23 mars 4882; Décr., 43 mars 4883; poursuites en matière d', I, p. 472, 572, 3°; I, p. 473, 573, 4°; transcription des actes émanés des autorités étrangères, Circ. min., 44 mai 4875.

— de collocation, I, p. 454, 4565.

— des condamnés à l'amende, semestriel fourni par le greffier, II, p. 399, 3522 à 3524; droits du greffier, III, p. 39, 4327.

— des condamnés à l'emprisonnement, III, p. 487, 5576, Circ. min., 3 mai 4883.

— des contraignables, enregistrement, II, p. 446, 3676; forêts, II, p. 447, 3680.

— des détenus pour délits de douane dressé par le directeur, II, p. 609, 4480.

— des dons et legs aux établissements publics à fournir par les notaires, III, p. 400, 5355.

— de faillite, II, p. 474, 3767.

-- des faillites, I, p. 530, 4826.

— fourni au M. P. par la gendarmerie, III, p. 433, 5449.

— de frais de commission rogatoire, II, p. 450, 2696; p. 452, 2704; de frais criminels, III, p. 62, 4396-4397; p. 63, 4398-4399; bordereau, III, p. 74, 4425, et dépens civils, I, p. 231, 763; forêts, II, p. 593, 4434; greffiers, expéditions, p. 349, 5444; p. 320, 5449; procédure criminelle, II, p. 479, 2787; de recouvrement, impression, III, p. 53, 4366, 5°; urgents, mensuel dressé par le receveur d'enregistrement, III, p. 66, p. 4405; surveillance du M. P. sur répertoires et minutes des greffiers pour l'inscription des exécutoires et, I, p. 231, 763.

— des immeubles judiciaires, I, p. 325, 4403.

— intellectuel des inculpés, II, p. 483, 2795, 6°.

— des interdictions de communiquer, II, p. 427, 2622.

— des jugements et arrêts politiques, II, p. 597, 4439.

— des jug. correct. de police du roulage et des chemins de fer dressé par l'ingénieur en chef des ponts-et-chaussées, II, p. 246, 3045.

— des jug. de pol. simple exécutés, transmis par le receveur d'enregistrement aux juges de paix, II, p. 206, 2877.

— des jug. prescrivant des consignations, I, p. 349, 4083.

— des jurés défaillants, trimestriel, II, p. 336, 3312-3313.

— des lieux, procès-verbal d', II, p. 44, 2254, 6°; II, p. 40, 2340.

— major, composition des trois, I, p. 25, 30 ; cortège, rang, III, p. 170, 4727.

— mensuel, III, p. 482 à 486, 5564 à 5573 ; des extraits de jugements, Circ. min., 48 août 1884.

— mental et sanitaire des accusés vérifié par le président des assises à la prison, III, p. 447, 4565.

— des minutes d'un notaire cédant, III, p. 408, 5384 ; d'un notaire supprimé, III, p. 414, 5399. 6°.

— des mises en surveillance, mensuel, III, p. 39, 4327.

— numérique des actes inscrits sur les répertoires des notaires, III, p. 402, 5364 ; appendice, p. 646, 74.

— périodique, III, p. 479 à 494, 5553 à 5594.

— des pièces à conviction, II, p. 50, 2372 ; II, p. 479, 2787.

— procédure en, II, p. 472, 2708.

— des produits des offices ministériels, III, p. 234-235, 4913 à 4919 ; p. 236, 4918 à 4920 ; commissaire-priseur, III, p. 299, 5099 ; greffiers, III, p. 308, 5119 ; notaires, III, p. 389, 5302.

— de récidive, III, p. 433 à 435, 4648, 4622.

— de recouvrements ; notaire, III, p. 375, 5290, Circ. min. 19 octobre 1876.

— semestriel, III, p. 494, 5595.

— de siège, I, p. 650 à 653, 2452 à 2460 ; L. 3 avril 4878 ; domicile inviolable ; exception, II, p. 577, 4089.

— de traitement, I, p. 54 à 56, 467 à 470 ; entrée en jouissance, III, p. 474, 4734.

— trimestriel, III, p. 486 à 490, 5574 à 5587.

— de vagabondage résultant d'un fait, I, p. 593, 4956.

Etats pontificaux, extradition, I, p. 577, 4904.

— Sardes, commission rogatoire, II, p. 455, 2709, 2740.

Etiquetage de pièces à conviction, II, p. 49, 2367 à 2370.

Etoffe d'or et d'argent fabrication, I, p. 564, 4860, XX, 12°.

Etranger, acte judiciaire à signifier à l'étranger, I, p. 479, 4660 ; Circ. min. 17 avril 1882.

— affilié à l'internationale, II, p. 473, 3763.

— arrestation, I, p. 578, 4908.

— attentat contre la sûreté de l'Etat, Inst. crim., art. 7.

— avocat, III, p. 204, 4826.

— banqueroutier, II, p. 477, 3778.

— caution judicatum solvi, I, p. 645, 2468.

— cession de biens, I, p. 296, 996, 5°

— compétence, I, p. 574 à 576, 4897 à 4902.

— condamné ; bulletin n° 2, III, p. 471, 5535.

— contravention douanière par un, II, 601, 4452.

— contrefaçon de billets de banque, monnaie, papiers, sceau, C. Inst. crim. 7.

— contumax, I, p. 576, 4901, p. 579, 4913, 4914, p. 584, 4917.

— crime commis dans un port, I, p. 575, 4900.

— dégradation civique ; emprisonnement, II, p. 394, 3504.

— délit maritime, I, p. 575, 4900 ; délit successif, I, p. 576, 4902.

— détenu évasion, III, p. 427, 4599.

— droits politiques d'un, II, p. 646, 4200.

— établi dans une localité ; avis au maire par le garde champêtre, II, p. 84, 2481.

— expert, II, p. 44, 2343.

— expulsé rentrant en France, I, p. 549, 4860, VI, 2°.

— extradition évasion, I, p. 576 à 582, 4903 à 4924 ; III, p. 427, 4599, p. 434, 4644.

— faillite banqueroute, I, p. 579, 4942.

— frais de conduite à la frontière, I, p. 582, 4924 ; III, p. 56, 4377.

— frais de justice faits à l' ; procédures instruites en France, III, p. 64, 4400.

— français établi à l' ; signification, I, 477, 4653, 3° ; p. 478, 4659.

— généralités, I, p. 384 à 394, 4308 à 4344.

— inculpé ; interprète, II, p. 433, 2639, 2640.

— indigent, I, p. 440, 4547.

— jouissance de droits civils, II, p. 644, 4492.

— mariage d', I, p. 436, à 438, 4502, 4544 ; I, p. 390, 4337, 4338.

— mesures administratives, I, p. 578, 4909.

— partie civile, I, p. 655, 2468.

— plaignant, II, p. 28, 2305.

— poursuite contre un, I, p. 575, 576, 4897 à 4902.

— réfugié en France, I, p. 578, 4909.

— rupture de ban, II, p. 423, 3597.

— scellés, Circ. min. 17 août 1872.
— signification à un, I, p. 477, 1653, 3° et p. 478, 1659.
— statist. des appels en matière d', III, p. 502, 5642, § 4, 5°.
— succession, Circ. min. 8 novembre 1875.
— témoin, II, p. 144, 2665, 2667 ; II, p. 154, 2707.
— vagabond, I, p. 575, 4900.
— voyageant en France ; ajournement, I, p. 477, 1653.

Étudiant de l'université ; juridiction spéciale pour l', I, p. 630, 2087, Décr. 30 juillet 1883.

Étude, médicale ; nécessité pour le magistrat d', II, p. 44, 2355.
— de notaire ; dépôt public ; enlèvement, II, p. 569, 4066 ; extinction, suppression, III, p. 376 à 380, 5294 à 5300.
— de procès civils par le M. P., I, 212, 687, 688.

Évaluation des distances parcourues par les huissiers, III, p. 43, 4338.
— du prix des offices ministériels par le tribunal, III, p. 226, 4891, p. 227, 4894, p. 236, 4920, p. 238, 4923.

Évasion de détenu, III, p. 424 à 433, 4590 à 4647.
— connivence coopération, corruption négligence, recel, violence, I, p. 543, 4859, VI, 4°, 5°, 6° ; I, p. 549, 4860, VI, 3°, 4°, 5° ; reprise, I, p. 596, 4966 ; translation, précautions, II, p. 54, 2380.
— d'un insoumis, III, p. 142, 4645 ; I, p. 562, 4860, XXII, 6°.
— mandats d'amener, II, p. 142, 2580.
— peine cumul, II, p. 426, 3608 ; prescription, II, p. 286, 3154 ; II, p. 429, 3615.
— pourvoi en cassation ; déchéance du bénéfice de, II, p. 370, 3424.
— responsabilité des huissiers, II, p. 224, 2939.
— signalements, III, p. 464 et 465, 4707 à 4740.

Évêque, fausses lettres d'ordination, III, p. 4, 4219.
— franchises postales, III, p. 461, 5545, p. 463, 5549.
— poursuites contre un ; juridiction, I, p. 628, 2080, p. 630, 2087.
— scellés en cas de décès, Circ. min., 8 janvier 1884.
— appel d'interlocutoire, I, p.246,823.

Évocation, arrêt d', II, p. 98, 2534.
— audience civile, I, p. 199 à 204, 647 à 656 ; I, p. 205, 665.
— audience correctionnelle, II, p. 226, 2946.
— devant la cour, I, p. 567, 4873 ; après apport des pièces, II, p. 27, 2302.
— droit d'évocation devant la Chambre d'accusation, II, p. 190, 2820 ; II, p. 310, 3234, 3235.
— statist., III, p. 583, 5786.

Exaction, II, p. 559, 4037, p. 554 à 557, 4024 à 4029 ; avoués, III, p. 287, 5063 ; commissaires-priseurs, III, p. 305, 5146 ; greffiers, III, p. 349, 5146 ; huissiers, III, p. 346, 5244 ; juges de paix, III, p. 324, 5154.

Exagération des états de produit d'office ministériels, III, p. 236, 4919 ; III, p. 238, 4923, 4925.
— de taxe de frais de justice, III, p. 70, 4422.
— des affaires à poursuivre par M. P., I, p. 569 à 574, 4883 à 4896.

Examen des aspirants au brevet de capacité ; magistrats du parquet ; membres de la commission, III, p. 98, 4509.
— des aspirants aux fonctions d'huissier, III, p. 336, 5486 ; au notariat, III, p. 371, 5277, p. 372, 5281, p. 373, 5282, et 5283 ; III, p. 447, 5406.
— des candidats aux offices ministériels, III, p. 250, 4956 et appendice pour les greffiers, p. 607, 66.
— des dossiers civils par le M. P., I, p. 214, 685.
— des enfants élevés dans les familles, Arr. min. 22 décembre 1882.
— des excuses des jurés, II, p. 335, 3308.
— des expéditions délivrées par les greffiers, III, p. 37, 4320.
— des inculpations dirigées contre les prévenus, II, p. 59, 2396.
— des pièces de cession d'office par le M. P., III, p. 254, 4966.
— des procédures d'assises, II, p. 348, 3258.
— des projets de loi, avis des cours et tribunaux ; délibérations, III, p. 199, 4813.
— des recours en grâce à la chancellerie, III, p. 83, 4462.
— du traité de cession d'office, III, p. 234, 4905.

Excavation, sans précautions, C. P., art. 479, 4°.

Excellence, titre à supprimer, III, p. 457, 5507.

Exception de chose jugée, I, p. 612 à 616, 2023 à 2036.

— d'incompétence, I, p. 649, 2448 à
2454 ; II, p. 210, 2892.

— préjudicielle, I, p. 644 à 648, 2436,
à 2447 ; plaidée par défaillant en,
P. C., II, p. 226, 2944, p. 228,
2954.

— de propriété, I, p. 647, 2143.

— réelle ou personnelle opposée par le
M. P. partie jointe, I, p. 484,
598, 9°.

Excès des chambres d'accusation, II,
p. 293, 3478.

— motif de séparation de corps, I,
p. 474, 4630, p. 472, 4634.

— de pouvoir ; cassation, I, p. 253,
849 ; II, p. 364, 3389 ; des magistrats, II, p. 563, 4048 ; des
tribunaux correctionnels ; prévenus acquittés, II, p. 258, 3057,
3059.

Excitation à un crime ou délit, presse,
III, p. 406, 4533 ; à l'insubordination des militaires, *ibid.*

— à la débauche ou à la corruption,
I, p. 550, 4860, VII, 9°.

— au mépris ou à la haine des citoyens entre eux, I, p. 555,
4860, X, 8° ; *id.* du gouvernement, I, p. 555, 4860, X, 6° ; L.
du 29 juillet, Cir. min. 9 novembre 1884, 13 mars 1883.

Exclusion des facultés, III, p. 92, 4488.

— du jury, II, p. 322, 3769.

— de la réhabilitation, I, p. 532,
4836.

— du tuteur, I, p. 504, 4734, 4735,
p. 502, 4736 à 4739.

Excusabilité du failli, I, p. 530, 1825.

Excuse abus d'autorité, II, p. 545, 3997,
p 549, 4009.

— assesseur d'assises, II, p. 345,
3249.

— avocat d'office, II, p. 342, 3336,
3337.

— banale, I, p. 599, 4976.

— de la bonne foi, I, p. 604, 4983.

— contributions indirectes, II, p. 506,
3872.

— contumace, II, p. 534, 3963,

— démence, I, p. 602 à 604, 4987 à
4994.

— douanes, II, p. 640, 4482.

— fausse produite par un juré ou témoin, I, p. 549, 4860, V, 5° ;
II, p. 448, 2690, 2694.

— force majeure, I, p. 604, 605, 4994,
4995.

— forêts, II, p. 594, 4426.

— juré, II, p. 334, 3296 ; II, p. 333,
334, 3305, 3306.

— légale, I, p. 550, 4860, VII, 7° ; I,
p. 595 à 599, 4966 à 4977 ;
assises, II, p. 352, 3365.

— légitime défense, I, p. 605, 606,
1996, 2000.

— poursuites d'office nonobstant l', I,
p. 569, 4884.

— en Pol. simple, II, p. 499, 2854.

— tabacs, II, p. 526, 3944.

— témoins défaillants en Pol. corr.,
II, p. 233, 2974 ; comdamnation,
II, p. 146, 2680.

Exécuteur des arrêts criminels ; refus de
le loger et de lui prêter son concours, II, p. 495, 2837, 2°, § 4 ;
responsabilité de l', II, p. 382,
3462, p. 383, 3467.

Exécution des actes argués de faux ;
suspension de l', III, p. 11, 4241.

— des arrêts d'appel correctionnel, II,
p. 285, 3454.

— des arrêts criminels ; ordonnancement des frais par le préfet,
III, p. 67, 4407.

— des arrêts de renvoi, II, p. 304,
3204 à 3203.

— capitale, II, p. 378 à 384, 3448 à
3468 ; assistance du greffier,
frais, III, p. 39, 4328 ; prisons,
Circ. min. 12 avril 4879.

— des citations, mandats, ordonnances
du juge d'instruction, II, p. 97,
2527.

— des commissions rogatoires, II,
p. 454, 2697 à 2699.

— des condamnations en matière de
douane, II, p. 643, 4494 ; de
forêts, II, p. 596, 4436 ; les jours
de fêtes nationales ou religieuses,
II, p. 220, 2922, p. 289, 3467 ;
contre les jurés, II, p. 333, 3303 ;
en matière de presse, III, p. 409,
4544 ; suspension au cours de la
revision des procès criminels,
III, p. 463, 4702 ; suspension non
motivée par un recours en grâce,
III, p. 82, 4458, 4459.

— de la contrainte par corps, II, p. 443
à 448, 3665, 3684.

— du contumax par effigie, II, p. 535,
3966, II, p. 536, 3973.

— criminelle frais d', III, p. 59, 4389,
p. 60, 4390.

— des décisions judiciaires, résistance
à l', II, p. 598, 4442.

— de l'emprisonnement, administration publique ou partie civile,
frais d'exécution, II, p. 432,
3628 ; surveillance, II, p. 408,
3540, 3544, 3445 ; III, p. 423,
4585 ; volontaire, II, p. 406,
3540.

— des jugements ou arrêts civils par
défaut, I, p. 226, 737 ; définitifs
assurée par le M. P., I, p. 258 à
259, 869 à 874 ; forcée, I, p. 240,

798, p. 253, 848; jours fériés, II, p. 220, 2922; parée, I, p. 235, 779; périmée, I, p. 226, 736; règles générales, I, p. 258, 259, 869 à 874; réquisition de la gendarmerie, III, p. 438, 5458; statist.des appels, III, p. 502, 5642, 42°.

— des jugements de Pol. corr. défaut, II, p. 248, 3022; autres, II, p. 283 à 285, 3446, 3450; Cir. min. 30 juillet 1879.

— des jugements de simple police, II, p. 206, 207, 2875 à 2882.

— des jugements ou arrêts suspendus par le pourvoi en cassation, II, p. 373, 3434, 3432.

— des lois, M. P., I, p. 169 à 170, 563 à 566; suspendue ou arrêtée par les magistrats, II, p. 563, 4048.

— des mandats, II, p. 406 à 414, 2558 à 2573; ports et arsenaux, II, p. 483, 2706.

— des mandats et mandements, frais, III, p. 49, 50, 4356 à 4359.

— militaire, Décr. 25 octobre 1874.

— des peines universitaires, III, p. 93, 4490.

— précipitée des jugements, II, p. 288, 3463, p. 289, 3466.

— des règlements de police, II, p. 196, 2839.

— des réquisitions du M. P. par la gendarmerie, mesures à prendre, III. p. 434, 5454.

Exécutoire, actes notariés III, p. 393, 5338.

— des dépens, I, p. 234, 763, p. 290, 979, p. 204, 980,

— forêts, II, p. 594, 4434.

— frais de justice, III, p. 24, 4283.

— frais ordinaires, III, p. 68, 69, 4415, 4449.

— frais urgents, III, p. 66, 4405.

— par provision; appel, I, p. 242, 806.

— supplémentaire pour remboursement de droit de capture, III, p. 50, 4359 et appendice, p. 598, n° 58.

Exemplaire, journal; dépôt au parquet, III, p. 401, 4516; L. 29 juillet et Cir. min., 9 novembre 1881.

— ouvrages contrefaits confiscation, III, p. 400, 3527, 44°.

Exemption de droits de navigation, II, p. 515, 3905.

— de peine malgré la culpabilité, I, p. 596, 4966.

— du service militaire, I, p. 459, 4583; corruption, II, p. 557, 4033, p. 559, 4036, 7°; difficultés re-

latives à l', I, p. 376, 4289; fraude, I, p. 562, 4860, XXII, 4 0°; III, p. 444, 4644.

— de timbre, actes, I, p. 495, 4716, 4717.

Exercice de la chasse, II, p. 485, 3803; des contributions indirectes, II, p. 504, 3866; communauté religieuse, II, p. 510, 3887; empêchement, II, p. 647, 4204 à 4206; opposition avec rébellion aux employés, II, p. 600, 4448; sans violence, I, p. 626, 2072.

— du culte entravé, troublé, I, p. 549, 4860, VI, 44°.

— des droits civils accordé par le gouvernement, II, p. 645, 4195.

— des droits politiques suspendus par l'absence, II, p. 646, 4202.

— de fonctions continuées illégalement, II, p. 546, 3998 et 3999.

— des fonctions d'officiers ministériels, III, p. 257, 4975.

— illégal de la médecine, I, p. 562, 4860, XXIII, 4°; de la pharmacie, I, p. 562, 4860, XXIII, 2°.

— de la profession d'avocat, III, p. 207, 4837.

— de l'industrie et du travail, entrave, II, p. 802, 3859.

Exhibition de mandat d'arrêt, II, p. 424, 2642.

— de pièces à conviction à l'audience correctionnelle, II, p. 234, 2974.

— scandaleuse, affiches; II, p. 460, 3720.

Exhumation de cadavre, II, p. 45, 2357; frais urgents, III, p. 65, 4402.

Existence incertaine et problématique du prévenu, II, p. 297, 3188.

Exonération frauduleuse du service militaire, III, p. 440, 4635, p. 442, 4642, 4643.

Expédition d'acte ou contrat nécessaire à une information criminelle, II, p. 64, 4394.

— d'acte de l'état civil, I, p. 351, 4498 à 4200; III, p. 39, 4326.

— d'acte d'opposition à une ordonnance du juge d'instruction, II, p. 486, 2806.

— d'arrêts ou jugements, I, p. 460, 525; I, p. 270, 902; I, p. 234, 772, 773; dossier de pourvoi en cassation, II, p. 372, 3429.

— d'arrêt de mise en accusation, II, p. 302, 3207.

— de boissons délivrée par la Régie, II, p. 509, 3885.

— différence avec la grosse, III, p. 393, 5338.

6

— double sur même feuille, I, p. 496, 497, 4719 à 4721.

— droits dus aux greffiers, III, p. 35 à 37, 4316 à 4321.

— fausse, III, p. 6, 4225.

— d'interrogatoires, II, p. 432, 2636.

— de jugements de pol. corr., défauts, signification par M. P., II, p. 248, 3022, p. 249, 3023, p. 251, 3031; défaut, p. 253, 3040, p. 256, 3054; appel, p. 274, 3144; mentions, greffe, III, p. 67, 4440.

— de jugements de pol. s., rôles, II, p. 198, 2844.

— des ordonnances du juge d'instruction, II, p. 476, 2770.

— de lettres d'entérinement, III, p. 88, 4475; pour réhabilitation, III, p. 454, 4673.

— pour mariage d'indigents et opérations de la caisse de retraite de la vieillesse, I, p. 439, 4543; III, p. 348, 5442.

— des minutes ou actes de notaires, III, p. 404, 5368, p. 426, 5431.

— procès-verbal de prestation de serment, III, p. 442, 5467 à 5469; de tirage du jury, II, p. 329, 3294.

— registre des, III, p. 327, 5464.

— signature et enregistrement préalable de la minute, III, p. 322, 5453.

Expéditionnaire, salaire, III, p. 319, 5443.

Expert, avocat, III, p. 208, 4839.
— avoué, III, p. 280, 5045.
— choix d', II, p. 44, 2343, refus, *ibid.*, 2344.
— écrivain, pour faux, III, p. 44, 4251.
— estimation de marchandises saisies par les douanes, II, p. 614, 4487.
— frais de vacation, III, p. 56 à 59, 4378, 4388; simple taxe, frais urgents, III, p. 66, 4404.
— greffier, III, p. 340, 5424.
— interdiction civique, II, p. 447, 3574, p. 448, 3578.
— juré, II, p. 322, 3269; II, p. 336, 3344.
— prévarication ou forfaiture, II, p. 564, 4042.
— récusé, I, p. 466, 1614.
— serment, III, p. 44, 4252 et appendice, p. 597, 57.
— témoin en pol. corr, II, p. 230, 2960.

Expertise, affaires civiles, I, p. 228, 743 à 745.
— attentats à la pudeur, II, p. 45, 2359.
— de biens de l'absent, I, p. 265, 890.

— criminelle transport, II, p. 40 à 44, 2344, 2352.

— désignation des experts, II, p. 404, 2550, 2551.

— dissimulation du prix de vente, I, p. 337, 338, 4449 à 4457.

— faux en écriture, III, p. 44 à 47, 4250 à 4264.

— huissiers, III, p. 353, 5227.

— en matière de mines, I, p. 479, 594, 9°.

— police simple, II, p. 498, 2847.

— de succession bénéficiaire, I, p. 486, 4683.

Expiation successive, II, p. 427, 3609, 3640, p. 428, 3643.

Expiration de la peine, II, p. 446, 3569.
— surveillance de la haute police, II, p. 444, 3570; II, p. 447, 3570; II, p. 424, 3587.

Exploit d'ajournement et de signification, I, p. 477 à 484, 4653, à 4675.
— attestation mensongère de formalités par l'huissier, III, p. 2, 4212.
— coût détaillé inséré sur les, III, p. 42, 4336; huissiers, III, p. 346, 5209, 5240.
— enregistrement, II, p. 49, 2282, 9° à 5°.
— introductif, I, p. 492 à 496, 647 à 636.
— lignes et syllabes, I, p. 480, 4665.
— d'opposition à défaut, II, p. 254, 3033.
— posé par les préposés des douanes, II, p. 607, 4473, 4474.
— remise par les huissiers, III, p. 350, 5224.
— de signification de défaut de pol. corr., II, p. 249, 3025.

Exploitation de bois, II, p. 583, 4402.
— de brevet d'invention, II, p. 482, 3794.
— de carrière à ciel ouvert et souterraine, I, p. 380 4306.

Exploration de cave, caverne, mine, information, dépenses, III, p. 80, 4394.

Explosion d'une machine à vapeur causée volontairement, I, p. 545, 4859, IX, 11°; accident, mines, Cir. min., 24 juin 4884, 17 septembre 4883.
— de mine, destruction ou incendie par, I, p. 544, 4859, 43°.

Exportation de grains ou farines prohibés, I, p. 557, 4860, XIV, 3°.
— prohibée de marchandises, *ibid.* 7°; II, p. 8, 2249, 44°; confiscation, II, p. 400, 3527, 9°.

Exposé de l'accusation, assises, II, p. 347, 3352.

— de faits, ordonnance définitive, II, p. 174, 2773-2774; renvoi aux assises, arrêt, II, p. 299, 3195.

— sommaire des faits, notice des condamnés, III, p. 80, 4451; III, p. 85, 4468; pol. corr., II, p. 227, 2948, 2950.

Exposition d'enfant, I, p. 544, 4859, VIII, 10°; p. 550, 4860, VII, 15.

— de dessins, emblèmes, estampes, gravures, lithographies, médailles, sans autorisation, III, p. 107, 4536, L. 29 juillet, Cir. min., 9 novembre 1881.

— d'objets contrefaits, II, p. 483, 3797.

— d'objets menaçants, règl. sur les, II, p. 195, 2837, 5°.

— d'objets obscènes, affiches, dessins, emblèmes, écrits, gravures, images, imprimés, peintures, L. 2 août, Cir. min., 7 août 1882; confiscation, II, p. 400, 3527, 4°.

— publique, peine abolie, décr. du 12 avril 1848.

— de signes ou symboles séditieux, I, p. 547, 4860, § 2, 16°; II, p. 195, 2837, 2°, § 4.

Exprès, frais urgents en matière criminelle, III, p. 455, 5502.

Expropriation forcée, défaut, I, p. 226, 736; I, p. 394 à 396, 4342 à 4359.

— d'un immeuble de mineur, I, p. 504, 1747.

— intéressant l'État, I, p. 322, 1092.

— offre aux incapables, conclusions du M. p., I, p. 481, 593, 8°.

— pour cause d'utilité publique, droit de greffe, III, p. 317, 5141; procédure, I, p. 394 à 396, 4342 à 4359; pourvoi en cassation, intérêt de l'État, Cir. min., 29 mars 1879.

— statist., III, p. 502, 5612, p. 508, 5626.

Expulsion par autorité de justice, I, p. 259, 873.

— de perturbateurs, I, p. 439-440, 450 à 452.

Extension de compétence corr., II, p. 212, 2897.

— coupable de privilèges, recrutement, III, p. 442, 4642.

Externat d'école de filles, inspection, III, p. 97, 4506.

Extinction de charge d'huissier, III, p. 334, 5181; de notariat, III, p. 377-378, 5293 à 5296.

Extorsion de signature ou titre, chantage, I, p. 545, 4859, IX, 6°.

Extraction de détenu appelant, II,

p. 274, 3142; III, p. 46, 4349; appendice, p. 631, 40; témoin, II, p. 222, 2935; par huissiers, III, p. 46, 4348; frais, II, p. 429, 2628, p. 443, 2670; Cir. min., 12 septembre 1877; Cir. min., 1er juillet 1884.

— de forçat, II, p. 442, 2669.

— d'interdit, I, p. 417, 1431.

— de prévenu, II, p. 224, 2938, 2939.

— de sel, droit, II, p. 524, 3934.

Extradé, évasion, III, p. 427, 4599, p. 131, 4641.

— transfèrement, Cir. int., 18 juillet 1879, *Bull. off.*, 1879, 455.

Extradition, I, p. 576 à 582, 1903 à 1921; frais urgents, III, p. 65, 4402; ordonnancement par le préfet, III, p. 67, 4407; procédure, Cir. min., 12 octobre 1875, 30 décembre 1878.

Extrait, actes de l'état civil, I, p. 35, 1198 à 1199; droits de greffe, III, p. 39, 4326.

— d'arrêt de contumace, affichage, II, p. 535, 3966, 3967, p. 536, 3968; de cour d'assises, bannissement, II, p. 393, 3501; dégradation civique, II, p. 394, 3508; faux billet, fausse monnaie, III, p. 17, 4261; réclusion, II, p. 394, 3496; travaux forcés, II, p. 385, 3473, 3475. Cir. min., 26 novembre 1883.

— d'arrêt criminel, affichage, II, p. 453, 3698; impression placards, frais, III, p. 52, 4366. d'arrêt de non-lieu de la chambre d'accusation pour élargissement, II, p. 298, 3493.

— du casier central, Décr., 10 avril et Cir. min., 5 mai 1877.

— du casier judiciaire, altération, III, p. 5, 4221, bulletin n° 1, III, p. 470, 5532; lycées, Cir. min., 20 février 1878; preuve de récidive, III, p. 138, 4631.

— de condamnation, contributions ind., Cir. min., 19 mars 1880; droits de greffe, Cir. min., 5 mai 1880; défaut, solidarité, Cir. min., 12 juin 1884; domestiques, ouvriers, mineurs, responsabilité, III, p. 64, 4399; états de quinzaine, Cir. min., 2 février 1883; gardien chef, III, p. 323, 5456, II, p. 284, 3449, p. 406, 5539; greffier, salaire, III, p. 64, 4404; légionnaires, II, p. 290, 3470; militaires, marins, I, p. 643, 2433, II, p. 290, 3470, Circ. min., 18 janvier 1882, Circ. min., 2 octobre

1884; peines correctionnelles, formule, II, p. 411, 3554, 3555, p. 412, 3556, III, p. 421, 4579, Circ. min., 28 novembre 1879; percepteur, recouvrement des amendes, II, p. 284, 3149, III, p. 64, 4401, Circ. min., 24 décembre 1874 et 6 septembre 1875, note 428, *Bulletin off.*: 1878, p. 56; police simple, II, p. 204, 2858, p. 207, 2878 à 2880, III, p. 490, 5583; au P. G., III, p. 476, 5548, p. 481, 5559 à 5562, p. 489, 5583; récidivistes, III, p. 593, 5814, Circ. min., 8 décembre 1875, XI; retards, Circ. min., 18 août 1884; signalements, Circ. min., 7 juin 1879.

— contrat de mariage, inscrit sur le registre du greffe, III, p. 326, 5461, 22°.

— de décision du bureau d'assistance judiciaire, adressé au receveur de l'enregistrement, I, p. 289, 973.

— droits dus aux greffiers, III, p. 37 à 39, 4322 à 4326.

— économies à réaliser en matière d', III, p. 24, 4282.

— d'écrou du failli, I, p. 526, 1842.

— de jugement, délivré aux inculpés de vagabondage acquittés, II, p. 477, 2780; append., p. 628, 35, II, p. 258, 3060; adressé aux administrations publiques, II, p. 289-290, 3168 à 3174, III, p. 323, 5457, I, p. 496,

1717; civil, I, p. 236, 780; contrebande, II, p. 611, 4186; contributions ind., II, p. 507, 3877; faillite, I, p. 522, 1800; forêts, II, p. 596, 4136; instituteurs, III, p. 97, 4505, II, p. 290, 3170; interlocutoire, I, p. 270, 902; or et argent, II, p. 514, 3902; pêche maritime, Circ. min., 5 novembre 1883; postes, III, p. 400, 4515; recrutement, III, p. 443, 4647, I, p. 460, 4588; séparation, I, p. 478, 1649.

— de la mercuriale, III, p. 493, 5591.

— de naissance du candidat à un office ministériel, III, p. 247, 4947.

— d'ordonnance de non-lieu, II, p. 477, 2780.

— d'ordonnance d'ouverture d'assises, II, p. 314-342, 3239, 3240.

— de quinzaine, jugements corr., III, p. 481, 5559.

— des registres de condamnation, tr. au préfet, III, p. 322, 5455; du registre de détention pour la réhabilitation, III, p. 154, 4673; du registre des ordres, I, p. 453, 4563.

— du rôle des contributions, I, p. 284, 954, I, p. 440, 4516.

— pour la surveillance de la haute police, II, p. 421, 3589.

— pour la translation des condamnés à l'empris., II, p. 411, 3553 à 3555.

F

Fabricant de boissons, exercice, II, p. 510, 3886.

Fabrication d'armes de guerre, I, p. 553, 4860, IX, 23; II, p. 466, 3742, 3744.

— de cartes à jouer, II, p. 542, 3894.

— de certificat de bonne conduite, d'indigence, de maladie, I, p. 547, 4860, § 3, 2°, 7°, 8°.

— d'engins explosifs, incendiaires ou meurtriers, I, p. 553, 1860, IX, n. 23, 24.

— d'étoffes d'argent, d'or, de velours, I, p. 564, 4860, XX, n. 12.

— de machine meurtrière et de poudre fulminante, I, p. 546, 4860, § 2, 5°.

— de monnaie fausse, II, p. 400, 2535; I, p. 544, 4859, § 3, 1°.

— de passe-port, I, p. 547, 4860, § 3, 2°.

— de pièce fausse, III, p. 3, 4247.

— de poudres, II, p. 524, 3924 à 3926.

— de sucre, II, p. 525, 3936.

Fabrique ou atelier, non autorisé dans les villes, I, p. 552, 4860, IX, 2°.

— d'allumettes chimiques non autorisée, Cir. min., 22 juin 1874.

— d'église, conseil de, I, p. 293, 988; I, p. 396, 397, 1360, 1363; dons et legs, à une; avis à donner par les notaires, III, p. 399, 5355; expéditions d'actes notariés, III, p. 404, 5368, Cir. min., 18 août

4884; poursuites contre un trésorier de, I. p. 473, 572, 9°.

Facteur ou garde-vente, de coupes de bois, II, p. 585, 4408.

— des postes, faux en écriture publique, III, p. 7, 4229 ; détournement, soustraction de lettre, II, p. 568, 4063.

— des ventes en gros à Paris, Décr., 23 janvier 1878.

Faculté d'appeler, II, p. 265, 3082.

— de délégation du juge d'instruction, II, p. 63, 2408.

— de l'État, I, p. 477, 578 ; exclusion d'une, III, p. 92, 4488 ; régime, Décr., 30 juillet 1883.

— d'user de la contrainte par corps, II, p. 444, 3658.

Faiblesse de caractère des juges et jurés, II, p. 558, 4035.

— d'esprit ; conseil judiciaire, I, p. 423, 4452 ; interdiction, I, p. 444, 4442 ; circonstance attén., I, p. 604, 4984.

— des juges et jurés, I, p. 542, 4859, IV, 6°.

Failli, bulletin, n° 2, III, p. 475, 5543. Cir. min., 27 août 1875 ; officiers réservistes et territoriaux, Cir. min., 28 décembre 1884.

— capacité civile et politique, II, p. 645, 4496 ; II, 646, 4202.

— complicité par recel des parents ou alliés, I, p. 624, 2064.

— extradition du, I, p. 579, 4942.

Faillite, I, p. 524 à 532, 4797 à 4837.

— des agents de change ou courtiers, I, p. 545, 4859, IX, 7° ; II, p. 463, 3730.

— état de, II, p. 473, 3767.

— jugement, appel, I, p. 242, 808.

— notaire, III, p. 363, 5258.

— d'officier ministériel, cession d'office, III, p. 226, 4892.

— statist., III, p. 502, 5642, 46 ; III, p. 544, 5634 ; III, p. 527, 528, 5665, 5668.

— surveillance, états ; Circ. minist., 27 mars 4880.

— vente de marchandises de, III, p. 304, 5444.

Faine, C. F., art. 57.

Fait, accessoire d'une contravention, II, p. 499, 2850.

— de charge, avoué, garantie, III, p. 285, 5058.

— de chasse, II, p. 494, 3823, 3825.

— délictueux, contrainte, II, p. 444, 3668 ; prescript., II, p. 429, 3648.

— excusable, poursuite d'office. I, p. 569, 4884 ; I, p. 595, 599, 4966, 4977.

— faux constaté comme vrai dans des actes faux, III, p. 6, 4225.

— incriminé, II, p. 247, 2944.

— matériel, contraventions, II, p.506, 3872.

— matériel et fait légal, I, p. 644, 2030.

— non pertinent en s. p., II, p. 498, 2847.

— non visé par une citation, II, p. 242, 2897.

— point de fait, jugements, I, p. 464 534.

— politique, I, p. 600, 2042, 642, 2021.

— punissable, à signaler par les maires, II, p. 77, 2458.

Falsification de boissons ou denrées alimentaires ou médicamenteuses, I, p. 553, 4860, 46°.

— de bulletin de vote, II, p. 647, 4206.

— de certificat de bonne conduite ou d'indigence, de feuille de route, de passe-port, I, p. 547, 4860, § 3, 6°, 8°.

— de scrutin, II, p. 544, 3985, 2°.

— de vin, Circ. min., 44 oct. 4876, 4 avril 4877.

Famille, attaque contre les droits de la, I, p. 555, 4860, X, 5°.

— du contumax, notifications, II, p.532, 3958.

— privation des droits de, II, p. 447, 3574.

Farine exportée, I, p. 557, 4860, XIV, 3°.

— pillée, I, p. 548, 4859, IX, 43°.

— vendue par des commandants militaires, des préfets ou sous-préfets, I. p. 548, 4860 ; IV, 4° ; II, p. 574, 4074.

Faussaire en écriture publique, III, p. 8, 4332.

Fausse application de la loi, cassation, I, p. 253, 849.

— clef, circonstance aggravante de, I, p. 545, 4859, IX, 4° ; constat, II, p. 65, 2442.

— déclaration ou dénonciation à la gendarmerie, outrage, III, p. 437, 5456.

— déposition, II, p. 443, 2674.

— excuse de témoin, II, p. 449, 2694.

— inscription de droit, III, p. 277, 5036.

— lettre de change, III, p. 4, 4249.

— monnaie, fabrication, émission, exposition, introduction, I, p. 544, 4859, § 3 ; constatation, II, p. 6, 2246 ; échantillons, Cir. min., 5 novembre 4883 ; extrait d'arrêt et échantillon à transmettre au G. d. S., III, p. 47, 4264 ; poursuites, II, p. 6, 2246 ; III, p. 46, 4259 ; révélations, I, p. 596, 4966, 6° ; usage de, I, p. 547, 4866, § 3, 4° ; II. p. 400, 2535.

— nouvelle, III, p. 404, 4527, 4528 ;

L. 29 juillet et Cir. min.,
9 nov. 1881.
— postulation, III, p. 296, 5089.
— signature de ministre ou fonctionnaire, acte illégal, II, p. 549,
4011 ; de l'officier de l'État civil.
I, p. 350, 1195.

Faute commise par les avocats, III, p. 215,
4859, 4860 ; III, p. 270, 5016 ;
par les avoués, III, p. 285, 5057 ;
par les gendarmes, III, p. 437,
5458 ; par les magistrats ou
officiers du M. P., III, p. 186
à 199, 4773 à 4812 ; par les officiers ministériels, III, p. 270,
5016, 5017, 5°.
— des capitaines de navire, statist. des
appels, III, p. 502, 5642, § 3, 5°.
— prise à partie d'un juge pour, II,
p. 879, 4094.

Fauteuil, réservé aux chefs de corps dans
le chœur des églises, I, p. 31,
95, 96.

Fauteur d'évasion de forçat, III, p. 127,
4600.

Faux, billet de banque, III, p. 16 et 17,
4259 à 4261.
— certificat de médecin, II, p. 148,
2690 et 2691 ; de stage, III,
p. 250, 4955.
— en écriture, amende, II, p. 398,
3518 ; III, p. 1 à 5, 4210, 4221 ;
appréciation souveraine de la
chambre d'accusation, II, p. 296,
3187.
— en écriture de commerce commis à
l'audience, I, p. 137, 443.
— en écriture privée, I, p. 544, 4859,
§ 3, 3° ; III, p. 9 à 16, 4234 à
4258.
— en écriture publique ou authentique, de banque de commerce et
usage de, I, p. 544, 4859, § 3, 4° ;
III, p. 5 à 9, 4222 à 4233.
— effet public, recherche, II, p. 6,
2246.
— incident civil, I, p. 179, 594, 2° ; I,
p. 397 à 400, 1364 à 1371 ; I,
p. 618, 2042 ; désistement du
demandeur en, I, p. 175, 577.
— incident civil ou criminel, circonstances et procédure ; III, p. 17 à
19, 4262 à 4267.
— inscription en, II, p. 23 à 25, 2291
à 2296.
— mari au préjudice de sa femme, III,
p. 9, 4233.
— matériel commis par un notaire,
III, p. 416, 5405.
— nom, I, p. 549, 4860 ; VI, 40° ; attribution de, I, p. 367, 4285 ;
bulletin, n° 2, III, p. 472, 5536 ;
chasse, II, p. 497, 3843 ; repris

de justice, II, p. 129, 2625 ; signature d'un interrogatoire, II,
p. 131, 2632.
— ordre de l'autorité, usage de, pour
attentat à la liberté individuelle.
II, p. 541, 3985, 3° ; pour vol,
I, p. 545, 1859.
— par supposition de personne, III,
p. 397, 5350 ; III, p. 416, 5405.
— présomption d'intention criminelle,
III, p. 2, 4214 ; III, p. 6, 4225.
— témoignage, III, p. 19 à 23, 4268
à 4279 ; I, 544, 1859, VIII, 12°,
43° ; en pol. correct., II, p. 230,
2961 ; tentative, I, p. 590, 1949 ;
vérification du, révision de procès, III, p. 163, 4703.

Femme, accouchée ou enceinte en prison,
III, p. 114, 4856, C. P., 27.
— adultère, II, p. 455, 3702.
— condamnée à l'emprisonnement
pour contrebande, remise de la
peine, II, p. 609, 4179 ; aux travaux forcés, lieu de détention,
III, p. 420, 4573.
— contrainte par corps, II, p. 442, 3664.
— déclarée légitime épouse dans un
acte, III, p. 2, 4214, 8, 4230.
— interprète, II, p. 133, 2640.
— mariée, autorisation d'ester en justice, I, p. 178, 586 ; I, p. 455,
1570, 456, 1571, 458, 1579 à
1582 ; cohabitation avec le mari,
I, p. 454, 1567 ; condamnée
avec son mari, II, p. 263, 3076 ;
hypothèque de la, I, p. 400, 1372 ;
interdiction, I, p. 412, 1445 ; plai-
gnante, II, p. 28, 2305 ; poursuivie,
I, p. 450, 1571 ; prévenue en P. C.,
procuration, II, p. 226, 2945 ;
appel, p. 265, 3082.
— plaidoirie, I, p. 212, 689.
— du prévenu, témoin en P. C., II,
p. 231, 2963.

Fermage, demande en paiement de, I,
p. 486, 603, 7°.

Fermeté du M. P. à l'audience correct.,
II, p. 244, 2999.

Fermeture de la chasse, règlement, II,
p. 195, 2837, 5°. § 1.
— de pensionnat primaire, III, p. 96,
4302.

Fermier, condition des, II, p. 502, 3859.
— commerçant, I, p. 524, 1797, 5°.
— des droits de jaugeage, mesurage et
pesage, concussion, II, p. 556,
4029.
— des halles, concussion, II, p. 555,
4027.
— de l'octroi, II, p. 516, 3909.

Fers, délivrance des, aux assises, II,
p. 346, 3349 ; à l'information,
II, p. 129, 2629.

— peine des, contrebande, II, p. 602, 4456 à 4458.

— récidive, III, p. 436, 4624.

Fête, délibération des cours et tribunaux sur l'opportunité de leur présence et sur la manière de se rendre à une, III, p. 199, 4813, 7°.

— Dieu, procession, Cir. min., 23 mai 1880.

— légales, I, p. 48, 447, 193, 692; fermeture du greffe, III, p. 323, 5453; inobservation, L. 42 juillet 1880; II, p. 495, 2837, 2°, § 45; ventes publiq., III, p. 398, 5354.

— nationale ou religieuse, exécution des condamnations, II, p. 289, 3167; ouverture des assises, II, p. 344, 3237.

— publique, règl., II, p. 495, 2837, 2°, § 7.

— religieuse, entraves à la célébration, C. P., 260.

Feu, allumé ou apporté dans les bois, C. F., art. 448; près des maisons, L, des 28 septembre, 6 octobre 1794, sect. 7, tit. II, art. 40, C. P., 458.

— d'artifice, statist. crim., III, p. 567, 5757, 3°; C. P., 474, 2°, 472.

— mis par un détenu à un édifice habité pour s'évader, III, p. 426, 4594.

Feuille, d'audience, I, p. 433, 428; I, p. 436, 438; minute du jug., p. 188, 549; chiffre du timbre et nombre des lignes et syllabes, III, p. 349, 5445; reg. des, III, p. 325, 5464, 3° id. des J. de P., III, p. 327, 5402, 3°; circ. min., 3 juin 1879; signature des, I, p. 465, 550.

— distincte pour chaque expédition d'acte, I, p. 496, 4749; pour les jug. d'incompétence, II, p. 256, 3050.

— périodique publication, III, p. 404 et 402, 4546 à 4549.

— registres de l'état civil, I, p. 345, 4484.

— de renseign. des dossiers criminels, II, p. 479, 2787, 484, 2795.

— de route, fabrication, délivrance, obtention, I, p. 542, 4859, § 3; 5° 6°; surveillance de la haute police, II, p. 423, 3594; Décret, 30 août, circ. min. int., 5 novembre 1875.

— de signalements, insertion des mandats d'arrêt, II, p. 425, 2616.

— volante, état civil, I, p. 548, 4860,

IV, 40°; répression, II, p. 572, 4072.

Ficelle, lien de paquet expédié en franchise, III, p. 448, 5482.

— pièces d'un dossier liées entre elles par une, III, p. 255, 4968.

Fidélité conjugale violée, II, p. 454, 3700.

— garantie du fonctionnaire, serment, II, p. 545, 3998.

Fil, fermeture des lettres ou papiers par un, III, p. 447, 5484.

— de laine longue, saisie de I, p. 328, 4445.

Filet de chasse, engin prohibé, II, p. 492, 3826, 3828; de pêche, confiscation, II, p. 404, 3527, 47°.

Filiation fausse, action criminelle, I, p. 627, 2078.

— statist. des causes jugées en matière de, III, p. 504, 5642, 6°.

Fille, contrainte par corps, II, p. 442, 3664.

— jeune, incarcérée dans les maisons de refuge ou de charité, III, p. 422, 4584.

— mineure de 24 ans, témoin, double taxe, III, p. 30, 4297; travail dans les manufactures, L. 49 mai 4874; Circ. min., 4er mars 4876; Décret, 3 mars 4877; Circ. min., 44 juin 4879, 44 avril 4884.

— publique, arrestation, II, p. 554, 4046; atteinte de maladie vénérienne, séjour en prison, III, p. 448, 4569, 422, 4584; infraction, article 474, § 45 du C. P.; compte criminel, III, p. 568, 5757, § 2, 8°; ordon., 6 nov. 4778.

Filou, arrestation de, II, p. 422, 2604.

Filouterie, I, p. 554, 4860, VIII, 5°; d'aliments, ibid., 6°.

Fils, cession d'office par un père à son, p. III, 243, 4933 à 4935.

Fin de non-recevoir contre l'appel du M. P., jug. correct., II, p. 289, 3466; adultère, II, p. 457, 3708.

Finance d'une charge, III, p. 223, 4883, note 4.

Fixation des audiences, I, p. 447, 374; pour affaires correct., II, p. 243, 2899.

— de la contrainte par corps dans les jug., II, p. 449, 3682.

— de la valeur des offices ministériels par le tribunal, III, p. 226, 4894, 227, 4894, 236, 4920; III, p. 238, 4923, 4925.

— de la valeur des recouvrements, III, p. 238, 4922.

Flagrant délit, adultère, II, p. 455, 3704, 458, 3744, 3742; meurtre, excuse, I, p. 598, 4972.

— archevêque, I, p. 628, 2081.
— arrestation, II, p. 54, 2374, 52, 2377; par le préfet, II, p. 4, 2239, 11.
— auxiliaires du Proc. de la Rép., II, p. 64, 2409.
— chef de l'État, inviolabilité, I, p. 628, 2081.
— communes, responsabilité, I, p. 303, 1024.
— contravention, II, p. 498, 2849.
— contrib. ind., exclusion du, II, p. 504, 3864.
— député, I, p. 628, 2081.
— douanes, II, 606, 4468.
— évêque, I, p. 628, 2081.
— gendarmerie, II, p. 79, 2465, 84, 2472.
— instruction du M. P., II, p. 36, 2326, 2327; obligations, II, p. 54, 2382.
— juge d'instruction, II, p. 38, 2332, 99, 2533; droits, II, p. 61 à 63, 2403 à 2408.
— liberté provisoire, II, p. 161, 2725.
— magistrats, I, p. 628, 2081, 633, 2098.
— manifestations, II, p. 34, 2322.
— militaire arrêté, I, p. 642, 2127.
— refus de service légalement requis, art. 475, § 12 du C. P. et III, p. 568, 569, 5757, IV°.
— sénateur, I, p. 628, 2081.
— tabacs, II, 526, 3944.
— télégraphe, usage du, III, p. 455, 5503.

Flet, poisson, longueur, pêche, Décret, 20 novembre 1875.

Foi, bonne, circonstances atténuantes, I, p. 604, 1983; chasse, II, p. 497, 3842; douanes, II, p. 610, 4483; faux, III, p. 10, 4237; officiers ministériels ayant encouru des amendes, III, p. 264, 4997; Régie, II, p. 506, 3872; tabacs, II, p. 526, 3940.
— due aux procès-verbaux, contraventions aux règles sur la garantie des matières d'or et d'argent, II, p. 514, 3909; chasse, II, p. 496, 3840; garde forestier, II, p. 90, 2505, 94, 2549; II, p. 587, 4412; inscription de faux, II, p. 49, 2283 à 2285; maire, II, p. 78, 2460; octroi, II, p. 518, 3916; preuve contraire, II, p. 49, 2286 et 74, 2446.
— mauvaise des fonctionnaires, entreprises incompatibles, II, p. 574, 4070.
— profession de, élections, circ. min., 19 septembre 1877.

— du serment, déposition sous la II, p. 229, 2957, 2958.

Foire, exécution capitale les jours de, II, p. 380, 3454.
— inobservation des règl. relatifs aux art. 474, n° 15 du C. P., compte crimin., III, p. 569, 5759.
— règl. administratifs, II, p. 195, 2837; 2°, § 6.

Fol appel, amende de, I, p. 247, 827; douane, I, p. 327, 4444; notaire, poursuite discipl., III, p. 424, 5426; pol. correct. et pol. simple, II, p. 280, 3435.

Folie, absolution en cas de, I, p. 602 à 604, 1987 à 1993; mesures en faveur du prévenu, II, p. 258, 3059.

Folle enchère, statist. des ventes sur, III, p. 539, 5691.

Fonction conférée par un gouvernement étranger, I, p. 384, 1318, ; I, p. 387, 1327.
— ecclésiastique, incompatible avec celles de magistrat, I, p. 6, 44, 5°.
— élective et temporaire, durée, II, p. 546, 4002.
— entrée en, et cessation de, II, p. 545, 546, 3998, 3999; I, p. 548, 1860, 43°.
— honorifique confiée à un magistrat, avis au G. des S., III, p. 472, 4735.
— publique, interdiction civique, II, 447, 3574, 3°.
— reprise de, par un avoué, III, p. 279, 5043.
— salariée sujette à comptabilité, incompatibilité, I, p. 6, § 2, 6°.
— usurpée, I, p. 549, 1860, VI, 40°.
— à vie, magistrature, I, p. 49, 149.

Fonctionnaire, abus d'autorité, I, p. 542, 4859, IV, 8°.
— cédant à la corruption, I, p. 542, 4859, IV, 4°; II, p. 557, 4034.
— cité en témoignage, II, p. 138, 2657; II, p. 234, 2973; défaillant, II, p. 140, 2662; taxe, III, p. 33, 4309.
— commerce, adjudication, interdits au, II, p. 570, 4068; infraction, I, p. 548, 1860, IV, 3°.
— complot, coalition, II, p. 544, 3985, 4°.
— concussion, corruption, II, p. 554 à 562, 4024 à 4043.
— délit des, I, p. 634, 2092, II, p. 540 à 582, 3984 à 4101.
— déni de justice, II, p. 562, 4044 à 4046.
— faisant manquer un service, I, p. 545, 1859, IX, 40°.
— franchise postale, III, p. 444 à 455, 5471, 5489.

— incompétent, plainte à, II, p. 28, 2304.

— infidèle, I, p. 542, 1859, IV, 2°.

— introduction dans le domicile d'un citoyen, II, p. 577, 4090.

— mandat d'amener contre un, II, p. 51, 2373.

— d'ordre administratif, attroupement, sommation, II, p. 469, 3750.

— poursuivi, justifié, I, p. 596, 1967.

— révoqué, suspendu, destitué ou interdit, continuant ses fonctions, I, p. 518, 1860, IV, 13°.

— serment, III, p. 438 à 443, 5461 à 5470 ; entrée en fonction avant le, I, p. 548, 1860, IV, 13°.

— suspension de l'action et du pouvoir des, état de siège, I, p. 651, 2154.

Fondé de procuration, plainte, II, p. 30, 2311, p. 79, 2464 ; Pol. S., II, p. 198, 2848.

Fonds de réserve pour la retraite des magistrats, I, p. 57, 174.

— généraux de frais de justice, III, p. 24, 4282.

— de vacance de place, III, p.171, 4730.

Forain, règl. sur les marchands, II, p. 196, 2837, 4°, § 9.

Forçat, capture, III, p. 49, 4356.

— évasion, compétence, III, p. 127, 4600.

— libéré, liste de, II, p. 422, 3590.

— peine, II, p. 384, 3469.

— recours en grâce, III, p. 80, 4453.

— témoin, II, p. 142, 2668.

Force, armée, arrestation, II, p. 53, 2377 ; garde champêtre, II, p. 83, 2478.

— de chose jugée des jug. français en Suisse, I, p. 389, 1334.

— emploi de la gend., III, p. 437, 5458.

— majeure, I, p. 604, 605, 1994 à 1995, p. 606, 2000 ; cause de prolongation de déplacement d'experts, interprètes ou médecins, III, p. 59, 4387, 4388 ; chang. de résidence de notaire, III, p. 383, 5310 ; examen par la chambre d'accusation, II, p. 294, 3179.

— obligatoire des règlements, II, p. 194, 2835.

— probante d'acte de notoriété remplaçant un acte de naissance; I, p. 428, 1474 ; d'aveux, chasse, II, p. 497, 3842 ; de procès-verbaux, contributions ind., II, p. 507, 3874 ; octroi, II, p. 518, 3916 ; police, II, p. 74, 2446.

— progressive des mandats, II, p. 107, 2562.

— publique, composition, II, p. 2, 2235 ; droit de réquisition des huissiers, III, p. 350, 5220 ; emploi illégal, II, p. 544, 3995, 3996 ; jugements civils, I, p. 258, 870, III, p. 438, 5458 ; émeutes, II, p. 398, 4142 ; exécution capitale, II, p. 380, 3456, p. 381, 3458 ; append., 634, 47, 1°, 2° ; garde des prisons, III, p. 112, 4551 ; mandats, II, p. 107, 2560 ; paralysée, II, p. 471, 3759 ; réquisition, II, p. 2, 2236, p. 64, 2409 ; contre l'autorité légitime, II, p. 544, 3995 ; en transport, II, p. 39, 2336.

Forclusion des accusés quant au bénéfice des délais, II, p. 309, 3232.

— élections, I, p. 331, 1127.

Forêt, administration des, réorganisation, Décr., 23 octobre 1883.

— affaires, frais de justice criminelle, III, p. 72, 73, 4428, 4431.

— agents, I, p. 87, 271, 272 ; franchise, II, p. 463, 5519, V ; organisation militaire, Décr. 22 septembre 1882 ; serment, III, p. 439, 5462, 11°, Trib. corr., conclusions, II, p. 588, 4113, p. 589, 4118, I, p. 87, 272.

— délit, appel du M. P., II, p. 269, 3095, II, p. 281, 3138 ; amnistie, I, p. 609, 2013 ; bulletin n° 2, III, p. 473, 5544 ; confiscation, II, p. 400, 3527, 16° ; contrainte, II, p. 441, 3659, p. 442, 3662, p. 446, 3675, p. 447, 3680, 3681, p. 449, 3684, 3685, p. 451, 3692 ; cumul des amendes, II, p. 425, 3604 ; peine, p. 558, 1860, XV, 1° ; poursuites, I, p. 625, 2069, I, p. 674, 2224 ; pourvoi du M. P. en cassation, II, p. 362, 3394 ; répression, II, p. 583 à 596, 4102 à 4137 ; transactions, C. F., 159.

— de l'Etat et communale, chasse, II, p. 491, 3822 à 3832.

— feu allumé en, C. F., art. 148.

— garde, corruption, II, p. 559, 4036 ; organisation, procès-verbaux, II, p. 88 à 95, 2499 à 2524.

— des particuliers, contraventions légères, statist., III, p. 568, 5757, § 3, 15° ; Codes forestier et rural, II, p. 590, 4120.

— volontairement incendiée, I, p. 545, 1859, 11°.

Forfait, interdit pour cession d'office, III, p. 240, 4930.

Forfaiture de juge et administrateur, II, p. 564, 4042.
— de magistrat ou officier de police judiciaire, I, p. 544, 1859, 18°, 20°, I, p. 542, 1859, IV, 1°, 6°, II, p. 540 à 542, 3984 à 3989.

Forge, maître de, I, p. 522, 1797.

Formalité, appel corr., II, p. 272 à 274, 3404 à 3413.
— citation à prévenu, II, p. 216, 2908.
— droit de défense, II, p. 239, 2993.
— procès-verbaux, II, p. 42, 2259, p. 17, 2275, p. 86, 2493.
— sacramentelle ou substantielle des actes de police judiciaire, II, p. 2, 2233, jug., I, p. 164, 546.
— du timbre, titre produit en justice, I, p. 497, 4723.
— vente de biens de mineur, I, p. 505, 4749.

Formation du jury, liste, tableau, service, II, p. 321 à 326, 3268 à 3284, p. 332 à 338, 3298 à 3323.

Forme, acerbe, à éviter, visite domiciliaire, II, p. 47, 2365.
— irritante des procès-verbaux, II, p. 78, 2400.
— des mémoires d'huissier, III, p. 68, 4413.
— des rapports d'assises, des présidents, II, p. 357, 3384.

Formule des conclusions du M. P., I, p. 185, 600.
— correspondance du parquet, III, p. 458, 5510.
— exécutoire, arrêts et jugements, I, p. 235, 777 à 779; grosse notariale, III, p. 393, 3538.
— des mandats, II, p. 107, 2562.
— du serment des avocats, III. p. 205, 4831; des fonctionnaires, III, p. 442, 5466; des officiers ministériels, III, p. 256, 4974; en police correct., II, p. 229, 2956; en police simple, II, p. 200, 2853.

Fort de Ham, de l'île Sainte-Marguerite, détention, II, p. 391, 3492.

Forteresse, détention dans une, II, p. 390, 3489.

Fosse d'aisance, contravention à l'entretien, art. 471, § 15 du C. P., et statist., III, p. 568, 5757, § 29°, vidange au cours d'une information, dépenses, III, p. 60, 4391.

Fossé, comblé, question préjudicielle, I, p. 645, 2437; peine, I, p. 554, 1860, X, 12°.

Fou furieux, divagation, art. 475, n° 7, du C. P.; statist., III, p. 567, 5757, § 1, 14°.
— poursuites contre un, I, p. 603, 604, 1987, 1933.

Four, défaut d'entretien ou de réparation,

art. 471, § 1 du C. P.; statist., III, 567, 5757, § 1.

Fournissement d'armes ou munitions, complot, II, p. 34, 2322.

Fournisseur de l'armée, négligence et fraude, I, p 553, 1860, IX, 21°; I, p. 626, 2073.
— de l'État faisant manquer leur service, I, p. 545, 1859, 10°; autres délits, I, p. 626, 2073.

Fourniture de bureau, menues dépenses du tribunal, I, p. 94, 293, Cir. min., 14 avril, 8 août et 15 déc. 1883.
— aux détenus, prohibition pour les gardiens, III, p. 142, 4550.
— à l'inculpé, aliments, chaussures, cheval ou voiture, II, p. 52, 54, 2375 à 2384.
— nécessaires aux experts, frais urgents, taxe, III, p. 57, 4380, 65, 4402.
— relatives à l'entretien et au service du greffe, III, p. 318, 5143.

Fourrage, coupe, I, p. 554, 1860, X, 6°.

Fourrière, animaux mis en, frais urgents, III, p. 65, 4402.

Foyer domestique, sainteté du, II, p. 47, 2365.

Fraction de kilomètre, taxe à témoin, III, p. 34, 4304.
— de rôle, taxe, III, p. 37, 4321.

Frai, colportage, transport, vente, Circ. min., Intér., 23 janvier 1882.

Frais d'acte notarié, III, p. 393, 394, 3539 à 3544.
— d'affichage d'extraits, d'arrêts criminels, II, p. 453, 3698.
— d'appel, II, p. 282, 3144; de déclaration d'appel, II, p. 274, 3142.
— de banqueroute frauduleuse, II, p. 479, 3787, de banqueroute simple, II, 481, 3794.
— de capture, huissiers, III, p. 348, 5215.
— chasse, II, p. 499, 3849.
— de citation et voyage d'un témoin étranger, II, p. 144, 2667.
— de conduite d'extradés et d'expulsés, I, p. 582, 1921; de détenus, Circ. min., 29 nov. 1884, 11 février 1885.
— contributions indirectes, instances, avance de, II, p. 507, 3876.
— de débats et d'arrêt annulés en cassation, II, p. 376, 3439.
— décès de l'inculpé, I, p. 608, 2007.
— état civil, I, p. 369, 1264.
— d'exhumation, II, p. 45, 2357.
— d'extraits de jugements, III, p. 482, 5563.
— forêts, délits, II, p. 593, 4430.

— frustratoires par les avoués, III, p. 287, 5063; par les commissaires-priseurs, III, p. 305, 5446; les greffiers, III, p. 319 à 324, 5446 à 5452; les huissiers, III, p. 346, 5214; les officiers ministériels, III, p.272,5022; pour les ordres et contributions, I, p. 453, 4560.

— incombant aux greffiers, III, p. 318, 319, 5443, 5444.

— d'interdiction, I, 422, 1450.

— de justice criminelle, III, p. 23 à 76, 4280 à 4440; liquidation, Cir. min., 14 août 1876, 3 octobre 1879; recouvrement, défauts, Cir. min., 4 octobre 1879; administrations publiques, Cir. min., 12 déc. 1879; recours en grâce, Cir. min., 6 octobre 1879; remise, III, p. 77, 4445; restitution, ordre de versement, Cir. min., 14 avril, 22 déc. 1881; solidarité, Cir. min.,12 juin 1884; transport de détenus, voie ferrée; Cir. min., 29 nov. 1884, 14 février 1885.

— de parquet, I, p. 93, 291, 94, 294, Déc., 28 janvier, Cir. min., 14 avril, 8 août, 15 déc. 1883.

— de pièces à conviction, II, p. 50, 2370, 2372.

— prescription des, II, p. 287, 3458.

— de procédure, correct. ou crimin. et dépens, II, p. 430 à 435, 3624 à 3640.

— de procès civil, I, p. 231 à 233, 759 à 767; paiement, I, p. 290, 978.

— de renvoi d'une affaire à une autre session, II, p. 348, 3355.

— de représentation, I, p. 60, 185.

— responsabilité civile, II, p.439,3653.

— de témoins en police simple, II, p. 200, 2853.

— transport frauduleux de lettres, III, p. 400, 4545.

— urgents, douanes, II, p. 607, 4473; exprès ou messager, III, p. 455, 5502; forêts, II, p. 594, 4432; nomenclature des, III, p. 65, 4402.

— de visite et inhumation, I, p. 379, 4301.

— de voyage des huissiers, III, p. 347, 348,5212, 5214; des gendarmes escortant un détenu ou allant en témoignage, Cir. min., 29 novembre 1884, 14 février 1885.

Français, crime commis à l'étranger par un Français sur un, I, p. 625, 2066.

— devenus étrangers, I, p. 384, 387, 1318 à 1330; I, p. 442, 1444, 1446; qualité de, II, p. 616, 4201.

Francfort, extradition, I, p. 577, 1904.

— traité de, Alsaciens-Lorrains, option nécessaire, Circ, min., 30 mars 1872.

Franchise postale, III, p. 444 à 467, 5471 à 5524; jury, Cir. min., 6 fév. 1873; militaires, Cir min., 31 mai 1875, Décis. min , 34 mars 1876.

— télégraphique, J. de P., Cir. min., 19 mai 1884.

Fraude, banqueroute frauduleuse, II, p. 477, 3778, 3784.

— cartes à jouer, II, p. 512, 3894 à 3897.

— circulation des boissons, II, p. 511, 3891, 3893.

— contributions indirectes, confiscation, II, p. 404, 3527; II, p. 506, 3874; emprisonnements, II, p. 62, 2406.

— denrées, médicaments, I, p. 553, 1860, IX, 46°.

— douanes, II, p. 604, 4462.

— électorale, II, p. 617 à 619, 4206 à 4209; état civil, noms, I, p. 374, 1281.

— franchise postale, III, p. 451, 5490, 5493.

— octroi, II, p. 519, 3918, 520, 3922.

— prêteurs et emprunteurs, cumul des peines, II, p. 426, 3608.

— prise à partie des magistrats pour, II, p. 579, 4094.

— recrutement, I, p. 562, 1860, XXII, 4° à 10°.

— timbre et enregistrement, I, p. 496, 1720, 498, 499, 1727.

— vente des engrais, I, p. 553, 1860, IX, 47°.

— vins, piquettes, ibid. 46°; Cir. min., 17 sept. 1879.

Fraudeur de contributions indirectes, contrainte par corps, II, p. 442, 3662, 7°.

— octroi, II, p. 520, 3922.

Frère, candidat à un office ministériel, qui remplace son, III, p. 243, 4935.

— du prévenu, témoignage en P. C., II, p. 231; 2963.

Fret ou nolis, statist. des appels, III, p. 502, 5612, § 3, 9°.

Fripiers, règlements de police, II, p. 496, 2837, 4°, § 8.

Frontière, frais de conduite d'un étranger à la, III, p. 56, 4377; franchise postale, III, p. 464, 5519, IX.

Fruits d'autrui mangés sur place, art. 471, § 9 du C. P., statist., III, p. 568, 5757, § 3, 2°, 42°.

Fugitif, accusé, contumax, II, p. 303, 3210, p. 531, 3955.
— inculpé, mandat contre, II, p. 440, 2570, II, p. 443, 2582, p. 445, 2590, II, p. 424, 2609.
— recours en grâce, III, p. 76, 4441.
Fuite du condamné par défaut, signification du jugement, II, p. 250, 3027.
— du meurtrier, favorisée, I, p. 544, 4859, VIII, 4°, I, p. 585, 4931.
Fulmi-coton, détention, fabrication clandestine, II, p. 523, 3928.
Fumier, amas de, II, p. 496, 2837, 3°, § 2.
— soustrait, I, p. 557, 4860, XII, 3°.
Funérailles des magistrats, I, p. 33, 402.
— des membres de la Légion d'honneur, I, p. 34, 403.
Furet, autorisé pour chasser le lapin, II, p. 494, 3824.
Furieux, abandon de, II, p. 495, 2837, 4°, § 7.

— interdiction, I, p. p. 444 à 443, 4442, 4447, 4448.
— prévenu, II, p. 258, 3059.
Fuschine, vin, trace de, Circ. min., 24 avril 1882.
Fusil, accordé aux gardes forestiers, II, p. 89, 2504.
— arme de guerre, II, p. 466, 3742.
— à vent, *ibid.*, 3743.
— chasse au, II, p. 489, 3817, p. 494, 3824.
— confiscation, II, p. 499, 3854, II, p. 245, 2906.
— contrebande avec, II, p. 601, 4455.
— interdit au garde champêtre, II, p. 83, 2478.
Futaille, saisie par les contributions indirectes, confiscation, II, p. 404, 3527, 20°.

G

Gage des créanciers, faillite, I, p. 529, 4824.
— détournemet de, C. P., 400, § 3 et 4, 406.
Gain de cause, I, p. 237, 783, I. p. 247, 827.
Garantie assignation d'un avoué en, III, p. 285, 5058.
— assurée aux citoyens en cas de transport du M. P., II, p. 38, 2334.
— demandes en, I, p. 486, 603, 4°.
— employés au bureau de, police judiciaire, II, p. 8, 2249, 40°; procès-verbaux, II, p. 20, 2284, 5°.
— fournie par le cautionn., III, p. 259, 4983.
— de la liberté individuelle, II. p. 548, 4004.
— des magistrats, I, p. 628 à 637, 2082 à 2409.
— des matières d'or et d'argent, II, p. 543, 3898.
— de paiement des frais de poursuites par les officiers ministériels, I, p. 666, 2205.
— présentée par un aspirant au notariat, III, p. 375, 5289; par le cessionnaire d'un office ministériel, III, p. 253, 4964.
Garçon de salle des cours et trib., délibération pour la nomination, III,

p. 499, 4843, 44°; menues dépenses, I, p. 94, 293, Décr., 28 janvier 4883.
Garde des actes des notaires, III, p. 393, 5337.
— d'artillerie, serment, III, p. 440, 5462, 24 et p. 443, 5470.
— des bois communaux ou des établissements publics ou des particuliers, serment, III, p. 439, 5462, 42°; de l'État, II, p. 88 et 89, 2499 à 2502.
— des canaux navigables, police judiciaire, II, p. 9, 2249, 20°.
— cantonnier forestier, II, p. 88, 2499.
— champêtre communal, L. 5 avril 4884, art. 402, II, p. 3, 2237, p. 84 à 84, 2473 à 2483; concussion, II, p. 555, 4027; corruption, II, p. 559, 4036; délit du, II, p. 542, 3988, I, p. 634, 2094, I, p. 54, 466, procès-verbaux, II, p. 85 à 88, 2487 à 2498, II, p. 20, 2286, II, p. 497, 2842; saisie des délinquants, II, p. 53, 2375, serment, III, p. 440, 5462, V, 2°, p. 444, 5465; taxe à témoins, III, p. 32, 4306.
— champêtre particulier, II, p. 84 et 85, 2484 à 2486; délit de chasse commis par un, I, p. 634, 2094, II, p. 498, 3845; procès-

verbaux, II, p. 24, 2286, 10°;
serment, III, p. 440, 5462, V.,
2°.
— chasse, corruption, II, p. 556, 4028.
— de chemin de fer, officier de police
judiciaire, II, p. 7, 2249, 5°.
— à cheval des forêts, franchise postale, III, p. 463, 5549, V, 5°;
procès-verbaux exempts d'affirmation, II, p. 93, 2518.
— de commerce, I, p. 525, 1809,
p. 526, 1813.
— des détenus, III, p. 112, 4550;
malades dans les hospices, II,
p. 414, 3563.
— de digue, II, p. 9, 2249, 24.
— des enfants en cas de séparation,
I, p. 474, 1644, I. p. 172, 572.
— enfant en, protection, Circ. min.,
12 février 1883,
— forestier, arrestation par un, II,
p. 53, 2377; citation par, II,
p. 217. 2914, II, p. 588, 4145;
II, p. 496, 3838; communaux,
II, p. 89 à 90, 2502 à 2505;
concussion, II, p. 555, 4027;
délits commis par un, II, p. 542,
3988, juridiction privilégiée, I,
p. 631, 2094; maximum de la
peine, I, p. 54, 166; droit de
chasse, II, p. 491, 3822, p. 498,
3846; officier de police judiciaire, II, p. 3, 2237; procès-
verbaux, affirmation, II, p. 44,
2263, 2265; compétence, II,
p. 585, 4108; force, II, p. 19,
2284, 4°, p. 20, 2286, 1° et 2°;
gratification, III, p. 51, 4362;
nullité, II, p. 18, 2279; particulier, droit de saisie et de suite,
II, p. 585, 4107; prévaricateur,
II, p. 586, 4440; serment, III,
p. 439, 5462, 44°; taxe à témoin, III, p. 32, 4306.
— général des forêts, chef des gardes
forestiers, II, p. 89, 2504; franchise postale, III, p. 463, 5549,
V, p. 465, 5521; § 3, poursuites
des délits forestiers, II, p. 584,
4406; Décret, 23 octobre 1883;
Décr., 22 janvier 1884.
— du génie, dispense du jury, II, p.
322, 3270; officier de police judiciaire, II, p. 8, 2249, 46°;
procès-verbaux, II, p. 20, 2284,
7°; serment, III, p. 440, 5462,
46°.
— d'honneur, au président des assises, I, p. 36, 440.
— mine, police judiciaire, II, p. 7,
2249, 5°.
— des minutes par les greffiers, III,
p. 322, 5454; par les notaires,

III, p. 393, 5336; III, p. 403,
5367; append., p. 647, 75.
— nationale, I, p. 638, 2443; dispense des greffiers et commis
greffiers, III, p. 310. 5425;
exclusion, II, p. 449, 3576; infractions aux lois sur la, I, p.
553, 1860, XVI; juridiction,
I, p. 638, 2444; officiers ministériels, III, p. 220, 4875; refus
de service, II, p. 573, 4076,
4077; réquisition de la, II, p. 3,
2236.
— de nourrisson, Décret, 27 février
1877, art. 25 à 35.
— pêche, police judiciaire, II, p. 9,
2249, 22; procès-verbaux, II,
p. 13, 2259; p. 20, 2284, 2°; p. 24,
2286, 8°; serment, III, p. 439,
5462, 40°.
— provisoire de l'inculpé, II, p. 54,
2374.
— des rivières, affirmation des procès-verbaux, II, p. 13, 2260;
police judiciaire, II, p. 9, 2249,
19.
— rural, délit de chasse, II, p. 498,
3845.
— de santé, lazaret, notifications, Décret, 22 février 1876, art. 420.
— des sceaux, approbation du règlement des cours ou trib., I, p.
148, 372, 374; pouvoir disciplinaire, III, p. 494, 4788, 493,
4792, 4793, 496, 4803, 272,
5023.
— vente, II, p. 585, 4108; II, p. 7,
2249, 2°; procès-verbaux, II,
p. 13, 2259.
— de ville, témoin, III, p. 32, 4306,
34, 4310.
— à vue, des bestiaux, I, p. 557,
1860, XII, 2°; des inculpés, II,
p. 54, 2374, p. 113, 2581, p. 129,
2626.
Gardien de détenus évadés, connivence
et négligence, III, p. 129, 4606,
4607; poursuites, I, p. 596,
1966, 8°
— judiciaire d'objets saisis, détournement, II, p. 569, 4066; débi-
teur constitué, I, p. 296, 996, 6°.
— des maisons de détention, exigence
des extraits pour l'écrou, II, p.
412, 3555.
— des pièces à conviction, II, p. 50,
2371.
— des prisons, chef ou ordinaire, III,
p. 412, 4550; détention illégale,
II, p. 552, 4048; refus d'exhiber
les détenus ou les registres, id.,
p. 4019.
— des scellés, I, p. 485, 1678; res-

ponsabilité, I, p. 549, 4860, VI, 6°.

Gare de chemin de fer, police de la, II, p. 495, 2837, 1° § 41.

Gargousse, confection de, II, p. 521, 3925.

Garnison individuelle, recouvrement des contributions, L. 9 février 4877.

Gazon enlevé sur les biens communaux, Code pén., art. 479, n° 42; compte crim., III, p. 568, 5757, § 3, 40°.

Gelinotte, colportage de, temps prohibé, II. p. 489, 3814.

Gendarme, arrestation, II, p. 53, 2377, 81, 2472.

— assistance à l'inscription d'écrou, III, p. 46, 4351.

— attroupements, II, p. 470, 3753.

— capture des contraignables, II, p. 448, 3684.

— citation des militaires, II, p. 453, 2705, 2706; prévenus, II, p. 217, 2944; III, p. 435, 5455.

— corruption, II, p. 556, 4028.

— contravention, crime ou délit commis par un, compétence, I, p. 638, 2445; III, p. 437, 5458; III, p. 438, 5459.

— escorte de détenu, transport, Circ. min., 49 février 4875; 29 novembre 4884, 44 février 4885.

— extraction de prévenus, II, p. 224, 2939; Circ. min., 42 sept. 4877.

— évasions, I, p. 596, 4966.

— franchise postale, III, p. 459, 5544, 460, 5543, IV, 5°, p. 464, 5545, 462, 5546, 463, 5549, 465, 5520.

— garde provisoire des inculpés, II, p. 54, 2374.

— gratification pour procès-verbaux de chasse, III, p. 54, 4362.

— greffier de paix, incompatibilité avec les fonctions de, III, p. 340, 5423.

— juridiction à laquelle sont soumis les, I, p. 638, 2445.

— notification aux jurés, II, p. 330, 3292.

— officier de police judiciaire, II, p. 3, 2237, 78 à 84, 2464 à 2470.

— procès-verbaux, affirmation, II, p. 437, 5457; II, p. 84, 2470; enregistrement, II, p. 47, 2276; II, p. 25, 2297; force probante, II, p. 24, 2286, 40°, 44°; III, p. 436, 5456; réduction, II, p. 84, 2470, 2474; transmission au M. P., II, p. 44, 2255.

— réquisition télégraphique, Circul. min., 48 novembre 4880.

— serment, III, p. 439, 5462, § 3, 9°, p. 444, 5465.

— taxe à témoin, III, p 32, 4306.

— témoin, II, p. 439, 440, 2664, 2663, p. 84, 2474; frais, Circul. min., 29 novembre 4884, 44 février 4885.

— translation de condamnés extraits, II, p. 442, 3556; de détenu escorté, voie ferrée, Circ. min., 29 nov. 4884, 11 février 4885.

— transport de dépêches, III, p. 436, 5455, 455, 5502; pièces à conviction, Circul. min., 28 avril 4884.

Gendarmerie, caserne, chambre du sûreté, II, p. 560, 4042; garde à vue des inculpés, II, p. 54, 2374, p. 143, 2584.

— commandant de, rapports avec le M. P., III, p. 433, 434, 5449 à 5453.

— commandant une division ou subdivision de, poursuites contre un, I, p. 630, 2087.

— inscription des gardes champêtres à la, II, p. 83, 2480.

— inspecteur général, rapports avec le M. P., Circ. min. 26, mai 4880.

— maritime, arrestation, captures, etc., Tarif, 9 juin 4880.

— service de la, III, p. 434 à 438, 5455 à 5460; Décret, 24 juillet 4875.

Gendre de notaire, faveur légale, III, p. 378, 5297.

Général en chef, témoignage, II, p. 438, 439, 2657 à 2660.

Générateur à vapeur, explosion, Circ. min., 47 septembre 4883.

Génie, garde du, serment, III, p. 440, 5462, 46°.

Gens de l'art, rapport des, I, p. 378, 4297, 379, 4300; taxe des honoraires, III, p. 56 à 59, 4378 à 4388; vérification de travaux d'alignement, II, p. 73, 2442.

— de mer, rapport des capitaines de navires, autorité compétente pour le recevoir, I, p. 534, 4842; poursuite contre les, I, p. 642, 2430.

— sans aveu, arrestation, II, p. 53, 2377; liberté provisoire, II, p. 462, 2727.

Geolier, complicité d'évasion, III, p. 428, 4602, 429, 4606, 4607.

— concussion, II, p. 555, 4027.

— détention illégale, II, p. 552, 4048.

Gérance d'une étude de notaire, III, p. 379, 5297.

Gérant de journal, capacité et responsabilité, III, p. 401, 4546, 406, 4534, L. 29 juillet, Circ. min., 9 novembre 4884.

— insertions obligatoires adressées par les préfets, III, p. 106, 4532.

Gestion de biens, cession de, annexée à une cession d'office, III, p. 242, 1932.

— des commissaires priseurs et huissiers, règlement annuel, III, p. 263, 4994.

— salariée des affaires d'autrui, interdite à un magistrat, III, p. 189, 4780.

Gibier débité, transporté ou tué en temps ou par modes prohibés, I, p. 557, 1860, XII, 1°; II, p. 488, 3843, 489, 3848, 3847.

— définition du, II, p. 485, 3803.

— d'eau, chasse, II, p. 488, 3812.

— exportation et importation de, contravention de douane, II, p. 600, 4449.

— recherche du gibier, II, p. 488, 3813.

— transit en temps prohibé, Cir. min., 28 avril 1884.

Gîte, fourni à un évadé, III, p. 131, 4644.

Glace, enlèvement de la, règlement sur l', II, p. 495, 2837, 4°, § 12.

Glanage, contraventions, art. 471, n° 10, du C. P., et art. 3, 4. 21, titre II, loi du 28 sept., 6 oct. 1791, règlements, II, p. 496, 2837, 5° § 6; statist., III, p. 568, 5757, § 3, 3°.

Glandée, Cod. For., art. 53.

Gluaux, chasse avec, II, p. 493, 3828.

Glucoses, loi du 22 janvier 1872; bière, déc, 18 sept. 1880.

Goëmon, récolte du, II, p. 496, 2837, 5°, § 8.

Gouvernement, attentats contre le 1, p. 540, 1859, 8°, avis au G. des S., II, p. 597, 4140.

Gouverneur de la Banque de France, avis de poursuites en matière de faux billets de banque, III, p. 17, 4260.

— de château maison ou palais du chef de l'Etat, obligations en cas de crime ou délit, II, p. 48, 2366.

— des colonies, conflit, I, p. 308, 1041.

Grâce, III, p. 76 à 90, 4440 à 4482.

— demande en, contributions indirectes, II, p. 505, 3868.

— différence avec l'amnistie, I, p. 608, 2009.

— effet de la, sur l'action publique, II, p. 285, 3452, sur le bannissement, II, p. 420, 3580; sur la surveillance de la haute police, II, p. 419, 3579.

— recours en, III, p. 78 à 85, 4446 à

4468; rapport du président des assises, II, p. 357, 3381.

Gracié, assistance à l'enterrement, III, p. 86, 4472.

— militaire, avis au M. P.; Cir. min., guerre, 12 nov. 1884.

— récidiviste, III, p. 134, 4621.

Grade des clers de notaire, III, p. 369, 5273.

— requis pour être avocat, III, p. 204, 4826, 205, 4832.

Grains, baisse ou hausse opérée frauduleusement, I, p. 552, 1860, IX. 11°.

— commerce par les commandants militaires, préfets ou sous-préfets, I, p. 548, 1860, IV, 4°; II, p. 571, 4071.

— coupés, I, p. 551, 1860; X, 6°.

— entrave à la circulation des, I, p. 552, 1860, IX, 42°.

— entreposés dans le rayon des douanes, I, p. 557, 1860, XIV, 3°.

— exportés, ibid., 6°.

— frauduleusement transportés, ibid., 4°.

— pillés, I, p. 545. 1859, IX, 13°.

— en vert, vente prohibée, loi du 6 messidor, an III.

Gramont, loi, II, p. 465, 3740.

Grand âge, conseil judiciaire pour, I, p. 423, 1452.

Grand duché de Luxembourg, extradition, I, p. 577, 1904; significations, Cir. min., 5 juillet 1884.

Grand fonctionnaire, témoin, II, p. 138, 2657.

Grand officier de la Légion d'honneur, I, p. 630, 2087.

Grappillage, contravention, C.P. art. 471, § 10, statist., III, p. 568, 5757, § 3, 3, L. 6 octobre 1791, tit. II, art. 21.

Gratification, arrestation de détenu évadé, III, p. 127, 4604.

— aux gardes champêtres pour arrestation, II, p. 84, 2481.

— aux gardes et gendarmes, rédacteurs de procès-verbaux de chasse, II, p. 500, 3855; III, p. 51, 4362, 52, 4363.

Gratuité des actes de l'état civil, I, p. 354, 1199; d'actes, stipulée dans une cession d'office, III, p. 241, 4932.

— de cession d'office, III, p. 243, 4933.

— des fonctions de juge consulaire, I, p. 313, 1776.

— imposée aux greffiers pour certains actes, III, p. 347, 5142.

Gravure, exposée, mise en vente, publiée sans autorisation, I, p. 556,

1860, XI, 29°; III, p. 107, 4536, loi 29 juillet et Cir. min. 9 nov. 1881.

— obscène, loi du 2 août 1882, Cir. min., 7 août 1882.

Greffe, affichage des ordonnances d'assises, II, p. 314, 3239.

— casier judiciaire, III, p. 468, 469, 5525 à 5529.

— de commerce, rapports de mer, I, p. 534, 1844.

— décharge de pièces, III, p. 493, 5593.

— dépôt d'armes ou engins de chasse saisis, II, p. 500, 3852.

— détournement, II, p. 568 et 569, 4062 à 4067.

— entretien et charges du, III, p. 318, 5143.

— justice de paix, inscription des élèves en pharmacie, Cir. min., 11 juillet 1883.

— local, I, p. 84, 262, 85, 266.

— soustraction de pièces, I, p. 549, 1860, VI, 8°.

— transmission, cession, III, p. 306 à 340, 5447 à 5422.

— vérification, III, p. 332, 333, 5475 à 5480.

Greffes d'arbres, destruction, I, p. 554, 1860, X, 5°; II, p. 590, 4420.

Greffier, arrêts et jugements, signature, I, p. 464 à 467, 547 à 556.

— audience, présence à l', I, p. 469, 524.

— bulletins, n° 1 et n° 2, III, p. 475, 5544, 5546.

— candidat à la charge de, certificat de capacité, de non parenté ou alliance, III, p. 249, 4952, 250, 4956; examen, III, p. 250, 4955; et appendice, 607, 66.

— en chef, III, p. 306 à 342, 5447 à 5430; serment, III, p. 439, 5462, 1°.

— de commerce, I, p. 513, 1776, 520, 1794, 530, 1827, 534, 1843; tarif, Décret 18 juin 1880; Cir. min., 29 juillet 1880.

— concussionnaire, I, p., 542, 4859, IV, °3, p. 547, 4860, IV, 2°; II, p. 555, 4027, 6°.

— de conseil de guerre, I, p. 638, 2143.

— constatation de l'usure, dans une instance, avis au parquet, II, p. 466, 4713.

— copie des dépositions d'instruct. crimin., II, p. 340, 3327.

— copies ou extraits de jugement à fournir au recrutement, III, p. 143, 4648.

— description de pièce arguée de faux, III, p. 42, 4245, 13, 4249.

— destitué, casier administratif, Cir. min., 9 déc. 1875.

— enregistrement, affaires contentieuses concernant l', I, p. 343, 4474.

— état des jurés défaillants, II, p. 336, 3343; de liquidation des frais criminels, III, p. 63, 4397, 4398; des récidives, salaire, III, p. 592, 5840; semestriel des condamnations à l'amende, pour le trésor, II, p. 399, 3522 à 3524.

— exécution capitale, assistance, II, p. 384, 3459.

— extraits de jugements à fournir aux contrôleurs des bureaux de garantie, II, p. 544, 3902.

— faux en écriture publique, III, p. 8, 4229.

— franchise postale, III, p. 467, 5523, 5524.

— instruction, II. p. 58, 2393.

— interprète, II, p. 133, 2640.

— de justice de paix, apposition de scellés, Cir. min., 27 nov. 1880; amendes, scellés, I, p. 485, 1680; serment, III, p. 440, 5462, V, 1°; transport, II, p. 69, 2428; vérificat. des registres, III, p. 484, 4768, 5°; ventes mobilières, Cir. min., 20 déc. 1876, 24 avril 1879.

— jury, dispense du, II, p. 322, 3270.

— mandataire en conciliation, I, p. 189, 608.

— mémoire de frais en matière forestière, III, p. 67, 4408.

— moyenne des produits, calcul de la, III, p. 234, 4913.

— de paix ou de police, commissaire-priseur, III, p. 304, 5103.

— parenté ou alliance prohibées, III, p. 220, 4875.

— perceptions illicites, III, p. 74, 4424, p. 349, 5146, 5147; recrutement, III, p. 443, 4648.

— de police simple ou de police municipale, serment, III, p. 439, 5462, 3°.

— poursuivi, I, p. 629, 2084.

— salaires, III, p. 35 à 39, 4316 à 4328, p. 60, 4390.

— secrétaire du bureau d'assistance judiciaire, I, p. 282, 950.

— serment, III, p. 439, 5462, § 3, 1°.

— statist. civile, III, p. 495, 5598.

— transport, II, p. 39, 2335; indemnité, III, p. 28, 4292.

— transport des condamnés, formalités incombant au, Circ. min., 29 novembre 1884.

— de trib. maritimes, droits pour

bulletin, n° 2, III, p. 475, 5544.

Grenailles, commerce de, par des command. militaires, des préfets ou des s.-préfets, I, p. 548, 1860, IV, 4°, II, p. 571, 4071.

— hausse en baisse opérée fraudul., I, p. 552, 1860, IX, 11°.

— pillées, I, p. 545, 1859, IX, 13.

Grève des avocats, I, p. 213, 693, p. 245, 698.

— syndicat professionnel, L. 21 mars 1884, Circ. min., 15 septembre 1884.

Grevé de restitution, I, p. 493, 4711; poursuites d'office contre un, I, p. 173, 572, 7°.

Grief d'appel, I, p. 211, 685; correct., II, p. 277, 3122.

— de cassation, I, p. 253, 849, 850.

Grivèlerie, I, p. 554, 1860, VIII, 6°.

Grosse d'acte notarié, III, p. 393, 5338.

— d'arrêt ou jugement, I, p. 450, 486, I, p. 234, 235, 722 à 726.

— contrat à la, registre du greffe, III, p. 326, 23°.

— double d'une, III, p. 427, 5432, 4°.

Grossesse de la femme condamnée à mort, C. P. art., 27.

— de la femme impubère, I, p. 448, 1839.

— de la future, dispense d'alliance ou de parenté, I, p. 429, 1480; de publication, I, p. 429, 1480.

Guadeloupe (la), code pénal métropolitain, Décr., 8 janvier 1877.

Guerre civile, attentat, complot ayant pour but la, I, p. 540, 1859, 10°, I, p. 302, 1015; responsabilité des communes, pillage, I, p. 302, 1015.

Guet-à-pens, homicide, blessures avec, I, p. 544, 1859, VIII.

Guichet, signification entre deux, I, p. 494, 627.

Guichetier détenu employé comme, II, p. 416, 3568; pension de retraite, III, p. 122, 4582.

Guillotine, II, p. 379, 3449.

Guyane, bagne, II, p. 385, 3469, p. 387, 3478.

H

Habit de ville et sacerdotal, des ecclésiastiques, port illégal, II, p. 576, 4087; des magistrats, visites, décis. Chanc. 26 mai 1876.

Habitant d'une commune, responsabilité, I, p. 300, 1007, 1009.

Habitation, chasse, II, p. 484, 3800, 3802.

— débit de boissons, II, 509, 3883.

— signification de défaut à la dernière, II, p. 250, 3027.

Habitude de mendicité, I, p. 549, 1860, VI, 17°.

— d'usure, I, p. 655, 2169, III, p. 166, 4714; notaire, III, p. 427, 5433.

Hache, porteur de, en forêt, art. 146 du C. F., III, p. 568, 5757, § 3, 15°.

Haie coupée, arrachée, I, p. 554, 1860, X, 12°.

Halage, chemin de, Décr., 22 janvier 1808.

Ham, fort de, détention, II, p. 391, 3493.

Hameau, résidence des notaires, III, p. 383, 5309.

— signification d'acte dans un, III, p. 43, 4339.

— transport des magistrats, III, p. 27, 4290.

Hambourg, extradition, I, p. 577, 1904.

Hanovre, extradition, I, p. 577, 1904.

Hardes et effets d'un noyé, I, p. 376, 1292.

Hareng, pêche du, I, p. 558, 1860, XV, 3°.

Hausse ou baisse frauduleuse des denrées, I, p. 552, 1860, IX, 11°; des salaires obtenue par coalition, II, p. 502, 3858, L. 21 mars, Cir. min. 15 sept. 1884.

Haute cour de justice, I, p. 538, 1856; évocation, II, p. 340, 3234; pourvoi, II, p. 360, 3388.

Haute police, II, p. 70, 2430, p. 73, 2440; surveillance de la, II, p. 419 à 425, 3577 à 3602; Décr. 30 août 1875.

Hauteur des maisons à Paris, Décr., 18 juin 1872; 23 juillet 1884.

Helvétique, canton, I, p. 389, 1333.

Herboriste, règlement de police, II, p. 196, 2837, 4°, § 7.

Héritier, absent, interdit ou mineur, scellés, I, p. 481, 1676.

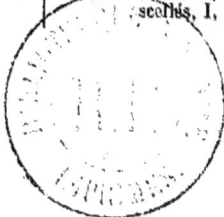

7

— assignation en réparation de dom-
    mages, II, p. 438, 3650.
— bénéficiaire, I, p. 486, 1683.
— de condamné, II, p. 207, 2884 ;
    recouvrement de l'amende, Circ.
    min., 12 décembre 1856 ; frais,
    III, p. 75, 4436.
— confiscation prononcée contre un,
    II, p. 402, 3530.
— en conciliation, I, p. 186, 603.
— de l'inculpé, I, p. 607, 2004.
— irrégulier, conclusions du M. P., I,
    p. 181, 593, 4°.
— d'un magistrat, I, p. 80, 248,
    p. 81, 253.
— de l'officier de l'état civil, respon-
    sabilité, I, p. 449, 1844.
— d'un officier ministériel, amendes
    de l'auteur, III, p. 266, 5002 ;
    présentation du successeur, III,
    p. 224 à 227, 4886 à 4896 ;
    remboursement du cautionne-
    ment, III, p. 262, 4992 ; renon-
    ciation aux recouvrements, III,
    p. 238, 4922 ; traité, III, p. 230,
    4904, III, p. 244, 4940.
— de pensionnaire de l'Etat, pièces,
    Circ. min., 12 mai 1869.
— poursuites contre le meurtrier d'un
    auteur, I, p. 654, 2464.
— d'un prévenu passible d'amende,
    II, p. 396, 3543.
Hesse, duché, électorat, landgraviat, ex-
    tradition, I, p. 577, 1904.
Heure, acte d'affirmation des procès-
    verbaux, II, p. 16, 2271.
— acte d'écrou, indication de l', II,
    p. 404, 3533.
— constatation exigée dans l'affirma-
    tion des procès-verbaux de
    chasse, II, p. 496, 3840.
— de prison, minimum, II, p. 200,
    2855, 403, 3533.
Hollande, extradition, I, p. 577, 1904.
Homicide avec consentement de l'homi-
    cidé, I, p. 599, 1975.
— en duel, I, p. 384, 1307.
— excusable ou involontaire, I, p. 550,
    1860, VII, 7° ; complicité, I,
    p. 585, 1932.
— peine, I, p. 544, 1859, VIII.
— supposé, révision de procès, III,
    p. 162, 4701.
Homme d'affaires, I, p. 7, 11, 6°; sus-
    pect, III, p. 397, 5349.
— de l'art, acceptation de dons ou
    promesses pour exemption du
    service militaire, I, p. 562,
    1860, XXII. 10°, III, p. 142,
    4642; experts, II, p. 41, 2342;
    faux certificat, II, p. 148, 2690,
    2691 ; taxe, II, p. 137, 2654.

— de couleur, mariage, I, p. 438,
    1509.
— de lettres, non commerçant, I,
    p. 521, 1797.
— de lois, appelé comme juge, I,
    p. 134, 431 à 434 ; en concilia-
    tion, I, p. 189, 608 ; manda-
    taire, I, p. 512, 1773 ; suppléant
    au commerce, I, p. 514, 1769;
    trouble à l'audience, I, p. 140,
    453.
— de la science, expert, II, p. 137,
    2654.
Homologation d'acte d'adoption, I,
    p. 273, 915, 916, p. 274, 918.
— d'acte de notoriété, I, p. 426,
    1467, 1468, p. 427, 1470 à 1472,
    p. 438, 1510.
— concordat, banqueroute, II, p. 475,
    3774 ; timbre, I, p. 496, 1718.
— déclaration d'absence, I, p. 265, 890.
— délibération de la chambre des
    avoués, III, p. 293, 5079 ; des
    huissiers, III, p. 359, 5247,
    5248; des notaires, suspension,
    III, p. 420, 5415; des officiers
    ministériels, I, p. 181, 593, § 3,
    III, p. 269, 5012, 5013.
— demandes d', conclusions et ré-
    quisitions du M. P., I, p. 180, 593.
— destitution de tuteur, I, p. 504,
    1735.
— forme de l', I, p. 504, 1735.
— liquidation intéressant des mi-
    neurs, III, p. 399, 5354.
— partage, I, p. 493, 1708 ; compte
    civil, III, p. 517, 5645.
— statist, des, III, p. 809, 8626, 9°.
— traité de cession d'office ministé-
    riel, III, p. 224, 4888.
— transaction pour mineur, I, p. 506,
    1753, 1754.
— de vente de biens de mineur, I,
    p. 504, 1744 à 1746.
Honneur des familles, atteint par des
    publications, III, p. 103, 4524.
— faits qui blessent l'honneur ou la
    délicatesse du magistrat, III,
    p. 189, 4781.
— d'un magistrat discuté, I, p. 464,
    1602.
— à rendre, I, p. 30 à 35, 93 à 106,
    Circ. min., 21 février 1876 ; Décr.
    23 oct. 1883.
— des tiers atteint par des insertions
    dans les journaux, III, p. 105,
    4531.
Honoraires des avocats, action, contes-
    tation, taxe, III, p. 212, 4852,
    p. 216, 4860.
— des avoués et défenseurs non com-
    pris dans les dépens, II, p. 434,
    3636.

— des gens de l'art experts, III, p. 56
à 59, 4378 à 4388.

— des officiers ministériels, II, p. 555,
4027, 6°.

— des notaires, III, p. 393, 5339,
p. 394, 5340, 5343; avis de la
chambre, III, p. 414, 5399,
5400.

Honorariat, avoués, III, p. 281, 5050.

— consulaire, I, p. 512, 4770.

— magistrats, I, p. 69 à 71, 211 à
220, Circ. min., 27 mars 1880.

— notaires, III, p. 405, 5374.

Hospice, confiscation de choses livrées
dans un but de corruption, II,
p. 558, 4033.

— enfant admis ou porté à l'hospice,
I, p. 481, 593; I, p. 504, 4733;
I, 550, 4860, VII, 44°.

— enseignement donné aux enfants
de, III, p. 97, 4504.

— évasion de détenu militaire, III,
p. 434, 4613.

— héritier, I, p. 492, 4705.

— en justice, I, p. 293, 987, 988.

— médecin de l'., honoraires, III,
p. 58, 4383.

— militarisé. L. 7 juillet 1877. Décret
1 août 1879.

— partie civile, I, p. 670, 2220, 7°.

— saisie de gibier au profit d'un, II,
p. 489, 3815.

— translation de détenus condamnés,
III, p. 414, 4555; non condamnés. II, p. 444, 445, 3564 à
3564.

Hostilité contre l'étranger, non approuvée par le gouvernement, I,
p. 540, 4859, 6°.

— conséquences, I, p. 386, 4324.

Hôtel des invalides, I, p. 476, 578.

Hôtelier logeant un criminel; responsabilité, C. P., p. 73.

— règlements sur les, II, p. 495,
2837, 2°, § 44.

— responsabilité civile, II, p. 438,
3649.

— vol commis par un, I, p. 545, 4859,
IX, 4°.

Huile et essence dangereuse et inflammable. Décrets du 27 janvier 1872;
19 mai 1873; 42 juillet 1884.

Huis clos, cours et tribunaux, I, p. 427,
428, 404 à 442; assises, II, 347,
3350; audience correct., II, p. 243,
2902; jugem., II, p. 246, 3013;
pour mineur, I, p. 895, 4965;
poursuites contre un notaire, III,
p. 425, 5428.

Huissier, affichage et publication concernant un contumax, II, p. 533,
3959, II, 535, 3967; II, p. 536,
3968.

— affiche de sentence, I, p. 234, 770.

= Algérie, Décr. 13 décembre 1879.

— alliance et parenté prohibées, III,
p. 220, 4875.

— assistance à l'inscription d'écrou,
II, p. 406, 3539, ; p. 407, 3542 ;
III, p. 418, 4567.

— attributions et organisation, III,
p. 334 à 360, 5184 à 5250.

— certificat de non parenté ou d'alliance, III, p. 250, 4957; de
quitus, III, p. 262, 4993.

— citation des inculpés, II, p. 247,
2914.

— au commerce, I, p. 543, 4774 ;
I, p. 530, 4827.

— commis pour signifier, I, p. 225,
734, 735.

— commissaire-priseur, III, p. 304,
5402.

— copies, altération, III, p. 2, 4211.
droit exclusif aux, I, p. 482,
4673; salaire, III, p. 40 à 48,
4329 à 4355.

— corruption, II, p. 559, 4036.

— défenseur en S. P., II, p. 498,
2848.

— désigné pour exécution, II, p. 380,
3456, p. 384, 3460 pour signifier
défaut civil, I, p. 225, 734, 735.

— détournement de prix de vente, II,
p. 567, 4064.

— exécution et signification de mandats, III, p. 50, 4356.

— extraction des détenus appelants,
II, p. 274, 3142 ; appendice,
p. 634, 40; des prévenus, II,
p. 214, 2939, Circ. min., 42 sept.
4877.

— frais dus en matière d'interdiction,
I, p. 422, 4454.

— greffier, incompatibilité, III, p. 310,
5423.

— illisible, I, p. 476, 577, 43°.

— mandataire en conciliation, I,
p. 489, 608 et 609.

— mémoire de frais, III, p. 68, 4444
à 4445; ministère obligé contre
un juge en cas de déni de justice, II, p. 582, 4100.

— M. P. en simple police, II, p. 492,
2927.

— moyenne des salaires; calcul, III,
235, 4914.

— notification de la liste du jury,
II, p. 334, 3294.

— perceptions illicites, III, p. 71,
4424, III, p. 346, 5211, p. 349,
5216.

— police à l'audience, I, p. 438, 447.

— procès-verbaux criminels, II, p. 25,
2297.

— recouvrement des effets de com.

merce. Circ. min. 2 janv. 1882, 20 juin 1882; des frais de justice criminelle, libération entre les mains de l'. III, p. 75, 4438.

— révoqué continuant ses fonctions, II, p. 516, 4000.

— salaires, III, p. 40 à 48, 4329 à 4355.

— serment, III, p 439, 5462, 6°, p. 444, 5465, 6°.

— signification de défauts de P. C., II, p. 249, 3024.

— statist disciplinaire, Circ. min. 10 déc. 1883.

— taxe, prescription, L. 5 août 1881.

— transport avec le M. P., II, p. 38, 2332, p. 39, 2336.

Huîtres, vente et transport, interdiction, Décret 12 janv., Circ. min. int. 23 janv. 1882.

Humanité du juge, détention, II, p. 59, 2395, perquisition, II, p. 48, 2365.

— du M. P. pour l'exécution de l'emprisonn.; maladie dangereuse du détenu, II, 415, 3564.

Hydrocarbure liquide, Décr. du 27 jan-

vier 1872; Décr. du 19 mai 1873; 12 juillet 1884

Hydromel, droits sur la fabrication et la vente de l', II, p. 509, 3882.

Hypothèque, conservateur des: cautionnement, I, p. 407 à 410, 1400 à 4409.

— légale; inscription, purge, réduction, I, p. 473 à 572, 8°, p. 474 à 573, 6°; I, p. 400, 407, 1372, 4399.

— sur les biens de l'administrateur provisoire d'un aliéné, I, p. 279, 938.

— sur les biens des condamnés, III, p. 75, 4437.

— sur les biens de mineur, I, p. 503, 4712.

— sur les biens du trésorier de fabrique, I, 397, 4362.

— inscriptions, bordereaux, rédaction défectueuse, Circ. min. 12 mai 1883.

— navires, L. 10 décembre 1874.

— statist. des appels en matière d', III, p. 502, 5612, 35, id., des réductions d', III, p. 509, 5626, 12°.

I

Identité du banni, II, p. 392, 3499.

— du candidat à un office ministériel, acte de notoriété, III, p. 247, 4947.

— du chasseur, II, p. 492, 3827.

— des comparants devant notaire, III, p. 7, 4228; III, p. 397, 5350.

— de condamné évadé, III, p.431 à 432, 4614 à 4616: repris, examen par la chambre d'accusation. II, p. 294, 3479; recherches, III, p. 474, 5534.

— d'un contrebandier, II, p. 601, 4453.

— du contumax, II, p. 538, 3976.

— du déporté, II, p. 389, 3484.

— d'un inculpé, visa de mandat, II, p. 409, 2568; interrogatoire, II, p. 430, 2632.

— des jurés, II, p. 334, 3296, p. 332, 3299.

— du M. P., attestée par l'autorité municipale, II, p. 38, 2334.

— de personne arrêtée, circ. min. 12 octobre 1875.

— des pièces à conviction, II, p. 234, 2975, p. 237, 2985.

— du prévenu, citation directe, II, p. 217, 2943.

— du rupturier, II, p. 424, 3598.

— de la victime prétendue d'un homicide, vérification, révision de procès, III, p. 462, 4702.

Idiome des inculpés, interprète, II, p. 133, 2638.

Idiotisme, circonst. atténuante, I, p. 601, 1984.

Idonéité des candidats aux offices ministériels, III, p. 229, 4901.

— du défenseur d'assises, II, p. 342, 3334.

— des experts pour faux billets de banque ou fausse monnaie, III, p. 17, 4260.

— de l'interprète, II, p. 133, 2638.

— des jurés, II, p. 336, 3311.

Ignorance des huissiers, III, p. 346, 5244.

— de la loi, I, p. 604, 1983; II, p. 506, 3872.

Ile, chasse dans une, II, p. 484, 3802.

— d'Hyères, d'Oléron et de Ré, significations. Circ. min. 5 juillet 1872.

— du littoral, exploit concernant les habitants d'une, I, p. 480, 4664.

— Maré et des Pins, déportation, II, p. 388, 3480 à 3482.

Illégalité, arrestation, détention, séquestration, II, p. 547 à 552, 4004 à 4049.

— précautions contre les, II, p. 38, 2334.

Image du Christ, salles d'audience, I, p. 86, 267.

— obscène distribuée, exposée, vendue, confiscation, II, p. 400, 3527, 4°: peine, Loi du 2 août 1882, Circ. min. du 7 août 1882.

Imbécillité, interdiction, I, p. 411, 1442, p. 412, 1417.

Immatricule, patente d'huissier, I, p. 191, 626.

Immeubles affranchis d'hypothèque légale, I, p. 402, 1376.

— cautionnement de conservateur des hypothèques, I, p. 408, 409, 1404 à 1405.

— de l'Etat, service judiciaire, I, p. 325, 1103.

— saisie d', inscription hypothécaire requise par le M. P. et purge, I, p. 403 à 407, 4385 à 1399.

— de succession en déshérence, I, p. 490, 1697.

— de succession vacante, I, p. 488, 1688.

— ventes judiciaires d'.. L. 23 oct. 1884; instruct. n° 2704 de l'enregistr. 3 Déc. 1884.

Immixtion dans les fonctions d'agent de change on courtier de commerce, II, 463, 3731; p. 464, 3734, 3735.

— dans les fonctions publiques, II, p. 574, 4080.

— des magistrats dans l'exercice du pouvoir administratif et législatif, II, p. 544, 3985; II, p. 563, 4048.

— prohibées pour les agents du gouvernement, les fonctionn. et offic. publics, adjudication, commerce, II, p. 570 à 572, 4068 à 4074.

— dans le transport des lettres; III, p. 98, 4510; p. 100, 4514.

Immondices, dépôt ou jet, C. P., art. 471, 6°, 12°, 475, § 8, 476.

— règlement sur les dépôts, II, p. 196, 2838, 3° § 4.

Immoralité de chef d'établissement secondaire, III, p. 95, 4497.

— de notaire, III, p. 417, 5405, 8°.

Immunité, comptes rendus et discours parlementaires et judiciaires, L. 29 juillet., Circ. min., 9 nov. 1881.

— de conducteur et gardien de détenu évadé, repris dans les quatre mois, III. p. 130, 4640.

— ravisseur, I, p. 626, 2076.

— vols entre parents, I, p. 623, 624; p. 2061 à 2064.

Impartialité du maire, officier de police judiciaire, I, p. 77, 2458.

— du M. P. aux assises, II, p. 350, 3362; en P. C., II, p. 244, 2999, procès intéressant l'Etat, conclusions, I, p. 221, 724.

Impétrant, cession d'office, formalités et pièces, III, p. 246 à 253, 4945 à 4962; p. 256, 4970.

— dispenses d'âge, d'alliance et de parenté, I, p. 484, 594, 595; p. 429 à 431, 4479 à 1501.

Importation de marchandises étrangères, constatation des contraventions, II, p. 8, 2249, 14°; peine, I, p. 557. 1860, XIV, 2°; L. 17 mars 1879, Décret 18 mars 1879.

— de poudres, II, p. 524, 3924.

— prohibée ou frauduleuse, II, p. 600, 4449, 4150.

— de tabac, II, p. 526, 3944; p. 527, 3942.

— de viandes de porc salées, Décret, 27 novembre 1883.

Impôts, entrave à la perception des, II, p. 598, 4442.

— illégalement perçus, II, p. 541, 3985, 7°.

— indirects, fraudes et contraventions, II, p. 8, 2249, 14°.

Impraticabilité des chemins, taxe à témoin, III, p. 31, 4302.

Impression, cours et tribunaux, frais d', III, p. 52 à 54; p. 4366 à 4374; Décret 28 janvier 1883, Circ. min., Int. 45 déc. 1883.

— de jugements civils, I, p. 234, 762.

— de jugements et arrêts en matière répressive, II, p. 452, 453; p. 3694 à 3699.

— de jugements contre les officiers ministériels, III, p. 267, 5006; les notaires, III, p. 426, 5431.

— des signalements, III, p. 465, 4709.

Imprimé, affichage, distribution gratuite, exposition, offre, vente d'., obscène, L. 2 août 1882, Circ. min. 7 août 1882.

— dépôt, L. 29 juillet, Circ. min., 9 nov. 1881.

— franchise postale, III, p. 448, 5483, 5484.

— mémoire de frais, affaires forestières, II, p. 593, 4131.

— notes manuscrites sur les, III, p. 99, 4513.

— du parquet citations à prévenus, II, p. 216, 2908; à témoins, p. 220, 2923.

— du tribunal, menues dépenses, I,
p. 94, 293, Circ. min., Int.,
15 déc. 1883.

Imprimeur des cours et tribunaux, III,
p. 52, 4366.

— extraits de jugements contre les,
II, p. 290, 3170, 4°.

— infractions aux obligations des,
I, p. 555, 556, 1860, 16 à 31;
p. 558, 559, 4860, XVIII; L. 29
juillet 1881, Circ. min., 9 nov.
1881.

— responsabilité, III, p. 106, 4533.

— serment, III, p 140, 5462, § 3, 3°.

Imprudence, emploi d'armes, C. P.,
479; blessures, I, p. 550, 4860,
VII, 7°, homicide, *ibid.*

Impubère, demande en nullité de mariage par un époux, I, p. 448,
1539.

Impunité du meurtrier favorisé, I, p. 544,
4859, VIII, 1°.

Inaction du, M. P., I, p. 566, 4873;
p. 567, 4875; p. 571, 4889; II,
p. 97, 2527.

Inamovibilité, I, p. 49, 449; p. 50,
153 à 155.

— juge suppléant, III, p. 173, 4736,
4737.

— notaire, III, p. 385, 5316; III,
p. 403, 5365; p. 404, 5369.

Incapacité aliénation amiable, expropriation, I, p. 394, 1353.

— du conseiller d'arrondissement, I,
p. 179, 591.

— électorale, I, p. 329, 1449.

— d'ester en justice, I, p. 293, 987.

— d'exercer des fonctions, pour immixtion prohibée, II, p. 570, 4068;
pour délit de contrebande, II,
p. 614, 4486; soustractions, C. P.,
474; suppression de lettres, C. P.,
487.

— du failli, I, p. 530, 1828.

— de l'interdit, I, p. 422, 1449.

— du jury, II, p. 324, 3269; p. 324,
3277; p. 327, 3286; p. 332, 3300;
p. 333, 3302.

— levée par la réhabilitation, III,
p. 156, 4682.

— d'ouverture d'école, III, p. 96,
4504.

— physique ou morale des comparants
devant notaire, refus d'instrumenter, III, p. 398, 5351; III,
p. 427, 5433.

— résultant de la dégradation civique,
II, p. 393, 3502; p. 394, 3505.

— de travail de plus de 20 jours, I,
p. 544, 4859, 3°; constatation
médicale, II, p. 46, 2361, 2362;
sursis des poursuites, II, p. 254,
3043.

Incarcération de condamné et sursis,
II, p. 284, 3149, p. 287, 3161.

— du contraignable par corps, II,
p. 443, 3665; p. 446, 3675.

— du failli, I, p. 525, 1808.

— fêtes légales et religieuses, II,
p. 289, 3167.

— de l'inculpé sur mandat d'amener,
II, p. 422, 2606.

— d'un mineur de 16 ans par mesure
de correction, I, p. 315 à 317,
4068 à 4077.

Incendie, allumé par des détenus pour
s'évader, III, p. 126, 4595.

— fréquence des, état de siège, I,
p. 650, 2152.

— inobservation des précautions pres-
crites pour prévenir les, art. 471,
n° 15 du C. P., et compte criminel, III, p. 568, 5757, § 4, 17°.

— des minutes ou procédures criminelles, II, p. 160, 2722.

— par explosion de mine, I, p. 544,
4859, 43°.

— par négligence ou imprudence, I,
p. 554, 4860, X, 14°.

— des registres de l'état civil, I, p. 364,
1245; p. 365, 1249; I, p. 370,
1268.

— règlements administratifs, II, p. 495,
2837, 2° § 5.

— volontaire, de bois en tas ou stères,
bois taillis, bateau, chantier,
édifice, forêt, magasin, navire,
objets mobiliers, paille en tas ou
meules, récolte, voiture, wagon,
I, p. 545, 4859, IX, 11°.

Inceste, I, p. 446, 1536; I, p. 447,
1537, 3°.

Incident, appel, II, p. 271 3103;
p. 279, 3132; p. 283, 3145.

— assises, publicité, II, 347, 3351.

— audience civile, publicité, I, p. 128,
442.

— avocat ou avoué, scandale à l'audience, I, p. 146, 447, p. 475,
478.

— dépens et frais d', I, p. 231, 764.

— ordres et contributions et ventes
judiciaires, statist., III, p. 508,
5625.

— plaidé par avoué, I, p. 215, 699.

— de police correct., droit du défenseur et du M. P., II, p. 239,
2992; p. 240, 2994; publicité
du jugement, II, p. 243, 2902;
p. 246, 3013.

— de procédure, statist., III, p. 505,
5617.

— publicité malgré le huis clos, I,
p. 128, 442.

— saisie immobilière, I, p. 479, 591;
p. 187, 603, 41°.

Incompatibilité, avocat et fonctions administratives, III, p. 207, 4839 ; clerc de notaire, III, p. 366, 5264 ; avoués ; III, p. 280, 5045.
— commissaire-priseur, III, p. 301, 5103.
— greffiers, III, p. 309, 310, 5122, 5123.
— huissiers, III, p. 338, 5190.
— juge de paix et arbitre-expert, III, p. 180, 4757.
— juré, II, p. 324, 3269 ; p. 324, 3277 ; p. 327, 3286 ; p. 332, 3300 ; p. 335, 3309.
— magistrats et autres fonctions, I, p. 6 à 9, 44 à 47 ; II, p. 574, 4071 ; consulaires, I, p. 544, 4765.
— notaires, III, p. 363, 5256, 5257 ; p. 369, 5271.
— officiers ministériels, III, p. 220, 4875.
— président et assesseurs d'assises, II, p. 345, 3251, 3252.
— suppléant de première instance et de juge de paix, III, p. 173, 4738, 4739.
Incompétence, appel de jugement de P. S., II, 204, 2868.
— de la chambre d'accusation, II, p. 296, 3186.
— déclaration d', III, p. 446, 4652.
— déclarée par la chambre d'accusation, II, p. 295, 3184.
— exception d', I, p. 649, 650, 2148 à 2151.
— exécution de jugement correct., II, p. 285, 3150.
— extraits de jugement d', III, p. 484, 5559.
— frais de jugement correct. d', II, p. 432, 3629.
— infirmation de jugement correct. pour, II, p. 279, 3430.
— jugement ou arrêt civil d', I, p. 229, 754.
— jugement d'., énonciation dans la citation à prévenu, III, p. 42, 4335.
— mandat de dépôt, II, p. 421, 2602.
— motif de cassation, II, p. 361, 3389.
— de l'officier de l'état civil, I, p. 447, 4537 ; personnelle, I, p. 346, 1483.
— pourvoi contre les arrêts d'accusation, II, p. 307, 3224 ; p. 308, 3225 à 3277.
— renvoi devant un autre tribunal, II, p. 375, 3440.
— statist. civ. et correct., III, p. 502, 5642, § 2. 3° ; p. 550, 5746 ; p. 554, 5727.

— des tribunaux correct., II, p. 204, 2868 ; p. 244, 2894 ; appel du M. P., II, p. 269, 3094 ; jugement, II, p. 256, 3050 ; renvoi, II, p. 241, 2999.
Inconciliabilité de décisions judiciaires, révision de procès criminels, III, p. 461, 4699, 4700.
Inconduite des chefs d'établissement d'instruction secondaire, III, p. 95, 4497.
— des huissiers, III, p. 346, 5214.
— des magistrats, III, p. 487, 4774.
— notaire, exclusion de tutelle, I, p. 501 à 502, 1734 à 1739.
Inconnu, en accusation, II, p. 296, 3188.
— information contre, II, p. 96, 2526.
— saisie sur, II, p. 609, 4478.
Inculpé, I, p. 539, 1857 ; décédé, I, p. 606 à 608, 2004 à 2008 ; domicilié, II, p. 462, 2729.
— en fuite, signalement, III, p. 464 et 465, 4707 à 4710 ; inconnu, II, p. 296, 3188.
Inde, organisation civile des établissements français, Décr., 24 avril 1880.
Indéfini, appel correct. du M. P., II, p. 284, 3138.
Indemnité, agents verbalisateurs, chasse, II, p. 504, 3855 ; octroi, II, 520, 3924.
— annuelle, accordée par le conseil général, III, p. 483, 4765.
— changement de résidence de notaire, III, p. 386, 5348 ; p. 387, 5349, 5320.
— constat de mort violente, I, p. 377, 1295.
— d'expropriation, I, p. 394, 1352 à 1386.
— gendarmerie, escorte de prévenus, Circ. min., 29 nov. 1884, 44 fév. 1885 ; témoignage, ibid.
— interrogatoire d'aliéné, I, p. 447, 4431.
— due au juré, frais urgents, III, p. 65, 4402.
— du juré qui a siégé dans l'année, II, p. 328, 3288.
— maître de poste, II, p. 396, 3544.
— médecin-expert, transport, III, p. 59, 4386.
— personnelle des magistrats, parquet et président d'assises, I, p. 60, 484, 485, p. 61, 186 à 488.
— de route, gendarme, Circ minist., 44 déc. 4874, 25 janv. 1875.
— suppression d'office de notaire, III, p. 378, 5295, 5296.
— témoin, III, p. 29, 4294 à 4296 ; III, p. 65, 4402.

— titulaire d'office supprimé, III, p. 224, 4878 ; p. 245, 4944.

— transport des dépositaires de pièces arguées de faux ou de comparaison, III, p. 46, 4257.

— transport de juge de paix, dans un procès civil, III, p. 482, 4764 ; au criminel, II, p. 69, 2428 ; des huissiers, avec le M. P., II, p. 38, 2332 ; frais de voyage, III, p. 42, 43, 4337 à 4344 ; *id.* en matière civile, III, p. 347, 5242 ; des magistrats d'assises et de première instance, III, p. 25 à 28, 4284 à 4293 ; vérification des greffes, III, p. 333, 5178 ; *id.* des registres de l'état civil, I, p. 364, 4236 ; visite des établissements d'aliénés, I, p. 277, 932.

— victimes du coup d'État, L. 30 juillet, Circ. min., 3 sept. 1884.

Indépendance des avocats dans les plaidoiries, III, p. 214, 4849.

— du commissaire de police vis-à-vis du juge de paix, II, p. 72, 2436, 2437.

— du M. P., I, p. 51 et 52, 157 et 158; p. 567, 4877 ; I, p. 220, 749, 721 ; p. 224, 721.

— des pouvoirs administratifs et judiciaires, III, p. 434, 5445 ; conséquence en simple police, II, p. 201, 2857.

Indication de juges, I, p. 468, 4619 ; I, p. 435, 435, 436.

— des mandats d'amener, II, p. 414, 2585.

Indice de crime ou délit, procès-verbaux, II, p. 44, 2254, 6°.

— grave, mandat d'amener, II, p. 54, 2373 ; II, p. 442, 2578, 2579.

— individualisé, II, p. 35, 2323.

— nouveau, II, 489, 2845.

— suffisant pour la mise en accusation, II, p. 293, 3478, insuffisant, II, p. 298, 3493.

Indigence, certificat, faux, fabrication, falsification usage de, I, p. 547, 4860, § 3, 8°.

Indigents, assistance judiciaire, I, p. 284 à 292, 945 à 986.

— consultations gratuites, III, p. 242, 4851.

— contraintes, III, p. 74, 4435.

— dispenses d'alliance, I, p. 434, 4495 à 4497.

— dispenses de droits de greffe, III, p. 318, 5142.

— examen et consultation des affaires par le président de la chambre des avoués, III, p. 290, 5071.

— insertions gratuites dans les journaux, III, p. 406, 4832.

— mariage des, I, p. 439, 440, 4542 à 4547.

— partie civile, poursuites, I, p. 255, 856, p. 665-666, p. 2204 à 2206.

— pourvoi en cassation, II, p. 369, 3447.

— rectification d'acte de l'état civil, I, p. 473, 573, 4° ; I, p. 369, 1265.

— témoins à décharge, assises, II, p. 344, 3332 ; pol. correct, II, p. 222, 2934.

— veuve ou orphelin militaire, III, p. 485, 4770.

Indisposition subite d'un assesseur aux assises, II, p. 348, 3346.

Individualité de l'inculpé constatée par interrogatoire, II, p. 434, 2632.

Indivisibilité du M. P., I, p. 2 et 3, 3 et 4 ; p. 435-436, 437, appel de jugement correct., II, p. 265, 3083.

— d'une procédure criminelle, II, p. 299, 3197.

Indivision, faculté de sortir de l', I, p. 492, 1707.

Induction forcée, à éviter dans un réquisitoire aux assises, II, p. 359, 3362.

Indulgence à l'égard des condamnés, III, p. 77, 4443 ; grâce, p. 78, 4447 ; p. 83, 4464.

Industrie, entrave à l'exercice de, coalition, II, p. 502, 3858 ; C. P., 416, 447, L. 24 mars 1884.

— permise au magistrat, I, p. 9, 47.

— règlement de police, II, p. 196, 2837, 4°.

Inexécution d'un mariage, I, p. 449, 1545.

Infanticide, I, p. 543, 1859, VIII ; docimasie, II, p. 45, 2358 ; pour suite correctionnelle après acquittement aux assises, I, p. 643, 2027.

Infidélité et mauvaise foi des comptes rendus judiciaires ou parlementaires, L., 29 juillet, Circ. min., 9 novembre 1881.

— dans les poids employés aux usages publics, I, p. 552, 4860, IX, 43°.

— du tuteur, exclusion, I, p. 501-502, 4734 à 4739.

Infirmation de jugement civil, I, p. 246, 823, 824.

— de jugement correct., II, p. 279, 3130.

— de jugement de pol. simple, II, p. 204, 2867.

— de procès-verbaux, II, p. 20, 2285.

Infirme, sans asile, séjour dans les prisons, III, p. 448, 4569.

Infirmerie, III, p. 144, 4555.

Infirmier militaire, Décr. 15 sep. 1882.

Infirmité, accusé porté à l'audience, II, p. 346, 3348.
- — des jurés, II, p. 334, 3304, 3305.
- — des magistrats, I, p. 68, 207; p. 69, 210; p. 75, 231-232; p. 83, 258; p. 107, 334.
- — du président d'assises, II, p. 346. 3254.
- — simulée, mendicité, I, p. 549, 1860; VI, 17°, recrutement, III, p. 141, 4640.

Influence respective du civil sur le criminel, et *vice versa*, I, p. 616 à 618, 2037 à 2042.

Information criminelle exigée, II, p. 35, 2324, 2325; II, p. 96, 2525, 2526.
- — juge d'instruction, II, 58, 2393; II, p. 97, 2527, 2528; ordonnance de soit informé, II, p. 59, 2394; p. 98, 2532; pluralité et simultanéité, II, p. 104, 2539; règles générales, II, p. 128 à 161, 2623 à 2724; spéciales en matière de douanes, II, p. 607, 4471; régie, II, p. 505, 3870.
- — nouvelle, ordonnée par la chambre d'accusation, II, p. 295, 3483; reprise, II, p. 188, 190, 2814, 2821.
- — par officier de police judiciaire, II, p. 64, 2441.
- — transport, II, p. 36 à 40, 2327, 2340; p. 99, 2533; p. 102, 2514; indem., III. p. 26 à 28, 4287, 4293.

Infraction des avocats, III, p. 215, 4859, 4860; p. 216, 4862.
- — au ban de surveillance, I, p. 549, VI, 1°; II, p. 423, 3595, 3596; compétence spéciale; II, p. 424, 3598; renseignements à demander à l'administration II, p. 424, 3599; Décr. 30 août 1875.
- — disciplinaire de notaire, III, p. 417, 5407.
- — disciplinaire relevée par la chambre d'accusation, II, p. 296, 3486.
- — état-civil, compétence civile, I, p. 362, 1239.
- — aux lois spéciales, cumul des amendes, I, p. 538, 1853; II, p. 425, 3604.
- — aux règlements de police, II, p. 196, 2840.

Ingénieur, cité comme témoin, II, p. 136, 2650.
- — en chef du contrôle, avis de suites données aux contraventions, III, p. 486, 5573.
- — en chef des ponts et chaussées, états à fournir, II, p. 246, 3015,

franchises postales, III, p. 464, 5519, IX, 6°.
- — des mines, accidents de machines à vapeur, Circ. min. 24 juin 1881, 17 sept. 1883; états, Circ. min. 20 juin 1872.
- — police judiciaire, II, p. 7, 2249, 4°, 5°.
- — poudres et salpêtres, Décr. 9 mai 1876.
- — procès-verbaux, I, p. 380, 381, 1306, 1307.

Inhabilité à juger, I, p. 464, 1602.
- — juré, II, p. 336, 3314.

Inhumation d'inconnu, I, p. 379, 1304.
- — d'individu décédé de mort violente, II, p 65, 2446.
- — non autorisée ou précipitée, I, p. 554, 1860, VII, 17°.
- — réglementation, Décr. 23 prairial an XII, art. 4 et 5; C. P. 471, 15°.
- — succession en déshérence, frais, I, p. 494, 1701.
- — de suppliciés, II, 379, 3451.

Inimitié, administrateur ou juge, forfaiture, C. P., 183.

Initiative des poursuites, action publique, I, p. 565, 1867; p. 569, 1843; contrainte par corps, II, p. 446, 3675; forêts, II, p. 584, 4105; contribut. indir., II, p. 517, 3910; p. 522, 3928.

Injonctions des cours aux tribunaux, I, p. 448, 374; II, p. 6, 2247.
- — des cours aux tribunaux, à un avocat d'office qui ne se présente pas, II, p. 342, 3336; aux avocats; III, p. 217, 4863; aux avoués, I, p. 204, 655.
- — défendues au juge de P. S., II, p. 204, 2857.
- — à un fonctionnaire de déposer une pièce arguée de faux, III, p. 12, 4247.
- — à l'héritier d'un officier ministériel pour présentation d'un successeur, III, p. 227, 4896.
- — à un huissier pour signification à un magistrat pris à partie, II, p. 582, 4400.
- — aux huissiers, III, p. 351, 5222.
- — au juge d'instruction et au M. P., pour mandats irréguliers, II, p. 105, 2555.
- — du M. P. aux inculpés, I, p. 573, 1893; à une chambre des notaires pour examen d'un candidat, III, p. 372, 373, 5281, 5282.
- — d'office, I, p. 230, 758; p. 233, 769.
- — aux officiers ministériels, III, p. 267, 5006.

— en pol. correct. vis-à-vis le prévenu, II, p. 258, 3089.
— requises, faites par les huissiers, I, p. 195, 629.

Injure, actes ou plaidoiries, I., p. 174, 575; II, p. 494, 2834.
— à un agent diplomatique, I. p. 625, 2074, L. 29 juillet 1881.
— articulation du réquisitoire introductif, II, p. 98, 2530, L. 29 juill. 1881.
— par un avocat, à l'audience, I, p. 146, 475.
— aux employés des contributions indirectes, II, p. 529, 3954, p. 530, 3953.
— aux employés de l'octroi, II, p. 517, 3910.
— entre membres de l'Université, III, p. 91, 4484.
— contre les gardiens de prison par les détenus, III, p. 413, 4552.
— grave, séparation de corps, I, p. 471, 1632.
— aux magistrats à l'audience, I, p. 144 456; irrévérences, art. 40 à 42 du Code de proc. civ. et 504 du Code d'instr. crimin.
— plainte téméraire, II, p. 31, 2345.
— publique, verbale ou par autre voie, I, p. 551, 1860, 21°, 22°, I, p 625, 2074, L. 29 juillet 1881 et Circ. min. du 9 novembre 1881.
— non publique, II, p. 195, 2837, 2°, § 16.
— simple, II, p. 493, 2832; compte crim., III, p. 567, 5757, § 4, 8°.

Inobservation des délais de citation des prévenus, II, p. 219, 2918.
— des dimanches et fêtes, II, p. 195, 2837, 2°, § 15, L. 12 juillet 1880.

Inondation des chemins ou propriétés d'autrui, I, p. 551, 1860, X, 13.
— règlements administratifs en cas d', II, p. 195, 2837, 2°, § 5.

Inquiétude, produite par les factieux, signalée au G. des S., II, p. 597, 4440.

Insaisissabilité de pension et secours, de magistrat, I, p. 84, 250.

Inscription d'actes de l'état civil, I, p. 363 à 369, 1241 à 1265; I, p. 440, 1515; sur feuille volante, I, p. 548, 1860, IV, 10°.
— de cautionn. de conservateur des hypothèques, I, p. 409, 1408.
— des clercs de notaires, III, p. 369, 5272-5273.
— d'écrou, II, p. 406, 3539; p. 407, 3542, III, p. 448, 4567.
— aux facultés de l'État, perte d',

III, p. 92, 4488; fausse, III, p. 277, 5036.
— fausse sur registre de logeur ou aubergiste, I, p. 547, 1860, III, 4°.
— de faux, procès-verbal faisant foi jusqu'à. II, p. 19-20, 2284-2285, p. 24, 2294-2295; forestier, II, p. 587, 4412.
— de faux incident civil, I, p. 397, 1364, p. 398, 1367-1368.
— d'hypothèque d'office, I, p. 400, 1372, I, p. 474, 573, 6°; sur les biens des condamnés, III, p. 75, 4437.
— de jugement rectificatif d'état civil, I, p. 368, 1264.
— maritime, L. 3 brumaire an IV.
— au rôle, droit de greffe, III, p. 317, 5141.
— de stage, notaire, III, p. 371, 5277,
— sur le tableau des avocats, III, p. 206-207, 4835 à 4839.

Insensé, abandon d', II, p. 195, 2837, 4°, § 7.
— aux assises, I, p. 603-604, 1990-4993.

Insertion dans les journaux, des arrêts de contumace, II, p. 535, 3966, p. 536. 3970; assistance judiciaire, I, p. 289, 974, III, p. 406, 4532; de déclaration de cessation de fonctions d'officier ministériel, III, p. 263, 4994; des jugem., contributions, II, p. 611, 4486; répressifs, II, p. 452-453, 3694 3699; usure, III, p. 167, 4710; obligées, III, p. 405, 4531; ordonnance d'ouverture d'assises, II, p. 341-342, 3239-3240; pour découvrir les personnes assignées, I, p. 478, 1668; pour les indigents, I, p. 289, 975.
— dans les jugem. et arrêts, du texte de loi; assises, II, p. 356, 3377; correct., I, p. 163, 540 à 542; discipline, I, p. 163, 543, III, p. 199, 4812; de la liquidation des frais, II, p. 449, 3682.
— des mandats d'arrêt à la feuille de signalements, II, p. 425, 2616.
— de notes manuscrites sur les circulaires, échantillons, imprimés expédiés par la poste, III, p. 99, 4512.
— à l'*Officiel*, absence, I, p. 264, 887, p. 266, 892; succession en déshérence, I, p. 491, 1702-1703.
— refus d'insertion dans les journaux, I, p. 556, 1860, X, 22.
— de valeurs non déclarées dans les plis des lettres, III, p. 99, 4511.

Insigne d'évêque, port illégal, II, p. 576, 4086.

— de la Légion d'honneur, port illégal, II, p. 575, 4084.

solvabilité du contraignable, II, p. 449, 3684; p. 450, 3688; appendice, p. 637, 54; capture, III, p. 54, 4334.

— du redevable de frais, III, p. 74, 4435.

soumis, III, p. 142, 4644-4645; amnistie, L. 16 mars, Circ. min. de la guerre 23 mars, id., Justice 10 avril 1880.

specteur d'académie, franchise postale, III, p. 461, 5515, § 2, 42°.

— de corps d'armée, honneurs et préséance, Circ. min. 11 juin 1879.

— des écoles primaires, id., III, p. 461, 5515, § 2, 14°, p. 464, 5519, VIII, 5°.

— de l'enregistrement, I, p. 337, 1153.

— des forêts, II, p. 94, 2521; action pour la poursuite des délits, II, p. 584, 4406, II, p. 593, 4130, 4134; communication par le greffier des jugements forestiers, III, p. 323, 5157; franchise postale, III, p. 463, 5519, V, 465, 5521, IV; pourvoi en cassation, II, p. 362, 3394.

— général des études, franchise postale, III, p. 461, 5515, § 1, 14°; p. 463, 5519, I, 14.

— général de gendarmerie, communications du M. P. à III, p. 435, 5454; honneur et visites, I, p. 35, 106; observations sur les officiers de gendarmerie, II, p. 79, 2462; poste, franchise, III, p. 461, 5515, § 1, 9°, p. 463, 5519, § 1, 10°; rapports, Circ. min. 26 mai 1880, 26 mars 1881, 26 avril 1882, 16 avril 1883.

— de la librairie, rapports avec le M. P., I, p. 519, 1789, III, p. 407, 4537.

— de police, procès verbaux, II. p. 76, 2452; surveillance des chemins de fer, Décr. du 6 mars 1875.

— des postes, franchises postales, III, p. 461, 5515, § 2, p. 46, p. 465, 5520, IV, 4°.

— du travail des enfants dans les manufactures, avis des poursuites et de leur résultat par le M. P., Circ. min., 1 mars 1876, 14 juin 1879, 14 avril 1881; témoins, Circ. min., 7 avril 1884.

stallation des magistrats, I, p. 19 à 22, 55 à 66, III, p. 470, 4725-4726; allocutions, Circ. min., 13 décembre 1880.

— des notaires, III, p. 382, 5305 à 5308.

Instance contradictoire, I, p. 222, 723, 724, p. 223, 725.

— d'ordre et de distribution, I, p. 450, 1548-1549; statist., III, p. 510, 5630.

— en partage, compte civil, III, p. 517, 5645-5646.

— et poursuites de l'enregistrement, I, p. 339 à 344, 1458 à 1477

Instigateur de réunion séditieuse avec rébellion et pillage, I, p. 544, 1850, VIII, 3°, I, p. 550, 1860, VII, 3°.

Institut agronomique, L. 9 août 1876.

Instituteur, greffier, incompatibilité, III, p. 309, 5122.

— libre, traduit devant un conseil académique, III, p. 96, 4503.

— poursuites, avis par le M. P. au préfet et au recteur, Circ. min., 12 février 1873.

— primaire, peine disciplinaire, III, p. 92, 4489.

— responsabilité civile, II, p. 437; 3647.

Institution des aveugles et sourds-muets, I, p. 477, 578.

Instruction d'une affaire, II, p. 96 à 104; 2525 à 2551; à l'audience, II, p. 160, 2721, p. 228, 2951 : états mensuels, III, p. 488, 5570, appendice, 79.

— domaine de l'État; affaire concernant le, I, p. 322, 4084.

— imprimés de l', III, p. 54, 4374.

— des inculpés, degré, II, p. 183, 2795, 6°.

— juge d'., II, p. 54 à 61, 2383 à 2408.

— aux maires, contraventions d'état civil, I, p. 360, 1232, 1233; engagements militaires, I, p. 375, 1288.

— sur matières litigieuses interdiction aux magistrats de donner des, III, p. 488, 4777.

— magistrats ayant commis un crime ou délit, I, 634, 2402; 633, 2096; 634, 2099; 629, 2086.

— ministérielles, I, p. 404, 322; 402, 323; greffe, registre des, III, p. 327, 5164, 36°.

— morale et religieuse des détenus, III, p. 446, 4560.

— nouvelle d'une affaire, charges nouvelles, II, p. 188 à 190, 2814 à 2821.

— aux officiers de pol. judiciaire par les parquets, III, p. 458, 5509.

— pastorale hostile au gouvernement, I, 542, 1859, V, 2°.

— aux présidents d'assises, II, p. 320, 3284.

— primaire, contraventions, L. 28 mars 1882; examen, arrêté minist., 22 décembre 1882.

— publique, contraventions aux règles concernant l'., I, p. 559, 4860, XVIII et statist. III, p. 568, 5757, IV, 1°; extraits de jugements correctionnels concernant les instituteurs primaires, II, p. 290, 3470, 3; fautes et répressions, III, p. 90 à 98, 4483 à 4509; inconduite des chefs d'établissements secondaires d'. III, p. 487, 4774; intervention du parquet pour paiement de frais d'. I, p. 410, 411, 4410-4414.

— de recours en grâce, III, p. 79, 4449.

— supplémentaire ordonnée par le trib. correct. II, p. 235, 2979.

Instrument, aratoire détruit ou rompu, I, p. 554, 4860, X, 7°.

— de chasse prohibé, II, p. 492, 3826.

— du crime procuré par un complice, I, p. 585, 4933; saisi par le maire, II, p. 77, 2457.

— fourni pour bris de prison, III, p. 428, 4604; p. 430, 4608.

— de gêne ou de torture, interdit dans les prisons, III, p. 443, 4552.

— nécessaire aux experts, taxe, III, p. 57, 4380.

— de supplice, vente, III, p. 60, 4390.

— tranchant, perçant, contondant, contrebande avec, II, p. 601, 4455; forêts, contravention, III, p. 568, 5757, § 3, 45°; art. 446, C. F.

— trouvé sur l'inculpé désigné par mandat d'amener, II, p. 408, 2565.

Insubordination, excitation des militaires à l'., presse, III, p. 405, 4534.

— des magistrats, I, p. 53, 461.

Insuffisance de la loi, prétexte de déni de justice, II, p. 562, 4044.

Insulte, à un juge de paix, C. proc. 44, un officier public, ibid., 555.

Insurgé, armé, II, p 471, 3756 à 3759.

Insurrection, motif d'état de siège, I, p. 630, 2152.

Intelligence avec l'ennemi, I, p. 540, 4859, 2°.

— avec les ennemis de l'État, surveillance du M. P. II, p. 598, 4444.

— à l'étranger ou à l'intérieur pour troubler la paix publique, I, p. 546, 4860, § 2, 4°; flagrant délit, II, p. 34, 2323.

Intempérance des magistrats, écarts d', I, p. 53, 461.

Intendant militaire décédé, scellés, I, p. 486, 4682; franchise postale, III, p. 461, 5515, § 4, 10; recours du receveur d'enregistrement contre l', II, p. 453, 2705; remboursement de frais de procédure militaire avancés par le receveur d'enregistrement, III, p. 33, 4307.

Intention appréciée en matière de vol par la chambre d'accusation, II, p. 296, 3187; en matière de douane, II, p. 610, 4182 à 4481; faux, III, p. 2, 4210 à 4213; forfaiture, II, p. 542, 3987.

Interdiction civile, I, p. 441 à 453, 4442 à 1464; coût des expéditions et extraits de jugements, III, p. 38, 4325; dispense de conciliation, I, p. 186, 603, § 2; du furieux ou insensé, I, p. 173, 572, 6°; radiation de la liste des jurés, II, p. 324, 3277.

— civique, II, p. 417 à 419, 3571 à 3576.

— de communiquer, II, p. 426 à 428, 2619 à 2622, état mensuel, III, p. 482, 5564.

— de compte rendu des débats, III, p. 404, 4525.

— du contumax. II, p. 531, 3955; p. 838, 3974.

— disciplinaire d'un avocat, III, p. 217, 4863, 4°.

— de droits civils, II, p. 614, 4194; civiques, II, p. 616, 4202.

— de l'entrée de la chambre; à un avoué, III, p. 293, 5080; à un huissier, III, p. 357, 5240, 4°; à un notaire, III, p. 447, 5407.

— des fonctionnaires, I, p. 548, 4860, IV, 43°, II, p. 546, 4000.

— des fonctions d'instituteur, III, p. 92, 4489.

— légale, peine accessoire de la détention. II, p. 394, 3493; de la déportation, II, p. 389, 3487; de la réclusion et des travaux forcés, II, p. 645, 4496.

— des officiers ministériels, I, p. 474-475, 575.

— du plaignant, adultère, II, p. 458, 3743.

— des prêtres, II, p. 516, 4004.

— de séjour, L. 9 juillet 1852.

— statist des jugements préparatoires en, III, p. 509, 5626, 7°.

Interdit en conciliation, I, p. 186, 603.

— hypothèque légale au profit des, I, p. 400, 4372.

— réquisition du M. P. dans les

causes concernant les, I, p. 178, 587.

ntérêt du capital engagé dans le prix d'un office, III, p. 234, 4912.

— du cautionnement des officiers ministériels, III, p 259-260, 4984.

— civil, pourvoi en cassation, II, p. 363, 3394.

— direct, indirect, ou réel, à l'exercice d'une action, I, p. 653-654, 2162-2163, 2166.

— de la loi, pourvoi en cassation par le M. P. dans l', II, p. 364, 3399; délai, p. 366, 3407; effet, II, p. 374, 3436-3437.

— moratoires non dus par l'enregistrement, I, p. 344, 4476.

— pris par les agents ou fonctionnaires dans des actes, adjudications, entreprises ou régies, I, p. 548, 4860, IV, 3°, II, p. 570, 4068.

— privé, pourvoi du M. P. en cassation en faveur d', II, p. 363, 3394.

— du prix de cession d'un office, III, p. 240, 4928.

— retenus en dedans, usure, III, p. 167, 4717.

ntérim des suppléants de juge de paix, III, p. 182, 4763.

Intérimaire, candidat à un office ministériel, III, p. 247, 4945.

— greffier, III, p. 316, 5138.

— huissier, III, p. 342, 5204.

— magistrat, I, p. 58, 177.

Interligne, acte notarié, III, p. 394, 5329.

— frauduleux, III, p. 426, 5432.

— registres de l'état civil, I, p. 358, 1225.

Interlocutoire, arrêt ou jugement, I, p. 205, 665, p. 226 à 229, 738 à 749; appel, p. 242, 806, p. 246, 823.

— correctionnel, II, p. 264, 3080.

— pourvoi en cassation, criminel, II, p. 359, 3386, p. 360, 3387.

— statist., III, p. 544, 5632-5633; p. 546, 5644.

Internationale, affiliation à l', I, p. 546, 4860, § 2, 40°-44°.

— association, II, p. 472-473, 3760 à 3765.

Interpellation, à éviter aux assises, II, p. 349, 3359.

— des jurés par le président des assises pour assurer leur identité, II, p. 332, 3299.

— du prévenu en P. C., II, p. 237, 2984.

— des témoins en P. C., II, p. 234, 2975; pour la taxe, III, p. 29, 4294.

Interposition de personnes, fonctionnaires, adjudicataires, régisseurs, etc., I, p. 548, 4860, IV, 3° et 4°; II, p. 570, 4068, p. 574, 4074.

Interprétariat, organisation, Décret, 18 septembre 1880.

Interprétation des actes administratifs, I, p. 305, 1032.

— des arrêts de cassation, II, p. 376, 3442.

— des arrêts ou jugements, compétence, I, p. 468, 1619.

Interprète, audience correctionnelle, II, p. 236, 2981.

— cautionnement, dispense, Décret, 14 février 1876.

— commis greffier, II, p. 433, 2640.

— consul d'Espagne, II, p. 442, 2668.

— domestique, I, p. 433, 2640.

— femme, I, p. 433, 2640.

— greffier, III, p. 310, 5123, I, p. 433, 2640.

— information, I, p. 432 à 435, 2637 à 2646, II, p. 444, 2676.

— de songe, métier, statist., III, p. 569, 5757, 9°, C. P., art. 479, § 7, 480, § 4.

— de sourd-muet, mariage, I, p. 442, 1523-1524; taxe, frais urgents, III, p. 65, 4402.

— traduction d'acte de l'état civil, I, p. 390, 1338.

— vacation d', taxe, III, p. 58, 4384.

Interrogatoire de l'accusé à la maison de justice, II, p. 306, 3220; aux assises, II, p. 349, 3356.

— de détenu évadé repris et contestant son identité, III, p. 132, 4615.

— de l'inculpé, arrestation, II, p. 54, 2374; p. 52 2376; cahier séparé, II, p. 58, 2393; p. 59, 2394, 2396; préalable au mandat, II, p. 440, 2574; successifs au cours d'information, II, p. 128 à 432, 2623 à 2636; terminant l'instruction, II, p. 172, 2769; territorial, réserviste ou disponible, Circ. min., 31 mai 1883.

— de l'individu à pourvoir d'un conseil judiciaire, I, p. 424, 1456.

— de l'interdit, I, p. 416 à 419, 1427 à 1438; indemnité de transport, III, p. 26, 4288.

— de l'intimé, correct., II, p. 277, 3125.

— du prévenu, audience correct., II, p. 236, 237, 2981 à 2985.

— sur faits et articles, interdiction d', intervention des avoués, III, p. 284, 5055.

Interruption de prescription de l'action crimin., I, p. 621, 622, 2034.

2058; des peines correction., II, p. 286, 3155.
— du stage, candidat à un office ministériel, III p. 249, 4933, 4934, 3°; III, p. 278, 5038; notaire, III, p. 365, 5262.

Intervalle lucide d'aliéné, I, p. 603, 1991; compar. dev. not., III, p. 390, 8327.

Intervention dans une action par un tiers intéressé, I, p. 654, 2166.
— des avocats pour les récusations, II, p. 338, 3320.
— demande en, dispense de conciliation, I, p. 186, 603, 4°.
— légale, attroupements, II, p. 468, 3749.
— du M. P., au civil, I, p. 474 à 485, 567 à 600; pour les commissions rogatoires, II, p. 454, 2697.
— de la régie à l'audience, II, p. 511, 3890.

Intestin, mis sous scellés et conservé, II, p. 46, 2360, p. 50, 2371.

Intimé, I, p. 240, 795; notification de l'appel correct., II, p. 273, 3108; translation, II, p. 275, 3115.

Introduction d'armes à feu en France, II, p. 467, 3745.
— au domicile des citoyens à l'aide de menaces et de violences, II, p. 577, 4090.
— en France, de journal non autorisé, III, p. 406, 4534; de marchandises prohibées, I, p. 557, 4860; XIV, 1°; II, p. 467, 3745; de marchandises tarifées II, p 600, 4449; II, p. 603, 4459; d'objets contrefaits, II, p. 483, 3797; de poudre, II, p. 524, 3924; de sel, II, p. 525, 3935; de tabac, p. 526, 3944.
— frauduleuse à l'octroi, II, p. 519, 3918.

Invalides de la marine, caisse, I, p. 327, 4114.
— hôtel des, I, p. 176, 578; caisse, I, p. 177, 578.

Inventaire de biens d'absent, I, p.265,889.
— des commerçants faillis, I, p. 523, 4802, 8°.
— défaut d', banqueroute, II, p. 480, 3788.
— des minutes des justices de paix déposées à la mairie, III, p. 330, 5170.
— du mobilier des cours et tribun., I, p. 90 à 92, 282 à 289.
— de pièces de commission rogatoire, II, p. 150, 2696, 152, 2701; à conviction, II, p. 339, 3325; de dossier de cession d'office, III, p. 255, 4968; de dossier d'appel,

II, p. 275, 3116, Circ. min. 6 janv. 1874; de dossier criminel, II, p. 179, 2787; II, p. 481, 2792; de pourvoi en cassation en matière crim., II, p. 371,3426.
— par la régie des contributions indirectes, II, p. 509, 3882.
— de succession, I, p. 474, 573, 5°; en déshérence, I. p. 490, 1699; grevée de restitution, I, p. 491, 1742.

Investigations du M. P, contrats de mariage non déclarés, I, p. 444, 1529; crimes et délits, II, p. 32, 2318; détenus, III, p. 416, 4560; dossiers civils, I, p. 244, 686; faillites, I, p. 528, 4824; frais de justice crimin., III, p. 24, 4281; lieu de naissance des condamnés, III, p. 474, 5534; stage des candidats aux offices ministériels, III, p. 250, 4955.
— nouvelles ordonnées par le président des assises, II, p. 340, 3326.
— des officiers de police judiciaire, II, p. 2, 2232.

Investissement d'une maison, II, p. 47, 2364.

Inviolabilité du domicile des citoyens, II, p. 46, 2363; p. 577, 4088.
— du foyer domestique, adultère, II, p. 454, 3700.
— du magistrat, I, p. 444, 468.
— de membre des chambres législatives, I, p. 628, 2081.

Invitation à se constituer prisonnier, II, p. 288, 3463.

Irresponsabilité, I, p. 602 à 606, 1987 à 2000.

Irrévérences ou injures au juge de paix, à l'audience, art. 10 à 12 C. Proc. et 504 C. Inst. Cr.
— statist., III, p. 369, 5757, 10°.

Irrévocabilité de l'amnistie, I, p. 644, 2020.
— des jugements correct., II, p. 283, 3446; contrainte, II, p. 443, 3665.

Irrigation, L. 29 avril 1845, 44 juillet 1847.

Irruption dans un collège électoral, II, p. 619, 4208.

Isolement, peine des prisonniers, III, p. 443, 4552.

Israélites, noms et prénoms des, I, p. 348, 4489.

Issues gardées, transport, II, p. 39, 2337.

Italie, exploits venant d', I, p. 479,1659.
— extradition, I, p. 577, 4904; mariage des nationaux, Circ. min.,

10 mars 1883; témoins cités en, II, p. 442, 2667.
— transcription des actes de l'état-civil, Circ. min., 11 mai 1875.
Itinéraire obligé, surveillance de la haute police, II, p. 422, 3594, Décr., 30 août, Circ. min. int., 5 novembre 1875.
Ivresse publique, I, p. 549, 1860, VI, 1°, 43; casier du parquet, Circ.

min., 7 juillet 1873, 6 juin 1874; circonstance atténuante, I, p. 600, 1979; p. 604, 1982; connexité à un délit, Circ. min., 31 janvier 1874; excuse, I, p. 599, 1975; hommes ivres troublant l'ordre public, arrestation, II, p. 551, 4016; récidive, Circ. min., 23 février 1874, Décis. min., 20 octobre 1876.

J

Jaugeage des bateaux, II, p. 515, 3904.
Jaugeur public, usurpation des fonctions de, I, p. 552, 1860, IX, 44°.
Jésuites, dispersion. Décret 29 mars 1880.
Jet et contribution, statist. civile des appels en matière de, III, p. 502, 5642, § 3, 44°.
— de corps durs, immondices ou objets nuisibles, art. 474 du C. P., n° 6 et 12; art. 475, n° 8; règlements sur le, II, p. 495, 2837, 2° 6; statist., III, p. 567, 568, 5757.
Jeu clandestin, confiscation, II, p. 400, 3527, 8° 402, 3530.
— de hasard ou loterie sur la voie publique, art. 475, n° 5, 477 et 478, § 2 du C. P. compte criminel, III, p. 567, 5757, 3°.
— public, règlement, II, p. 495, 2837, § 2, 2°.
Jonction d'affaires, même prévenu, II, p. 465, 2741; sans connexité, 227, 2947; criminelles, II, p. 297, 3189; p. 344, 3343.
Jouissance de droits civils, II, p. 614, 4193; statist., III, p. 504, 5612.
— civiques; certificat de, avoué, III, p. 278, 5040; notaire, III, p. 365, 5264.
Jour d'emprisonnement, II, p. 404, 3533.
— férié, I, p. 48, 147; 493, 622; audience correctionnelle, II, p. 208, 2885; assises, II, p. 344, 3237; 343, 3339; exécution capitale, II, p. 380, 3454; inobservation, II, p. 9, 2250. L. 12 juillet 1880; procès-verbaux, II, p. 85, 2488; signification d'actes de procédure répressive, II, p. 219, 2922; sursis de délai d'appel, II, p. 270, 3096.
— de séjour; témoin, III, p. 31, 4303; p. 32, 4304.

Journal, création et publication, III, p. 104, 4516. L. 29 juillet et Circ. min. 9 novembre 1881.
— désigné pour les annonces judiciaires, insertions gratuites. III, p. 106, 4532.
— insertions obligatoires, I, p. 556, 4860, X, 22°; I, p. 559, 4860, XVII, 7°; extraits d'arrêts de contumace, II, p. 535, 3966; 536, 3970; 537, 3974, 3972; ordonnance d'assises, II, p. 342, 3240; pour indigents, I, p. 239, 978.
— publication de doctrines subversives par les magistrats, III, p. 487, 4775.
— suppression, suspension, III, p. 106, 4533.
Juge d'appel, II, p. 265, 3084.
— assesseur en cour d'assises, II, p. 313, 3245.
— de la cause, absence, assistance, empêchement, I, p. 450 à 451, 487 à 492.
— commissaire, adjudications, I, p. 436, 440; p. 439, 447; id. enquête civile, I, p. 228, 746; id. faillite, I, p. 522, 1799, 1801, 1802; id. ordres et contributions, I, p. 451, 1551 à 1555; statist. annuelle, III, p. 534 à 539, 5679 à 5685.
— consulaire, dispense comme juré, II, p. 322, 3270; élection, L. 8 décembre 1883. Circ. min., 13 février 1884; incompatibilité, I, p. 510, 1765; parenté, I, p. 510, 1764; poursuites contre un, I, p. 631, 2090; rang, I, p. 514, 1767; remplacement, I, p. 514, 1768; serment, I. p. 17, 45; 510, 1762; suppléant, p. 514, 1768; p. 512, 1770.

— corruption du, en matière criminelle, II, p. 558, 4034.

— décédé avant la signature d'un arrêt ou jugement, I, p. 466, 556.

— déni de justice, II p. 562, 4044-4046.

— désigné pour concourir avec le juge d'instruction à l'expédition des affaires criminelles, II, p. 56, 2387.

— forfaiture, I, p. 49, 450.

Juge d'instruction, II, p. 54 à 61, 2383 à 2408 ; congé, I, p. 40, 424 ; délégué par la chambre d'accusation, II, p. 295, 3183 ; état mensuel, III, p. 485, 5570 ; exemption de siège, I, p. 434, 449 ; franchise postale, III, p. 459, 5514, p. 460, 5513, p. 464, 5515, 462, 5516, 463, 5519, 464, 5520, 465, 5521, 466, 5522 ; plainte au, II, p. 27, 2304, p. 402, 2543 ; police du, I, p. 439, 447 ; récusation et abstention, III, p. 158, 1687 ; simultanéité de, II. p. 38, 2332 ; suspension, remplacement, III, p. 498, 4814 ; traitement, L. 30 août 1883 ; transport, avis, II, p. 37, 2334.

Juge de paix, action de la police judiciaire, II, p. 68, 2426 ;

— Algérie, compétence étendue, Décret, 27 mai 1882 ;

— attributions, organisation, III, p. 476 à 485, 4747 à 4772 ;

— attroupements, II, p. 469, 3749 ;

— auxiliaire du P. de la R., II, p. 67 à 69, 2425 à 2428 ;

— audiences à domicile, I, p. 426, 403 ;

— bulletin des lois, I, p. 98, 307 ;

— capacité, I, p. 4, 6 ;

— collaborateur de l'Administration, Circ. min., 3 mai 1874 ;

— commission cantonale, Circ. min., 11 sept. 1875, 31 mai 1882 ;

— commissions rogatoires, II, p. 449, 2692, p. 454, 2699 ;

— compétence, I. p. 488, 605, I. p. 229, 752 ; id. douanes, I, p. 326, 4107, II, 599, 4446 ; id. presse, L. 29 juillet, Circ. min., 9 novembre 1881 ; statist., III, p. 529 à 534, 5669 à 5678 ;

— congé, I, p. 38, 447 ;

— correspondance, franchise, III, p. 447, 5480, p. 459, 5514, p. 460, 5513, p. 461, 5515, p. 462, 5516, p. 463, 5519, p. 464, 5520, p. 465, 5521 ; télégraphe, Circ. min., 19 mai 1884 ;

— crime ou délit commis par, I, p. 629, 2086, p. 634, 2090, p. 633, 2095, p. 631, 2102 ;

— décès, I, p. 470, 4629 ;

— défense de citer aux huissiers, III, p. 357, 5241 ;

— délégation spéciale, I, p. 470, 4629 ;

— délégué de l'instruction publique, Circ. min., 18 juin 1877, 14 novembre 1882 ;

— dispenses d'âge, alliance ou parenté ; indigents, certificats, I, p. 434, 4497 ;

— démission, délégation, I, p. 470, 4629 ;

— élections, I, p. 330 à 332, 4422 à 4429 ;

— émargement, I, p. 55, 468 ;

— empêchement légitime, renvoi à un autre tribunal, I, p. 470, 4627 ;

— envoi au parquet de mémoires de frais taxés, III, p. 72, 4425 ;

— état des travaux, III, p. 493, 5590 et appendice, p. 624, 80, III, p. 520 à 525, 5652 à 5660 ; état trimestriel des jugements de S. P. condamnant à l'emprisonnement, III, p. 489-490, 5583 ;

— honorariat, I, p. 70-74, 216-247 ;

— imprimerie, I, p. 549, 4789 ;

— incompatibilité, I, p. 7 à 9, 42 à 46 ;

— indemnité de transport, III, p. 28, 4292 ;

— installation, I, p. 21, 63 à 66 ;

— interdiction, I, p. 445, 4425 ;

— inventaire des absents, I, p. 265, 889 ;

— ivresse, casier, Circ. min., 7 juillet 1873.

— liste du jury, II, p. 322, 3272, p. 323, 3273, p. 324 et 325, 3278-3279 ;

— maladie, I, p. 43, 436 ;

— mandat provisoire à un témoin, III, p. 35, 4314 ;

— maritime, I, p. 327-328, 4443 à 4445 ;

— minutes des jugements, Circ. min., 3 juin 1879 ;

— naufrages, I, p. 533, 4839-4840 ;

— nomination, I, p. 44, 35 ;

— officier auxiliaire du P. de la R., II, p. 68, 2425 ;

— ordonnance pour remise de gibier aux établissements de bienfaisance, II, p. 489, 3845 ;

— parenté ou alliance prohibée, I, p. 43, 31 ;

— poursuites contre un, I, p. 629, 2086, p. 634, 2090.

— présentation, I, p. 42, 25, p. 43, 31.

— procès-verbaux, affirmation, II, p. 43, 2264.

— protection des enfants en bas âge, tournées, Circ. min., 12 févr. 1883.

— qualité double du, II, p. 674, 2425.

— questions préjudicielles, I, p. 648, 2145.

— rapport avec l'Administration, Circ. min., 15 juin 1874.

— rang, I, p. 23, 70, p. 25, 79, III, p. 481, 4759.

— registre des infractions aux lois pénales, II, p. 68, 2426.

— récusation, I, p. 462, 4594 à 4597.

— réhabilitation, avis, III, p. 453, 4674.

— résidence, I, p. 36, 112.

— révocation d'huissier audiencier, III, p. 342, 5200.

— scellés, I, p. 495, 1678, 1680, 1682; sur répertoires et minutes de notaire défunt, III, p. 403, 5366.

— serment, I, p. 17, 47, III, p. 439, 5462.

— transport, II, p. 68, 69, 2427-2428, III, p. 28, 4292.

— vacances, I, p. 45, 144.

— visa du registre des émoluments du greffier, III, p. 320, 5450; appendice 640, p. 68.

Juge suppléant, alliance ou parenté prohibées, I, p. 9, 19; commercial, I, p. 544, 4768; congé, I, p. 38, 445; conseil ou défenseur, III, p. 488, 4778; décès, Circ. min., 24 novembre 1883; délibération trib. civil, I, p. 418, 373, p. 448-449, 481 à 486; fonctions, I, p. 449, 483; honorariat, I, p. 74, 217; inamovibilité, I, p. 149, 484-485; instruction, II, p. 56, 2387; parquet, I, p. 444, 364, p. 145, 365; poursuites, I, p. 630, 2087, I, p. 634, 2090; règles générales, III, p. 473 à 476, 4736 à 4746; roulement, I, p. 409, 348; révocabilité, I, p. 68, 206; suppression, Circ. min., 13 novembre 1883; traitement, I, p. 55, 467, Décr. 14 janvier 1884; tribunal correctionnel, II, p. 208, 2883; voix consultative, I, p. 448, 373, I, p. 449, 482.

Juge titulaire de première instance, III, p. 469 à 473, 4722 à 4735; affi-

lié à des sociétés hostiles au gouvernement ou aux institutions publiques, III, p. 487, 4775; avancement, I, p. 62 à 67, 189 à 204; condamné correctionnellement, ibid; honorariat, I, p. 69, 212; nomination, présentation, I, p. 4 à 15, 6 à 36; rapporteur, I, p. 152, 496; remplaçant un collègue, I, p. 432, 423, p. 433, 427; retraite et pension, I, p. 67 à 83, 205 à 258; serment, I, p. 16, 44; taxateur, I, p. 232, 764 : vérification de taxe, III, p. 74, 4422, III, p. 287, 5064; traitement, I, p. 54 à 64, 467 à 483, L. 30 août 1883.

Jugement et arrêt criminel, I, p. 466, 553 à 556.

— avant faire droit et définitif, I, p. 226 à 229, 738 à 749.

— en chambre du conseil, aliénés, I, p. 284, 943; contributions, I, p. 344, 1064; publicité, I, p. 457, 1577-1578.

— civil, I, p. 222 à 231, 723 à 758; éléments, I, p. 159, 522; exécutoire, par provision, I, p. 242, 806; id. en Suisse, I, p. 389, 1334; id. quoique prononçant des peines correctionnelles, I, p. 445, 474.

— commercial, enregistrement, I, p. 547, 4782; défaut, I, p. 514, 1777.

— de conflit, I, p. 344, 1052.

— contradictoire et par défaut, I, p. 222 à 226, 723 à 737.

— décisions judiciaires diverses, I, p. 457, 515.

— déclaratif d'absence de militaire, Circ. min., 4 décembre 1884; faillite, II, p. 474, 3767.

— par défaut, exécutoire sans signification, I, p. 144, 469.

— par défaut, correctionnel, appel, II, p. 270, 3097; nul, délai de citation insuffisant, II, p. 249, 2924.

— définitif, I, p. 229, 749.

— définitif ou provisoire, qualification, compte civil, III, p. 516, 5644.

— délibérés antérieurs au, I, p. 154, 502 à 504.

— sur délibéré au rapport du juge, I, p. 451, 491; enregistrement, I, p. 467, 559.

— délictueux, sur affaire revendiquée par l'autorité administrative, I, p. 546, 1860, § 2, 6°.

— disciplinaire contre les notaires, avis au G. des S., III, p. 428, 5437.

8

— d'envoi en possession de succession en déshérence, I, p. 494, 4702, 4703.

— exécution des, I, p. 258 à 259, 869 à 873.

— expéditions, III, p. 35 à 37, 4316 à 4321.

— extraits, III, p. 37, 39, 4322, 4328.

— forêts, II, p. 592 à 596, 4428, 4437.

— généralités, I, p. 448 à 468, 479 à 562.

— interlocutoire, I, p. 227, 741.

— juges de la cause rendant le, I, p. 450, 451, 487 à 492.

— de justice de paix, vérification des minutes, III, p. 484, 4768.

— minimum de juges, I, p. 448, 480; p. 450, 480.

— nullité couverte, I, p. 454, 490.

— de pol. corr., II, p. 242, 3002; II, p. 244 à 266, 3006 à 3083; états de quinzaine, II, p. 290, 3474; états trimestriels, III, p. 489, 5583; pourvoi en cassation, II, p. 359, 3385.

— de pol. s., II, p. 197 à 202, 2843 à 2862; emprisonnement, III, p. 489, 5583.

— premier et dernier ressort, I, p. 229, 230, 750 à 757; appel corr., II, p. 264, 3079.

— préparatoire civil, I, p. 226, 227, 733 à 740; correctionnel, II, p. 264, 3080; cassation, II, p. 359, 3386.

— de procédure, statist. des appels de, III, p. 502, 5612, § 2, 2°.

— prononcé du, I, p. 164, 545.

— prononcé sur les lieux, nullité, II, p. 198, 2845.

— provisoire, I, p. 226 à 229, 738 à 749.

— rédaction, I, p. 457, 515, 516; p. 458, 517 à 521.

— de rectification d'acte de l'état civil, I, p. 368, 369, 1261 à 1265.

— de renvoi, I, p. 164, 535; p. 467, 559; I, p. 201, 202, 657, 658, 664.

— de séparation entre commerçants, affiche, I, p. 548, 4787.

— signature des, I, p. 464 à 466, 547 à 556.

— susceptible de rétractation, I, p. 164, 545.

— tenant lieu d'acte de décès, en cas d'accident, I, p. 366, 1252; p. 380, 1305.

— timbre et enregistrement, au criminel, II, p. 25, 2297.

— vérification mensuelle des minutes par le M. P., III, p. 332, 5175 à 5177.

Juré, assises, II, p. 324, 3268; décision des, II, p. 354, 355, 3369 à 3372.

— corruption, II, p. 558, 4034.

— défaillant, III, p. 36, 4317; greffier, III, p. 311, 5428.

— indemnité, frais urgents, III, p. 65, 4402.

— interdit, I, p. 422, 1449; civiquement, II, p. 417, 3571.

— officier ministériel, III, p. 220, 4875.

— outrage, I, p. 548, 4860, V, 2°; I, p. 558, 4860, XI, 4°.

— pourvu de conseil judiciaire, I, p. 424, 1460.

— prévarication, II, p. 564, 4043.

— vœu en faveur d'un condamné, III, p. 81, 4454, 4455.

Juridiction des commissaires de police, II, p. 74, 2434.

— conflit de, I, p. 582, 1922.

— gracieuse, I, p. 484, 594; id. des juges de paix, III, p. 485, 4770.

— militaire, I, p. 637 à 644, 2140 à 2135; état de siège, I, p. 650 à 653, 2152 à 2160.

— pour les officiers ministériels, III, p. 267, 5005; p. 271, 5048.

— spéciale pour les magistrats officiers de police judiciaire, I, p. 628 à 637, 2082 à 2109.

— spéciale de l'université, III, p. 90, 91, 4483 à 4486.

— volontaire, affaire de, I, p. 474, 567.

Jurisconsulte, transaction, mineur, avis de trois, I, p. 506, 1753.

Jury d'accusation, II, p. 64, 2402.

— d'assises, II, p. 324 à 338, 3268 à 3323; décision, II, p. 354, 355, 3369 à 3372; L. du 31 juillet et Circ. min. du 2 août 1875.

— d'expropriation, I, p. 392, 1344, 4345; corruption, séduction, II, p. 558, 4035.

— médical, dénonciation du, II, p. 34, 2314.

— publication prématurée de la composition du, I, p. 556, 4860, X, 20°.

— réclamations, timbre, I, p. 496, 4747.

— suspect de partialité, III, p. 488, 4686.

Justice, déni de, II, p. 562, 4044, 4046.

— disciplinaire des directeurs de maisons centrales, III, p. 422, 4581.

— militaire, codes de, LL. du 9 juin 4857, 4 juin 1858, commission rogatoire, II, p. 452, 2703; frais, II, p. 453, 2705, 2706.

— de paix, III, p. 476, 4747; compte civil, III, p. 520 à 525, 5652 à

5660; compte criminel, p. 529 à 534, 5669 à 5678; prétoire local, I, p. 85, 266.
Justification d'infirmité, juré, II, p. 334, 3305.

— de maladie d'un témoin, II, p. 446, 2680.
— des qualités requises pour un candidat à un office ministériel, III, p. 229, 4901.

K

Kilogramme de poudre, détention de plus de deux, II, p. 523, 3930, 4°.
Kilomètre, évaluation des distances,

transport des magistrats, III, p. 26, 4288; lieue de 4, III, p. 31, 4302; voyage des témoins, III, p. 31, 4300.

L

Laboratoire des experts, I, p. 85, 264.
Lacération d'affiches, art. 479, n. 9 du C. P., statist. des J. de p., III, p. 569, 5757, 7°; L. 29 juillet, Circ. min., 9 novembre 1881.
Laconisme des réquisitoires, II, p. 170, 2761.
Laines, saisie des, I, p. 328, 1445.
Laissé-copie, mention dans l'exploit du, I, p. 195, 631.
Laissez-passer, octroi, II, p. 549, 3918.
Lait, falsification, I, p. 553, 4860, 16°.
Lamproie, longueur, pêche, Décr. 20 novembre 1875.
Langue du droit, I, p. 157, 545.
— étrangère, interprète, II, p. 133, 2639; rôle, taxe, vacation, III, p. 58, 4384.
Lapin, chasse au, II, p. 491, 3824.
Larcin, I, p. 554, 4860, VIII, 5°.
Lavage de papier timbré, I, p. 500, 1729.
Lavaret, longueur, pêche, Décr. 20 novembre 1875.
Lazaret, crimes et délits commis dans un, II, p. 5, 2243.
— officiers de l'état civil d'un, I, p. 346, 1482.
— police sanitaire maritime, Décr. 22 février 1876, 25 mai 1878.
Lecture de l'acte d'accusation et de l'arrêt de renvoi, aux assises, II, p. 346, 347, 3350; contumace, II, p. 534, 3964.
— de l'arrêt de renvoi au greffier et

au M. P. par le président de la chambre, II, p. 300, 3499.
— de l'arrêt de la cour d'assises, II, p. 356, 3377.
— des déclarations écrites des témoins et de l'interrogatoire des coaccusés, en cas de contumace, II, p. 539, 3977.
— de décision gracieuse, prononcé de l'entérinement, III, p. 86, 4472.
— du décret de nomination d'un officier ministériel reçu au serment, III, p. 256, 4972; id., pour un notaire, III, p. 382, 5308.
— des dépositions en P. C., II, p. 233, 2969.
— aux détenus assemblés, III, p. 87, 4474.
— enseignement aux détenus, de la, III, p. 97, 4504.
— huis-clos, acte d'accusation, II, p. 347, 3350.
— de l'interrogatoire à l'inculpé, II, p. 132, 2635.
— de jugement de séparation de biens, I, p. 475, 1647.
— de l'ordonnance d'ouverture des assises, II, p. 314, 3238.
— de l'ordonnance de renvoi en Pol. corr. et des citations, II, p. 227, 2948, 2949.
— de pièces en Pol. corr. par le M. P., II, p. 227, 2949.
— des procès-verbaux, affirmation, mention de la, II, p. 46, 2270; forestiers, II, p. 93, 2518.

— des procès-verbaux ou rapports à l'audience, II, p. 228, 2951.

— des questions au jury, II, p. 352, 3365, 3366.

— du verdict, II, p. 338, 3323; p. 356, 3373.

Légalisation et visa, actes délivrés en Alsace-Lorraine, Circ. min., 3 septembre 1874, notariés, III, p. 390, 5326; des actes de l'état-civil, III, p. 39, 4326; de certificats et pièces, transmissions d'offices, III, p. 246, 4945; p. 247, 4948; p. 248, 4950; p. 249, 4953; p. 252, 4969; magistrats légalisateurs, I, p. 352, 1204; traité de cession d'office, III, p. 230, 4904.

Légion de gendarmerie, chef de, rapport avec le parquet, III, p. 435, 5454; avec le parquet général, II, p. 79, 2462.

Légion d'honneur, certificat de vie, III, p. 396, 5346; commerçants, marque de fabrique; Circ. min. 23 juin 1879; magistrats, III, p. 472, 4733, 4734, Cir. min., 20 juillet 1878, 11 août 1879; modifications de l'époque du paiement des arrérages, Circ. min. 10 août 1881; perte de la qualité de membre de la, I, p. 384, 1318; I, p. 610, 2046; port illégal du ruban, II, p. 575, 4084.

Légionnaire, dégradation, mesure disciplinaire, II, p. 395, 3509.

— état civil, qualité, décès, I, p. 347, 1187, 1188.

— extraits de condamnations, I, p. 644, 2135, Cir. min. 4 mai 1884; de jugt. correct. contre les, II, p. 290, 3170.

— grands officiers poursuivis, I, p. 630, 2087.

— héritiers, Cir. min. 12 mai 1869.

— magistrat, I, p. 34, 103.

Légitimation, indigents, I, p. 439, 440, 1512 à 1517, L. 10 décembre 1850.

Légitime défense, I, p. 605, 606, 1996 à 2000; dépositaires de la force publique, attroupements, II, p. 470, 3752; examen en chambre d'accusation, II, p. 294, 3179.

Legs, aux établissements religieux, III, p. 400, 5356.

— aux communes, L. du 5 avril 1884, art. 111.

— aux fabriques ou établissements d'utilité publique; avis à donner par les notaires, III, p. 399, 5355.

— d'un office ministériel, III, p. 243, 4935.

Lésion, faux certificats, III, p. 4, 4220.

Lettre d'avis de résultat d'affaire d'assises par le P. de la R. au G. des S., II, p. 358, 3382.

— cession d'office; contre-lettre, III, p. 234, 4906; envoi de dossier, III, p. 254, 4965.

— de change destruction volontaire, I, p. 545, 1859, IX, 12°; fausse, tiré imaginaire, III, p. 4, 4219.

— citation disciplinaire d'un magistrat devant une cour ou un tribunal, III, p. 195, 4798.

— de commutation de peine, II, p.408, 3545, II, p. 645, 1495, 4497.

— confiée à la poste, ouverte ou supprimée, I, p. 548, 1860, 9°; II, 543, 3993.

— contravention au transport des, II, p. 96, 2525.

— de convocation à un ordre, I, p. 452, 1557.

— de dénonciation officielle, II, p. 30, 2311.

— d'envoi de bordereau d'hypothèque légale, I, p. 404, 1389.

— d'envoi de cession d'office, III, p. 253, 4953, 4964.

— formules, III, p. 458, 5510.

— franchises, III, p. 444 à 467, 5471 à 5524.

— de grâce, conclusions du M. P., I, p. 181, 593.

— de l'inculpé, ouverture par le juge d'instruction, II, p. 544. 3994.

— inédites de d'Aguesseau I, p. 402, 325.

— de maire signalant crime ou délit, II, p. 77, 2457.

— missive fausse, III, p. 4, 4219; saisie, II, p. 49, 2367.

— de naturalisation, I, p. 383, 1315; II, p. 646, 4200.

— de noblesse, conclusion du M. P., I, p. 184, 593; enregistrement et publicité, III, p. 284, 5055.

— officielle du parquet aux avoués ou parties en cas de conflit, I, p. 309, 1047.

— officielle du préfet au parquet, affaires domaniales, I, p. 320, 1088.

— d'ordination fausse, III, p. 4, 4219.

— ouverture illicite de, II, p. 544, 3993.

— patentes de dispenses d'âge, d'alliance ou de parenté, I, p. 435, 1499; d'honorariat, I, p. 69, 211 et 212; p. 70, 215; de réhabilitation, III, p. 156, 4681; pour la surveillance de la haute police,

III, p. 77, 4444, 4445; de remise ou modération de peine, III, p. 85 à 88, 4469 à 4476.

— du président d'assises, envoi de son rapport sur la session, II, p. 358, 3384.

— du président d'assises recommandant un condamné à la clémence du chef de l'État, III, p. 82, 4457.

— preuve d'adultère et de complicité, II, p. 458, 3744.

— saisie à l'audience, II, p. 32, 2318.

— saisie à la poste, II, p. 544, 3994.

— suppression de, II, p. 543, 544, 3993.

Levée de voiture, III, p. 99, 4510.

Levée de cadavre, I, p. 377 à 379, 4296 à 1307.

— d'écrou de détenu envoyé en correction et mis en apprentissage, II, p. 264, 3069.

— d'écrou et prolongation de détention par mesure administrative, II, p. 424, 3604.

— de l'état de siège, I, p. 654, 2455, p. 653, 2460.

— de plan, information, dépenses, III, p. 60, 4394.

— de prohibition de mariage, I, p. 431, 4487.

— des scellés, I, p. 474, 573, p. 484, 1676; p. 485, 4680; p. 486, 4682; apposés chez un notaire décédé, III, p. 404, 5368; prise à partie du juge de paix au sujet de la, II, p. 579, 4094, 3°.

— de troupes, entravée, I, p. 544, 4859, 12°; sans autorisation, I, p. 540, 4859, 14.

Lévrier, emploi autorisé, II, p. 488, 3842.

Libellé d'un exploit, I, p. 495, 633; de citation en pol. correc., II, p. 214, 2903.

Libéralités, au profit des fabriques et hospices, avis à donner par les notaires, III, p. 399, 5355.

— autorisation à demander, Cir. min., 7 juin 1882, 18 août 1884.

Libération du cautionnement d'un conservateur des hypothèques, I, p. 408, 4403.

— des condamnés par contrainte par corps, II, p. 450, 452, 3686, 3693; appendice, p. 637, 53 à 56.

— des jeunes détenus, anticipation, Cir. min., 44 mars 1876.

— du service militaire, certificat de; cession d'office, III, p. 247, 4948; p. 248, 4949; greffiers, III, p. 306, 5447; huissiers, p. 335, 5485; notaires, p. 365, 5264; tribunaux civils incompétents pour

la prononcer, I, p. 376, 4294; p. 459, 4584.

Liberté d'action du M. P. poursuites, I, p. 574, 4888; p. 567, 4877.

— du commerce, protection, II, p. 547, 4003.

— des enchères, entraves à, I, p. 552, 4860, IX, 3°

— individuelle, attentat, II, p. 544, 3985, 3°; formalités pour la garantie; irrégularité, négligence, avis au P. G., III, p. 449, 4570; précautions à prendre par le M. P., III, p. 444, 4548.

— provisoire caution, II, p. 466 à 469, 2746 à 2766; danger, II, p. 445, 2590; droit, II, p. 446 à 425, 2592 à 2604; généralités, II, p. 464 à 466, 2725 à 2745; jeunes détenus correct., II, p. 264, 3074, 3072; Cir. min. Int., 20 mars 4883; poursuite des contributions indirectes, II, p. 504, 3865; pourvoi en cassation, II, p. 370, 3420; statist. III, p. 548, 5744; p. 583, 5785.

— de réunion, L. du 30 juin 1884.

— du travail et de l'industrie, atteinte à, II, p. 502, 3858, L. 24 mars 1884, Circ. min. 45 septembre 1884.

Librairie, extraits de jugements correctionnels contre les libraires, II, p. 290, 3170.

— généralités, III, p. 404 à 409, 4516 à 4538, L. du 29 juillet, Circ. min., 9 novembre 1884.

— règlem. sur la, I, p. 559, 4860, XVII, 8°.

— vente d'articles de, I, p. 519, 4789.

Libre arbitre du M. P., I, p. 570, 4885.

Licence, débits de boissons, II, p. 540, 3888; p. 544, 3890.

— diplôme de, avocat, III, p. 204, 4826; avoué, III, p. 277, 5036, 5037.

— fabrication de cartes à jouer, II, p. 543, 3897.

Licitation d'immeubles de mineur, I, p. 504, 4747; saisis, I, p. 449, 4546.

— jugem. rendus en matière de, statist., III, p. 546, 5645.

— objets vendus par, I, p. 449, 4546.

Lien, dossier de cession d'office, III, p. 255, 4968.

Lieu de dépôt des individus arrêtés, III, p. 423, 4587.

— de détention pour l'emprisonnem., II, p. 407, 3543; p. 408, 3544 à 3546; p. 409, 3548, 3549.

— d'exécution capitale, II, p. 380, 3455.

— habite, circ. aggrav. du vol, I, p.
515, 1859, IX, 4°.
— de naissance des condamnés, III,
p. 470, 471, 5533, 5535 ; signification de défaut correct., II, p.
249, 3026.
— public, perquisition, II, p. 47,
2364 ; visites, II, p. 577, 4089.
— de résidence d'un notaire, III, p.
385, 5345.
— du tirage du jury, II, p. 337, 3345,
3346.
Lieue, de 4 kilomètres, taxe à témoin,
III, p. 31, 4302.
Lieutenant de douane, droit d'appel, II,
p. 612, 4488.
— de gendarmerie, cortège, cérémonie, rang, III, p. 474, 4728.
— général commandant une division
militaire, franchise postale, III,
p. 460, 5513.
— de juge, pension de retraite, I,
p. 75, 230.
— de louveterie, II, p. 492, 3828 ;
étrangers, Note min., 27 avril
1877.
Ligne, collatérale et directe, mariage, I,
430 à 431, 1483 à 1487 ; I, p.
446, 1834.
— copies des huissiers, nombre des,
III, p. 351, 5224 ; expéditions, III,
p. 36, 4348 ; p. 37, 4322 ;
exploit I, p. 480, 1685 ; minute
de greffe, III, p. 319, 5445 ; rôle
d'huissier, III, p. 44, 4333.
— des douanes, recherche de fraude,
II, p. 604, 4162 ; saisie de tabac,
II, p. 527, 3942.
Limine litis, compétence réglée, in, II,
p. 240, 2894.
Limite d'âge de magistrat, I, p. 49 et 50,
452, note ; p. 68, 205.
— d'héritage, déplacée, supprimée, I,
p. 554, 1860, X, 42°.
— au nombre des témoins, II, p. 436,
2650.
Lingot, droit de garantie, L. du 19 brumaire an VI, II, p. 513, 3898.
Lippe, traité d'extradition, avec la, I, p.
577, 1904.
Liqueur corrosive, détérioration volont.,
C. P., 443.
Liquidation de biens de mineur, III, p.
399, 5354.
— de dépens, I, p. 231, 762 ; statist.
des appels, III, p. 502, 5642, 40°.
— de faillites, statist. commerciale,
III, p. 528, 5667, 5668.
— de frais criminels, distraction des
honoraires d'avoués, II, p. 434,
3636 à 3638 ; insertion dans les
jugem. de condamnation, II, p.
449, 3682 ; de justice criminelle,

III, p. 62 à 64, 4396 à 4401 ;
avances par les parties civiles,
Circ. min., 3 octobre 1879.
— et partage, interdiction pour le magistrat d'y procéder, III, p. 487
à 489, 4776 à 4780 ; retards,
Circ. min. 1er mars 1879 ; états
trim., Circ. min., 21 octobre
1880.
— de pension, I, p. 72, 221 ; p. 80,
248.
— de succession des étrangers, I, p.
387, 1330.
Liquide inflammable, Décr. du 27 janvier
1872 et 19 mai 1873.
Liste des candidats, commissaires-priseurs, III, p. 300, 5401 ; juges
de paix, III, p. 477, 4748 à 4750 ;
officiers ministériels, III, p. 225,
4890 ; p. 228, 4897 ; p. 229,
4899.
— des commerçants notables, I, p.
496, 4747.
— des conseillers de cour, aptes à pré-
sider les assises, II, p. 346, 3253,
3254.
— des conseillers municipaux aptes
aux fonctions de M. P., II, p.
492, 2827.
— du contingent, difficultés au sujet
de la formation, exemptions,
compétence, I, p. 376, 4289.
— départementale du tirage au sort,
I, p. 459, 1534 ; omission frauduleuse, III, p. 440, 4636.
— des détenus dignes de grâce, III,
p. 83, 4463 ; p. 84, 4464 à
4467.
— électorale, I, p. 329, 1447 ; Circ.
min., Int. 30 décembre 1875,
25 janvier 1876.
— des individus absents de leur commune, au service militaire, I,
p. 271, 903.
— des individus surveillés par la
haute police, II, p. 422, 3590.
— des juges à signaler au G. des S.
pour leur exactitude, III, p. 203,
4824.
— du jury, formation, II, p. 321 à
332, 3268 à 3297, Circ. min.
10 mars 1882 ; notification, II,
p. 340, 3326 ; III, p. 345, 5207 ;
réclamations, compétence, I, p.
496, 4717.
— des médecins experts, II, p. 66,
2118.
— des présidents et conseillers de la
chambre d'accusation, II, p. 317,
3254.
— des récidivistes, III, p. 439, 4634.
— des témoins, assises, II, p. 479,
2787 ; p. 340, 3328 ; notification,

II, p. 340, 3326 ; présentation,
II, p. 348, 3353 ; taxe, III, p. 44,
4334 ; Pol. corr., II, p. 220,
2923 ; p. 221, 2929 ; décharge,
p. 222, 2930 ; pourvoi en cassation, II, p. 372, 3429.

Lit, saisie prohibée, C. de proc., 592.

Lithographie exposée, publiée, vendue
sans autorisation, I, p. 550, 4860,
XI, 29° ; III, p. 107, 4536 ; L. du
29 juillet 1881 ; Cir. min. 9 novembre 1881.

Litige, réponse à tous les chefs de, II, p.
562, 4046.

Litispendance, I, p. 200, 653 ; adultère et
séparation de corps, II, p. 456,
3705.

Livraison de plans à l'ennemi, I, p. 540,
4859, 4°.

Livre, ballot de, mise en vente, I, p. 549,
4789.
— de commerce, défaut, irrégularité,
banqueroute, II, p. 480, 3788 ;
timbre, I, 495, 4746.
— d'église, impression et réimpression, Décr. 7 germinal an XII.
— étranger, douane, saisie, III, p. 107,
4537.
— journal du commerçant, I, p. 523,
4803, 8°.
— et papiers appartenant à l'Etat,
vente, I, p. 549, 4790.
— de poste, III, p. 34, 4302.
— vente de, avis par les commissaires-
priseurs au directeur général des
archives et à l'administration de
la bibliothèque générale, III,
p. 304, 5440.

Livret de famille, Circ. min., 18 novembre 1876.
— d'ouvrier, absence de, I, p. 549,
4860, VI, 16° ; I, p. 553, 4860, IX,
29°, L. 31 mai 1854 ; statist., III,
p. 569, 5757, 5°.

Local de dépôt provisoire, arrestations,
III, p. 423, 4587.
— loué ou prêté à des associations
internationales, I, p. 546, 4860,
§ II, 42° ; II, p. 472, 3763.
— de réunions illicites, I, p. 550,
4860, VI, 19°.
— du tribunal, détruit ou inaccessible,
I, p. 469, 4622.

Location à des associations internationales, I, p. 546, 4860, § II, 42° ;
à des réunions illicites, I, p. 550,
4860, VI, 19°.

Locomobile et locomotive, Décr. 30 avril
1880, L. 24 juillet 1856.

Logement insalubre, LL. du 43 avril
1850 et 25 mai 1864.

— des magistrats, I, p. 36, 444 à 444 ;
gratuit, III, p. 472, 4732.
— réquisitions pour les exécuteurs, II,
p. 382, 383, 3464, 3465 ; appendice, p. 635, n° 49.

Logeur, contravention, art. 475, 2° du
C. P.
— licence exercice, II, p. 540, 3887.
— responsabilité civile, II, p. 438,
3649.
— statist., III, p. 567, 5757, 40°.

Loi abrogée, appliquée, cassat., II, p. 360,
3389.
— critiquée par un ministre du culte,
C. P., 201.
— existante, base des arrêtés, II,
p. 494, 2835.
— de finances, 3 juillet 1846, I, p.
439, 4542.
— fiscale, II, p. 503, 3862.
— pénale, jugements, insertion, I,
p. 463, 544, 544.
— spéciales, citation à prévenu, II,
p. 246, 2909 ; responsabilité résultant de, II, p. 437, 3647 ; récidive, III, p. 437, 4629.
— suspension de l'exécution des, C.
P., 127.

Lorient, bagne, II, p. 384, 3469.

Loterie, contravention, voie publique,
art. 475, § 5, 477, 478, § 2,
du C. P. ; statist., III, p. 567,
5757, 13°.
— délit, concours, I, p. 554, 4860,
VIII. 44°, 42°, 43° ; saisie et
confiscation, II, p. 400, 3527, 8°,
p. 403, 3530.

Lots, valeurs à, émission, vente, L. 24 mai
1836, art. 440, C. P.

Louage, compte civil, III, p. 502, 5612, 23.

Loup, destruction, II, p. 488, 3812, L. du
40 messidor an V ; L. du 3 août
1882, Décr. 20 novembre 1882.

Louveterie, II, p. 492, 3828.

Loyer, demandé en appel, I, p. 246, 822.
— demandé en paiement, I, p. 486,
603, 7°.
— de l'équipage d'un navire, statist.
des appels, III, p. 502, 5612, 6°.

Lubeck, extradition, I, p. 577, 4904.

Lucques, extradition, I, p. 577, 4904.

Lumière, portée sans précaution, incendie, C. P., 458.

Luxembourg, extradition, I, p. 577,
4904 ; signification, Circ. min.,
5 juillet 1884.

Lycée, crimes et délits dans un, III, p. 93,
4494.
— gens de service, casier judiciaire,
Circ. min., 20 février 1878.
— paiement des sommes dues par les
élèves d'un, I, p. 440, 444, 4440.

— peines encourues par les élèves, III, p. 92, 4488.
— réquisition en faveur d'un, I, p. 177, 578.

Lyon, organisation municipale, L. du 5 avril 1873, L. du 5 avril 1884, art. 160, 18°.

M

Machination avec l'ennemi, I, p. 540, 1859.
— complicité par, I, p. 585, 1934.
Machine, insaisissable, C. de proc., 592.
— meurtrière, fabrication, débit ou détention, I., p. 546, 1860, § 2, 5°.
— à vapeur, accidents, Circ. min., 17 sept. 1883; destruction, I, p. 548, 1859, IX, 44°; législation, L. du 24 juillet 1856, Décr. du 30 avril 1880; mines, explosion, Circ. min., 24 juin 1884.
Magasin, volontairement incendié, I, p. 545, 1859, IX, 44°.
Magistrat, colonial, I, p. 74. 226, 230.
— commissaire de police, II, p. 75, 2451.
— consulaire, Circ. min., 13 février 1884.
— corruption de, II, p. 559, 4036.
— crimes et délits commis par un, juridiction, I, 628 à 637, 2082 à 2109; pénalité spéciale, I. 53, 54, 463, 466.
— décorations étrangères, Circ. min., 2 octobre 1876.
— détention arbitraire ou illégale, I, p. 596, 1966, 5°.
— doctrine subversive publiée par un, III, p. 187, 4775.
— étranger, correspondance avec, II, p. 154, 2708.
— garantie des, I, p. 628 à 637, 2082 à 2109.
— légionnaire, Circ. min., 14 août 1879.
— notices, I, p. 65 à 67, 200 à 204.
— outrage, I, p. 548, 1860, V, 2°; audience, I, p. 444, 456; irrévérence, art. 10 et 12, C. de proc. civ., et 504 d'Inst. crim.
— recours en grâce appuyé par, III, p. 78, 4447; III, p. 81, 4455.
— récusable, I, p. 463, 1598.
— remplacé, II, p. 547, 4003; traitement, Circ. min., 18 décembre 1878.
— service militaire, Circ. min., 29 mai 1876; 5 août 1876; classe 1870,

Circ. min., 13 août 1877; non disponibles, Circ. min., 25 août 1877, 26 octobre 1877, 14 février 1878, 29 mars 1878, 24 juillet 1878.
— signalé au G. des S. pour le service, III, p. 494, 5587.
— supérieur, délit de, I, p. 630, 2089; p. 633, 2096.
— témoin, II, p. 221, 2927; p. 340, 3327.
— travaux des, comité chargé de les signaler, Circ. min., 15 août 1876, 10 janvier 1879.
— trésorier, I, p. 95, 297 à 299.
— vacance par démission, décès, avis au G. de S., Circ. min., 5 mars 1879.
— visite des maisons centrales, III, p. 124, 4576.
Magistrature assise, I, p. 49, 149; III, p. 169 à 203, 4722 à 4824.
— consulaire, élection, Circ. min., 13 février 1884.
— debout, I, p. 50, 51, 453 à 456; I, p. 444 à 447, 353 à 370.
— nomade, I, p. 64, 196.
— réorganisation, L. 30 août 1883, Décr., 12 janvier 1884.
Mahakmas de cadis Algérie, suppression, Décr., 25 mars 1879.
Main armée, fraude d'octroi à, II, p. 520, 3922.
— forte au garde-champêtre, II, p. 87, 2494; au garde-forestier par les douaniers, II, p. 89, 2504; pour mandats d'amener, II, p. 122, 2605; au M. P., II, p. 3, 2236; aux préposés de la navigation, II, p. 546, 3907.
— de justice, mise sous la, II, p. 144, 2587.
Mainlevée, état de siège, I, p. 653, 2160.
— de fourrière, art. 39, Décr. 18 juin 1841.
— de l'interdiction et de l'assistance du conseil judiciaire, I, p. 424, 1461.

— du mandat de dépôt, II, p. 123, 2607; II, p. 165, 2744, 2745.

— de l'opposition au mariage, I, p. 186, 603; I, p. 445, 4532, 1533.

— de saisie ou opposition, I, p. 186, 603, 6°.

Mainmorte, biens de, enregistrement, L. du 20 février 1849.

Maintien des institutions politiques, attentats, avis au G. des S., II, p. 26, 2300.

— de l'ordre dans les communes, II, p. 78, 2458.

Maire, acquisition d'immeubles, I, p. 299, 1006.

— adjudicataire, I, p. 137, 441.

— affirmation de procès-verbaux, refus d', II, p. 586, 4109.

— agissant pour la commune, I, p. 297, 997.

— arrêt de renvoi, visa de la copie, II, p. 303, 3210.

— attributions diverses, II, p. 195-196, 2835 à 2837, L. 5 avril 1884.

— attroupements, intervention, II, p. 468, 3749.

— citation à prévenu, visa, II, p. 248, 2946 et 2947.

— contumace, affiches, II, p. 534, 3956.

— détournement de matériaux, II, p. 568, 4064.

— douanes, saisie, II, p. 606, 4470.

— empiétement sur les fonctions judiciaires, II, p. 565, 4055.

— franchise postale, III, p. 459, 5514, p. 460, 5513, p. 461, 5515, p. 462, 5516-5517, p. 464-465, 5519 à 5524.

— gibier, saisie, remise aux établissements de bienfaisance, II, p. 489, 3845.

— incompatibilité des fonctions de magistrat avec celles de, I, p. 7, 12, 5°.

— légalisation de signature, cession d'office, III, p. 252, 4960.

— liste du jury, II, p. 322-323, 3272-3273.

— nomination, L. 20 janvier 1874, 12 août 1876; Circ. min. int. du 12 septembre 1876; L. 5 avril 1884, art. 76; Circ. min. int. du 10 avril 1884.

— notification à un juré absent, visa, II, p. 330, 3293.

— octroi, II, p. 548, 3917.

— officier auxiliaire du parquet, II, p. 76 à 78, 2453 à 2460.

— permis de chasse, avis, II, p. 485, 3804.

— police municipale, II, p. 493, 2829.

— pourvoi en cassation, II, p. 204, 2869.

— procès-verbaux, affirmation, force, rédaction, II, p. 13-14, 2261-2262, p. 20, 2286, 4°, 10°.

— réhabilitation, avis, III, p. 153, 4674.

— scellés, apposition, I, p. 485, 4679.

Maison d'arrêt, III, p. 110 à 120, 4546 à 4572; condamnés à moins d'un an, II, p. 403, 3532; pouvoir du juge d'instruction, II, p. 126, 2619; réputée militaire, I, p. 640, 2422.

— de charité, I, p. 177, 578.

— du chef de l'État, perquisitions, II, p. 48, 2366.

— centrale, III, p. 120 à 122, 4573 à 4582.

— conjugale, II, p. 456, 3705.

— commune, adultère, I, p. 471, 1634.

— de correction, mineur de 16 ans, II, p. 259, 3064, p. 403, 3532, III, p. 122-123, 4583 à 4586.

— de débitant de boissons, II, p. 509, 3883.

— de débauche, visites domiciliaires, II, p. 577, 4089.

— défaut de réparation, accidents, C. P., p. 479, 4°.

— de dépôt, II, p. 409, 3548, III, p. 123, 4587.

— de force, femmes, II, p. 385, 3470.

— d'habitation, chasse, II, p. 484, 3800.

— habitée, circonst. aggrav. du vol, I, p. 545, 4859, IX, 4°; envahissement, insurrection, II, p. 474, 3758.

— de jeu de hasard, I, p. 551, 4860, VIII, 14°; confiscation, II, p. 400, 3527, 8°, 44°.

— de justice, II, p. 306, 3249, III, p. 140, 4546.

— du maire, affiche de contumace, II, p. 534, 3956.

— meublée, ordonnance du 10 juin 1820, art. 475, 2°, et 478, C. P.

— de police, III, p. 123-124, 4587 à 4590.

— de prêt sur gages non autorisée, poursuites, I, p. 655, 2169.

— de refuge pour les filles, III, p. 122, 4584.

— de santé, L. 30 juin 1838, Décr. 4 février 1875, I, p. 276 à 284, 925 à 944.

— de tolérance, police, II, p. 496, 2837, 3°, § 6.

Maître d'accusé fugitif, notification au, II, p. 303, 3214.

— coalition, L. 24 mars 1884, Circ.
min., 15 septembre 1884.

— de marine, II, p. 7, 2249, II,
p. 98, 2524.

— de ponts, II, p. 515, 3906.

— de ports, serment, III, p. 440,
5462, VII.

— de poste, I, p. 564, 4860, XXI, 1,
3; respons. civile, III, p. 99,
4843; incompatibilité, III, p. 310,
5123; indemnité, II, p. 396,
3544.

— de requête, franchise postale, III,
p. 459, 5514, p. 460, 5513.

— responsabilité civile du, II, p. 437,
3648.

— université, peines encourues par
les, III, p. 92, 4487.

Major général de la flotte et de la marine, attributions, Décr., 20 janvier 1880, 23 janvier 1882,
27 mars 1882.

Majorité de voix, crimes commis devant
une cour, I, p. 143, 463; jury,
II, p. 354, 3370.

— mariage, I, p. 448, 1543, art. 456
et 457 du C. C.

Malade, décédé à l'hospice, succession, I,
p. 492, 1705.

Maladie, accusé porté à l'audience, II,
p. 346, 3348.

— des animaux, contagion, C. P.,
459; I, p. 554, 4860, X, 15°; II,
p. 195, 2837,1°; L. 21 juil. 1884,
Décr. 22 juin 1882.

— de condamné aux travaux forcés,
II, p. 387, 3477.

— contagieuse, police, II, p. 196,
2837, 3°, § 7; prison, élargissement provisoire des contraints
par corps, II, p. 451, 3693.

— du défendeur correctionnel, défaut,
II, p. 248, 3019.

— de détenu transféré à l'hospice, II,
p. 414-415, 3561 à 3564.

— imputée sur la durée de la peine,
II, p. 405, 3536.

— juré, II, p. 334, 3304.

— de magistrat, I, p. 43, 136, p. 56,
172.

— pestilentielle exotique, police, Décret, 22 févr. 1876, 25 mai 1878.

— de plus de 20 jours, I, p. 544,
4859, VIII, 3°; constat. médic.,
II, p. 46, 2364; sursis aux poursuites, II, p. 254, 3043.

— simulée, recrutement, III, p. 144,
4640.

Maladresse, blessure, homicide, C. P.
319; I, p. 550, 4860, VII, 7°;
dommage, C. P. 479, 3°.

Malfaiteur, association, I, p. 543, 4859,
VII, 1°.

Malle-poste, II, p. 528, 3945.

— scellée, pièce à conviction, III,
p. 329, 5167.

Malversation de magistrat ou d'officier
public, II, p. 540, 3984.

Mandat d'amener par l'instruction, II,
p. 412 à 414, 2578 à 2585; par
M. P., II, p. 51, 2373 et appendu.
p. 626, 29, p. 52, 2375; faux
incident, III, p. 18, 4284.

— d'arrêt, II, p. 123 à 126, 2608 à
2648; avis télég. au P. G. Circ.
min. 25 mars 1883.

— sur charges nouvelles, II, p. 490,
2848.

— de comparution, II, p. 111-112,
2574 à 2577.

— contrat de, C. C. 1784, appels,
statist. III, p. 502, 5612, § 1, 29°.

— contre colporteur de tabac, II,
p. 536, 3941.

— délégation, II, p. 103, 2548.

— de dépôt, instruction II, p. 114 à
123, 2586 à 2607; M. P. II,
p. 51, 2374, II, p. 39, 2338;
par un tribunal ou un juge, I, p.
442, 459; par le tribunal correctionnel, II, p. 255, 3047; par le
président seul, II, p. 258, 3057.

— durée du, II, p. 178, 2775, en cas
d'appel, II, p. 407, 3542.

— exécution des, II, p. 97, 2528;
frais, III, p. 49 à 50, 4356 à
4359; urgents, III, 65-66, 4403
à 4405.

— illégal contre des agents, II, p.
541, 3985, 5°.

— inobservation des formalités, II,
p. 580, 4095.

— judiciaires, règles générales, II,
p. 104 à 114, 2552 à 2573.

— contre marins ou militaires, I, p.
642-643, 2428 à 2434.

— contre membres ou élèves de l'Université, III, p. 93, 4494.

— notification par la gendarmerie,
Circ. min., 1er juillet 1884.

— contre officier de santé prévaricateur, II, p. 449, 2694.

— de paiement, I, p. 59, 480-481;
affaires forestières, II, p. 593,
4431; greffiers, tables décennales, timbre, I, p. 354, 1243;
provisoire, au témoin, acompte
sur son indemnité, III, p. 55,
4314.

— pluralité de, II, p. 400, 2538.

— police simple, II, p. 498, 2848.

— par le préfet, flagrant délit, II, p.
4, 2239.

— spécial de déplacement pour les
préposés ou gardes forestiers,
III, p. 73, 4429.

— contre témoin défaillant aux assises, II, p. 343, 3355 ; à l'information, II, p. 449, 2694 ; en pol. correct., II, p. 232, 2968.

Mandataire, *ad litem,* nomination d'un, I, p. 474, 873, 7°.

— appel correct., II, p. 266, 3085 ; 276, 3420.

— de détenu, notaire, III, p. 398, 5354.

— en justice de paix, I, p. 490, 610.

— de juré excusé, II, p. 335, 3307.

— du prévenu ou de l'inculpé, examen des pièces à conviction, II, p. 49, 2369 ; police correct., comparation, II, p. 226, 2945.

— pour plainte ou dénonciation, II, p. 30, 2310.

— police simple, II, p. 198, 2848.

— spécial d'un aliéné, I, p. 279, 939.

Mandement exprès à un huissier, III, p. 44-45, 4342 à 4346.

— frais d'exécution de, III, p. 49, 4356.

— de magistrat près le G. des S., III, p. 192, 4789, p. 193, 4795.

— mémoire, III, p. 68, 4412.

Maniement de deniers publics, détournement, soustraction, II, p. 569, 4067.

Manifestation politique de magistrats contre le gouvernement, III, p. 487, 4775.

— publique, abstention ou participation des magistrats, II, p. 547, 4003.

— de la vérité, saisies à domicile, II, p. 47, 2363.

Manifeste électoral, dépôt, Circ. min., 14 février 1876 ; 27 février 1876 ; 19 septembre 1877.

Manœuvre, avec l'ennemi, I, p. 540, 1859, 2°.

— à l'intérieur ou avec l'étranger, I, p. 546, 1860, 14, 4°.

— frauduleuse, escroquerie, I, p. 554, 1860, VIII, 8°.

— pour procurer la hausse ou la baisse des denrées, I, p. 552, 1860, IX, 11°.

Manquement, à l'audience par un avocat, peine disciplinaire, III, p. 245, 4859 ; à l'autorité publique, I, p. 543, 1859, VI ; p. 548, 1860, V.

Manufacture, police des, I, p. 600, 1979, 8°.

— inspection du travail des enfants, Décr., 7 décembre 1868 ; Circ. min., 1er mars 1876, 14 juin 1879, Circ. min., 14 avril 1881.

— violation des règlements ; confiscation, II, p. 400, 3527, 9°.

Manuscrit, vente de, I, p. 549, 1790, III, p. 304, 5440, Circ. min., 23 avril 1883.

Maquereau, pêche du, I, p. 558, 1860, XV, 3°.

Maraudage, I, p. 557, 1860, XII, 5°.

— poursuites, I, p. 566, 1873 ; C. P. 475, n° 45 ; compte criminel, III, p. 568, 5757, § 3, 11°.

Marchand, colporteur, ajournement, I, p. 477, 1653.

— de comestibles, recherche du gibier, II, p. 488, 3814.

— forain, règlement de police, II, p. 496, 2837, 4° § 9.

Marchandise, circulant en fraude, suite par la régie, II, p. 505, 3867 ; importation frauduleuse, II, p. 600, 4450.

— dangereuse, I, p. 553, 1860, IX, 18°.

— exportée à l'étranger, contravention, confiscation, II, p. 400, 3527, 9°.

— neuve, vente aux enchères, I, p. 535-536, 1846 à 1850 ; confiscation, II, p. 404, 3527, 23°, 3528.

— prohibée et moyens de transport ; confiscation, II, p. 404, 3527, 18.

— vendue, tromperie, C. P. 423, I, p. 552, 1860, XI, 15°.

Marché, convois et transport des détenus, III, p. 54, 4372 ; Circ. min., 29 novembre 1884.

— exécution capitale le jour de, II, p. 380, 3454.

— fonctions judiciaires objet d'un, III, p. 469, 723.

— passé entre les cours et tribunaux et les imprimeurs, III, p. 53, 4367.

— police des, II, p. 495, 2837, 2°, § 6.

— à terme prohibé, C. P., 422, L. 28 mars 1885.

Marge, des arrêts ou jugements, décisions gracieuses, III, p. 87, 4474.

— lettre de service, indications, III, p. 457, 5507.

— extraits de condamnations à l'emprisonnement, mentions à mettre en, confusion ou cumul des peines, II, p. 442, 3556.

— registres de l'état civil, rectifications, I, p. 368, 1261-1262.

Marguillier, I, p. 293, 988.

Mari, absent, condamné ou interdit assigné avec sa femme, I, p. 457, 1575 à 1577.

— adultère, II, p. 455, 3704.

— faux au préjudice de la femme, III, p. 9, 4233.

— puissance du, I, p. 454 à 459, 4567 à 4582.

— poursuite de l'assassin de la femme, I, p. 654, 2464.

— de la prévenue, témoignage en P. C., II, p. 234, 2963.

— responsabilité civile, II, p. 438, 3649, 3652.

— vol au préjudice de la femme, I, p. 623-624, 2064 à 2064.

Mariage, acte de, rétablissement, I, p. 449, 4544, I, p. 472, 872, 4°.

— condamné, mort civilement, amnistié, I, p. 644, 2048.

— dispenses d'alliance pour, I, p. 433, 4490 ; I, p. 441, 4548 à 4520 ; I, p. 637, 2444.

— divorce, Circ. min., 3 octobre 4884.

— domicile, Circ. min., 24 décembre 4874.

— de l'enfant d'un interdit, I, p. 422, 4449.

— d'étranger, I, p. 436 à 438, 4502 à 4544 ; I, p. 390, 4337, 4338 ; Belges, Décr., 24 octobre 4879 ; Italiens, Circ. min., 26 janvier 4876, 40 mars 4883 ; Suisses, Circ. min., 2 août 4884.

— généralités, I, p. 425 à 449, 4465 à 4545.

— d'indigents, dispenses de droit de greffe, III, p. 348, 5442 ; de timbre et enregistrement, I, p. 439, 440, 4542 à 4547.

— de mari adultère avec sa concubine, I, p. 445, 4531.

— mention des cérémonies religieuses dans l'acte, I, p. 548, 4860, IV, 44°.

— de militaire, I, p. 428, 4476 ; p. 429, 4480 ; I, p. 441, 4548 à 4520.

— de mineur art. 448 à 460 du C. C., I, p. 427, 4473.

— des prêtres, I, p. 442, 4524, 4522.

— production des actes de naissance, I, p. 354, 4204 ; erreurs ou différences d'orthographes, I, p. 365, 4248.

— projeté et inexécuté, I, p. 449, 4545.

— officiers militaires, Circ. min., 3 avril, 4875.

— des réclusionnaires, II, p. 392, 3497.

— religieux avant le civil, I, p. 542, 4859, V, 4° ; I, p. 548, 4860, IV, 44°.

— sans preuve de consentement des parents, I, p. 548, 4860, 44°, II, p. 573, 4073.

— second, preuve de la dissolution du 4er, I, p. 445, 4530 ; p. 446,

4534 : avant la fin du veuvage obligé, II, p. 573, 4074.

— de sourds muets, I, p. 442, 4523, 4524.

— statist. civile, III, p. 504, 5642.

— urgence de célébration, dispense de publication, I, p. 430, 4480, 5°.

Marin, absent, I, p. 266 à 272, 892 à 942.

— et militaire, généralités, I, p. 637 à 644, 2440 à 2435.

— cité en témoignage, II, p. 449, 2663 ; III, p. 33, 4308.

— débit de boissons, II, p. 540, 3889.

— déserteur, I, p. 562, 4860, XXII, 3°.

— gracié, III, p. 88, 4476.

— mandat contre un, II, p. 440, 2673.

— ports et arsenaux, II, p. 453, 454, 2706, 2707.

— mariage, I, p. 444, 4548 à 4520.

— poursuivi, I, p. 628, 2084 ; p. 642 à 644, 2430 à 2435.

Marine, marchande, L. 29 janvier 4884 ; chef du service de la, franchise postale, III, p. 464, 5545, § 2, 47°, p. 464, 5549, VIII, 8° ;

— ministre de la, fourniture des extraits concernant les condamnés au bagne, II, p. 386, 3475, 3476 ; intermédiaire pour assignation aux colonies du, I, p. 478, 4659.

— police sanitaire, Décr., 22 février 4876, 28 mai 4878.

— scellés, I, p. 486, 4684.

Marque d'approbation ou d'improbation, I, p. 439, 450.

— de cartes à jouer, contrefaçon, II, p. 542, 3894.

— distinctive de fonctions, écharpe, II, p. 78, 2459 ; plaque, II, p. 83, 2478 ; procès-verbaux, mention, II, p. 86, 2492.

— de fabrique ou de commerce, I, p. 520, 4795 ; p. 524, 4796 ; dépôts des, Circ. min., 34 mai 4877 ; falsification, I, p. 542, 4859, § 3, 8° ; usurpation et contrefaçon, I, p. 552, 4860, IX, 6° ;

— forestière, falsification de, I, p. 544, 4859, § 3, 2°.

— d'or et d'argent, I, p. 560, 4860, XX, 7, 8 ; confiscation, II, p. 404, 3527, 49.

— de violence ou de perversité des condamnés, signalées à l'administration, II, p. 444, 3554.

Marteau de l'État, contrefaçon, I, p. 544, 4859, § 2, 2°.

Martelage des arbres délits relatifs au, I, p. 674, 2224 ; pour la marine, II, p. 95, 2524.

Martinique (la), C. P. métropolitain, Décr., 8 janvier 1877.

Masque, chasse avec, II. p. 497, 3843.

Massacre et pillage, attentat ou complot ayant pour but le, I, p. 540, 1859, 40°.

Masse des créanciers, ordre et contribution. I, p. 452, 4558.
— de faillite, poursuite au nom de la, II, p. 479, 3787: p. 480, 3789; stipulation au détriment de la, II, p. 479, 3785.

Massue, contrebande avec, II, p. 604, 4455.

Matériel des prisons, III, p. 146, 4560, 13°.
— des tribunaux, I, p. 83 à 105, 259 à 332.

Matérialité des faits, contraventions, II, p. 506, 3872.

Maternité, recherche, C. C. 314 et s.; trace d'accouchement, II, p. 45, 2358.

Matière empoisonnée, II, p. 46, 2360.
— inflammable, Décr., 27 janvier 1872 et 19 mai 1873.
— explosive, détention ou fabrication, II, p. 523, 3928.
— divisible, I, p. 230, 787.
— insalubre, jet ou dépôt sur la voie publique art. 471, § 6, du C. P. et statist., III, p. 568, 5757, § 2, 2°.
— d'or et d'argent, II, p. 513, 514, 3898 à 3903; contravention, I, p. 560, 4860, § 20; confiscation, II, p. 400, 3527, 10°; tromperie, I, p. 552, 4860, 45°.
— ordinaire taxe, I, p. 231, 762.
— politique, définition, III, p. 406, 4535.
— sommaire, I, p. 204, 663, 664; défaut, I, p. 224, 729; taxe, p. 231, 762.
— urgente et requérant célérité, I, p. 219, 715.

Maxima, appel, a, II, p. 268, 3090.

Maximum, amende, gradation entre *minimum* et, II, p. 397, 3515.
— contrainte par corps, II, p. 449, 3682; appendice, p. 637, 53, 54.
— emprisonnement, II, p. 403, 3533.
— de la peine, condamnés mineurs de 16 ans, I, p. 595, 4964; aux gardes chasse et forestiers pour délit de chasse, II, p. 95, 2523; II, p. 498, 3845; influence sur détention préventive, II, p. 462, 2729; sur compétence, II, p. 240, 2890, 2894.
— récidiviste, III, p. 135, 4623;

p. 436, 4626; p. 137, 4627; p. 438, 4630.
— surveillance de la haute police, II, p. 419, 3579.

Mecklembourg Strélitz et Schwerin, extradition, I, p. 577, 4904.

Médaille de l'armée des Vosges, Circ. min., 25 octobre 1871.
— exposée ou mise en vente sans autorisation, I, p. 556, 4860, XI, 29; III. p. 407, 4536.
— fabriquée ailleurs qu'aux lieux désignés, I, p. 561, 4860, XX, 44°
— militaire, certificat de vie, III, p. 396, 5346.

Médecin, acceptation de dons ou promesse pour favoriser les conscrits, III, p. 142, 4642.
— avortement, C. P., 347.
— complice de mutilation volontaire, III, p. 444, 4638.
— corruption de recrutement, II, p. 559, 4036.
— délivrance de faux certificat médico-légal, II, p. 448, 2690, 2694.
— expert, II, p. 44, 2342.
— incompatibilités, greffier, III, p. 310, 5123; magistrat, I, p. 7, 12.
— légiste, II, p. 44, 2344, II, p. 66, 2448.
— secret professionnel, II, p. 29, 2307, p. 146, 2682.
— secret révélé par le, I, p. 554, 4860, VII.
— taxe des vacations, III, p. 56 à 59, 4378 à 4388; frais urgents, III, p. 66, 4404.

Médecine illégale, compétence, II, p. 210, 2890; peine, I, p. 562, 4860, XXIII, 4°.
— légale, II, p. 44 à 46, 2353 à 2362.
— vétérinaire, L. 21 juillet 1881, Circ. min., 15 mars 1883.

Mélange de substances malfaisantes par bateliers, voituriers, C.P., 387.

Mémoire, affaires domaniales, I, p. 320, 4089, p. 322, 4093; défaut, sursis, II, p. 565, 4053.
— calomnieux, suppression, I, p. 233, 3684.
— capture de contraignable, II, p. 448, 3684.
— contumax, II, p. 533, 3964.
— convoyeur, Circ. min., 29 novembre 1884, III, p. 54, 4372.
— criminel dénoncé au M. P. par la chambre d'accusation, II, p. 296, 3486.
— curateur à la, condamné, C. Inst. crim., art. 447.

— enregistrement, recouvrement des droits, I, p. 340, 4462, 4463.

— d'expert, vérification, III, p. 59, 4385.

— de frais de justice, III, p. 66, 4406; aff. forest., II, p. 593, 4431; transport frauduleux de lettres, III, p. 400, 4545.

— des huissiers, III, p. 68, 4411; des salaires, altération de la vérité, III, p. 2, 4242; vérification, III, p. 40, 4334.

— mineur détenu par mesure de correction paternelle, I, p. 317, 4075.

— remis par l'inculpé, II, p. 432, 2634; II, p. 458, 2747; en chambre d'accusation, II, p. 298, 3194; après renvoi en accusation, II, p. 479, 2786.

— par la partie civile, II, p. 474, 2766.

— injurieux, I, p. 233, 769.

— rédigé par les avocats ou avoués, timbre, III, p. 212, 4853.

— scindé des greffiers, III, p. 319, 5144.

— succession en déshérence, I, p. 490, 1697.

— respectivement signifié, cause contradictoire, I, p. 223, 725.

— de syndic de faillite, I, p. 532, 1804-1802.

Menace, contre les employés de la régie, II, p. 529, 3954.

— des détenus contre les gardiens, III, p. 143, 4552.

— contre les fonctionnaires, C. P., 479.

d'incendie, C. P., 436.

— écrite d'assassinat ou d'incendie, sans ordre ni conditions, I, p. 550, 4860, VII, 4°; d'attentat contre les personnes ou d'incendie avec ordre ou sous condition, I, p. 544, 4859, VIII, 2°.

— pour empêcher l'exercice des droits civiques, II, p. 617, 4204-4205.

— pour provoquer à la corruption, II, p. 564, 4044.

— pour provoquer un crime ou délit, I, p. 585, 4931.

— verbale, I, p. 550, 4868, VII, 4°.

Ménagement, inutile vis-à-vis l'inculpé, II, p. 244, 2902.

Mendiant étranger se disant incendié, naufragé ou pèlerin, I, p. 575, 4901.

— liberté provisoire, II, p. 462, 2727.

— mis en liberté, avis donné à l'administration, II, p. 424, 3600.

surveillance de la haute police, II, p. 420, 3584.

— travesti ou porteur d'arme, crochet, lime, instrument de crime

ou somme dépassant 400 francs, I, p. 549, 4860, VI, 48°.

Mendicité, I, p. 549, 4860, VI, 47°, Circ. min. int., 5 janvier 1880.

Meneur et meneuse de nourrisson, Décr. 27 février 1877, art. 35.

Mention, bulletins n° 2, III, p. 469 à 479, 5530 à 5552.

— des conclusions du M. P. dans les jugements correctionnels, II, p. 242, 3002.

— des décisions gracieuses en marge ou à la suite des arrêts et jugements, et sur le registre d'écrou, III, p. 87, 4474-4475.

Menues dépenses des cours et tribunaux, I, p. 93 à 96, 294 à 304; des greffes, III, p. 318, 5143; des juges de paix, III, p. 483, 4765; Décr. 28 janvier, Circ. min. int., 45 décembre 4883.

Menuisier, expert, II, p. 40, 2344.

Mercerie, vente à cri public de menue, I, p. 536, 4849.

Mercuriales, I, p. 204, 664, III, p. 491, 4787, p. 491, 5587-5588, p. 493, 5594.

Mère, de mineur détenu par mesure de correction, I, p. 346, 4070.

— nourrice en prison, III, p. 444, 4556.

— du prévenu, responsabilité, II, p. 437 à 439, 3647 à 3653; chasse, II, p. 498, 3848; témoignage en P. C., II, p. 264, 2963.

— du témoin mineur, double taxe, III, p. 30, 4297.

Mérite agricole, Décr. du 7 juillet 1883.

Mésintelligence du parquet et des membres du siège, III, p. 494, 4796.

Messager, complot, II, p. 34, 2322.

— frais urgents, III, p. 455, 5502.

Messagerie, pièces à conviction, II, p. 50, 2370.

Messe du Saint-Esprit, I, p. 426, 403, Circ. min., 45 septembre 4873, 24 octobre 4883.

Mesure administrative, prévenus acquittés, II, p. 256, 3049.

— de correction, II, p. 259 à 262, 3064 à 3073.

— disciplinaire contre les officiers ministériels, avis au G. des S., III, p. 273, 5025, 5028; contre les magistrats, I, p. 474, 574, 4°.

— fausse ou prohibée, usage frauduleux, I, p. 552, 4860, IX, 45°; confiscation, II, p. 400, 3527, 40°.

— gracieuse, condamné proposé par l'administration, III, p. 83 à 85, 4463, 4468; par le jury ou les magistrats, III, p. 84, 4455.

— métrique, énonciations obligées

pour les actes des officiers ministériels, III, p. 264, 4996.
— préventive contre les magistrats, III, p. 497, 4807.
— répressive contre les juges suppléants, III, p. 476, 4746; les prisonniers, III, p. 443, 4582.
— sanitaires, marine, Décr. 22 février 1876, 25 mai 1878.
— de sûreté générale, journaux, III, p. 106, 4533, L. 29 juillet 1881.
Mesureur public, usurpation des fonctions de, I, p. 552, 1860, IX, 14°.
Métier de deviner, expliquer les songes ou pronostiquer, art. 479, n. 7, 480, n. 4, du C. P, statist., III, p. 569, 5757, IV, 9°.
Métropole, avis d'état de siège aux colonies donné à la, I, p. 630, 2153.
Meuble, achat et vente interdits aux officiers ministériels, III, p. 220. 4875.
— des études ministérielles, cession, prix séparé, III, p. 237, 4921.
— forcé, assimilation à la violation de domicile, II, p. 578, 4090.
— vente par huissier, III, p. 352, 5226.
Meule de grains, incendie, C. P., 458; vol, C. P., 388.
Meurtre, par agent de la force publique, I, p. 597, 1969, § 2; p. 606, 1999.
— en duel, I, p. 381, 1307.
— excusable, I, p. 596, 1967; p. 597, 1968, 1970.
— peine, I, p. 544, 4859, VIII., 4°.
Militaire absent, disparu, I. p. 266 à 272, 892 à 942, Circ. min. 4 décembre 1884; du corps ou de la garnison, I, p. 639, 640, 2147 à 2122.
— ancien, arrérages de secours, III, p. 397, 5348, Cir. min. 42 mai 1869; emplois réservés au, II, p. 82, 2476; poursuivi, renseignements, III, p. 474, 5534.
— assimilés à, I, p. 638, 2143.
— cadavre de, I, p. 377, 4292; investigations, II, p. 46, 2360.
— chasse, II, p. 496, 3838.
— condamné corr., exécution de la peine, II, p. 440, 3550, 3554; Décis. gracieuses notifiées aux parquets, Circ. min. guerre, 42 novembre 1881.
— en congé, I, p. 639, 2118; condamné à l'emprisonnement, transfèrement, II, p. 405, 3536; II, p. 442, 3557.
—, consultations gratuites de droit, III, p. 212, 4854.

— contrebande, douane, II, p. 608, 4174.
— crimes et délits, C. P., 5.
— détenu, évadé, III, p. 434, 4643.
— déserteur, I, p. 639, 2420; L. 46 mars, Circ. min. guerre, 40 avril 1880.
— étranger pensionné, I, p. 382, 4344.
— excitation par voie de la presse à l'insubordination, III, p. 405, 4530.
— extraits de jugements corr., I, p. 643, 2133; II, p. 290, 3470; II, p. 412, 3557; III, p. 477, 5548.
— en expédition, publication de mariage, I, p. 437, 4506.
— garde nationale, I, p. 638, 2143.
— de la gendarmerie, rapport avec les autorités, III, p. 434, 5453; traduits en conseil de guerre, I, p. 638, 2145.
— grâce et commutation de peine, III, p. 88, 4476.
— hospitalisé, I, p. 639, 2124.
— isolé, I, p. 639, 2119.
— en juridiction ordinaire, I, p. 582, 1923; p. 587, 4839; I, p. 628, 2084.
— justice, commission rogatoire, frais, II, p. 453, 2705, 2706.
— mandat contre un, I, p. 642, 2128; p. 643, 2431; II, p. 440, 2573.
— mariage de, I, p. 444, 4518 à 4520.
— et marin, I, p. 637 à 644, 2140 à 2436; dispenses, I, p. 433, 4490.
— ouvrier, I, p. 639, 2146.
— récidive, III, p. 436, 4623.
— réformé, en retraite, en disponibilité ou en demi-solde, I, p. 640, 2124.
— réhabilitation, III, p. 453, 4672.
— réserviste, I, p. 638, 2144.
— témoin, II, p. 440, 2663; appendice, p. 628, 34; taxe, III, p. 32, 4306.
— transport par chemin de fer, Circ. min., 49 février 1875.
— tribunaux compétents, I, p. 644, 2124.
— usage frauduleux de timbre-poste, ibid.
Millésime, mention dans l'affirmation des procès-verbaux, II, p. 46, 2272.
Mine, accident, I, p. 380, 4305; explosions de générateurs de vapeur, Circ. min., 24 juin 1881.
— contravention aux lois, I, p. 559, 4860, XIX.
— expertise, I, p. 479, 894.
— exploration, information crim., frais d', III, p. 60, 4394.

— explosion, incendie ou destruction, art. 95, C. P.; I, p. 544, 4859,43°.
— ingénieur des, police judiciaire, II, p. 7, 2249, 5°; procès-verbaux, II, p. 9, 2251; recherche, précautions, Cir. min. 17 sept. 1883.
— révision de la législation, L. 27 juillet 1880.

Mineur, abus des besoins d'un, I, p. 551, VIII, 9°.
— accusé, fugitif, notification, II, p. 303, 3214.
— avocat, III, p. 204, 4827.
— biens de, vente, devoirs du notaire, III, p. 399, 5354; omission des formalités, III, p. 417, 5405; timbre des affiches et placards, III, p. 353, 5229.
— causes des, M. P., intervention, I, p. 478, 587, 588.
— en conciliation, I, p. 486, 603.
— contrainte par corps, II, p. 442, 3663.
— contravention, contributions indirectes, II, p. 506, 3872.
— cumul des peines, II, p. 428, 3614.
— défaut de discernement, acquittement, dépens, II, p. 433, 3634; p. 436, 3646; appel, II, p. 281, 3140; douanes, II, p. 640, 4482.
— délits commis dans les collèges par, III, p. 91, 4486.
— déplacé, détourné, enlevé, entraîné, I, p. 544, 4859, VIII, 44°; sans fraude ni violence, I, p. 554, 4860, VII, 46°.
— détenu dans une maison de correction, récidive, III, p. 134, 4624.
— de dix ans, inculpé, I, p. 592, 4953.
— de dix-huit ans, mariage, I, p. 430, 4482.
— de douze ans, huis-clos, I, p. 595, 4965; verreries, Décr. 2 mars 1877.
— émancipé, interdit, I, p. 441, 4443; emprunt, I, p. 307, 4757; partie civile, curateur, I, p. 655, 2468.
— failli, banqueroutier, II, p. 474, 3767.
— héritier d'officier ministériel, cession, III, p. 224, 4887; p. 225, 4889.
— de huit ans, inculpé, I, p. 592, 4953, Circ. min., 44 mars 1876.
— hypothèque au profit de, I, p. 400, 4372.
— interdiction, I, p. 444, 4443.
— liquidation intéressant un, III, p. 399, 5354.
— nom, changement, I, p. 374, 4284.
— non marié, délit de chasse, II, p. 498, 3848.
— plaignant, II, p. 28, 2305.

— pourvu de conseil judiciaire, I, p. 423, 4456.
— de quinze ans, mariage, I, p. 430, 4482; témoin, double taxe, II, p. 229, 2957; III, p. 30, 4297; viol, I, p. 544, 4859, VIII, 6°; vol, peine, I, p. 595, 4964.
— de seize ans, acquitté remis aux parents, I, p. 594, 4960; II, p. 259, 3064; II, p. 433, 3634; affaire criminelle concernant un, faux témoignage en Pol. corr., III, p. 22, 4278; complice, II, p. 436, 3646; crime commis par un, I, p. 545, 4860: âge constaté par acte de naissance, II, p. 482, 2795, 3°: bulletin n° 2, III, p. 473, 5544: incarcération séparée, III, p. 422, 4583, Circ. min., 30 octobre 1878, 26 juillet 1883: information préalable, II, p. 35, 2325: renseignements, II, appendice, p. 623; délit commis par un, I, p. 592, 4954; p. 593, 4957: chasse, II, p. 498, 3847; évasion, réintégration en correction, III, p. 127, 4598; mesure de correction, II, p. 259 à 263, 3064 à 3077; prévenu, II, p. 433, 3634; vagabondage, surveillance de la haute police, II, p. 420, 3583.
— de sept ans, inculpé, I, p. 592, 4953.
— de treize ans, attentat à la pudeur sur, II, p. 482, 2795, 3°; I, p. 544, 4859, VIII, 6°.
— de trente ans, acte respectueux, art. 152 du C. C., I, p. 548, 4860, § 41.
— vente de valeurs mobilières, L. 27 février 1880, Circ. min., 20 mai 1880.
— de vingt-cinq ans, mariage, consentement des parents, I, p. 427, 4473; I, p. 448, 4543; orphelin, art. 160 C. C.
— de vingt et un ans, fille, mariage, consentement des parents, I, p. 427, 4473; I, p. 448, 4543; ravisseur, I, p. 544, 4859, VIII, 44°; p. 554, 4860, VII, 46°; réintégré au domicile paternel, frais, Circ. min. 29 nov. 1883, 44 mars 1884.

Minimâ, appel, *a*, II, p. 268, 3090; p. 281, 3137; de décision de chambre de discipline, III, p. 249, 4871.

Minimum, amende, II, p. 397, 3515.
— cautionnement pour mise en liberté provisoire, II, p. 467, 2748.
— de la peine, influence sur la compétence, II, p. 240, 2890; de la

peine la plus forte en cas de cumul, II, p. 426, 3607.
— de la prison, II, p. 403, 3533.
— de la surv. de la haute pol., II,
p. 449, 3579, L. 27 mai 1885.
Ministère, obligé des avoués, I, p. 213,
690 ; III, p. 283, 5053 ; de la
chambre des notaires pour examen de candidats, III, p. 372,
5284 ; des huissiers, III, p. 354,
5222 ; des officiers ministériels,
III, p. 220, 4874 ; refus obligé
des notaires, III, p. 398, 5354.
Ministère public, abstention, I, p. 466,
4612.
— action du, I, p. 174 à 185, 567 à
600 ; délits forestiers, II, p.584,
4405.
— affaires commerciales, I, p. 517 à
536, 1783 à 1850.
— amovibilité, I, p. 50, 153 ; p. 51,
457 ; p. 52, 158.
— appel civil, I, p. 244, 800 ; p. 244,
841 à 843 ; appel correct., II,
p. 268 à 280, 3090 à 3135.
— arbitrage par des membres du,III,
p. 488, 4778.
— arrestation à l'audience, I, p. 440,
451 à 454 ; arrestations opérées
par la régie des contrib. indir.,
II, p. 504, 3864.
— assignation aux membres du M.
P., I, p. 481, 482, 1670, 1671.
— assises, I, p. 2, 2, 3° ; II, p. 320,
3265 ; emportements, II, p. 350,
3362.
— attributions générales, I, p. 169,
170, 563 à 566 ; au criminel,
I, p. 537, 4851.
— attroupements, II, p. 468, 469,
3749, 3750.
— audience, fermeté, II, p. 241,
2999 ; présence, I, p. 433,
437 ; p. 437, 443 ; remplacement, I, p. 113, 359.
— caractère double du, I, p. 567,
4878.
— causes et affaires arriérées, surveillance, I, p. 206, 667 à 669 ;
p. 207, 670.
— chambres de discipline des notaires et officiers ministériels,
I, p. 2, 2, 6°.
— cérémonies publiques, rang., I,
p. 27, 83.
— commissaire de police, II, p. 75,
2451.
— commission administrative des
prisons, III, p. 414, 4549.
— communes, intervention dans l'intérêt des, I, p. 298, 4003 ;
p. 303, 4020.
— communications au, I, p. 208 à

242, 675 à 688 ; informations,
II, p. 455 à 457, 2711 à 2715.
— compte rendu des affaires, I, p.
120, 413.
— conclusions, I, p. 240, 684, 682 ;
p. 247, 221, 707 à 722 ; instances de l'enregistrement, I,
p. 342, 4471 ; en cas de partage
de voix, I, p. 456, 542 ; trib.
civ. jugeant commercialement,
I, p. 514 à 516, 1778 à 1784.
— conseil académique et commission
d'examen, III, p. 98, 4509.
— cour d'appel, I, p. 2, 2, 1°.
— cour de cassation, I, p. 2, 2, 4°.
— délibérations des juges, I, p.152.
494, 495 ; id. du parquet, I,
p. 218, 711, 712 ; id. des tribunaux, III, p. 200 à 203, 4814
à 4824.
— désignation officielle du, I, p. 3,
4.
— désistement d'action publique, I,
p. 569, 4881.
— devoirs principaux, I, p. 469,
563, 564 ; p. 470, 565.
— états périodiques et rapports, III,
p. 479 à 494, 5553, 5594.
— état de siège, I, p. 652, 2458.
— exécution des lois, I, p. 469, 470,
563 à 566.
— fonctions, I, p. 2, 3.
— forfaiture et prévarication, II,
p.561, 4043.
— incompatibilités, I, p. 446, 370.
— indivisibilité, I, p. 2, 3.
— interrogatoire des inculpés, présence du, II, p. 430, 2634 et II,
p. 444, 2675.
— ménagements à éviter vis-à-vis
un fonctionnaire inculpé, II,
p. 244, 2902.
— mésintelligence avec les membres
du siège, III, p. 494, 4796.
— opposition à défaut correct., assignation par le, II, p. 253, 3038.
— partie jointe, I, p. 483, 598,
p. 223, 733 ; domaines, I,
p. 322, 1092 ; douanes, I, 327,
4142 ; enregistrement, I, p. 343,
4173.
— partie principale, I, p. 460, 527,
529 ; p. 182, 597 ; p. 497 639 ;
domaines, I, p. 320, 4088 ;
hypothèques, I, p. 402, 1380 ;
répression, I, p. 566, 4870.
— police de la salle d'audience et du
parquet, I, p. 439, 447, 448.
— police simple, I, p. 2, 2 ; II,
p. 194 à 494, 2822 à 2834,
Circ. min., 42 avril 1877.
— ports et arsenaux, II, p. 453,
2706.

— poursuites exercées par le, I, p. 565 à 574, 1867 à 1896.

— poursuites contre les magistrats, I, p. 629, 2082.

— pourvoi en cassation, I, p. 252 à 255, 845 à 859; S. P., II, p.205, 2873; jugements correct., II, p. 362 à 365, 3394 à 3402.

— prérogatives, I, p. 3, 5.

— rapports avec la gendarmerie, III, p. 433 à 435, 5449 à 5454.

— récusation du, I, p. 466, 1610 à 1612.

— récusation de juge par le, I, p. 466, 1613.

— refus de service, I, p. 116, 369.

— relations avec les magistrats, III, p. 494, 4796.

— remplacement, I, p. 115, 366, 367.

— renvois abusifs des causes, surveillance à exercer, I, p. 204, 657; p. 203, 660; p. 204, 662, 664.

— soustraction de pièces, II, p. 568, 4063.

— surveillance politique, II, p. 596, 4438, 4439; II, p. 502, 3860.

— transports, III, p. 26 à 28, 4287 à 4293.

— tribunal de commerce, I, p. 509 à 517, 4760 à 4782.

— tribunal correctionnel, II, p. 209, 2886.

— tribunal militaire et maritime, pourvoi en cassat., II, p. 364, 3402.

— tribunal de première instance et de simple police, I, p. 2, 2, 4°, 5°.

— urbanité envers le prévenu, II, p.350, 3362.

— vérification des jugements et arrêts, I, p. 468, 561, 562; p. 197, 638.

Ministre, affaires étrangères, I, p. 478, 1659; p. 479, 1660, 1662.

— attentat à la liberté individuelle, II, p. 541, 3985, 3°; II, p. 549, 4008, 4009.

du culte, appel comme d'abus, L. 18 germinal an x, 6°, Circ. min., 9 novembre 1881; aggravation de peine, C. P., art. 333; contravention aux lois sur la célébration du mariage, I, p. 542, 1859, V, 4°; correspondance avec une puissance étrangère, I, p. 542, 859, V, 3°; juré, incapacité, C. Inst. crim., art. 383; outrage à, I, p. 549, 1860, VI, 12; par la presse, I,

p. 555, 1860, 7°; traitement, avis, cons. d'Etat, 26 avril 1883; voies de fait sur un, I, p. 543, 4859, VI, 9.

— impression et affiche des jugements criminels ordonnées par le, II, p. 453, 3697.

— de la justice, correspondance des parquets avec le, III, p. 456, 5506; légalisations, I, p. 353, 1207; pouvoir disciplinaire, III, p. 493, 4792, p. 196, 4803, p. 272, 5023.

— de la marine, transmission d'actes au, I, p. 478, 1659, p. 480, 1664.

— poursuivi et justifié, I, p. 596, 1906, 4°.

— responsabilité des, L. 25 février 1875, C. P., 115.

— témoin, II, p. 438, 2657.

Minorité d'âge, mariage, I, p. 430, 1452.

— de faveur, crimes à l'audience, I. p. 443, 463.

Minute d'acte d'accusation, II, p. 302, 3204.

— d'acte de l'état civil, I, p. 351, 1201.

— cession d'office, clause prohibée concernant la réserve des, III, p. 242, 4932.

— commissions rogatoires, II, p. 152, 2700.

— falsification, III, p. 6, 4225.

— greffiers, lignes, syllabes, timbres, III, p. 349, 5445.

— incendie des, II, p. 160, 2722.

— interrogatoires et notes d'audience, II, p. 235, 2978.

— des jugements et arrêts, I, p. 459-460, 525, p. 164 à 166, 547 à 552; criminals, I, p. 466, 553 à 556; défaut de P. C. signific., II, p. 249, 3023; déplacement des, I. p. 467, 557; destruction volontaire des, I, p. 545, 4859, 12°; éléments des, I, p. 234, 772; enregistrement des, I, p. 467, 558; incompétence correctionnelle, II, p. 256, 3050.

— des justices de paix, dépôt et surveillance, III, p. 330-331, 5469 à 5474; jugements, vérification par le M. P., III, p. 332, 5475.

— de notaires, expéditions, garde, III, 404, 5368; transmission, III, p. 406 à 408, 5375 à 5384.

— de procès-verbaux criminels, II, p. 66, 2419.

— de procès-verbaux d'enquête d'experts, d'interrogatoire, I, p. 228, 748.

— pourvoi en cassation, pièces ce dossier, II, p. 372, 3430.

— signification sur, III, p. 44, 4332.

Mise, en accusation, II, p. 299, 3195; sur renvoi de cassation, II, p. 375, 3439.

— en défense des terrains en montagne, L. 4 avril 1882.

— en demeure, contumace, II, p. 530 à 534, 3954 à 3964; juge suppléant refusant de faire le service, III, p. 175, 4745.

— à la disposition du juge d'instruction, d'inculpé, II, p. 52, 2375.

— en état, appel correctionnel, II, p. 266, 3084; pourvoi en cassat., II, p. 464; 2736, II, p. 370,3449.

— aux fers dans les prisons, ordre de l'autorité municipale, III, p. 143, 4553.

— en gage d'armes ou d'effets militaires, I, p. 553, 4860, IX, 25.

— en jugement des employés d'octroi, II, p. 524, 3923; des fonctionnaires, II, 565, 4054.

— en liberté, acquittement aux assises, II, p. 356, 3374; adultère, II, 459, 3745; arrêt d'appel, II, p. 279, 3434; chambre d'accusation, II, p. 294, 3480; II, p. 298, 3193; du condamné contraint par corps, II, p. 445, 3670, 450 à 452, 3686 à 3693; appendice, II, p, 637, 53 à 56; expiration de la peine, II, p.447, 3570; du failli, I, p. 526, 1848; grâce, III, p. 86, 4472, 87, 4474; du prévenu, compétence, II, p. 462, 2728: formalité, II, p. 478, 2783: irrégularité, II, p. 465, 2743: II, p. 417, 2594: moment, II, p. 483, 2797: nonobstant pourvoi en cassation, II, p. 488, 2844: II, p. 259, 3064; sous caution en cas de pourvoi en cassation, II, p. 370, 3420, 3421; provisoire des jeunes détenus correctionnellement, II, p. 260, 3068, 262, 3072,3073; statist., III, p. 548, 5744; transaction, douanes, II, p. 605, 4466.

— en prévention, II, p. 59, 2397, II, p. 169 à 190, 2757 à 2824.

— en retraite des magistrats, Décr., 6 juillet 1840, L. 16 juin 1824, Décr. 1er mars 1852, L. 30 août 1883.

— à sec de canal, citerne, étang, puits, information, dépenses, III, p. 60, 4394.

— au secret, II, p. 65, 2414, 426, 2620; abus ou excès de ménagements, III, 115, 4560.

— en surv. de la haute pol.; dispense,

II, p. 421, 3585, récidive, III, p. 437, 4628; L. 27 mai 1885.

— en vente d'écrits ou images obscènes, confiscation, II, 400, 3527 4°; sans autorisation, de dessins, emblèmes, estampes, gravures, lithographies, médailles, III, p. 407, 4536.

Misère, circonstance atténuante, I, p. 604, 4984.

Mixtion, nuisible à la santé, vente, C. P. 423; L. 7 mars 1851.

Mobilier des cours et tribunaux, I, p. 88 à 93, 273 à 290; délibérations pour achat, III, p. 499, 4843, Circ. min., 15 décembre 1883.

— des greffes, III, p. 348, 5143.

— d'un malade décédé à l'hospice, I, p. 492, 1705.

— de succession en déshérence, I, p. 490, 1699.

Mode d'action du, M. P., I, p. 471 à 485, 567 à 600.

— de chasse, II, p. 494, 3824.

— d'exécution capitale, II, p. 379, 3449; de l'emprisonnement, II, p. 403, 3532.

— de preuve, adultère, II, p. 458, 3744.

— de prestation, de serment des témoins en P. C. II, p. 214, 2895.

— de saisir le tribunal correct., II, p. 214, 2895.

Modèle de mémoire d'huissier, III, p. 68, 4443.

Modération des amendes, conclusions du M. P., I., p. 484, 594, 3°; droit des juges, II, p. 397, 3545; douanes, II, p. 640, 4482; forêts, II, p. 594, 4426; officiers minist., III, p. 266, 5004.

— des droits d'enregistrement, I, p. 334, 4439.

— des magistrats, visites domiciliaires, II, p. 48, 2365.

— du M. P., aux assises, II, p. 350, 3362; à l'audience correct., II, p. 214, 2999.

— de peine, demandes en, III, p. 78 à 85, 4446 à 4468, douanes, II, p.642, 4188.

Modification, exécution de la peine corporelle, II p. 408, 3543.

— jugements et arrêts, I, p. 464, 545; appel, II, p. 285, 3154.

— de législation, observations au P. G., statist., III, p. 504, 5645.

— de nom, pénalité, II, p. 575, 4083.

— de peine, voie gracieuse, III, p. 89, 4482.

— de traité de cession, III, p. 243, 4936.

Mœurs, bonnes, outrage aux, I, p. 555, 1860, XI, 2°, L. 2 août 1882.
— candidat à un office ministériel; certificat de bonne vie et, III, p. 249, 4952 ; p. 278, 5044.
— des jurés, II, p. 338, 3349.
— des magistrats, irrégulières ou scandaleuses, I, p. 53, 461.

Mois, d'emprisonnement, calcul, II, p. 404, 3534, durée, II, p. 405, 3537, 3538.

Monnaie, ayant cours, refus de, II, p. 73, 2442, art. 475, § 44 du C. P. ; statist., III, p. 569, 5757, 6°.
— commission des, vérification, II, p. 514, 3903.
— émission, exposition, fabrication, introduction de fausse, I, p. 544, 1859, § 3 ; usage, I, p. 547, 1860, § 3, 4° ; extraits d'arrêts et échantillons adressés au G. des S., III, p. 17, 4261 ; révélations, I, p. 596, 4966 ; tribunal compétent, II, p. 400, 2535, Circ. min., 5 nov. 1883.
— étrangère, altération, C. P. 133.
— hôtel des, police judiciaire, II, p. 8, 2249, 9°.
— nationale, refus, C. P. 475, n° 44.
— union monétaire, renseignements sur fausse, Circ. minist., 40 octobre 1877, 17 décembre 1877.

Monopole des allumettes chimiques, procès-verbaux, II, p. 22, 2288 ; II, p. 508, 3878.
— des cartes à jouer, II, p. 542, 3894 à 3897.
— des fonctionnaires, précautions contre le, II, p. 572, 4074.
— des poudres, II, p. 524, 3924.

Mont-de-Piété, commissaires-priseurs, III, p. 302, 5107, fraudes des agents, II, p. 574, 4069.
— **Saint-Michel**, détention, II, p. 394, 3493.

Montant des cautionnements. III, p. 259, 4982.
— des droits de timbre, enregistrement et autres, mention sur les extraits, III, p. 38, 4323.

Monument public, dégradation, I, p. 549, 1860, VI, 9°.

Moralité et capacité, certificat de, cession d'office, avoués, III. p. 249, 4952 ; p. 278, 5042 ; huissiers, III, p. 336, 5485 ; officiers ministériels, contrevenants, III, p. 266, 5004 ; renseignements pris par le M. P. sur la, III, p. 254, 4958.

Mort, accidentelle, imprévue, subite, violente, I, p. 376 à 384, 4292 à 4307, I, p. 173, 573 ; constat par médecin, III, p. 56, 4379, II, p. 45, 2356 ; appendice, p. 624, n° 27 ; inhumation, II, p. 65, 2411 ; transport, III, p. 26, 4328 ; statist., III, p. 546, 5705 ; p. 570, 5764.
— causée par, destruction d'édifice, explosion de machine à vapeur ou incendie, I, p. 545, 1859, IX, 44°.
— civile, déshérence, I, p. 492, 4705 ; nullité de mariage, I, p. 446, 4536 ; p. 447, 4537, 4° ; privation de droits civils, I, p. 614, 4494.
— du condamné, II, p. 285, 3452 ; police simple ; II, p. 207, 2884.
— de l'inculpé ou prévenu, I, p. 608 à 608, 2004 à 2008.
— peine de, II, p. 378, 384, 3448 à 3468.
— supposée, révision de procès criminel, III, p. 462, 4701.

Morue, pêche de la, I, p. 558, 1860, XV, 2°.

Moteurs de voies de fait contre des travaux autorisés par le gouvernement, C. P., 438.

Motif d'arrêt de renvoi, II, p. 300, 3198.
— de cassation, I, p. 253, 854.
— de jugements et arrêts civils, I, p. 459, 522 ; p. 464, 535 ; p. 463, 536 à 539 ; correctionnels, II, p. 245, 3011, 3012 ; simple police, II, p. 497, 2844.
— de décisions contenant blâme et offense des parties, II, p. 589, 4095.
— des ordonnances du juge d'instruction, II, p. 475, 2774.
— des rigueurs ou violences des fonctionnaires, II, p. 543, 3992.

Mouillage, vins, Décr. 27 sept 1883.

Moule, pour fabrication de cartes à jouer, II, p. 542, 3895.

Moulin, inondation, C. P., 457, LL. 6 octobre 1794, art. 16, 16 septembre 1807, art. 48.

Mousse, école, Circ. min., 11 mars 1876.

Mouvement, insurrectionnel, I, p. 544, 1859, 45° ; II. p. 474, 3756 à 3759 ; p. 597, 4440.
— registre de, conflit, I, p. 340, 4048, 4049 ; p. 312, 1056, 1058.

Moyen d'appel, II, p. 272, 3104.
— d'exécution, autorisé, contrainte par corps, II, p. 444, 3658.
— d'existence, défaut, vagabondage, I, p. 549, 1860, VI, 45°.
— d'incompétence, II, p. 203, 2865.

— d'investigation indigne de la magistrature, III, p. 61, 4394.

— nouveau fourni par le, M. P., partie jointe, I, p. 484, 598, 9°; interdit en cassation, II, p. 361, 3390.

— des parties, conclusions du M. P., I., p. 224, 722.

— de payer, survenu à l'insolvable élargi, II, p. 451, 3689.

— de perpétrer un crime ou délit, procuré par complice, I, p. 585, 1933.

— de persuasion resté sans effet, II, p. 598, 4442.

— préjudiciel, correctionnel, II, p. 248, 3024.

— de transport des inculpés, II, p. 53, 2378, 2879; des marchandises prohibées, confiscation, contributions indirectes, II, p. 404, 48°, 22°; douanes, II, p. 608, 4476, 4477.

Moyenne des produits d'un office, calcul, III, p. 234, 4911 à 4917.

Muet, inculpé, II, p. 434, 2644.

— mariage, I, p. 442, 4523, 4524.

Muge, pêche, longueur, Décr., 10 août, 20 novembre 1875.

Mulet, classement, conscription, recensement, L. 3 juillet 1877, Décr., 2 août 1877.

Multiplicité des peines, mention sur les extraits, II, p. 442, 3556.

Municipalité, place d'honneur à l'église, I, p. 31, 97, L. 5 avril 1884.

Munitions de guerre, détention, distribution, fabrication, II. p. 467, 3744, p. 524, 3925, p. 523, 3930.

— mouvement insurrectionnel, port de, II, p. 474, 3756.

— recherche et remise des, état de siège, I, 651, 2454.

Musée, dépôt public, soustraction, II, p. 569, 4066.

Mutation, avoués, III, p. 278, 5032, 5033.

— commissaires-priseurs, III, p. 299, 5098.

— huissiers, III, p. 335, 5483 ; p. 345, 5206.

— notaires, avis au trésorier payeur-général, III, p. 396, 5346.

— officiers ministériels, avis aux G. des S., III, p. 220, 4876.

— de propriété ou d'usufruit, I, p. 338, 4442, 4443 ; déclaration du tuteur, I, p. 506, 4782.

— universitaire, peine, III, p. 92, 4487, 4°.

Mutilation d'enfant abandonné ou délaissé, I, p. 544, 4859, VIII, 40°.

— de monument public ou d'objet de décoration ou d'utilité publiques, I, p. 549, 4860, VI, 9°.

— volontaire pour échapper au service militaire, I, p. 562, 4860; XXII, 7° ; p. 440, 4637 ; p. 444, 4638.

Myriamètre, délai à raison des, II, p. 249, 2949.

— transport, indemnité par, huissiers, III, p. 348, 5243; magistrats, III, p. 26, 4288; témoins, III, p. 30, 4298 ; p. 34, 4300.

N

Naissance, acte de, noms, I p. 348, 4189, p. 374, 4284.

— déclaration tardive de, I, p. 364, 4247, p. 370, 4268 ; I, p. 550, 4860, VII, 43°.

— registre des, I, p. 346-347, 4184, 4485.

— signification de défaut, au lieu de, II, p. 249, 3026.

Nantissement, statist. des appels, III, p. 502, 5612, 33.

Nassau, extradition I, p. 577, 4904.

Nationalité, française, perte, I, p. 384, 4348, p. 385, 4319 à 4322.

Naturalisation, I, p. 381 à 384, 4308 à 4318.

— enfants mineurs nés en France, d'une Française mariée à un étranger, L. 28 juin 1883.

— en pays étranger, I, p. 384 à 387, 4348, 4329; Suisses, circ. min., 46 nov. 4880.

Naufrage, effets ou marchandises de I, p. 327, 4443, 4414; vol ou pillage de ces effets, I, p. 674, 2225.

— rapport sur, I, p. 533, 4839.
— refus de service, III, p. 568-569, 5757, IV° et art. 475, § 12 du C. P.

Navigabilité des rivières, question préjudicielle, conflit, II, p. 564, 4051.

Navigation, amendes, compétence, II. p. 9, 2251.
— des canaux et rivières, II, p. 195, 2837, § 14.
— fluviale, bateaux à vapeur, Décr. 9 avril 1883.
— intérieure, procès-verbaux de gendarmerie, affirmation, III, p. 437, 5487; droits II, p. 515-516, 3904, 3907; saisie de navire, II, p. 529, 3947.
— maritime, infractions, I, p. 563, 4860, XXIV, compétence II, p. 9, 2251 ; statist. des appels, III, p. 502, 5612, § 3, 4°.

Navire, confiscation de, II, p.529, 3947.
— hypothèque, L. 10 Déc. 1874.
— naufragé, pillage, frais de poursuite, I, p. 671, 2225.
— scellés à bord de I, p. 486, 1681.
— sous séquestre, dépôt public, II, p. 569, 4066.
— signaux pour éviter les abordages. Décr. 4 nov. 1879.
— volontairement incendié, I, p. 545, 4859, IX, 11°.

Nécessité, animal domestique tué sans II, p. 465, 3739.

Négligence, blessures, homicide, I, p. 550, 4860, VII, 7°
— comptables publics, II, p. 567, 4060.
— des conducteurs ou gardiens de détenus, évasion, II, p. 544, 3986, 6°, III, p. 428, 4602, p. 429, 4606.
— dépositaires publics, I, p. 549, 1860, VI, 8°, II, p. 569, 4064.
— des greffiers, II. p. 275, 3448.
— du M. P., infractions aux lois sur l'enseignement, III, p. 95, 4499, poursuite disciplinaire des magistrats, III, p. 497, 4807.
— des notaires, III, p. 422, 5449; dépôt de répertoire, III, p. 404, 5360.
— des officiers de l'état civil, I, p. 349, 1494.

Négoce, interdit aux magistrats, I, p. 8, 45.

Négociant, notable suppléant un juge, I, p. 511, 4768.
— tribunaux de commerce, élections, I, p. 510, 4763.

Négociation, d'action de chemin de fer, interdite, II, p. 463, 3732.

— marchés à terme, L. 28 mars 1885.

Nègre, mariage de I, p. 438, 1509.

Neige, chasse en temps de, arrêté interdisant la II, p. 488, 3812, 3°, p. 489, 3816; confiscation de l'arme, II, p. 499, 3854.
— et verglas, enlèvement, contraventions, II, p. 195, 2837, 1°, § 12, art. 474, § 15 du C. P.

Nemo *jus ignorare censetur*, I, p. 604, 1983.

Nettoiement de la voie publique, compétence pour les règlements, II, p. 195, 2837, 2°.

Nettoyage, cheminées, forges, fours, défaut de, C. P., 458, 471, 1°.

Ne varietur, paraphe et signature de pièce arguée de faux, III, p. 12, 4245, 4246, p. 13, 4249; de pièce de comparaison, III, p. 45, 4253.

Neveu, mariage prohibé entre tante et, I, p. 431, 1485.
— du prévenu, déposition en P. C., II, 231, 2964.
— soustraction à un oncle, I. p. 624, 2062.

Nièce et oncle, mariage prohibé, I. p. 431, 1485; témoignage en P. C., II, p. 231, 2964.

Nitroglycérine, L. 8 mars 1875; Décr. 24 août 1875; 28 octobre 1882.

Noblesse, titre de, Décr. 24 janv. 1852, 5 mars 1859, usurp., C. P. 259.

Nolis, statist. des appels en matière de fret ou, III, p. 502, 5612.

Nom, acte de naissance, I, p. 348, 1189, p. 374, 1284.
— altéré, changé, modifié, I, p. 549, 4860, VI, 10°.
— changement et adjonction, de I, p. 371 à 374, 1272 à 1284, II, p. 575, 4083.
— déguisé, II, p. 129, 2625.
— faussement attribué, I, p. 367, 1255.
— faux bulletins, n. 1 et 2, III, p. 472, 5538; chasse II, p. 497, 3843; escroquerie, I, p. 554, 4860, VIII, 8°; repris de justice, II, p. 429, 2625; recrutement, III, p. 4, 4218; signature d'interrogatoire, II, p. 131, 2632, lettre missive, III, p. 4, 4219.
— imaginaire, III, p. 4, 4219.
— des magistrats siégeant, I, p. 459, 523, concluant, I, p. 217, 708.
— orthographe défectueuse des, actes présentés pour mariage, I, p. 365, 1248, I, p. 428, 4473 ; dossier de cession d'office, III, p.

247, 4947, hypot. Circ. min. 12 mai 1883.

— patronymique, désignation des parties dans les conclusions du M. P. par leur, I, p. 185, 600.

— prêté frauduleusement à un débitant de boissons, II, p. 510, 3886.

— supposé pris par un inculpé, III, p. 2, 4211.

Nombre des avocats, influence, III, p. 214, 4856.

— des avoués, III, p. 275, 5032, 5033.

— commis-greffiers, III, p. 343, 5131.

— commissaires-priseurs, III, p. 298, 5095.

— huissiers, III, p. 334, 5181.

— jurés, II, p. 337, 3314.

— notaires, III, p. 362, 5253, III, p. 374, 5277, p. 373, 5284, III, p. 376, 5294.

— officiers ministériels, III, p. 220, 4876, p. 251, 4958, p. 254, 4964.

— prévenus, statist. criminelle, III, p. 559, 5740.

Nomination d'agent de change, II, p. 462, 3726.

— avocat d'office, assises, refus, III, p. 210, 4846.

— avoué, III, p. 280, 5046.

— commis greffier, III, p. 312, 5134.

— commissaire de police, II, p. 70, 2129.

— de conseil judiciaire, I, p. 423, 1452.

— garçons de salles, concierge, portier des trib., III, p. 199, 4813, 14°.

— gardes champêtres, II, p. 82, 2475; forestiers, II, p. 88, 2499; p. 89, 2502.

— greffiers, III, p. 307, 5147, 7°.

— huissiers, III, p. 338, 5191.

— juges d'instruction, II, p. 55, 2384.

— magistrats, I, p. 14, 34.

— maires et adjoints, II, p. 76, 2453, 2454; L. 5 avril 1884.

— membres de la chambre des avoués, III, p. 290, 5070; des huissiers, III, p. 355, 5234; des notaires, III, p. 410, 5387 à 5389; p. 444, 5392 à 5393.

— notaires, III, p. 384, 5303.

— officiers ministériels, III, p. 222, 4883; p. 226, 4894; III, p. 245, 4944.

— président des assises, II, p. 314, 3247; p. 319, 3261; rapport ou révocation, II, p. 318, 3257.

— tuteur, I, p. 500, 4730.

Non bis in idem, I, p. 612 à 616, 2023 à 2036; action disciplinaire, III, p. 189, 4781; p. 190, 4782;

p. 192, 4789; banqueroute, II, p. 475, 3772; p. 482, 3793; notaire, III, p. 446, 5403; p. 428, 5435; poudres, II, p. 522, 3927.

Non-comparution, en conciliation, I, p. 475, 577.

— liberté provisoire, II, p. 165, 2742.

Non-lieu, arrêt de, chambre d'accusation, II, p. 297, 3188; p. 298, 3193.

— communication de l'ordonnance de, II, p. 159, 2720.

— contributions indirectes, II, p. 505, 3870.

— influence au civil, I, p. 648, 2040; id. pour la partie civile, I, p. 662, 2494.

— notification, II, p. 177, 2781.

— obligatoire après transaction avec les douanes, II, p. 605, 4465.

— ordonnance de, dispositif de, II, p. 475, 2775.

— partie civile, I, p. 662, 2494.

— pourvoi, II, p. 308, 3228.

— reprise des poursuites, II, p. 188 à 190, 2844 à 2822.

— résultat, II, p. 178, 2783.

Non-valeur, recouvrement des frais criminels, III, p. 64, 4399.

Notable, commerçant et négociant, I, p. 509, 1761; p. 511, 1769.

Notaire, abus de confiance, action disciplinaire, III, p. 274, 5030.

— actes des, statist., III, p. 513, 5638.

— adjudicataires en fraude, II, p. 570, 4068.

— adjudications publiques, bâtiments communaux, Circ. min. 28 octobre 1882.

— aliéné, I, p. 277, 928; d'aliéné, I, p. 280, 940.

— attributions, organisation, III, p. 360 à 431, 5251 à 5444.

— certificat de vie, Circ. min. 30 août 1881, 6 février, 17 avril 1882, 16 mai 1884.

— commerçant, I, p. 521, 4797.

— cession d'office, III, p. 375, 5288; III, p. 230 à 246, 4903 à 4944.

— commis pour représenter un aliéné, I, p. 280, 940.

— contrat de mariage, certificat, I, p. 443, 1527.

— contraventions aux lois du notariat, statist., III, p. 508, 5626; à la loi du 25 ventôse an xi, III, p. 265, 4999; Circ. min. 19 octobre 1876.

— contrefaçon de signature, III, p. 6, 4225.

— copies d'acte de l'état civil, dé-

fense de délivrer, I, p. 351, 1200; I, p. 372, 1277,
— destitué ou remplacé, I, p. 476, 578, 11°; casier administratif, Circ. min. 9 décembre 1875.
— détournement, II, p. 567, 4061, 5°.
— entrée dans les prisons, III, p. 117, 4563.
— faux en écriture publique, III, p. 7, 4229; I, p. 566, 1871; complicité, I, 588, 1941; réhabilitation, III, p. 152, 4666.
— incomptabilité, I, p. 7, 12, 3°.
— inscriptions hypothécaires, rédaction des bordereaux, Circ. min. 12 mai 1883.
— libéralités aux établissements publics et religieux, autorisation, Circ. min. 7 juin 1882.
— licencié en droit, appelé comme juge, I, p. 434, 431.
— moyenne des honoraires, calcul de la, III, p. 235, 4914.
— négligent, I, p. 549, 1860, 8°.
— obligation d'exiger l'autorisation du gouvernement avant de passer acte pour des établissements publics et religieux Circ. min. 30 avril 1881.
— poursuites contre un, I, p. 174, 574.
— pourvoi en cassation, déclaration devant, II, p 367, 3442.
— secret professionnel, II, p. 29, 2307; p. 146, 2682 et 2683.
— serment, III, p. 439, 5462.
— spéculations interdites, Circ. min. 19 octobre 1876, III, p. 446, 5404.
— soustraction de pièces, II, 568, 4063.
— taxe, prescription, L. 5 août 1881.
— usurpation des fonctions de, II, p. 575, 4082.
— vente de biens de mineur, I, p. 505, 1748 à 1750.
— vente judiciaire, renseignements à fournir sur, III, p. 540, 5692, 5693.

Note d'audience, assises, II, p. 349, 3358; civil, I, p. 458, 520; Pol. Corr., II, p. 235, 2976, 2978; pol. simp., II, p. 497, 2844; poursuite en faux témoignage, base, III, p. 20, 4272; registre des, III, p. 325, 5164, 3°.
— dénonçant un crime, II, p. 31, 2342.
— distraite de dossier criminel, II, p. 481, 2793.
— manuscrite sur circulaire, échantillons, imprimés prospectus, etc., III, p. 99, 4512.

— prises par le M. P. à l'audience en pol. corr., II, p. 340, 2994.
— publication de mariage, remise à l'officier de l'état-civil d'une, I, p. 429, 4477.
— remise par la partie civile, après le réquisitoire du M.P. en pol. corr., II, p. 243, 3004.
— des taxes accordées au cours d'une information criminelle, III, p. 63, 4397.

Notice, hebdomadaire, II, p. 26, 2304, III, p. 479, 480, 5553 à 5558.
— individuelle des candidats à une justice de paix, III, p. 477, 4749; des condamnés pour recours en grâce, III, p. 80, 4464, 84, 4467; p. 85, 4468, peine de 4 mois, Circ. min. 6 janvier 1874, 3 décembre 1874, 16 janvier 1880, Int. 20, Déc. 1879.
— des magistrats, I, p. 65 à 67, 200 à 204.

Notification, appel correctionnel, II, p. 272, 273, 3106, 3107.
— arrêt de cassation à l'accusé ou au prévenu, II, p. 376, 3444, 3445.
— arrêt de renvoi et acte d'accusation, II, p. 300, 3199; p. 301, 3204; p. 302, 3207; p. 309, 3230.
— citation à prévenu en pol. corr., II, p. 217, 218, 2914 à 2918,
— contrainte, I, p. 339, 1159.
— décisions disciplinaires de la chambre des notaires, III, p. 293, 5078; III, 418, 5409; p. 420, 5414.
— défaut de, pol. corr., II, p. 248 à 250, 3022 à 3029.
— par les douaniers, II, p. 607, 4173.
— enregistrement, II, p. 49, 2882, 3°.
— jugement correctionnels, II, p. 249, 3025.
— huissiers, forme, papier, timbre, III, p. 351, 352, 5223 à 5225.
— liste du jury à l'accusé, II, p. 340, 3326, 3°.
— liste des témoins à l'accusé, II, p. 479, 2787; p. 340, 3386; inutile en pol. corr., II, p. 220, 2923, 2926.
— mandats, II, p. 106, 2558; p. 113, 2584; p. 124, 2609, 2612; arsenaux et ports, II, p. 153, 2706; gendarmerie, Circ. min. 1er juillet 1884.
— offices pour indemnité d'expropriation, I, p. 394, 1352.
— opposition du M. P. à une ordonnance finale du juge d'instruction, II, p. 486, 2806.
— ordonnance de contumace, II, p. 532, 3957; 534, 3962.

— ordonnance de prise de corps, II, p. 177, 2781.
— ordonnance de remise de pièce de comparaison en matière de faux, III, p. 43, 4248 ; .p. 46, 4257.
— pourvoi en cassation, II, p. 367, 3410 ; II, p. 370, 3422 ; p. 371, 3423, 3424.
— de saisie immobilière, I, p. 403, 4386.
— du tirage aux jurés sortis, II, p. 330, 3292, 3293.

Notion d'anatomie, II, p. 44, 2355.

Notoriété, certificat, acte de décès, III, p. 185, 4770 ; acte de naissance, I, p. 426, 4465.

Nourrice, enfant en, protection, Circ. min. 42 février 1883.

Nourriture des détenus dans les chambres de sûreté, III, p. 124, 4589 ; en route, III, p. 55, 4374 ; pour contrainte, II, p. 444, 3669.

Nouveau-né, découverte, C. P., 347.

Nouvelle, fausse, publiée, reproduite, III, p. 404, 4527, 4528.

Nouvelle-Calédonie, déportation, II, p. 388, 3480 ; justices de paix, Décret 28 février 1882.

Nouvelle-Grenade, extradition, I, p. 877, 4904.

Noyé, recherche de l'identité, I, p. 376, 1292 ; p. 380, 4304.

Nuit, chasse temps de, II, p. 489, 3848.
— circonstance aggravante, I, p. 545, 1859, IX, 1°.
— délits forestiers, II, p. 594, 4425.
— éclairage des auberges, art. 471, § 3, C. P. ; des matériaux, p. 474, § 4, C. P. ; des voitures, II, p. 529, 3948.
— visite domiciliaire, II, p. 47, 2364.

Nullité d'acte faux, III, p. 3, 4216.
— d'actes d'instruction, II, p. 103, 2548.
— d'arrêt d'appel, II, p. 277, 3123.

— d'arrêt de renvoi en cour d'assises, II, p. 307, 3223.
— de brevet d'invention, II, p. 482, 3795.
— de citation en pol. correct. couverte par comparution et défense au fond, II, p. 219, 2918.
— de citation en pol. simple, II, p. 194, 2832.
— de délibération de barreau, III, p. 214, 4858.
— de l'instruction, couverte par acquiescement à l'arrêt de renvoi, II, p. 309, 3233.
— du jugement par la composition du tribunal, I, p. 134, 430 ; par défaut de présence du M. P., I, p. 138, 445, 446 ; vice de forme, I, p. 464, 532.
— des mandats d'arrêt, II, p. 124, 2644 ; de dépôt, II, p. 124, 2602.
— de mariage, I, p. 437, 4505 ; I, p. 446 à 449, 4534 à 4545 ; demande en, I, p. 172, 572, 4°.
— de notification de l'acte d'accusation et de l'arrêt de renvoi, II, p. 303, 3209.
— de procédure correct. non proposée en appel, II, p. 243, 3005.
— de procès-verbaux criminels, II, p. 44, 2256 ; II, p. 45, 2269 ; p. 48, 2279 ; preuve testimoniale, II, p. 220, 2924 ; simple police, II, p. 198, 2847.
— de tirage du jury, II, p. 336, 3344.
— du verdict du jury, II, p. 321, 3269.
— de vente de biens de mineur, I, p. 505, 1749.

Numéraire, trouvé dans une succession vacante, I, p. 488, 1688.

Numération de deniers, mention de la, actes notariés, III, p. 390, 5328.

O

Obéissance, hiérarchique des fonctionnaires, II, p. 545, 3997 ; II, p. 548, 4007 ; du parquet, I, p. 51, 457 ; I, 567, 1876.
— à la loi, base de la société, II, p. 598, 4442.

Objet de consommation, octroi, II, p. 516, 3908.
— mobilier, pièce à conviction, II, p. 49, 2370 ; remise par la chambre d'accusation d'., II, p. 296, 3486 ; transmission, inven-

taire, décharge, II, p. 339, 3324, 3325.

— d'or ou d'argent, pièce à conviction, III, p. 329, 5165.

— prohibé, abandonné, confiscation, II, p. 245, 2906.

— saisi, confiscation, II, p. 399, 3525; octroi, II, p. 519, 3919.

Obligation, pécuniaire en matière criminelle, contrainte par corps, II, p. 440, 3657.

— traité de cession d'office, nullité d', III, p. 239, 4927.

Obscénité, distribution, vente, II, p. 400, 3527, 4°.

— pénalité, compétence, III, p. 408, 4540; L. du 2 août 1882; Cir. min., 7 août 1882.

Obscurité de la loi, prétexte à déni de justice, II, p. 562, 4044.

Observation des cours sur le régime hypothécaire, I, p. 102, 325.

— des magistrats ou du président des assises, sur l'opportunité d'une mesure gracieuse à l'égard d'un condamné, III; p. 81, 4455; III, p. 82, 4457.

— des parties en cas de renvoi à un autre tribunal pour suspicion légitime, III, p. 189, 4691.

— du procureur aux magistrats, III, p. 194, 4797.

— sur l'administration de la justice civile, III, p. 525, 5660; criminelle, III, p. 574, 5769; p. 575, 5772.

Obstacle à l'action publique, I, p. 606 à 653; p. 2004 à 2160.

— à la contrainte par corps II, p. 442, 3663, p. 446, 3676.

— à l'exercice des droits civiques, II, p. 617, 4206.

— au recrutement, I, p. 544, 4859, 12°.

— à la translation des condamnés, II, p. 444, 3552.

Occupation d'édifice, maison, poste par insurgés, II, p. 474, 3759.

Océanie, mariage contracté dans les établissements français de l', I, p. 433, 4508.

Octroi, confiscation, II, p. 401, 3527, 20°.

— contraventions, I, p. 557, 4860, XII, 4°.

— détournements de comptable, II, p. 567, 4064.

— droits, II, p. 196, 2837, § 4, 12°.

— police judiciaire, II, p. 8, 2249, 7°, 12°.

— règles générales, II, p. 516 à 524, 3908 à 3923.

— transaction, II, p. 40, 2252.

— transport de boissons à la bouteille, II, p. 514, 3893.

Œufs et couvées, destruction, L. 3 mai 1844, 11.

Offense, aux agents diplomatiques étrangers, L. 29 juil. circ. min. 9 nov. 1881.

— par avocats, I, p. 446, 476.

— aux chambres, I, p. 626, 2075, L. 29 juillet. Circ. min. 9 nov. 1881.

— au chef de l'Etat, I, p. 555, 4860, XI, 3°, L. 29 juil. Circ. min., 9 nov. 1884.

— aux chefs d'états étrangers, ibid.

— par décision judiciaire, prise à partie, II, p. 580, 4095, 8°.

— par la presse, articulation du réquisitoire introductif, II, p. 98, 2530.

— à souverain étranger, I, p. 626, 2074, L. 29 déc. 1875, art. 5; Circ. min. 7 janvier 1876.

Officier de l'armée, cérémonies, rang, I, p. 26, 81; instance en déchéance, I, p. 173, 572, XI.

— auxiliaire du parquet, II, p. 63 à 95, 2409 à 2524.

— de l'état civil, actes, rédaction, I, p. 346, 1182, amende pour omission d'interpellation au sujet des contrats de mariage, I, p. 443, 1525; concussion, II, p. 555, 4027, 3°; divorce, circ. min. 3 oct. 1884; mariage de bigame, I, p. 544, 4859, VIII, 7°; poursuites contre l', I, p. 448, 1543, p. 449, 1544; responsabilité des héritiers de l', I, p. 449, 1544.

— de la force publique, outrage à, I, p. 548, 1860, VI, 2° et 3°.

— refusant d'agir sur réquisition de l'autorité, I, p. 548, 1860, V, 4°; II, p. 573, 4076; sous-off., ibid.

— de la garde municipale, franchise postale, III, p. 459, 5511, p. 460, 5513, p. 461, 5515, p. 463, 5519.

— de gendarmerie, commissions rogatoires, II, p. 152, 2704; franchise postale, III, p. 460, 5513, p. 461, 5515, p. 462, 5516, p. 463, 5519, p. 465, 5520; police judiciaire, I, p. 78 à 80, 2464 à 2468; sous-off., II, p. 3, 2237, p. 21, 2286, 10°.

— général ou supérieur décédé, scellés, I, p. 486, 1682, poursuivi, III, p. 630, 2087.

— militaire ou de la marine, décès, scellés, circ. min. 9 juin 1876, mariage, dot de la femme, circ.

min., 3 avril et 12 août 1875, I,
p. 441, 1548; témoin, taxe, III,
p. 33, 4308, réquisitions des magistrats, circ. min., 2 mai 1883.
— du M. P., attroupements, intervention, II, p. 469, 3749-3750 ;
simple police, II, p. 75, 2451,
p. 494, 2824-2825, p.492, 2826,
2828 ; tribunaux et autres juridictions I, p. 2, 2; tribunaux
militaires et maritimes, pourvoi
en cassation, II, p. 364, 3402.
— ministériel ou public, abus de confiance, I, p. 545, 4859, IX, 8° ;
admittatur, III, p.199, 4813,
5°, p. 204, 4819; agent de change
ou courtier, II, p. 461 à 465,
3722, 3737; attributions, cession,
discipline, III, p. 249 à 274,
4873 à 5030; commerce, incompatibilité, I, p. 548, 4860, IV, 3°,
concussion, I, p. 542, 4859, IV,
2°, p. 547, IV, 2°, II, p. 555,
4027, 6° : destitué casier administ. circ. min., 9 déc. 1875,
infractions aux lois et règlements,
I, p. 563, 1860, XXV. juge de
paix, incompatibilité, III, p. 179,
4752; notaire, n'est pas, III,
p. 425, 5428 ; outrage à I, p.
548, 1860, V. 2°, poursuites
contre un I, p. 474, 575 ; réhabilitation, III, p. 451, 4665 ;
réservistes, circ., 2 sept. 1875.
— municipal, entretien de l'inculpé,
II, p. 54, 2381 ;
— de paix, II, p. 3, 2237 ; arrestations, II, p. 53, 2377 ; attributions, II, p. 5, 2244.
— de police judiciaire, II, 1 à 10,
2231, 2252; condamnation aux
frais et dépens, II, p. 434, 3624,
délit commis par un II, p. 542,
3988 ; déplacement, indemnité,
II, p. 65, 2445; juré II, p. 322,
3269; perquisitions domiciliaires,
II, p. 48, 2366; poursuivi pour
crime ou délit I, p.634 à 637, 2090
à 2109; taxe à témoin, III, p. 34,
4310 ; témoin de fait constaté
par son procès-verbal, II, p. 199,
2852, 2853.
— de recrutement, corruption, II, p.
559, 4036, 7°.
— de réserve, faillite, casier, circ.
min., 28 déc. 1881; radiation,
Décr., 31 août 1878; uniforme,
port. circ. guerre, 1er juin 1883.
— de santé, acceptation de dons ou
promesse pour favoriser des
conscrits, III, p. 442, 4643 ;
complicité de mutilation volontaire, III, p. 444, 4638; export,

II, p. 41, 2342; greffier, incompatibilité III, p. 340, 5123 ; militaire ou marin, témoin, taxe,
III, p. 33, 4308, opérations médicales, expertise, II, p. 44, 2354,
prévaricateur, II, p. 148, 2691,
secret professionnel, II, p. 146,
2682, taxe de vacation, III, p.
56 à 59, 4378, 4388 ; titre de
docteur, II, p. 575, 4082.
— subalterne; visite domiciliaire, II,
p. 48, 2365.
— de territoriale, faillite, casier, circ.
min., 28 déc. 1881 ; radiation,
décret 31 août 1878, uniforme,
port, circ. guerre, 1er juin 1883.
— de l'université, poursuite à exercer
par les, III, 93, 4492.
Offre, autorisée ou désavouée, I, p. 174,
575; d'indemnité en cas d'expropriation, I, p. 392, 4345, à
un incapable, I, p. 394, 1353,
1356.
— ou promesse aux fonctionnaires,
II, p. 557, 4030.
— réelle, dispenses de conciliation,
II, p. 186, 603, 11°, droits des
huissiers, I, p.483, 4673; statist.
des appels, III, p. 502, 5642, § 2,
21°.
Oiseau, chasse aux petits, II, p. 493,
3828; de passage, chasse, permis,
II, p. 487, 3810, préfet, arrêté,
II, p. 487, 3812.
Oldembourg, extradition, I, p.577,1904.
Ombre-Chevalier, longueur, pêche, décr.
20 nov. 1875.
Omission de déclaration de naissance, I,
p. 364, 1247, p. 370, 1268.
— des formes de droit, cassation, I,
p. 253, 849.
— d'inscription d'actes de l'état civil,
I, p. 348, 1191.
— dans un jugement, cassation, II,
p. 364, 3389, de condamnation
aux dépens, II, p. 434, p. 3638.
— sur tableaux de recensement, fraude
III, 440, p. 4635.
Omnipotence des trib. quant aux circonst.
attén., I, p. 602, 1984.
Oncle du prévenu, déposant en pol. corr.,
II, p. 331, 2964.
— prohibition de mariage de la nièce
avec l', I, p. 431, 1485.
Opération de banque ou commerce interdites aux agents de change ou
courtiers, II, p. 464, 3733 ; aux
magistrats, I, p. 8, 9, 15 à 17; aux
notaires, III, p. 446, 5404; p.
447, 5405; aux officiers ministériels, III, p. 220, 4875.
— césarienne, chirurgie illégale, I,
p. 562, 1860, § 23, 1°; C. P. 358.

— des experts, II, p. 43, 2348, 2354.

— du failli, I, p. 523, 1802, 5°.

— du jury d'expropriation, I, p. 392, 1345.

— longue et coûteuse nécessitée par l'information criminelle, autorisation du P. G., III, p. 60, 4394, 4393.

— médicale, expertise criminelle, II, p. 44 à 46, 2362 à 3363 ; taxe des vacations, III, p. 56, 4378, 4379.

— des syndics de faillites, I, p. 530, 1826.

— urgente de l'information, II, p. 50, 2396 ; II, p. 65, 2442.

Opinion, politique du candidat à un office ministériel, III, p. 249, 4952.

Opportunité des poursuites, I, p. 570, 4885, II, p. 32, 2317.

Opposition à des arrêts ou jugements pour crimes ou délits commis à l'audience, I, p. 144, 469.

— à un arrêt de défaut, II, p. 280, 3134 ; cassation, II, p. 376, 3445 ; renvoi devant d'autres juges, III, p. 160, 4695.

— à un arrêté du gouvernement autorisant un changement de nom, I, p. 373, 374, 4284 à 1284.

— à l'audition des témoins, assises, II, p. 348, 350, 3353, 3360 ; police correct., II, p. 234, 2962 à 2964.

— par bailleur de fonds de cautionnement, III, p. 260, 4987.

— à condamnation d'un témoin défaillant, II, p. 348, 3355.

— à contrainte de la régie, I, p. 340, 1460.

— aux décisions disciplinaires de la chambre des notaires, III, p. 418, 5410.

— à défaut civil, I, p. 237 à 239, 785 à 794 ; correct., II, p. 250 à 254, 3030 à 3044, p. 254, 3043.

— état civil, I, p. 369, 1263.

— à l'exercice des douanes, II, p. 600, 4448.

— par officier ministériel non commis, I, p. 475, 575.

— à mariage, I, p. 445, 4530 à 4533 ; irrégulière, I, p. 474, 575.

— à mise en liberté provisoire, II, p. 164, 2738 ; II, p. 298, 3193 ; avis au prévenu, II, p. 477, 2784.

— aux ordonnances du juge d'instruction, II, p. 64, 2401 ; II, p. 145, 2679 ; finale, II, p. 184, 188, 2798, 2843.

— par la régie en matière répressive, II, 506, 3871.

— registre des, greffe, III, p. 325, 5464, 44°, 42°.

— à réhabilitation de failli, I, p. 531, 4832 ; cautionnement, III, p. 262, 4994.

— sans violence aux employés de l'octroi, II, p. 517, 3940 ; à l'exécution des arrêts ou jugements, I, p. 259, 873.

— sur sommes dues par l'État, I, p. 324, 4404 ; signification, I, p. 478, 4655.

— à la taxe des dépens civils, I, p. 232, 763 ; au criminel ; II, p. 425, 3610 ; III, p. 62, 4396 ; recrutement, I, p. 464 4594.

— avec voies de fait à des travaux autorisés par le gouvernement, I, p. 554, 4860, X, 4°.

Option, Alsaciens-Lorrains, Circ. min., 30 mars 1872.

— pour la nationalité suisse, Circ. min., 18 novembre 1880.

— laissée au M. P. sur le mode de poursuites, II, p. 33, 2320 ; II, p. 96, 2525 ; II, p. 213, 2900.

Or et argent, contrôle marque, poursuite, II, p. 843, 3898.

— objets d'., pièces à conviction, III, p. 329, 5165.

— poinçonnage des matières d'., Décr. 27 juillet 1878.

— quatrième titre, L. 25 janvier 1884, Décr. 6 juin 1884.

Ordonnance d'arrestation de faux témoins à l'audience, III, p. 49, 4268.

— de dépôt à la maison d'arrêt, tumulte à l'audience, I, 139, p.450.

— exécutoire de frais ordinaires sur mémoire, III, p. 69, 4415, 4449.

— fixant le nombre des notaires, III, p. 376, 5291.

— du garde des sceaux nommant le président des assises, II, p. 342, 3244 ; pour paiement de frais de justice, III, p. 72, 4427.

— du juge d'instruction, appel et opposition à, II, p. 60, 2400 ; p. 64, 2401, 2402 ; II, p. 416, 2591 à 2593 ; de clôture de procédure, II, p. 474, 2773 et 2774 ; condamnant un témoin défaillant, II, p. 445, 446, 2677, 2682.

   conflit de juridictions, règlement de juges, III, p. 144 à 4650, 4653.

   dispense de signification des, III, p. 42, 4335.

   exécution des, II, p. 97, 2528.

   finale de procédure, II, p. 472

à 478, 2767 à 2781 ; indicative et non attributive de juridiction, II, p. 295, 3182 ; omission de chef d'accusation, II, p. 212, 2896. de non-lieu, II, p. 98, 2534 ; réformée en accusation, II, p. 299, 3194 ; statist. crimin., III, p. 564 à 567, 5749 à 5756 ; III, p. 584, 5787. présence du greffier et signature, III, p. 322, 5153. de renvoi en accusation , avis au prévenu, II, p. 479, 2785 et 629, 36. de renvoi et de dessaisissement, II, p. 101, 2544. de soit informé, II, p. 98, 2534 ; p. 104, 2552. de soit commun., II, p. 109, 2758. statist. crimin., III, p. 546, 547, 5706, 5710. de transport, II, p. 99, 2533.

— de nomination d'officier ministériel, lecture, III, p. 256, 4972 ; de notaire, III, p. 383, 5309 ; de notaire provisoire, III, p. 403, 5367 ; appendice, 617, 75.

— d'ouverture d'assises ordinaires et extrordinaires, II, p. 311, 312, 3237 à 3243.

— du président des assises, contumace, II, p. 534, 3955 ; de prise de corps, II, p. 299, 3195 ; frais de capture ; III, p. 50, 4357 ; pour supplément d'information, II, p. 340, 3326.

— du président du tribunal, comparution des époux plaidant en séparation, droits des huissiers, J, p. 483, 1674 ; pour entérinement des dispenses d'alliance ou de parenté, J, p. 435, 1500 ; demande en interdiction, I, p. 414, 1421 ; p. 416, 1428, 1430 ; remise des pièces à conviction au domaine, III, p. 328, 5164.

— de prise de corps, II, p. 299, 3195 ; frais de capture en vertu de, III, p. 50, 4357.

— de remise de pièces arguées de faux rendue par le M. P. ou le juge d'instruction, III, p. 42, 4245 ; de pièces de comparaison, III, p. 45, 4253 ; p. 46, 4256.

— rendue par le M. P. en cas de flagrant délit pour mandat d'amener, II, p. 51, 2373.

Ordonnancement de frais de justice par le préfet, III, p. 67, 4407 ; de taxe à témoins, III, p. 33, 4307.

Ordonnateur salarié d'un hospice, I, p. 8, 12, 7°.

Ordre, abus d'autorité, justification d', II, p. 545, 3997 ; II, p. 548, 4007.

— affaires, assises, II, p. 343, 3339 ; en pol. corr., II, p. 226, 2946.

— d'amener un inculpé, flagrant délit, II, p. 51, 2374 ; p. 52, 2375.

— amiable et judiciaire, I, p. 450, 1547 ; hypothèque du Trésor, Circ. min. 2 janvier 1875.

— d'arrestation de failli, I, p. 523, 1808 ; par le président à l'audience, I, p. 439, 450.

— des avocats, III, p. 204, 4827.

— billet à antidate, faux, C. de com., 439 ; C. P. 147.

— causes à plaider, I, p. 216, 703.

— et contributions, compte civil, III, p. 534, 537, 5679, 5685 ; émoluments des greffiers, III, p. 320, 5148 ; statist. des incidents sur, III, p. 508, 5626 ; des procédures, III, p. 510, 5630.

— des débats, appel, II, p. 278, 3127 ; assises, II, p. 338, 343, 3322, 3339.

— des dépositions des témoins, assises, II, p. 349, 3357 ; pol. corr., II, p. 229, 2954 ; II, p. 221, 2929.

— et distributions, I, p. 449 à 454, 1546 à 1566 ; I, p. 524, 1804.

— d'écrou, II, p. 284, 3449.

— d'élargissement, II, p. 176, 2779 ; contrainte, II, p. 450, 3687 ; appendice, p. 637, 53.

— d'emprisonnement, extrait de jugement, écrou, II, p. 406, 3539.

— d'exécution capitale, II, p. 380, 3456.

— d'extraction des prévenus pour l'audience, II, p. 224, 2938, 2939 ; de détenu appelant, II, p. 274, 3112 ; appendice, p. 634, 40.

— faillite, prix des immeubles, I, p. 524, 1804.

— à la gendarmerie de garder le jury, II, p. 354, 3369 ; donné par le M. P. à la, III, p. 434, 5452.

— du gouvernement, méconnu par les fonctionnaires, II, p. 553, 4024.

— au greffier de délivrer les pièces à conviction, II, p. 305, 3217 ; et appendice, p. 633, 44 à 46.

— intéressant l'État, I, p. 322, 1092.

— intérieur des cours et tribunaux, III, p. 499 à 203, 4813 à 4824.

— d'interrogatoire des prévenus, II, p. 237, 2983.

— légion d'honneur magistrats, III, p. 472, 4733 à 4735 ; orga. Décr. 16 mars 1852, 25 juillet 1873.

— mérite agricole, Décr. 7 juill. 1883.

— de parole, conclusions du M. P., I, p. 220, 746, 747.

— de placement des corps invités à des cérémonies dans les églises I, p. 34, 95.

— public, demandes intéressant l', I, p. 472, 573, 4°; id. plainte, I, p. 570, 4885; sauvegardé par le M. P., II, p. 502, 3860; presse, Circ. min., 43 et 25 mars 4883.

— radiation d'écrou, assistance de l'huissier, II, p. 305, 3247.

— registre des requêtes d'ouverture de, greffe, III, p. 326, 5464, 46°;

— religieux, autorisation, Décr. 29 mars 1880.

— de remise d'acusé aux gendarmes pour translation en cour d'assises, II, p. 305, 3247.

— du service judiciaire, I, p. 406 à 417, 333 à 371; chambre d'accusation, II, p. 292, 3476.

— et tranquillité publics, II, p. 495, 2837, 2°.

— de transport des pièces à conviction, II, p. 50, 2370.

— de versement, frais de justice, restitution, Circ. min. 44 avril 4881, 22 décembre 4884.

— de visite domiciliaire, contributions indirectes, II, p, 805, 3867.

Ordure, amas d', II, p. 496, 2837, 3°, § 2.

— jet d', II, p, 495, 2837, 2° 6, C. P. 474, § 6.

Orfèvrerie, contravention, I, p. 560, 4860, XX.

Organisation judiciaire, réforme, L. 30 août 4883.

— municipale, L. 5 avril 4884.

— de poursuites, II, p. 96, 97, 2525, 2529; p, 99, 2534.

Orient, mariage célébré en, I, p. 438, 4508.

Original d'acte d'huissier, détail du coût, III, p. 346, 5240.

— d'assignation, I, p. 493, 620; conformité de la copie à l', I, p.500, 4728.

de citation, économie, III, p. 44, 4332; à prévenu, II, p. 216, 2907; témoin, assises, II, p. 344, 3329 à 3334; information, p. 438, 2656; en pol. corr., II, p. 220, 2923; p. 224, 2928.

— de liste préparatoire du jury, II, p. 323, 3272.

Origine, étrangers, lieu d', bulletin n° 2, III, p. 474, 472, 5535, 5536.

Orphelin d'huissier, secours, III, p. 359, 5247.

— de magistrat, I, p. 77, 237, 238; p. 78, 239, 242; p. 79, 244,

245; p. 80, 247; p. 81, 249 à 254; p. 82, 255 à 258.

— de militaire, pension, certificat du juge de paix, I, p. 272, 942; III, p. 485, 4770.

— mineur, mariage, I, p, 446, 1535.

— poursuites des curateurs ou tuteurs, I, p. 504, 4732.

Orthographe des noms, concordance dans les pièces de dossier de cession d'office, III, p. 247, 4947.

— différence pour les noms des parties, mariage, affirmation sous serment, I, p. 365, 1248; I, p. 428, 4473.

Ouï dire, élément de procès-verbal cri-min., II, p. 11, 2256.

Ouïe de la cognée, procès-verbal dressé à l', II, p. 585, 4108.

Outrage aux agents des contributions indirectes, II, p. 529, 530, 3950 à 3953.

— aux agents des douanes, II, p. 605, 4467; de la force publique, I, p. 548, 4860, V, 2°, 3°.

— aux agents du trésor ou des administrations financières, II, p. 598, 4442.

— à l'autorité par voie de la presse, III, p. 108, 4530.

— aux bonnes mœurs, I, p. 555, 4860, X, 2°, L. 29 juillet 4884, Circ. min. 9 nov. 4884, L. 2 août 4882, Circ. min. 7 août 4882.

— à un bureau électoral, II, p. 619, 4208.

— citation à prévenu d', II, p. 216, 2909; partie civile, II, p. 267, 3083.

— à un citoyen chargé d'un ministère de service public, I, p. 548, 4860, V, 2°.

— à la gendarmerie par dénonciation fausse, III, p. 437, 5456.

— au juge d'instruction, II, p. 63, 2407.

— à un juré, I, p. 555, 4860, XI, 4°.

— à un magistrat en fonctions, I, p. 443 à 445, 465 à 474; I, p. 548, 4860; V, 2°; par récusation, III, p. 458, 4687; simple police, II, p. 494, 2834.

— à un membre du corps législatif, I, p. 555, 4869, 7°.

— aux ministres et objets d'un culte, I, p. 549, 4860, VI, 42, I, p. 555, 4869, 7°.

— à la morale publique et religieuse, L. 29 juillet, Circ. min., 9 novembre 4884.

— à un officier ministériel, I, p. 548, 1860, V, 2°.
— au préfet, sous-préfet, maire, adjoint ou officier de police judiciaire, dans le lieu où ils remplissent leurs fonctions, I, p. 445, 472 à 474.
— par la presse, articulations du réquisitoire introductif, II, p. 98, 2530 ; L. 29 juill. 1881.
— public à la pudeur, I, p. 550, 1869, VII, 8°.
— par publicité à la morale publique et religieuse, aux bonnes mœurs ou à la religion, I, p. 555, 1860, XI, 2° ; L. 29 juillet, Circ. min., 9 nov. 1881.
— à un témoin, I, p. 555, 1860, XI, 4°.
— et violence envers les magistrats ou agents de la force publique, I, p. 548, 1860, V, 2° 3°.
— violent à la pudeur, I, p. 598, 1973.
Ouverture, à cassation civile, I, p. 253, 849; crimin, II, p. 360, 3389.
— d'appel, I, p. 244, 800.
— des assises, II, p. 310, 3236 ; p. 344, 3237, p. 345, 3345.
— de la chasse, réglementation, II, p. 196, 2837, 5°, § 1 ; II, p. 487, 3814.
— de chemin vicinal, I, p. 395, 4358.
— des débats correct., II, p. 226, 228, 2946 à 2951.
— de débit de boissons, II, p. 510, 3888, L. 17 juillet, Circ. min., Int. 20 août 1880, Just. 18 janvier 1881.
— d'école, I, p. 444, 4444.
— d'établissement d'instruction publique, III, p. 94 à 98, 4494 à 4509.

— d'information judiciaire, II, p. 59, 2394.
— de lettre confiée à la poste, I, p. 548, 1860, IV, 9° : II, p. 543, 3993; légale, p. 544, 3994 ; fraude à la franchise, III, p. 453, 5496 à 5498.
— d'ordre, I, p. 449, 1546.
— de succession, I. p. 493, 1707 ; vacante, I, 487, 1686.
— de souscription destinée à indemniser d'une condamnation, L. 29 juillet, Circ. min., 9 novembre 1881.
Ouvrage, dramatique, représentation, III, p. 465, 4711.
— littéraire, prohibé, I, p. 549, 1789, contrefait, confiscation, II, p. 400, 3527, 11°.
— d'or et d'argent non marqué ou faussement marqué, confiscation, II, p. 404, 3527, 19° ; II, p. 513 et 514, 3898 à 3903 ; quatrième titre, L. 25 janvier 1884, Décr. 6 juin 1884.
— de ville ou bilboquet, presse, L. 29 juillet, Circ. min., 9 novembre 1881.
Ouvrier, coalitions, II, p. 502, 3858 ; L. du 21 mars 1884, Circ. min., 15 septembre 1884.
— commerçant, I, p. 534, 4797, 2°.
— extraits de jugements ou arrêts condamnant les, III, p. 64, 4399.
— des ports et arsenaux, juridiction, I, p. 639, 2146 ; production du bulletin, n° 2, Circ. minist., 28 avril 1875.
— voyageant sans livret, I, p. 549, 1860, VI, 16°.

P

Pacage de bestiaux sur propriété d'autrui, III, p. 568, 5757, § 3, 43 ; art. 479, n. 10, du C. P.
Pacte de famille, cession d'office, III, p. 243, 4933.
— remise sur les salaires d'huissiers, III, p. 349, 5248.
Page, copie des huissiers, III, p. 354, 5224.
— nombre de lignes à la, greffiers, III, p. 349, 5144.
Paiement, anticipé de frais de cession, p. III, 239, 4926 ; comptant, 4927.

— d'arrérages, fermages, loyers, pension, rentes, demandes en, I, p. 486, 603, 7°
— d'amendes et frais au profit de l'Etat, contrainte, II, p. 445, 3674.
— cessation de I, p. 522, 1798 ; II, p. 474, 3767 ; notaire, III, p. 363, 5258.
— frais d'avoué, demande en, I, p. 486, 603, 8°, assist., judic., I, p. 290, 978.
— frais de justice crim., forêts, II,

p. 594, 4434, modes de, III, p. 65 à 73, 4402 à 4434, réhabilitation, III, p. 454, 4666; stat. civile des appels, III, p. 502, 5642, § 2, 44.
— du traitement des magistrats, I, p. 59, 480.

Pain, hausse et baisse opérée frauduleusement, I, p. 552, 4860, IX, 44°.
— pillage, I, p. 545, 4859, IX, 43°.
— tromperie sur la vente, I, p. 594, 4951, I. p. 645, 2033.

Paisson, C. For., 53.

Paix des familles, atteinte par des publications, III, p. 403, 4524.
— publique, attentat à la, II, p. 26, 2300, II, p. 597, 4446; perturbateur, III, p.423, 4587; troublée par la presse, I, p. 555, 4860, X, 43, circ. min., 43 et 25 mars 4883.

Palais de justice, I, p. 83 à 86, 259 à 268.
— perquisition dans les, II, p.48, 2366.

Pamphlet, C. P. 287.

Panage, C. For., 53.

Panonceaux, notaires, III, p.364, 5259.

Pansement des blessés, taxe de vacation, III, p. 56, 4378.

Papier d'affaires, poste, L. 3 août 4875.
— compromettant trouvé au domicile des inculpés, II, p.47, 2303, sur leur personne, II, p. 36, 2327, II, 408, 2565.
— d'un condamné, laissé au greffe, III, p. 329, 5465.
— copie d'assignation, II, p. 438, 2656, 2°.
— défaut de, vagabondage, I, p. 549, 4860, VI, 45.
— d'Etat, I, p. 549, 4790.
— faillite, communication au M. P., des, II, p. 476, 3776.
— libre, copie de conclusions, I. p 208, 673.
— national contrefait, C. inst. crim. 6, 7.
— spécial pour actes et copies, I, p. 495, 4745.
— timbré, actes et pièces, I, p 495, 4745; actes du parquet, I, p. 495, 4717.
  approvisionnement de, I, p.498, 4726.
  état civil, I, p. 345, 4480, p. 354, 4499, p. 354, 4242-4243.
  fraude I, p. 499, 4727.
  greffe, coût, III, p. 349, 5448.
  huissiers, III, p. 352, 5224.
  procès-verbaux crim., visa pour, II, 47, p. 2277.
  vente de I, p. 498, 4726.
— tribunaux, dépenses de, Décr., 28 janv. 4883.

Paquet, franchise, III, p. 448, 5482, p. 449, 5486.
— port, frais criminels, III, p.63, 4398.
— renfermant des lettres, III, p. 99, 4544.
— saisie de lettres et II, p. 544, 3994.
— scellé, pièce à conviction, III, p. 329, 5467.
— vérification par la poste de, III, p. 453, 5496, p. 454, 5499.

Paraphe, dépôt de, par les officiers de l'état civil et notaires, I, p. 362, 4205, III, p. 388, 5324.
— de pièce arguée de faux, III, p. 42, 4245-4246, p. 43, 4249.
— de pièce de comparaison, III, p. 45, 4253.
— de pièce à conviction, II, p.49,2368.
— des registres des prisons, III, p. 449, 4574.

Paraphernal, bien, I, p. 474 à 476, 4642 à 4654. C. civ. 4574.

Parc ou enclos, vol. C. P. 391, 392.

Parcours de bestiaux, infractions, statist. crim, III, p.568, 5757, §3, 44; C. P. 479, § 2, L. 6 octobre 4794, sect. IV.

Pardon, adultère, complicité, effet du, II, p. 458, 3706, p. 459, 3745.
— meurtre, réparations civiles, I, p. 654, 2464.

Pareatis, I, p. 235, 779.

Parent, connu ou inconnu de l'interdit, différence entre les deux cas, I, p. 443, 4448.
— contrainte contre, II, p. 442, 3663.
— signification de défaut à II, p. 250, 3028.
— du failli, détournements, II, p. 478, 3784, p. 479, 3786.

Parenté, avoué et magistrat, III, p. 279, 5044.
— candidat à suppléance de justice de paix, III, p. 480, 4755-4756.
— du défenseur et de l'accusé, II, p. 238, 2987, 2989, contumax, II, p. 534, 3963.
— dispenses, mariage, I, 431 à 436, 4486 à 4504. Circ. min. 44 nov. 4875, 20 octobre 4876.
— des magistrats, I, p. 9, 48 à 24, p. 407, 334, p. 453, 499 à 504, p. 454, 502 à 504, I, p. 434, 433; avec les commis-greffiers et greffiers, III, 306, 5447, 5°, III, p. 308, 5449, p. 343, 5434, avec les parties I, p. 469, 4622 à 4625.
— obstacle à l'action publique, I, p. 623-624, 2064, 2064.
— des officiers ministériels, III, p. 220, 4875, III, p. 250, 4957, III, 254, 4964.
— des officiers de police judiciaire et

délinquants, II, p. 12, 2257, II, p. 77, 2458.
— des présidents d'assises et du M. P., II, p. 320, 3267.
— des témoins et prévenus, information, II, p. 143, 2674 ; audience II, p. 234, 2963 à 2965.
Pari, sur la hausse ou la baisse des effets publics, I, 552, 1860, 11°, L. 28 mars 1885.
Paris et banlieue, séjour des individus surveillés par la haute police, II, p. 423, 3594, L. 27 mai 1885.
— responsabilité des dégâts, I, p. 302, 1017.
Parjure, I., p. 544, 1859 ; VIII, 12°,13°.
Parlant à, formalité du, II, p. 138, 2656
— imprimé, II, p. 331, 3297.
Parme, extradition, I, p. 577, 1904.
Paroisse, I, p. 293, 988.
Parole, accordée en dernier lieu au prévenu, II, p. 242, 3004 ; en appel, II, p. 278. 3127 ; aux assises II, p. 354, 3363, p. 356, 3376, C. inst. crim., art. 319
— demandée par le M. P. en P. C., II, p. 234, 2974, II, p. 237, 2984.
Parquet, d'assises, I, p. 60, 484, 485.
— audience, I, p. 87, 274.
— correspondance, III, p. 455, 458, 5504, 5510.
— définition, local, I, p. 86, 269, p. 87, 270.
— écritures, greffe, III, p. 323, 5158.
— imprimés, III, p. 54, 4371.
— mésintelligence avec le tribunal, III, p. 494, 4796.
— service du, I, p. 411 à 417, 353 à 370.
— signification des défauts correct. au, II, p. 250, 3027.
— situation, statist., III, p. 542 à 544, 5699, 5703.
Parricide, I, p. 543, 1859, VIII ; complice, I, p. 588, 1941 ; excuse, I, p. 597, 1971 ; I, p. 605, 1998.
— exécution, II, p. 379, 3450.
Part des agents verbalisateurs, amendes, chasse, II, p. 501, 3855.
— employés de l'octroi, II, p. 520, 3921.
Partage et licitation, statist., appels, III, p. 502, 5612, § 2, 29° ; jugements, III, p. 516, 5645.
— et liquidation, absents, mineurs, interdits, I, p. 492, 493, 1707 à 1709.
— interdiction pour les magistrats et greffiers de procéder au, III, p. 488, 4777.
— succession vacante, I, p. 488, 1690.
— de voix, chambre civile, I, p. 454 à 457, 505 à 514.

— au correct., II, p. 245, 3009 ; au criminel, accusation, II, p. 300, 3198.
— assises, I, p. 156, 513.
— enregistrement, I, p. 343, 1172.
— M. P., conclusions, I, p. 180, 594.
Participation à des crimes ou délits par les fonctionnaires, II, p. 541, 3985, 10°, 3986, 8° ; douanes, II, p. 610, 4483.
Particule, de, addition illégale, II, p. 575, 4083.
Particulier, contrainte au profit d'un, II. p. 444, 3666, 3668 ; affaires forestières, II, p. 592, 4427 ; exécution des jugements, II, p. 596, 4437.
Partie, dans acte notarié, III, p. 389, 5323.
— d'arrêt ou jugement, I, p. 159, 522 ; omission, cassation crim., II, p. 360, 3389.
— civile, affaires correct., avoué, III. p. 283, 5054 ; p. 288, 5066. appel, II, p. 267, 3088 et 3089 ; id. du M. P., II, p. 269, 3094, 3095 ; effet de l'., pol, correct., II, p. 282, 3144, 3143.
administration publique, I, p. 670, 2220.
banqueroute frauduleuse, II, p. 476, 3774 ; simple, II, p. 484, 3789.
citation de témoin en P. C., II, p. 222, 2933 ; II, p. 232, 2966 ; en appel, II, p. 276, 3120.
communication de procédure correct., II, p. 459, 2720.
comparution en P. C., procuration, II, p. 226, 2945.
constitution, II, p. 27, 2303.
contrainte par corps, II, p. 442, 3663, p. 447, 3679.
décès de l'inculpé, I, p. 607, 2006.
défaut, II, p. 247, 3018 ; opposition, II, p. 251, 3032.
défense en P. C., II, p. 238, 2986.
désistement, II, p. 432, 3628 ; I, p. 668, 669, 2243, 2248.
dommages-intérêts contre prévenu acquitté, II, p. 259, 3063.
douanes, II, p. 603, 4460.
enregistrement des procès-verbaux criminels, II, p. 47, 2275, p. 48, 2282.
entente avec le M. P., II, p. 213, 2904.

10

— exécution des condamnations, II, p. 284, 3147.

frais et dépens, recouvrement contre le condamné, II, p. 432, 3627, 3628.

indigente, I, p. 666, 2206.

lésée, action, I, p. 653 à 655, 2161 à 2170.

manière de se porter, I, p. 660 à 663, 2185 à 2195.

observations sur la liberté provisoire, II, p. 163, 2732.

opposition à une ordonnance finale du juge d'instruct., II, p. 184 à 188, 2798 à 2813.

poursuites, I, p. 653 à 668, 2161, 2213.

pourvoi contre les arrêts d'accusation, II, p. 308, 3225; en cassation, mat. crim., II, p. 365, 3404, 3405; p. 366, 3406; p. 368, 3413; notification, p. 371, 3423.

qualités requises pour se porter, I, p. 653 à 656, 2161 à 2170.

réplique, II, p. 243, 3004.

réserve, en cas de remise de peine, des droits de la, III, p. 89, 4479.

— jointe, M. P., I, p. 172 à 176, 572 à 578: I, p. 183 à 185, 598 à 600.

— lésée, chasse, II, p. 493, 3830; par des élèves de l'université, III, p. 92, 4486; poursuites, I, p. 653 à 655, 2161 à 2170.

— plaidoirie par une, I, p. 212, 689.

— prenante, frais ordinaires, mémoire, III, p. 66, 4406; urgents, III, p. 66, 4403.

— principale, M. P., I, p. 176 à 183, 578 à 597.

— publique, responsabilité civile, II, p. 439, 3654.

— sexuelles, accouchement, recherches, II, p. 45, 2358; viol, ibid. 2359.

— succombante, dépens et frais, II, p. 432, 3629.

Passage, public, sûreté des, II, p. 495, 2837, 4°.

— sur terrain d'autrui, statist., III, p. 568, 5757, § 3, 4°, art. 474, n°13, 475, n°s 9 et 10 du C. pénal.

Passager, décédé en mer, scellé, I, p. 486, 1682.

Passavant, circulation des boissons, II, p. 510, 3883.

— poissons salés, Décr., 3 septembre 1884.

Passe-partout, fausse clef, C. P., art. 398.

Passeport, délivré à un inconnu, I, p. 547, 1860, § 3, 5°; pour de l'argent, II, p. 559, 4076; sous un nom supposé, I, p. 514, 1859, § 3, 5°.

— exigé d'un étranger, I, p. 382, 1310.

— expédition du jugement tenant lieu de, II, p. 258, 3059, 3060.

— fabriqué ou falsifié, I, p. 547, 1860, § III, 2° et 3°.

— légalisation, visa, Circ. min., 22 juin 1880.

— remplacé par un extrait d'ordonnance ou de jugement d'acquittement de vagabond, II, p. 477, 2780; appendice, 628, 35; II, p. 258, 3060.

— voyageur sans, II, p. 5, 2342.

Passif de failli, III, p. 8, 4230.

Patentable, L. 15 juillet 1880.

Patente, agents de change, II, p 462, 3726.

— commerçants et fabricants, mention dans les actes et exploits de leur, I, p. 494, 624; I, p. 547, 1784; III, p. 285, 5057; p. 339, 5493; p. 350, 5219; p. 389, 5324.

— commissaires-priseurs, III, p. 302, 5104; huissiers, III, p. 339, 5324.

— de non commerçants, cir. min. 13 février 1884.

— de santé, navires, Décr. 22 février 1876.

Paternité, droits, correction, I, p. 316 à 317, 1068, 1077.

— mariage, consentement, I, p. 448, 1513; procès civils, statist., III, p. 504, 5642; procès criminel, I, p. 627, 2078; recherche, C. civ., 340.

Patron, coalition, II, p. 502, 3858.

Patronage de jeunes détenus, L. 5 août 1850.

— salle d'asile, comité de, III, p. 98, 4508.

Pâturage des bestiaux sur terrain d'autrui, compte crim., III, p. 568, 5757, § 3, 13; art. 479, n° 10 du C. P.

— communal, réglementation, L. 4 avril 1882.

Pâture, infraction aux lois et règlem. sur la vaine, compte crim., III, p. 568, 5757; § 3, 14; pénalité, L. 28 septembre, 6 octobre 1791, titre 4, section IV, art. 47, n. 15, C. P.

Pauvre, assis. judic., I, p. 284 à 292, 945 à 986.

Pays-Bas, extradition, I, p. 577, 1904.

Péage, police des ponts à, II, p. 495, 2837, 4°. § 15.

— rachat, L. 30 juillet 1880.

— tarif de navigation, II, p. 515, 3904.

Pêche, confiscation des engins de, II, p. 404, 3628, 17°; p. 402, 3529.
— contrainte par corps, II, 444, 3659; p. 442, 3662; p. 446, 3675; p. 449, 3684.
— du corail, Algérie, Décr. 22 novembre 1883.
— côtière, I. p. 563, 1860, XXIV, 2°; Décr. 10 août 1875, 20 novembre 1875; proc. verb. de gend. affirm., III, p. 437, 5457.
— eaux, frontière Suisse, Décr. 28 décembre 1882.
— espèces vivant dans les eaux douces et salées, Décr. 20 novembre 1875.
— états mensuel et trimestriel des condamnations, III, p. 483, 5564, 7°; III, p. 489, 5584.
— fluviale, I, p. 558, 1860, XV, 2°; Décr. 10 août 1875; copie des procès-verb. en tête de la citation, II, p. 218, 2915; poursuites, I. p. 566, 1873; p. 625, 2068; eaux et forêts, I, p. 671, 2224, Circ. min. 12 avril 1881; prescription, I, p. 619, 2046, 3°.
— garde, II, p. 9, 2349, 20°, 22°.
— huîtres et coquillages, Décr., 12 janvier, Circ. min. int. 23 janvier 1882.
— interdiction dans les réserves, Décr. 12 janv. 1875.
— maritime et en pleine mer, I, p. 558, 1860, XV, 2°, 3°; expédit. des jugements aux commissaires de l'inscription maritime, Circ. min. 5 novembre 1883.
— poissons, dimensions exigées, Décr. 20 novembre 1875.
Péculat, II, p. 554, 4024.
Pécule, détenu de maison centrale, III, p. 421, 4578.
Peine, adultère, extinction de la, II, p. 459, 3715.
— afflictive et infamante, I, p. 538, 1855; contrebande, II, p. 610, 4481.
— appel, II, p. 264, 3078, II, p. 279, 3434; aggravation, II, p. 280, 3436, p. 284, 3138.
— capitale, exécution, II, p. 378 à 394, 3447 à 3468.
— sursis III, p. 82, 4459, III, p. 85, 4469.
— chambre d'accusation, II, p. 296, 3186.
— corporelle, compétence, II, p. 9, 2251.
— correctionnelle, I, p. 538, 1855, II, p. 395 à 439, 3510 à 3620.
— exécution, II, p. 409, 3547.

— cumul, II, p. 425 à 428, 3603 à 3614.
— disciplinaires, avocats, III, p. 216 à 219, 4861 à 4872; avoués, III, p. 293, 5080; magistrats, III, p. 198, 4809; officiers ministériels III, p. 267, 5006; notaires, III, p. 417, 5407.
— discussion de la, assises, II, p. 346, 3349.
— distincte pour chaque prévenu, II, p. 263, 3076.
— forêts, II, p. 590, 4421.
— illégale envers les élèves des collèges, III, p. 94, 4484.
— infamantes, II, p. 378 à 395, 3447 à 3509.
— juré défaillant, II, p. 330, 3302, 3303.
— lettres patentes de remise de, III, p. 85, 4469.
— militaires, récidive, III, p. 136, 4624.
— de mort, II, p. 378, 3448, p. 381, 3468.
— multiples, exécution, II, p. 412, 3556.
— proportionnalité de la, II, p. 263, 3076.
— pécuniaires, I, p. 538, 1855, 3°; contrainte, II, p. 442, 3662, 8°.
— prison pour, III, p. 149, 4571.
— requise à l'audience, quotité appréciée par le M. P., II, p. 242, 3000.
— rétroactivité, II, p. 263, 3076.
— série des I, p. 538, 1855.
— de simple police, I, p. 538, 1855, 4°, appliquée en correctionnelle, II, p. 210, 2890, requise par le M. P. en police correctionnelle, II, p. 244, 3000.
— universitaire, III, p. 92, 4487 à 4489.
Peinture, obscène, affichage, exposition, offre, vente de, L. 2 août, circ. min. 7 août 1882, II, p. 400, 3527, 4°, III, p. 108, 4540.
Pèlerin, mesure sanitaire, Décr. 22 février 1876, art. 73.
— de saint Jacques, usurpation du costume, II, p. 576, 4086.
Pénalité, II, p. 378 à 430, 3447 à 3620.
Pendu, recherche de l'identité, I, p. 376, 1292.
Pénil, amputé, II, p. 50, 2374.
Pénitencier, I, p. 177, 578, L. 27 mai 1885, militaire, I, p. 640, 2123.
— emprisonnement correctionnel des militaires, II, p. 410, 3550.
Pénitent du midi, usurpation du costume de, II, p. 576, 4086.
Pension, alimentaire, statist., III, p. 531, 5673.

— annuelle d'un époux à l'autre, I, p. 455, 1568.

— civile, vérification des infirmités, L. 17 mars 1875.

— cumul, circ. min., 16 mai 1884.

— demande en paiement d'arrérages, I, p. 186, 603.

— de l'Etat, certificat de vie, III, p. 395, 5346, circ. min. 16 mai 1884.

— militaire, L. 15 avril 1885; *id.* et civile, rentes viagères pour la vieillesse, échéances, circ. min., 2 oct. 1876.

— de retraite des magistrats, I, p. 72 à 76, 221 à 234, p. 78, 240, p. 79, 243 à 245, p. 80, 247, p. 81, 249 à 254, p. 82, 252 à 258.

Pensionnaire de l'Etat, ancien militaire, héritiers, Cir. min., 12 mai 1869.

Pensionnat, primaire, ouverture, III, p. 96, 4502.

Percepteur, incompatibilité des fonctions de magistrat avec celles de, I, p. 7, 12, 2°.

— infidèle, I, p. 542, 4859, IV, 2°; I, p. 547, 4860, IV; II, p. 544, 3985, 6°.

— refusant des monnaies ayant cours, II, p. 73, 2442.

— soustractions, II, p. 565 à 568, 4056 à 4064.

Perception, abusive, avoués, III, p. 287, 5063; commissaires-priseurs, III, p. 305, 5446; greffiers, III, p. 319, 5146, 5147; huissiers, III, p. 346, 5211; p. 349, 5246; juges de paix, III, p. 321, 5151.

— illégale, concussion, II, p. 554, 4025, II, p. 556, 4028.

— illicites, greffiers et commis, huissiers, III, p. 74, 4424.

— des impôts, entraves, II, p. 598, 4142.

— usuraires, III, p. 167, 4717.

Perdrix d'Ecosse, colportage libre, II, p. 489, 3814.

Père, action contre le meurtrier du fils, I, p. 654, 2163.

— consentement à mariage, II, p. 573, 4973.

— et mère, coups et blessures par les enfants, C.P., p. 312.

— de mineur condamné, appel, II, p. 266, 3085.

— nourricier, partie civile, I, p. 654, 2163.

— du prévenu, appel, II, p. 266, 3085; chasse, II, p. 498, 3848; témoignage, II, p. 234, 2963.

— réclamation du mineur de 16 ans, II, p. 259, 3064.

— responsabilité civile, II, p. 437 à 439, 3647, 3654.

— de témoin mineur, double taxe, III, p. 30, 4297.

Péremption, conseil judiciaire, I, p. 424, 1459.

— contributions indirectes, I, p. 315, 1066.

— des défauts, I, p. 226, 736.

— d'instance, prise à partie contre un juge de paix pour, II, p. 579, 4094.

— statist. civile des appels, III, p. 502, 5642, § 2, 5.

Péril de la dot, I, p. 474 à 476, 1642 à 1651.

— en la demeure, C. proc., 455, 1037.

Permis de chasse, refus à un interdit, I, p. 422, 1449; règles générales, II, p. 485, 487, 3803 à 3810.

— de séjour, L. 27 mai 1885.

— de visite à un prisonnier, visa du parquet, Circ. min., 19 juillet 1882, III, p. 417, 4564.

Permission de chasser, II, p. 490, 3819, 3821.

— de communiquer une procédure criminelle, II, p. 487, 2716.

— nécessaire aux militaires pour se marier, I, p. 444, 4518 à 1520.

— de visiter les détenus, III, p. 417, 4564.

Permutation d'officiers ministériels, III, p. 229, 4902; III, p. 245, 4942.

— de notaires, III, p. 386, 5317.

Perpétuité, travaux forcés à, II, p. 385, 3471; II, p. 394, 3506.

Perquisition, au domicile de l'inculpé, II, p. 237, 2985.

— en état de siège, I, p. 651, 2154.

— dans une étude de notaire, III, p. 422, 5420.

— frais de procès-verbaux de, III, p. 51, 4361.

— de garde-champêtre, II, p. 87, 2495.

— de garde-forestier, II, p. 91, 2507.

— instruction, II, p. 402 à 404, 2544 à 2551.

— mandat d'arrêt, procès-verbal de, II, p. 425, 2613; et append., p. 627, 33.

— la nuit, II, p. 47, 2364.

— officiers de police, II, p. 4, 2240.

— postulation illicite, III, p. 296, 5088, 5089.

— préfet, II, p. 4, 2238, 2239; II, p. 73, 2440; poste, II, p. 544, 3994.

— régie, contributions indirectes, II, p. 505, 3866, p. 505, 3867; douanes, M.P., II, p. 604, 4162; p. 607, 4172.

Personnalité des délits, I, p. 607, 2002.

— des peines de simple police, II, p. 196, 2840 ; amende, II. p. 396, 3543.

Personne, incapable, interdit, I, p. 422, 1449 : civilement, II, 393, 3502.

— interposée, commerce des fonctionnaires, II, p. 570, 4068 ; p. 572 4074.

— privilégiée, inviolable, I, p. 628, 2080, 2084 ; p. 630, 2087.

— signification à, arrêt de renvoi, II, p. 300, 3199 ; jugement correct., II, p. 250, 3028.

Personnel, judiciaire, III, p. 469 à 443, 4722 à 5476.

— de la magistrature, I, p. 4 à 82, 4 à 258.

— registre du, III, p. 326, 5164, 34.

Perte des biens et droits et de la qualité de Français, I, p. 384, 386 ; p. 1318, 4323.

— d'inscription aux facultés, III, p. 92, 4488.

— des registres de l'état-civil, I, p. 369 à 374, 4266, 4274.

Pertinence des faits, adultère, I., p. 473, 1638.

— inscription de faux, II, p. 24, 2294.

Perturbateur, audience, arrestation, expulsion, I, Gr. 484 et s., 504.

— de la paix publique, III, p. 423, 4587.

Pesage, public infidèle, I, p. 552, 1860, IX, 13°.

Peste, animaux, I, p. 554, 1860, X, 45°, Décr. 22 juin 1882 ; personnes, Décr. 22 février 4876, 25 mai 1878.

Pétition, candidats aux fonctions d'avoué ou greffier, III, p. 250, 4957, 2°, de commissaires-priseurs, III, p. 304, 5402, 8° ; d'officiers ministériels, III, p. 254, 4959.

— d'hérédité, militaire absent, I, p. 271, 909.

Pétitoire, C. proc., 25.

Pétrole, Décr. 49 mai 1873, 20 mars 1885.

Pharmacie illégale, I, p. 562, 4860, XXIII, 2°.

— stage, certificats d'inscription des élèves en, Circ. min., 4 juillet 4883.

— vente de produits de, liqueurs au quinquina, Décis. min., 40 juin 4882.

Pharmacien, complice de mutilation, III, p. 444, 4638

— diplôme, conditions, Décr., 42 juillet 1878.

— experts, II, p. 44, 2344.

— règlement, police sur les, II, p. 196, 2837, 4, § 7.

— révélant des secrets, I, p. 554, 4860, VII, 23°.

— scolarité et stage, Circ. min., 30 septembre 4875.

— secret professionnel, II, p. 146, 2682.

Phénomène de l'autopsie, II, p. 45, 2356.

Philanthropie, exagérée, II, p. 237, 3055.

Phylloxéra, mesures de précaution, infractions, L. 45 juillet 1878, Décr., 26 décembre 4878, L. 2 août 4879, et arrêtés minist. 11 décembre 4880, 13 mai 4882, 14 mai 1882, 45 mai 4882, 9 juillet 4882, Algérie, L. 42 mars 4883.

Pièce, annexée aux registres de l'état-civil, I, p. 358, 4227.

— arguée de faux, absence de la, III, p. 40, 4238 ; contrainte contre le dépositaire de II, p. 442, 3662, 3° ; remise par le dépositaire, III, p. 42, 4246.

— d'artifices, art. 474, n° 2 du C. P.

— de comparaison, contrainte contre le détenteur, II, p. 442, 3662, 4° ; remise par le dépositaire, III, p. 45, 4253 ; p. 46, 4258.

— communiquée, non rétablie, I, p. 174, 575.

— confidentielle de procédure crimin., II, p. 480, 2794.

— à conviction ou à décharge, II, p. 48 à 54, 2367, 2372 ; chambre d'accusation, II, p. 296, 3186 ; cour d'assises, II, p. 305, 3216 ; p. 339, 3324, 3325 ; correction., II, p. 234, 2978 ; p. 237, 2985 ; recherche de, II, p. 402, 2544 ; registre du greffe, III, p. 326, 5464, 27°, et append., p. 644, 69 ; restitution, contumace, II, p. 539, 3984 ; transport ou conservation, frais urgents, III, p. 65, 4402 ; vente ou remise, III, p. 328, 329, 5463, 5468, II, p. 256, 3053 ; valeurs, Circ. min., 28 avril 4884.

— détournée ou soustraite par un comptable, II, p. 566, 4056.

— de dossier de cession d'office, III, p. 230, 4903 ; de pourvoi en cassation, II, p. 372, 3429, 3430.

— de dossier criminel, égarée, II, p. 375, 3439.

— émanant des autorités étrangères ; légalisation, 4, p. 390, 4337.

— fabriquée, falsifiée, mensongère, attribuée à des tiers, publication reproduction, III, p. 404, 4527 ;

peine, I, p. 555, 1860, XI, 43; publicité, authenticité, III, p. 6, 4226.
— justificatives, de mémoires, de frais de justice, III, p. 70, 4422.
— de monnaie, ayant cours, refus de, II, p. 73, 2442; fausse, usage, compétence, II, p. 100, 2535.
— oiseuse à distraire des dossiers, II, p. 181, 2793.
— probante, police correct., II, p. 228, 2951.
— refus par un avoué ou un officier ministériel de remettre une, III, p. 284, 5056; p. 268, 5010.

Pied, cornier, déplacé ou supprimé, I, p. 554, 1860, X, 12°.

Piège, chasse, II, p. 488, 2812.

Pierre, enlevée sur les chemins publics, I, p. 557, 1860, XII, 4°.
— fausse, vendue pour fine, I, p. 560, 1860, XX, 5°; I, p. 552, 1860, 15; confisc., II, p. 400, 3527, 10°.
— jet, C. P., 475, 8°, 476; chemins de fer, ord. 15 novembre 1846, 64.

Pigeon, destruction de, II, p. 465, 3739.

Pillage de bâtiments et effets naufragés, I, p. 671, 2225.
— de denrées ou marchandises, effets, propriétés mobilières, I, p. 545, 1859, IX, 13°.
— instigateurs et provocateurs de, I, p. 550, 1860, VII, 3°.
— refus de prêter secours, C. P., 475, 12°.
— responsabilité des communes, en cas de, I, p. 300 à 302, 1007 à 1017.

Pilon, écrits ou gravures mis au, C. P., 477.

Pilori, II, p. 383, 3466.

Piquette, vin, fraude, Circ. min., 17 septembre 1879.

Piqueur des ponts et chaussées, police judiciaire, II, p. 7, 2249 4°, et 2250; détournements, II, p. 567, 4061.

Piraterie, L. 10 avril 1825.

Pistole pour les prévenus et accusés, III, p. 115, 4557.

Pistolet d'arçon, arme de guerre, II, p. 466, 3742; de poche, ibid, p. 3743; contrebande avec, II, p. 601, 4455.
— à vent, Décr., 2 niv. an XIV.

Placard, électoral, dépôt, Circ. min., 14 février 1876; affichage, L. 29 juillet, Circ. min., 9 novembre 1884.
— exposé, complicité, I, p. 587, 1937; I, p. 554, 1860, XI.
— extraits d'arrêts crimin., II, p. 453, 3698; frais, III, p. 52, 4366.

— vente de biens de mineur, III, p. 353, 5329, 2°.
— vente de meubles, comm. priseurs, III, p. 304, 5110.
— vente sur saisie immobilière, huissiers; opposition de, III, p. 353, 5329, 1°.

Place de guerre, état de siège, I, p. 176, 578; I, p. 650, 2152; manœuvres pour les livrer, art. 77, C. P.
— publique, exécution capitale, II, p. 380, 3456; sûreté des, II, p. 495, 2837, 1°.
— réservée, magistrature, cérémonies, I, p. 24 à 30, 75 à 92; église, I, p. 31, 94 à 96; palais, I, p. 128, 408.
— vacante, magistrature, avis au préfet, I, p. 59, 181; présentations, I, p. 11, 22; huissier, III, p. 335, 5184; officier ministériel, III, p. 255, 4967.
— voiture de, impôt, II, p. 528, 3944.

Placement, bureau de, Décr. 25 mars 1852 art. 474, § 15 du C. P.
— des jeunes détenus correct., II, p. 260, 3069; p. 261, 3070.
— de fonds par notaire, III, p. 392, 5335; III, p. 416, 5404.

Placet, appel des causes correct.; II, p. 226, 2946.

Plaideur, ruiné, secouru par les avoués, III, p. 295, 5085.

Plaidoirie, affaires civiles, I, p. 213 à 217, 689 à 706.
— assises; nature de la peine, II, p. 346, 3349.
— assistance des juges, I, p. 150, 487; du M. P., I, p. 136, 437.
— avoués, III, p. 282, 5051, 5052; contestations; I, p. 216, 700, 701; restrictions; I, p. 214, 695; Circ. min., 9 juillet 1878; Algérie, Décr., 27 décembre 1881.
— enregistrement, interdiction des, I, p. 340, 1162, 1164.
— faculté de, III; p. 240, 4845.
— injurieuse ou diffamatoire; III, p. 217, 4863.
— limitée par le trib. correct., II, p. 243, 3004.
— magistrats, interdiction, III, p. 488, 4777.
— police correct., II, p. 209, 2885, 238 à 240, 2986 à 2993.
— prise à partie, II, p. 581, 4699.

Plaignant, II, p. 27, 2303; indiscret, poursuites, II, p. 32, 2316; appel, II, p. 267, 3088; témoin, I, p. 663, 2195, 2196.

Plainte, adultère, II, p. 454, 3701, p. 456, 3707.
— chasse, II, 493, 3829.
— citation sur, II, p. 243, 2900.
— contre avoué, III, p. 292, 5076.
— classement, compte criminel, III, p. 542 à 544, 5699 à 5703.
— correctionnelle ou criminelle, II, p. 27 à 36, 2303 à 2326.
— des détenus contre les gardiens ou fournisseurs, III, p. 413, 4560, 5°.
— en faux, III, p. 10, 4239; p. 11, p. 4241.
— aux gendarmes, II, p. 79, 2463.
— des juges contre l'inculpé pour dénonciation calomnieuse, renvoi à un autre tribunal, III, p. 458, 4688.
— au juge d'instruction, communication au M. P, II, p. 63, 2407.
— contre magistrat, I, p. 53, 163.
— contre les militaires, I, p. 643, 2434.
— contre les notaires, III, p. 444, 5399, 2° et 3°.
— aux officiers de police, II. p. 67, 2424.
— au parquet, I, p. 570 à 573, 4886 à 4894.
— préalable aux poursuites, I, p. 624, 2065.
— au procureur général, Inst. Crim., p. 275.
— simultanées, II. p. 101, 2544.
Plan d'accusation dans l'acte d'accusation, II, p. 304, 3204.
— concerté pour empêcher l'exercice des droits civiques, II, p. 617, 4205.
— levée de, informations, frais, III, p. 60, 4394.
— livré à l'ennemi, I, p. 540, 1859, 4°; II, p. 544, 3985, 1°.
— des palais de justice, I, p. 84, 260, 264.
Plant, dévasté, I, p. 557, 1860, XII, 5°; p. 554, 1860, X, 4°; L. 28 septembre 1791, titre 2, art. 2, Code du 3 brumaire an IV, 600, II, p. 590, 4420.
Plantation de route, surveillance du garde champêtre, II, p. 86, 2489
Plaque des gardes champêtres, II, p. 83, 2478.
Plâtrage des vins, Circ. min., 27 juillet 1880, 1er septembre 1880.
Plénitude de juridiction, I, p. 649, 2148, §§ 2 et 3; II, p. 471, 2765.
Pli, franchise postale, III, p. 447, 5479, p. 448, 5482.
Plie, pêche, longueur, Décr. 20 novembre 1875.
Plume, tribunal, menues dépenses, I,

p. 94, 293, Circ. min. Int., 15 décembre 1883.
Plumitif d'audience, I, p. 158, 549; registre, III, p. 328, 5161, 5°.
Pluralité d'accusés, récusation, II, p. 337, 3348.
— d'actes, d'accusation, II, p. 344, 3343.
— de délits non connexes aux assises, ibid. peines, II, 425, 3603.
— de peines, mention marginale, extraits, II, p. 442, 3556.
— de personnes, circ. aggrav., I, p. 545, 1859, IX, 4°; douanes, II, 604, 4455.
— de prévenus, renvoyés devant des tribunaux différents, II, p. 476, 2779.
— de procès-verbaux sur même feuille, II, p. 17, 2274.
Plus value d'un terrain, I, p. 395, 4356.
Poids, faux ou prohibés, usage frauduleux, I, p. 552, 1860, IX, 15°; confiscation, II, p. 400, 3527, 10°.
— médicinal, vente au, I, p. 562, 1860, XXIII, 2°.
— et mesures, contraventions aux lois sur les, statist., III, p. 568, 5757, § 4, 2°, art. 479, § 6, 480, § 3, 481, § 2, du C. P.; délais des proc.-verb., II, p. 44, 2255. contraventions des officiers ministériels pour énonciations autres qu'en mesures métriques, III, p. 264, 4996; délits, I, p. 552, 1860, IX, 15°; règl. de police, II, p. 196, 2837, 4°, § 2; vérification, II, p. 73, 2441, Décr. 26 février 1873.
— des paquets expédiés en franchise, III, p. 449, 5485.
— des pièces à conviction, indication du, II, p. 50, 2370.
— public, infidélité de pesage, I, p. 552, 1860, IX, 13°.
— séries imposées aux industriels, Décr. 26 février, 1873, 27 septembre 1877.
Poignard, arme prohibée, II, p. 466, 3743.
— contrebande avec, II, p. 604, 4455.
Poinçon, détention exposition d'ouvrages marqués de faux, I, p. 560, 1860, XX, 8°.
— falsifié, I, p. 544, 1859, § III, 2°.
Poinçonnage, matières d'or et d'argent, II, p. 249, 15; pénalité, I, p. 560, 1860, XX, 4°, 6°, 8°, 9°; confiscation, II, p. 404, 3527, 19°; Décr. 27 juillet 1878.
Point de départ, peine, II, p. 404, 3534, 3535; II, p. 412, 3556; huissiers,

taxe, III, p. 43, 4339 ; taxe à témoin. III, p. 30, 4299.

— de droit et de fait, I, p. 459, 522, p. 464, 534 ; ou de procédure, jug. appel, II, p. 264, 3079.

Pointe, registre de, I, p. 430, 448, 449 ; III, p. 326, 5161, 29° ; relevé mensuel, III, p. 482, 5564 ; p. 483, 5565 à 5567.

Poiré, droit sur la fabrication et la vente du, II, p. 509, 3882.

Poison, vente, Ordon. 29 octobre 1846, Décr. 28 septembre 1882.

Poisson, colporté, débité ou pêché illicitement, I, p. 558, 4860, XV, 2° ; confiscation, II, p. 404, 3527, 47°.

— empoisonnement, I, p. 554, 4860, X, 8°.

Police, administrative, II, p. 4, 2231.

— d'assurance, communication à l'enregistrement, L. 24 juin 1875, 7°.

— de l'audience, I, p. 427, 407 ; I, p. 438 à 447, 447 à 478 ; I, p. 473, 572, 43° ; II, p. 243, 2904.

— des bourses de commerce, II, p. 73, 2443.

— de la chasse, bois de l'État, II, p. 494, 3822, L. 5 avril 4884, 90.

— des chemins de fer, contravention aux règlements sur la, compte crim., III, p. 568, 5757, § 4, 20 ; gardes, II, p. 7, 2249, 5°, art. 474, n° 45, du C. P.

— correctionnelle, droits des huissiers pour signification. I, p. 483, 1674, 5° ; tribunal de, II, p. 208 à 244, 2883 à 2902 ; statist., III, p. 549 à 567, 5744 à 5756.

— de l'église, I, p. 30, 92.

— élections, I, p. 332, 4130.

— judiciaire, II, p. 4 à 95, 2234 à 2524 ; substitut chargé de la, I, p. 444, 362.

— des maisons d'arrêt, III, p. 444, 4547.

— municipale, II, p. 3, 2237 ; administrative et judiciaire, II, p. 76, 2455, L. 5 avril 1884, art. 97 et suiv.

— de la navigation et des pêches, Circ. min., 5 novembre 4883.

— du roulage, II, p. 529, 3949 et Décr. 40 août 4852.

— rurale L. 6 octobre 1794.

— sanitaire, infractions, I, p. 562, 4860, XXIII ; pouvoir des autorités, II, p. 5, 2243 ; II, p. 7, 2249, 8 ; épizooties, Circ. min., 45 mars 4883, Décr. 22 juin 4882 ; maritime, Décr. 22 février 4876.

— service de la, II, p. 70 à 72, 2431 à 2439.

— simple, affaires et trib. de, II, p. 491 à 207, 2822, 2882 ; statist., III, p. 533, 5677 ; p. 567 à 574, 5757 à 5766 ; contrainte par corps, II, p. 449, 3682 ; récusation, I, p. 462, 4594 à 4597.

— surveillance de la haute, II, p. 449, 3577, L. 27 mai 4885.

— des tribunaux, I, p. 406 à 448, 333, 478.

— urbaine, incompét. des gardes champêtres, II, p. 85, 2488, id. rurale, II, p. 495, 2837.

Politique, affaires concernant la, II, p. 596 à 599, 4138 à 4145 ; presse, III, p. 406, 4535.

— état trimestriel des condamnés pour fait touchant à la, III, p. 489, 5584.

— fait touchant à la, II, p. 26, 2300.

Pompe, funèbre entrepreneur de, I, p. 524, 4797, 4°.

Pompiers, organis. Décr. 29 décembre 1875.

Pont, à bascule, préposé de, II, p. 8, 2249, 7°.

— détruit volontair., I, p. 545, 4859, IX, 44°.

— sûreté des, II, p. 495, 2837, 4°.

Ponts et Chaussées, organis. Décr. 44 décembre 4864.

Population, chiffre pour jury, II, p. 322, 3274.

Porc, dommage aux forêts, C. F., 54 et suiv., 73 et suiv.

Port d'arme, costume civil ou militaire, munitions, uniforme dans un mouvement insurrectionnel, I, p. 597, 4969 ; II, p. 474, 3756 ; mendiant avec, I, p. 549, 4860, VI, 18° ; privation du, II, p. 447, 3574.

— d'arme prohibée, II, p. 466, 3742, 3743.

— contrebande avec, II, p. 604, 4455.

— de débarquement, I, p. 533, 4840.

— illégal de costume décoration, uniforme, I, p. 549, 4860, VI, 40° ; II, p. 574 à 576, 4080 à 4087.

— de lettres et paquets frais criminels, III, p. 63, 4398.

— de mer, I, p. 477, 578 ; attribution des magistrats et commissaires rapporteurs, II, p. 453, 2706.

— de navigation, II, p. 546, 3907.

— de pièces et correspondance à passer aux avoués, III, p. 288, 5065.

— public de signes extérieurs de ralliement non autorisés, I, p. 546, 4860, 45°, L. 29 juillet, Circ. min., 9 novembre 4881.

Portatif des employés de la régie, foi due aux, II, p. 528, 3946.

Porte de l'auditoire de cour d'assises affichage, arrêt de renvoi, II, p. 303, 3210; fermée, huis clos, II, p. 347, 3350, 3351.

— de l'église, clef, L. 5 avril 1884; publications, II, p. 532, 3957.

— de maison, ouverture refusée, C. Pr. 587, 921.

Porte-fort pour mineur, I, p. 505, 1750.

Porteur de contraintes, police judic., II, p. 9, 2249, 23; concussion, II, p. 555, 4027, 8°.

— du service des postes aux chevaux, poursuites, responsabilité, III, p. 99, 4513.

Portier, consigne, police judiciaire, II, p. 8, 2249, 17°; procès-verbaux, II, p. 13, 2260; p. 515, 3906; serment, III, p. 440, 5462, 17°.

— des cours et trib. nomination, III, p. 199, 4813, 11°.

— de navigation, II, p. 515, 3906.

Portugal, extradition, I, p. 577, 1904.

Possession d'engins prohibés chasse, II, p. 492, 3826.

— de poudre de guerre et autres, II, p. 523, 3930.

— de tabac et ustensiles à le fabriquer, II, p. 527, 3943.

Possessoire, C. Pr. 23 et suiv.

Possibilité de préjudice, faux, III, p. 3, 4215, 4216.

Poste, contravention et fraudes, I, p. 564, 1860, XXI; III, p. 454, 5500; III, p. 98 à 100, 4510 à 4515.

— conservé par un magistrat jusqu'à l'arrivée du remplaçant, II, p. 547, 4003.

— militaire état de siège, I, p. 651, 2153.

— perquisition et saisie par le préfet à la, II, p. 4, 2240; II, p. 544, 3994; II, p. 73, 2440.

— police judiciaire des employés de la, II, p. 8, 2249, 15°.

— politique dans la magistrature, I, p. 62, 190.

— procès-verbaux des agents, II, p. 21, 2286, 11.

— recouvrement des frais de justice, Circ. min. 26 juin 1877.

— responsabilité civile de la, II, p. 438, 3649.

— service, modification L. 6 décembre 1873.

— serment des employés, III, p. 444, 5465.

— télégraphique envahi, II, p. 474, 3759.

— timbres mobiles, I, p. 495, 1715.

— valeurs déclarées L. 25 janvier 1873.

Postillon, poursuites, responsabilité des maîtres de poste, III, p. 99, 4513.

Postulant d'office ministériel, pièces et formalités, III, p. 246 à 253, 4945 à 4962.

Postulation illicite, I, p. 176, 578, 12; III, p. 284, 5047 et III, p. 295, 297, 5087, 5094.

Poteau d'infamie, II, p. 383, 3466.

Poudre, fulminante, détention, débit, fabrication non autorisés, I, p. 553, 1860, IX, 24°; I, p. 546, 1860, § 2, 5°.

— contraventions aux lois sur les, I, p. 560, 1860, XIX, 7 à 11.

— dynamite, L. 8 mars 1875, Décr. 31 mars, 5 juillet 1875, 28 octobre 1882.

— de chasse ou de guerre, débit, détention, distribution, fabrication non autorisés, II, p. 466, 3744.

— et salpêtre, monopole, généralités, II, p. 521 à 524, 3924 à 3933; Décr. du 9 mai 1876.

— vente de, circ. attén., I, p. 600, 1980; transaction, I, p. 564, 1835.

Poursuite, acharnée par le M. P., I, p. 567, 1878.

— par agents forestiers, II, p. 94, 2521; II, p. 584, 4404, 4406.

— amendes, contraventions fiscales, III, p. 264, 4998.

— chasse, II, p. 493, 3829, p. 494, 3832, 3834.

— correctionnelle, II, p. 209 à 220, 2887, 2922; prescription, I, p. 649, 2045.

— communes des notaires, III, p. 434, 5444.

— criminelle contre magistrat, I, p. 53, 463 à 466, I, p. 628 à 637, 2082 à 2109; contre particulier, prescription, I, p. 618 à 623, 2043 à 2060.

— délits politiques, II, p. 597, 4444.

— direction des, I, p. 569 à 573, 1883 à 1894.

— disciplinaires contre avocats, III, p. 217, 4866; avoués, III, p. 292, 5077; magistrats, I, p. 174, 574; III, p. 190, 4782; officiers ministériels, III, p. 264, 4998; notaire, III, p. 425, 5428 et III, p. 375, 5287 III, p. 190, 4782; statist. civile, III, p. 508, 5626, 6°.

— évadés, III, p. 125, 4593.

— forme des, statist., III, p. 552, 5723, 5724.

— contre garde champêtre, II, p. 83.

2479; *id.* particulier, II, p. 85, 2486.

— instruction publique, avis au recteur, III, p. 93, 4497, 4498.

— par le M. P. compétence, direction, perquisition, II, p. 96 à 104, 2525 à 2551.

— contre militaire ou marin, avis au chef de corps, I, p. 642, 2429.

— nouvelle après absolution, II, p. 258, 3056.

— octroi et régie, II, p. 847, 3910.

— d'office, I, p. 569, 1883, 5075, 4899; opportunité, I, p. 570, 1885, 1886; restriction, III, p.24, 4282.

— contre officier de l'état civil, I, p. 361 à 363, 4238 à 4243; p. 380, 1194, 1195; p. 355, 1216.

— passionnée, I, p. 53, 161.

— presse, en référer au Pr. G. III, p. 109, 4542.

— en simple police par le M. P. II, p. 193, 2831, 2832, II, p. 497, 2841; prescription, I, p. 619, 2045.

— simultanées, II, p. 100, 2538; p. 101, 2541; mandats séparés, II, p. 421, 2603; disciplinaire et correctionnelle, III, p. 274, 5030.

— solidarité des frais, pluralité de délinquants, II, p. 435, 3642.

— téméraire contre les fonctionnaires, II, p. 565, 4054.

— vexatoire contre les magistrats, I, p. 629, 2083.

Pourvoi, en cassation, assistance judic., I, p. 286, 962; civil, I, p. 254 à 258, 842 à 874; criminel, II, p. 364 à 377, 3391 à 3446; II, p. 404, 3535; mépris du, II, p. 580, 4095; registre, III, p. 325, 5161, 13°.

— contre arrêt d'absolution, assises, II, p. 356, 3375; arrêt de condamnation, II, p. 357, 3378; arrêt de renvoi, II, p. 307 à 309, 322 à 3232.

— contributions indirectes, I, p. 315, 1066.

— contre décision disciplinaire intéressant un avocat, III, p. 219, 4872.

— contre décision d'un tribunal ou assemblée générale, III, p. 272, 5022 à 5025.

— contre décision du jury d'expropriation, I, p. 395, 1357.

— douanes, II, p. 613, 4490.

— élections, I, p. 331, 1124 à 1126.

— expropriation, II, p. 395, 1357.

— du M. P., partie jointe, I, p. 184, 598; contre les ordonnances du directeur du jury d'accusation, II, p. 61, 2402.

— contre jugement de police correct. en cassation, II, p. 235, 2978; M. P., II, p. 269, 3095; de police simple, II, p. 204, 205, 2869 à 2871; art. 442, C. ins. crim.; presse, III, p. 109, 4544.

— en désignation d'un autre tribunal, I, p. 135, 435; p. 465, 1608.

— en grâce, III, p. 81, 4455.

Pouvoir des avoués pour ester en justice, III, p. 284, 5056.

— confusion des, empiètements, II, p. 563 à 565, 4048 à 4055.

— disciplinaire des tribunaux sur les avoués, III, p. 294, 5083, 5084.

— les huissiers, III, p. 350, 5229, p. 357, 5241, 5242.

— les notaires, III, p. 421 à 429, 5419 à 5438.

— discrétionnaire du gouvernement vis-à-vis des étrangers, I, p. 382, 1309.

— du président des assises, témoins entendus en vertu du, II, p. 350, 3360.

— refusé au président, correct., II, p. 222, 2934; p. 234, 2974; *contrà*, II, p. 225, 2943; II, p. 233, 2969; *id.*, au tribunal de simple police, II, p. 199, 2853.

— du juge, partage de frais crim., II, p. 436, 3643.

— mandat, appel d'un jugement de condamnation, II, p. 266, 3085.

— public, LL. des 24-25 février, 16 juillet, 2 août, 30 novembre 1875, 9 décembre 1884.

— spécial de représenter pour appel correct., II, p. 266, 3085; en commerce, I, p. 514, 1777; en police simple, II, p. 198, 2848.

Pratique, abusive des tribunaux, I, p. 206, 669.

— usuraire, aspirant au notariat, III, p. 363, 5258; notaire, III, p. 427, 5433, 1°.

Précaution contre les évasions ou enlèvement de prisonniers, II, p. 54, 2380; II, p. 130, 2629.

Préciput, civil et conventionnel, C. civ., 844, 919, 1079, 1497, 1515.

— des doyens de facultés, Décr. 14 janvier 1876.

Prédécesseur d'un notaire, collaboration défendue, III, p. 427, 5433, 6°.

Préférence du juge d'instruction quant à la compétence, II, p. 104, 2539.

Préfet, attroupements, sommations, II, p. 469, 3749, 3750.

— commerce de grains, farines, bois-
    sons et autres denrées autres que
    celles de ses propriétés, I, p. 548,
    1860, IV, 4°; II, p. 571, 4071.
— communication de dossiers et docu-
    ments judiciaires, Circ. min.,
    17 mars 1879.
— conflit, arrêté de, I, p. 307, 1044.
— décentralisation administrative, at-
    tributions, Décr. 13 avril 1861.
— domaine, I, p. 320 à 323, 1085
    à 1099.
— empiètement sur fonctions judi-
    ciaires, II, p. 565, 4085.
— envois du parquet au, III, p. 485,
    5571.
— franchise postale, III, p. 459, 5511,
    p. 460, 5513; p. 461, 5515; p.
    462, 5516; p. 464, 5519, 5520;
    p. 465, 5521; p. 466, 5522.
— jury, citation des membres du, II,
    p. 330, 3292.
— liste des détenus à gracier, III,
    p. 83, 4463; p. 84, 4464,
    4467.
— maritime, franchise postale, III,
    p. 461, 5513; p. 463, 5519;
— honneurs; Décr. 29 septembre
    1876.
— officier de police judiciaire, II,
    p. 4, 2238, à 2242; II, p. 139,
    2660.
— menues dépenses des cours et tri-
    bunaux, exécution, liquidation
    et mandatements. Circ. min. int.
    15 décembre 1883.
— placement en apprentissage des
    jeunes détenus correctionnelle-
    ment, II, p. 264, 3074.
— de police, I, p. 307, 1044.
— police générale du, II, p. 195, 196,
    2837.
— poursuivi, I, p. 630, 2087.
— rang, I, p. 25, 75; p. 26, 82.
— recrutement, défendeur aux ins-
    tances relatives au, I, p. 459,
    1584.
— saisie des lettres, II, p. 544,
    3994.
— témoins; II, p. 139, 2660.
Préjudice possible, faux en écriture,
    III, p. 1, 4210, 4211; III, p. 3,
    4215, 4216.
Préjudiciel; en police correct., II, p. 199,
    2851, 2852; p. 202, 2860, 2864;
    p. 248, 3081.
Prélèvement, octroi, II, p. 320, 3921.
Préliminaire de conciliation, I, p. 185
    à 192, 604 à 646.
Préméditation, I, p. 543, 1859, VIII.
Premier président, chambre d'accusa-
    tion, II, p. 294, 3173; chambre
    civile, I, p. 107, 336; départi-

teur, I, p. 455, 507; désignation
    des présidents d'assises, II, p. 314,
    3247; p. 316, 3253; distribution
    des affaires, I, p. 499, 619;
    franchise, III, p. 445, 5473;
    p. 447, 5480, 2°; nomination;
    I, p. 11, 23; serment, III, p. 439,
    5462; statist., III, p. 504, 5641.
Prénom, I, p. 348, 1489; I, p. 371,
    1272; acte fourni pour mariage,
    omission de, avis du 4 thermi-
    dor, an XIII; I, p. 365, 1248.
Préparation, anatomique, II, p. 50, 2371.
— de délit par le meurtre, I, p. 544,
    1859, VIII, 1°.
— pharmaceutique, vente de, I, p. 562,
    1860, XXIII, 2° et 5°.
— de tabac, fraude, II, p. 527,
    3943.
Préparatoire, arrêt ou jugement civil,
    I, p. 226 et 227, 738 à 740; appel,
    I, p. 242, 806.
— correct., II, p. 264, 3080; pourvoi
    en cassation crim., II, p. 359,
    3386.
— statist. des jugements, III, p. 511,
    5632, 5633; p. 516, 5644.
Préposé d'une administration, abus d'au-
    torité, corruption ou concussion,
    I, p. 542, 1859, IV, 3°, 4°, 8°.
— de la caisse des dépôts et consigna-
    tions, I, p. 318, 1079.
— des contributions indirectes, assi-
    gnation par, II, p. 506, 3871;
    serment, III, p. 439, 5462, 13°;
    14°, 15°; témoins, II, p. 140,
    2664.
— définition du, II, p. 556, 4029.
— détournement, destruction, sup-
    pression de titre par, II, p. 568,
    4082.
— des douanes, citation par les, II,
    p. 606, 4469; p. 607, 4473;
    p. 613, 4494.
— jurés, II, p. 312, 3270; police
    judiciaire, II, p. 8, 2249, 14°;
    procès-verbaux, II, p. 13, 2259;
    p. 21, 2286, 9°; serment, III,
    p. 439, 5462, 15°.
— de l'enregistrement, contrainte, I,
    p. 342, 4468.
— de l'octroi, police judiciaire, II,
    p. 8, 2249, 7°, 2250; II, p. 21,
    2286, 7°; serment, III, p. 440,
    5462, V, 4°.
— des ponts à bascules, police judic.,
    II, p. 8, 2249, 7°, 2250; procès-
    verbaux, II, p. 21, 2286, 7°.
— responsabilité civile des commet-
    tants, II, p. 437, 3647.
Prérogative des avocats et hommes d'af

faires, atteintes portées par les magistrats, III, p. 188, 4777.
— des magistrats honoraires I, p. 70, 215.
— du ministère public, I, p. 3, 5.

Prescription, action disciplinaire contre les notaires, III, p. 423, 5422.
— action du M. P. contre les officiers de l'état civil ou notaires pour les contraventions, I, p. 363, 4242; III, p. 392, 5332.
— action du M. P. nullité de mariage, I, p. 447, 4537, 4538.
— d'action des particuliers, prononcée d'office, I, p. 647, 2142.
— de l'action publique, I, p. 618 à 623, 2043 à 2060.
— action en responsabilité contre une commune, I, p. 304, 1026.
— adultère, II, p. 459, 3717.
— amendes civiles et correctionnelles, II, p. 287, 3158.
— amendes des officiers ministériels, III, p. 266, 5003.
— assistance judiciaire, recouvrement des frais avancés, I, p. 292, 985.
— chasse, II, p. 495, 3836.
— condamnations civiles, II, p. 286, 3157.
— contributions indirectes, I, p. 315, 1067; II, p. 506, 3871.
— contumace, II, p. 539, 3978, 3979.
— élections, II, p. 649, 4209.
— forêts, II, p. 587, 4114.
— frais de jugement absolvant pour, II, p. 432, 3631.
— frais de justice, III, p. 70, 4421.
— octroi, II, p. 520, 3923.
— peines, II, p. 285, 3453; p. 428 à 429, 3615 à 3620; commutation, III, p. 90, 4482; surveillance de la haute police, II, p. 420, 3582.
— presse, III, p. 108, 4544.
— récidive, III, p. 434, 4624.
— salaire des huissiers, III, p. 349, 5217.
— statist. civile des appels, III, p. 502, 5612, 37.
— trentenaire, C. civil, 2262.

Prescrit d'une ordonnance, II, p. 178, 2782.

Préséance, I, p. 22 à 30, 67 à 90; cortèges et cérémonies; tribunal et gendarmerie, III, p. 474, 4727, 4728; juge de paix et suppléant, III, p. 481; 4759; police, Circ. min., 24 février 1876 et avis du conseil d'état du 9 mars 1876.

Présence des conseillers, juges et membres du parquet, I, p. 430, 418 et suiv.

— des magistrats aux expertises, II, p. 43, 2348; p. 44, 2352.
— du M. P. à l'audition des témoins, II, p. 430, 2634, II, p. 444, 2675; à l'audience correctionnelle, II, p. 209, 2886; aux délibérations du tribunal, III, p. 202, 4820, 4822; défaut de, moyen de cassation, I, p. 478, 583.

Présent, défense au magistrat d'en recevoir, III, p. 487, 4776.
— recrutement militaire, III, p. 142, 4642, 4643.
— reçu à raison des fonctions, II, p. 556, 4028, III, p. 442, 4642, 4643.

Présentation, grâces, III, p. 83, 4463.
— magistrature, candidats, I, p. 44, à 45, 22 à 36; p. 73, 223; p. 80, 246; juges de paix, III, p. 477, 4748; présidents d'assises, II, p. 316, 3253, 3255.
— offices ministériels, candidats, III, p. 222, 4883; 223, 4885; 234, 4905, p. 251, 4958; collective, III, p. 255, 4967; avoué, III, p. 276, 5035; commis greffier; III, p. 312, 5134; commissaire priseur, III, p. 300, 5104; greffier, III, p. 307, 5147, 6a; huissier, III, p. 335, 5184; notaire, III, p. 405, 5374.
— des présidents d'assises par le P.G. au G. des S., II, p. 346, 3253, 3254.

Président d'assises, I. p. 35, 107 à 111; p. 64, 186, 188; aptitudes, II, p. 316, 3253; déplacement, indemnité, III, p. 25, 4284; Décr. 16 février 1885, franchise postale, III, p. 447, 5180; p. 460, 5514; p. 462, 5516; p. 464, 5519; logement, Circ. min. 20 janvier 1873; nomination, remplacement, séjour, II. p. 344, 3247; p. 347, 3256; p. 348, 3258, 3259; p. 319 et 320, 3262, 3264; p. 336, 3344, p. 354, 3369; recommandation de condamné à la clémence du chef de l'Etat, III, p. 81, 4454; p. 82, 4457; témoin faux, arrêté, III, p. 20, 4270.
— du bureau d'assistance judiciaire, I, p. 282, 950.
— de chambre, I, p. 107, 395; franchise postale, III, p. 460, 5514; remplacement, I, p. 132, 425.
— de la chambre des avoués, III, p. 290, 5071; p. 292, 5077; des notaires, III, p. 373, 5283, III, p. 444, 5392; p. 412, 5395.
— de collège électoral, fraude, II, p. 648, 4206.

— du conseil d'Etat, II, p. 139, 2661.
— de conseil de guerre, franchise postale, III, p. 460, 5513, p. 461, 5515, p. 463, 5519.
— de consistoire, poursuites contre, I, p. 630, 2087.
— de la cour de cassation, C. inst. crim., 496 à 498.
— premier, chambre d'accusation, II, p. 291, 3473; départiteur, I, p. 455, 507; désignation des présidents d'assises, II, p. 316, 3253; p. 314, 3247; distribution des affaires, I, p. 499, 649; franchise, III, p. 445, 5473; p. 447, 5480, 2°; nomination, I, p. 44, 23; serment, III, p. 439, 5462; statist., III, p. 504, 5611.
— de la République, L. 20 novembre 1873 et 25 février 1875.
— de tribunal, désignation d'avocat d'office, II, p. 239, 2990, 2994; légalisation de pièce de cession d'office, III, p. 252, 4960; mandat provisoire à témoin, III, p. 35, 4314; police, I, p. 138, 447; prononcé de jugement, I, p. 150, 483; remplaçant le président d'assises, II, p. 317, 3255; remplacement provisoire du, III, p. 171, 4730.
— de tribunal de commerce, franchise, III, p. 465, 5524; honorariat, I, p. 71, 248; rédaction des jugements, I, p. 158, 517, p. 510, 4765, 544, 4766; vérification du greffe, III, p. 332, 5476.
— du tribunal correct., ordonnance d'arrestation de faux témoin, III, p. 20, 4270.
Présomption d'absence, I, p. 261, 877; mariage du conjoint, I, p. 447, 1537.
— de crime ou délit, mandat d'amener, II, p. 112, 2578; procès-verbal, II, p. 14, 2254, 6°; transport, II, p. 37, 2331; III, p. 28, 4292.
— de culpabilité, contrebande, II, p. 610, 4184; faux, fonctionnaire, III, p. 2, 4214.
— légale, dépôt de boissons, II, p. 509, 3883.
Presqu'île Ducos, déportation, II, p. 388, 3480.
Presse, délits de, articulations, II, p. 98, 2530; avis au G. des S., II, p. 26, 2300; états mensuels, III, p. 482, 5564; états trimestriels, III, p. 489, 5584; peine, I, p. 554, 1860, XI, et L. 29 juillet 1884; statist., III, p. 551, 5719.
— et librairie, règles générales, III,

p. 404 à 440, 4516 à 4545, L. 29 juillet, et Circ. min. 9 novembre 1881; répression, Circ. min. 13 et 25 mars 1883.
— vente de, I, p. 519, 4789.
Prestation de serment, agent des administrations publiques, gratuité, III, p. 348, 5442.
avocats, III, p. 205, 4832; registre de, III, p. 327, 5164, 32.
des fonctionnaires, III, p. 438 à 443, 5464 à 5470.
des gardes communaux, II, p. 82, 2477; forestiers, II, p. 89, 2600; particuliers, II, p. 84, 2484.
des gendarmes, I, p. 123, 389.
des greffiers, III, p. 309, 5424.
des juges consulaires, I, p. 123, 389, 4°.
des juges de paix et suppléants, I, p. 123, 389.
en justice de paix, III, p. 328, 5462, 7°.
des magistrats, I, p. 45 à 19, 37 à 54.
de notaire, III, p. 384, 5305.
officier minist. démiss., reprise de fonctions, II, p. 253, 4962.
statist. civile, III, p. 507, 5623.
témoins, assises, II, p. 349, 3357; p. 363, 3368.
civil, III, p. 470, 4725.
correct., II, p. 229, 2956; p. 230, 2959 à 2962.
police simple, II, p. 199, 2852.
Prêt d'un local à des associations internationales, I, p. 546, 4860, § 2, n° 42.
— à un débit de boissons pour fraudes II, p. 540, 3886.
— pour détention ou séquestration arbitraire ou illégale, II, p. 554, 4017.
— statist. des appels, III, p. 502, 5642, 25.
— sur gage, non autorisé, I, p. 655, 2169.
— usuraire, III, p. 466, 4713; p. 467, 4717; p. 468, 4748.
Prête-nom, cession d'office, III, p. 232, 4907; III, p. 247, 4946.
— débitant de boissons, II, p. 540, 3886.
— défense aux notaires de se servir de, III, p. 416, 5404.
Prétoire des juges de paix, I, p. 85, 266.
Prêtre, interdit, II, p. 546, 4004.
— lettre d'ordination fausse, III, p. 4, 4249.
— mariage de, I, p. 442, 1524, 1522.

Preuve, adultère, II, p. 458, 3744, 3742.
— aveux, II, p. 48, 2280.
— chasse, II, p. 496, 3839 à 3844.
— contraire, police correct., II, p. 220, 2924; police simple, II, p. 499, 2851; procès-verbaux, II, p. 20 à 22, 2286 à 2290; forêts, II, p. 94, 2519, 2520.
— du crime enlevée à l'appréciation de la chambre d'accusation, II, p. 294, 3180.
— de crime ou délit, procès-verbaux, II, p. 44, 2354, 6°.
— de dépôt dénié par comptable public, II, p. 566, 4058.
— délit forestier, II, p. 589, 4448, 4449.
— état civil, I, p. 365, 1250.
— fait diffamatoire, L. 29 juillet, Circ. min. 9 novembre 1884.
— morale, aveux, II, p. 237, 2984.
— nouvelle, II, p. 489, 2845.
— orale, assises, II, p. 348 à 350, 3353 à 3360.
— de récidive, III, p. 438, 439, 4631 à 4634.
— du serment en police correct., II, p. 230, 2961.
— supplétive, contribut. indirectes, II, p. 506, 3873; p. 544, 3889; procès-verbal nul ou insuffisant, II, p. 234, 2973.
— testimoniale, abus de confiance de comptable public, II, p. 566, 4058; décès de militaire disparu, I, p. 269, 904; douanes, II, p. 604, 4153; faux, III, p. 40, 4240; forêts, II, p. 589, 4449; poursuites disciplinaires contre notaire, III, p. 423, 5422, 5428;
— offerte pour la première fois en appel correct., II, p. 278, 3426.
— registres de l'état civil manquants, I, p. 365, 1250.
Prévarication, administrateur ou juge, II, p. 564, 4042.
— prise à partie, II, p. 578 à 582, 4092 à 4404.
— garantie contre la, cautionnement, III, p. 257, 4976.
— gardes forestiers et champêtres, II, p. 94, 2540; p. 95, 2522; II, p. 586, 4410.
— huissiers, III, p. 349, 5246.
— magistrats de l'ordre judiciaire et officiers de police, I, p. 544, 4859, 48°; II, p. 540, 3984.
— officiers de santé, II, p. 449, 2691.
Prévention des commissaires de police sur les gardes champêtres et forestiers, II, p. 73, 2440.
— complétée par la chambre d'accus., II, p. 295, 3483.
— inculpés en, compte crimin., III,

p. 548, 5740 à 5742; p. 563, 564, 5747, 5748.
— modifiée par les juges, II, p. 245, 2905; p. 246, 3042; p. 438, 3654.
Prévenu, I, p. 539, 4887; absent représenté par avoué, II, p. 209, 2885; p. 236, 2944, 2945.
— classification des, compte crimin., III, p. 853, 5725.
— défaillant, malade, refusant de prendre part aux débats, II, p. 224, 225, 2940 à 2943; expulsé, II, p. 213, 2904.
— indigent, défense d'office, II, p. 239, 2990, 2991; app. 634, n° 40.
Prévôté, L. 9 juin 1857, 54; gendarmerie, Décr. 24 juillet 1875, IV.
Prières, publiques, Circ. min., 4 janvier 1877.
Prince de Galles, mariage célébré dans l'île du, I, p. 438, 1500.
Principal de collège, juridiction, III, p. 94, 4483.
Principe, politique de candidat à un office ministériel, attestation, III, p. 249, 4952.
Prise de corps, ordonnance de, II, p. 426, 2618; II, p. 299, 3495; II, p. 432, 2636; p. 464, 2740; p. 304, 3244.
— à partie, généralités, II, p. 578 à 582, 4092 à 4404.
— du M. P. conciliation I, p. 487, 603, 40°; dommages, int., II, p. 439, 3654; frais et dépens, II, p. 431, 3623; du juge d'instruction pour mandats irréguliers, II, p. 105, 2555 et p. 440, 2568; incarcération avant délai d'appel, II, p. 288, 3462; négligence ou connivence, I, p. 587, 4875; partie jointe, I, p. 478, 585, 484, 598.
Prisée des meubles et effets mobiliers, III, p. 298, 5095; droit des commissaires priseurs, III, p. 303, 5408, 5409; des greffiers de juge de paix, III, p. 324, 5483; des huissiers, III, p. 352, 5226.
Prison, bris de, III, p. 427, 4899.
— conseil supérieur des, Décr. 3 janvier 1884, 26 janvier 1882.
— départementale L. 5 juin 1875, Circ. min., 4er septembre 1875.
— désordre dans une, III, p. 443, 4552, 4553.
— épidémie, élargissement provisoire des contraintes par corps, II, p. 454, 3693.
— exécution de la peine de la, II, p. 284, 3449; p. 403 à 447, 3532 à 3570; sursis, II, p. 287, 3464.
— généralités, III, p. 440 à 443, 4546, 4647, Circ. min., 42 avril 1879.

— lieu de détention, II, p. 550, 4012.
— médecin de la, honoraires, III,
    p. 58, 4383.
— militaire, I, p. 640 2123.
— sortie des détenus, II, p. 446, 3567,
    3568.
— visite par le M. P., II, p. 415,
    3565, 3566 ; III, p. 80, 4450.
Prisonnier, évasion ou enlèvement de,
    précautions, II, p. 54, 2380
— de guerre, mariage, I, p. 438, 1510.
— de passage, détention, II, p. 550,
    4012.
— rébellion, évasion, cumul des peines,
    II, p. 426, 3608.
Privation de l'exercice des droits civils
    et civiques, II, p. 417 à 419,
    3571 à 3576 ; II, p. 614, 4194.
— de récréation et de sortie, peine
    disciplinaire, III, p. 92, 4483, 2°,
    3°.
— de traitement, magistrats, III, p. 198,
    4811 ; université, III, p. 92, 4487.
— de voix délibérative à la chambre
    des notaires, peine disciplinaire,
    III, p. 417, 5407.
Privilège, ancien, des huissiers, III, p.
    341, 5199,
— du bailleur de fonds de cautionne-
    ment, III, p. 264, 4988.
— de la défense, II, p. 239, 2992.
— des établissements universitaires,
    III, p. 93, 4491.
— de l'étranger né en France, I,
    p. 383, 1317.
— de la franchise postale, III, p. 444,
    5471.
— recrutement, extension de, III,
    p. 142, 4642.
— du trésor sur les biens des comp-
    tables, I, p. 324, 1102.
— en vertu de mandat d'arrêt, II,
    p. 414, 2586.
— pour remboursement des frais,
    III, p. 75, 4437; assistance
    judiciaire, I, p. 290, 979.
— du vendeur sur le prix de cession
    d'office, III, p. 244, 4930, 4931.
Prix d'un office ministériel, base, III,
    p. 233, 234, 4910 à 4914 ; p. 337,
    5189 ; clauses prohibées, III,
    p. 240, 4930 ; p. 242, 4932 ; in-
    térêts, p. 240, 4938 ; paiement,
    III, p. 239, 4926, 4927 ; rapport
    et avis du parquet, III, p. 244,
    4937 ; p. 253, 4964; simulation et
    supplément, III, p. 234, 4906 ;
    vérification, III, p. 233, 4909.
— des ventes faites par commissaires-
    priseurs, III, p. 304, 5112.
Procédure, action en respons. des com-
    munes, I, p. 303, 1024 à 1025.
— civile, I, 185 à 207, 604 à 674.

— correctionnelle, II, p. 214 à 223,
    2903 à 2935 ; secret des, II,
    p. 158, 2749.
— criminelle, actes interdits aux offi-
    ciers de police judic., II, p. 65,
    2414 ; bulletin, n° 2, III, p. 478,
    5551 ; chargement, III, p. 450,
    5488 ; communication à l'admi-
    nistration, Circ. min. 17 mars
    1879 ; complications, II, p. 169,
    2758 ; incendie, II, p. 160, 2722 ;
    jugement de simple police, appel,
    II, p. 204, 2867 ; pièces à con-
    viction, II, p. 50, 2372 ; prési-
    dent d'assises, examen, II, p. 348,
    3258 ; secret, II, p. 157 à 159,
    2745 à 2720 ; transmission au
    P. G., II, p. 179, 2787, 2788 ;
    au greffe d'assises, II, p. 339,
    3324.
— disciplinaire, magistrats, III, p. 195,
    196, 4798 à 4804; notaires, III,
    p. 418, 5408 ; p. 424, 5424.
— militaire, taxe à témoin, III, p. 33,
    4307.
— octroi, II, p. 348, 3946, 3947.
— d'ordre et contribution, statist.,
    III, p. 540, 5630 ; III, p. 534 à
    537, 5679, 5685.
— pourvoi en cassation crim., II, p.
    366 à 372, 3407 à 3430.
— registre des envois de, greffe, III,
    p. 326, 5161, 28° ; append., p.
    612, 70.
Procès, civil, partage de voix, I, p. 454 à
    456, 505 à 512.
— criminel, id., I, p. 456, 457, 513,
    514 ; révision de, III, p. 461 à
    463, 4697 à 4706.
— à la mémoire d'un prévenu, I, p. 607,
    2003.
— de presse, compte rendu. III, p.
    403, 4523 ; état trimestriel des
    condamnations, III, p. 489, 5584.
Procès-verbal d'affichage d'arrêt de con-
    tumace, II, p. 536, 3968 ; p. 537,
    3973 ; de jugement. I, p. 234,
    770.
— annulé par jugement, I, p. 644,
    2031.
— d'attentat dont les communes
    sont responsables, I, p. 303,
    1020.
— d'audition de témoins en police
    correct., II, p. 253, 3037.
— de carence, contrainte contre in-
    solvable, II, p. 446, 3674.
— de commissaire de police, II,
    p. 74, 2445, 2416.
— de constat ou d'information, II,
    p. 59, 2394.
— de contravention postale, III,
    p. 99, 4513 ; III, p. 454, 5498.

— de contributions indirectes, forme
et force de, II, p. 507, 3874.

— criminel, II, p. 10 à 25, 2253 à
2296 ; copie sur citation, II,
p. 218, 2915; copie inutile,
II, p. 214, 2903 ; copie nécessaire, forêts, II, p. 589, 4416 ;
pêche, II, p. 218, 2915.

— de délit par juge d'instruction,
II. p. 58, 2393 ; II, p. 59,
2396.

— de description de pièce arguée
de faux, III, p. 12, 4245.

— d'entérinement de lettres de
grâce, III, p. 87, 4473, 4475.

— d'enquête d'expertise, d'interrogatoire, affaire civile, I, p. 228,
748.

— d'exécution capitale, II, p. 382,
3461.

— d'exécution par effigie, II, p. 537,
3973.

— de facteur ou garde-vente, II,
p. 586, 4408.

— de faux témoignage dressé à l'audience. III, p. 20, 4272.

— forestier, copie en tête de la citation, II, p. 589, 4416.

— de garde champêtre et forestier,
II, p. 85 à 88, 2487 à 2498 ;
p. 94 à 95, 2508 à 2524 ; II,
p. 497, 2841, 2842.

— de gendarmerie, III, p. 436,
5456; id. d'officiers, II, p. 80,
2467, 2469 ; p. 81, 2470 à
2472.

— im poursuivi moyennant finances,
II, p. 559, 4036.

— inscription de faux, II, p. 19,
2284 ; p. 24, 2294, 2295 ; p.
587, 4112.

— installation de magistrats, I, p. 24,
64.

— du jury d'expropriation, I, p. 394,
1355.

— de levée de cadavre, I, p. 379,
1300.

— de levée de scellés, I, p. 474,
573 ; p. 484, 1676.

— de maître de la marine, II, p. 95,
2524.

— du M. P. en transport, II, p. 36,
2327.

— de non-comparution sur mandat,
II, p. 44 2, 2576,

— de non-conciliation, I, p. 491,
642,

— octroi, II, p. 518, 3914 à 3916.

— d'offres réelles, I, p. 483, 1673,

— d'ordre, I, p. 452, 1556.

— de pêche, copie en tête de la citation, II, p. 218, 2915.

— de placard, vente sur saisie, III,
p. 353, 5229.

— de plainte, II, p. 29, 30, 2309,
2310.

— poudres, II p. 522, 3926.

— de prestation de serment d'offic.
minist,, III, p. 257, 4974.

— preuve contraire, II, p. 20, 2286.

— preuve supplétive en cas de nullité, insuffisance de, II, p. 234,
2973 ; p. 506, 3874 ; p. 529,
3951.

— de publication de l'ordonnance
de contumace, II, p. 532, 3957.

— de saisie de pièces à conviction,
II, p. 48, 2367.

— de séances d'assises, II, p. 353,
3368.

— de séances du corps législatif,
III, p. 402, 4524.

— supprimé pour une somme d'argent, II, p. 555, 4027 ; p. 586,
4110.

— tabacs, II, p. 526, 3940.

— de tirage au sort du jury, II,
p. 329, 3290, 3294.

— de vacations d'expert, III, p. 58,
4384.

— de vérification du casier judic.,
III, p. 477, 5549, 5550 ; app.,
p. 620, 78 ; du greffe, III,
p. 333, 5180 ; du registre des
émoluments des greffiers de
J. de P., III, p. 484, 4768 ;
des registres de l'état civil, I,
p. 359, 1229, 1230.

Procession, Fête-Dieu, Circ. minist.
23 mai 1880.

Procuration d'avoué en police correct.,
II, p. 226, 2915.

— pour comparution en simple police,
II, p. 498, 2848.

— des héritiers absents, I, p. 263, 883.

— du militaire ou assimilé, hors du
territoire, I, p. 272, 944.

— pour plainte ou dénonciation, II,
p. 79, 2464.

Procureur criminel, chambre d'accusation, II, p. 299, 3497 ; suppression, II, p. 320, 3266.

— général, I, p. 144, 355.
absence, I, 443, 360.
acte d'accusation responsabilité,
II, p. 302, 3205.
appel de jugement correct., II,
p. 268, 3091 ; II, p. 272, 3107,
II, p. 283, 3145.
assises, II, p. 320, 3265 ; sentinelle, art. 95, Décr. 6 juill.
1840.
autorisation de prendre copie de
pièces de dossier crim., II, p. 458,
2748.

avis motivé sur les droits du condamné à mort, à la clémence du chef de l'Etat, III. p. 84, 4456.

cassation, pourvoi, I, p. 254, 842, 844.

choix des présidents d'assises, II, p. 316, 3253.

citation en appel, par le, II, p. 276, 3149.

constitue avoué, I, p. 244, 812; I, p. 323, 4096.

désignation de l'off. du M. P., en simple police, II, p. 494, 2824, 2826; app., p. 629, 37, 630, 38.

dossier de réhabilitation, III, p. 155, 4678.

examen des bulletins, n° 1. III, p. 470, 5534.

examen et poursuite des délits ou crimes commis dans les établissements universitaires, III, p. 93, 4492, 4493.

exécution des peines prononcées par arrêt d'appel, II, p. 285, 3451.

franchise postale, III, p. 447, 5480; p. 460, 5515.

incompétence en police correct., II, p. 75, 2451.

nomination, I, p. 44, 23.

opposition aux ordonnances de juge d'instruct., II, p. 185, 2802.

pourvoi contre un arrêt de renvoi, II, p. 307, 3224; contre jugement en dernier ressort, II, p. 362, 3392; II, p. 370, 3449.

réquisition en révision de procès criminel, III, p. 462, 4700.

résultat des appels, avis aux parquets, II, p. 283, 3445.

serment, III, p. 439, 5462.

surveillance du ressort et discipline, II, p. 6, 2247; III, p. 194, 4797.

transmission de dossier de pourvoi en cassation contre jugement de simple police, II, p. 205, 2874; d'état des jurés défaillants au G. des S., II, p. 336, 3343.

transport, assises, III, p. 26, 4287.

vérification du compte criminel, III, p. 576, 5774.

visites périodiques des arrondissements, Circ. min. 10 mai 1876; des colonies pénitentiaires, Circ. min. 14 juin 1879.

— général près la cour de cassation, droit de se pourvoir d'office en cassat., II, p. 363, 3398; I, p. 254, 842; franchise, III, p. 445, 5473.

— de première instance, I, p. 444, 364 à 364.

assises, II, p. 320, 3265.

compétence, I, p. 567, 4876.

exécution capitale, II, p. 384, 3457.

franchises, III, p. 447, 5480; p. 462, 463, 5517, 5519.

poursuite des crimes et délits, II, p. 25, 2298, 2299.

pourvoi en cassation, II, p. 362, 3392.

protection, surveillance de la magistrature, III, p. 194, 4796, 4797.

Prodigue, I, p. 423, 4452.

Production d'acte de l'état civil pour mariage, I, p. 354, 4201.

— honteuse, presse, Circ. min. 7 août 1882.

— de pièce à conviction à l'audience correct., II, p. 234, 2975; p. 237, 2985.

— de pièce dénuée de timbre, I, p. 497, 4723, 4728; I, p. 498, 4727.

— registre de, instructions par écrit, III, p. 325, 5164, 10°.

— utile de la terre, maraudage, III, p. 568, 5757, § 3; 41°, art. 475, § 15, C. P.

Produit des amendes correctionnelles, partage, II, p. 398, 3520; chasse, II, p. 504, 3855; octroi, II, p. 520, 3924.

— du greffe, registre, III, p. 327, 5464, 40°.

— d'un office ministériel, calcul, états, évaluation, taux, III, p. 228, 4897; p. 233, 4944, 4942, 4943, 4944.

— du travail des condamnés, III, p. 424, 4578, 4579.

Professeur de collège, juridiction, III, p. 94, 4483.

— de langue étrangère, traducteur, I, p. 390, 4338.

— titulaire ou suppléant de faculté, incompatibilité, I, p. 6, 44, 2°.

Profession, ambulante, protection de enfants, L. 7 décembre 1874.

— avocat, III, p. 203, 4825.

— de foi, élections, Circ. min., 19 septembre 1877; affichage, L. 29 juillet, Circ. min., 9 novembre 1884.

— des inculpés, II, p. 182, 2795.

— justification par un étranger d'une, I, p. 382, 4310.

Profit joint, I, p. 223, 728.

Prohibition, concernant les magistrats, III, p. 488, 4778.

— cours d'assises, composition, II, p. 315, 3252.

11

— de mariage, I, p. 431 à 436, 4486 à 4501.

— de témoignage, instruction, II, p. 143, 2672; correctionnelle, II, p. 234, 2963.

Projet de mariage inexécuté, I, p. 449, 4545.

Prolixité, calculée des rôles, III, p. 320, 5147.

Prolongation de congé, I, p. 38, 416.

— de détention, II, p. 424, 3601.

— de transport, expert, interprète ou médecin, III, p. 59, 4387.

Promesse, aux fonctionnaires pour les corrompre, II, p. 557, 4030.

— de démission d'office ministériel, dédit, III, p. 244, 4938.

— de mariage, I, p. 449, 4545.

— provocation à un crime ou délit, I, p. 585, 4931.

Promptitude des poursuites, II, p. 35, 2324.

Promulgation des lois, L. 11 avril 1873.

Prononcé du jug., I, p. 462, 539; p. 164, 545.

— correctionnel, II, p. 244, 3006; absence du prévenu, II, p. 248, 3024; attitude et tenue des avocats, III, p. 214, 4850.

Pronostication des songes, C. P. 479, § 7, 480, § 4.

Propagation de circulaires, doctrines, statuts d'associations internationales, I, p. 546, 1860, § 2, 44°.

— de fausse nouvelle par télégraphe, III, p. 104, 4528.

— de l'internationale, II, p. 472, 3762; p. 473, 3765.

Proportionnalité des peines, II, p. 263, 3076.

Proposition de complot, I, p. 546, 1860, § 2, 4°.

— des grâces annuelles, III, p. 83 à 85, 4463 à 4468.

— pour second juge d'instruction par le P. G., II, p. 57, 2389.

Propreté et salubrité, contraventions compte crim., III, p. 568, 5757, § 2, art. 471, §§ 6, 44 et 45, du C. P.

Propriétaire, coalition des II, p. 502, 3859.

— commerçants, I, p. 524, 4797, 5°.

— de forges, I, p. 524, 4797, 7°.

Propriété, close, chasse, II, p. 484, 3802.

— communale, chasse, II, p. 490, 3820.

— littéraire et artistique, protection, Allemagne, Décr. 24 août 1883.

— crimes et délits contre la, C. P., 379 et suiv.

— des palais de justice, I, p. 83, 259.

— question préjudicielle de, I, p. 645, 2437.

— statist. civile, III, p. 504, 5642.

Prorogation de délai, affaires d'assises, II, p. 344, 3343.

— de délai d'opposition à défaut correctionnel, II, p. 254, 3031.

— de pouvoir du juge d'instruction, I, p. 403, 2547.

Proscrits, coup d'état du 2 décembre 1851, Circ. min., 3 septembre 1881.

Prospectus, transmis par la poste, note manuscrite sur les, III, p. 99, 4512.

Prostitution de la jeunesse excitée ou facilitée, I, p. 550, 4860, VII, 9.

Protection des enfants en bas âge; circ. min., 42 février 1883; dans l'industrie, L. 19 mai 1874, Circ. min., 4er mars 1875, 14 juin 1879, 44 avril 1881.

Protestation, interdite aux juges de la minorité, I, p. 153, 498.

Protêt, I, p. 517, 1783; inscription des copies des III, p. 382, 5225; registre des, huissiers, III, p. 354, 5232; notaires, III, p. 404, 5358, 427, 5432; recouvrements par les huissiers, Circ. min., 20 juin 1882.

Protocole de proc. verb. d'inform., II, p. 59, 2394.

Proviseur de lycée, I, p. 440, 4440; franchise, III, p. 460, 5843, § V, 2°; p. 461, 5845, § 2, 43°; juridiction, III, p. 91, 4483.

Provision, alimentaire, jug. statist., III, p. 516, 5643.

— à fournir par la partie civile, I, p. 665 à 667, 2204 à 2214.

— du juge d'instruction, II, p. 55, 2384.

— jugement exécutoire par, I, p. 242, 806.

Provocateur de pillage de denrées, I, p. 545, 4859, IX, 43°.

— de réunions séditieuses avec rébellion et pillage, I, p. 544, 4859, VIII, 4°; I, p. 550, 4860, VII, 3°, L. 29 juillet, Circ. min., 9 novembre 1881.

Provocation à des crimes ou délits, I, p. 544, 4859, 44°; I, p. 546, 4860, § 2, 3°; complicité par, I, p. 585, 4931, p. 587, 4937; II, p. 98, 2530, L. 29 juillet, Circ. min., 9 novembre 1881.

— à des complots, II, p. 34, 2322.

— à la corruption des fonctionnaires, II, p. 561, 4044.

— à la désobéissance aux lois, presse, III, p. 105, 4530.

— excuse résultant de la, I, p. 596, 1967, 1968.

— à un faux témoignage, III, p. 23, 4279.

— des militaires à la désobéissance, I, p. 555, 1860, XI, 10°, L. 29 juillet, Circ. min., 9 novembre 1884.

— par publication quelconque à des crimes ou délits, I, p. 554, 1860, XI, 4°; I, p. 587, 1937, Circ. min., 13 mars 1883.

Proxénétisme, I, p. 550, 1860, VII, 9°.

Prud'homme, dispense de timbre pour les actes devant le conseil des, I, p. 496, 1717.

— poursuites contre un, I, p. 629, 2084.

— prévarication, II, p. 561, 4043.

Prusse, extradition, I, p. 577, 1904.

Pseudonyme, bulletin, n° 2, III, p. 472, 5538.

Publication d'acte d'accusation, prématurée, III, p. 104, 4526.

— d'arrêt de contumace, II, p. 535, 3966.

— de complot, II, p. 34, 2322.

— de dation de conseil judiciaire, I, p. 424, 1459.

— de décision disciplinaire contre notaire, III, p. 425, 5428, 5429.

— de doctrines subversives par les magistrats, III, p. 487, 4775.

— de faits ou mémoires diffamatoires ou de débats judiciaires, III, p. 109, 4543.

— de fausse nouvelle, I, p. 555, 1860, X, 13°; III, p. 104, 4527, L. 29 juillet, Circ. min. 9 novembre 1884.

— gratuite par voie de presse, indigents, III, p. 406, 4592.

— d'interdiction, I, p. 420, 1443.

— interdite, état de siège, I, p. 651, 2184.

— irrévérencieuse pour le chef de l'Etat et les lois, III, p. 493, 4791.

— du jugement, contrebande, II, p. 614, 4186.

— des magistrats, Circ. min. 15 août 1876, 10 janvier 1879.

— de mariage, I, p. 428 à 430, 1475 à 1484; étrangers et militaires, I, p. 437, 1504, 1506.

— d'ordonnance d'assises, II, p. 314, 3238, 3239; de contumace, II, p. 534, 3966; III, p. 68, 4412.

— périodique, III, p. 404 et 102, 4516 à 4549, L. 29 juillet, Circ. min. 9 novembre 1884.

— de rapport du garde des sceaux, III, p. 487, 4775.

— des règlements de police, II, p. 496, 2839.

— des séparations de biens, I, p. 475, 476, 1646 à 1654.

— de signification d'acte de dépôt pour purge, I, p. 406, 4396.

— de succession en déshérence, I, p. 491, 1702, 1703.

Publicité de l'audience, assises, II, p. 347, 3350; p. 356, 3377; correct., II, p. 213, 2902; ordinaire, I, p. 126, 127, 403, 404; p. 129, 447; solennelle, I, p. 422, 385.

— de l'état-civil, I, p. 351, 1498.

— du greffe, III, p. 323, 5158.

— des jugements et arrêts, I, p. 167, 560; I, p. 457, 1578; banqueroute, II, p. 475, 3773; correct., II, p. 246, 3043; police simple, II, p. 498, 2845; usure, III, p. 167, 4746.

— du mariage, I, p. 446, 1534.

— du tirage du jury, II, p. 337, 3316.

Pudeur, attentat, I, p. 544, 1859, VIII, 6°; outrage, I, p. 550, 1869, VII, 8°.

Puissance étrangère, correspondance, C. P., 207.

— maritale, I, p. 454 à 459, 1567 à 1582.

— paternelle, I, p. 345 à 317, 1068 à 1077, Circ. min. 29 décembre 1883 et 14 mars 1884.

Puits, vidange, frais, III, p. 60, 4391.

Punition des malfaiteurs assurée par les maires, II, p. 78, 2458.

Pupille, héritier, scellé, I, p. 485, 1679.

— jeunes détenus, mise en liberté provisoire, Circ. minist. intér. 20 mars 1883.

Purge de contumace, II, p. 537 à 540, 3974 à 3983.

— du défaut correct. impossible après prescription de la peine, II, p. 286, 3155.

— d'hypothèque légale, I, p. 406, 4398; droit des huissiers, I, p. 423, 1073, 1074; ministère des avoués, III, p. 287, 5062.

— de procédure par la chambre des mises en accusation, II, p. 299, 3196, 3197.

Q

Quai, sûreté des, II, p. 195, 2837, 1°.

Qualification, dans les actes de l'état-civil, I, p. 366, 1255.
— des crimes et délits, circonstances qui la donnent, II, p. 59, 2396;
— double, I, p. 614, 2030.
— chambre d'accusation, II, p. 294, 3480; p. 295, 3484.
— cour de cassation, II, p. 359, 3383.
— force de la, II, p. 212, 2895.
— jugement correct., II, p. 264, 3080.
— modifiée en appel, II, p. 278, 3428; par les débats, II, p. 215, 2905; II, p. 246, 3012; pour contumax, II, p. 539, 3978; sur opposition à ordonnance, II, p. 487, 2809.
— ordonn. définit., II, p. 474, 2774.
— presse, II, p. 98, 2530.
— réquisitoire définitif, II, p. 470, 2761.
— résultat de la, quant à la compétence, II, p. 210, 2894.
— statist. crimin., III, p. 550, 5718; III, p. 577, 5775.

Qualité, appel correct., II, p. 267, 3088.
— du cédant d'office min., III, p. 224, 4886.
— de la chose vendue, tromperie sur la, C. P., 423.
— de comptable, preuve, II, p. 366, 4058.
— de Français, perte de la, I, p. 384 à 387, 1318 à 1329; privation, II, 614, 4193, 4194.
— des plaideurs, I, p. 459, 522; p. 460, 526 à 530.
— pourvoi en cassation, II, p. 362, 3391, 3392; p. 364, 3399.

Quantité, de la chose vendue, tromperie sur la, I, p. 594, 4951, C.P., 423.

Quantum de la peine, réquis par M. P., Circ. min. 24 juillet 1852.

Quarantaine, navires, Décrets 22 février 1876, 25 mai 1878.

Quartier des adultes, prisons, III, p. 422, 4580.
— des prévenus et condamnés, séparé, III, p. 423, 4545.

Quasi délit, statist. civile, III, p. 502, 5612, 17.

Quassia, vente de liqueurs au, tolérance, Décis. min. 40 juin 1882.

Querelle, plainte pour, réserve du M. P. I, p. 572, 1894.

Question, civile en correctionnelle, II p. 210, 2888; p. 228, 2951.
— contentieuse sur l'exécution des jugements correctionnels, II, p. 284, 3448.
— de droit et de fait, I, p. 159, 522; p. 464, 534, 532.
— d'excuse légale, I, p. 599, 1977.
— d'état, I, p. 330, 1123; I, p. 627, 2078; élections, engagements militaires, I, p. 459, 1583.
— aux experts criminels, II, p. 44, 2354; append. p. 624, n° 27.
— à l'inculpé, II, p. 134, 2633.
— indépendantes d'un litige, disjonction, II, p. 562, 4045.
— interrogatoire d'interdit, I, p. 447, 1432.
— au jury, II, p. 352, 3365, 3366; subsidiaire, p. 351, 3362.
— au ministre de la justice par les procureurs de 1re instance, III, p. 456, 5506; p. 457, 5508.
— pourvoi en cassation, expédition des, II, p. 372, 3429.
— préalable, I, p. 648, 2447.
— préjudicielle, I, p. 644 à 648, 2436 à 2447; conflt, II, p. 564, 4051; faillite, I, p. 528, 1820; forêts, II, p. 589, 4417; octroi, II, p. 347, 3913; Pol. Corr., II, p. 248, 3021; p. 228, 2951; II, p. 248, 3024; police simple, II, p. 199, 2851, 2852; p. 202, 2860, 2861; prescription interrompue, I, p. 621, 2051.
— aux prévenus en Pol. Corr. II, p. 237, 2984.
— des restitutions, dommages intérêts et dépens, correctionnels, II, p. 244, 2998.
— aux témoins, II, p. 234, 2973.

Quête, mendicité, I, p. 549, 1860, VI, 48°; I, p. 575, 1904.

Quidam, information contre un, II, p. 96, 2525 et 2526; II, p. 296, 3488.

Quinquina, importation des écorces, Décr. 3 février 1879.
— vente de liqueurs au, tolérance, Décis. min. 40 juin 1882.

Quittance d'amende consignée p. pourvoi en cassation, II, p. 368, 3415; p. 369, 3418.
— de frais urgents, III, p. 65, 4403.

— jointe à demande en réhabilitation, III, p. 452, 4667, 4668.
— du percepteur, permis de chasse, II, p. 486, 3806.
— timbre de, I, p. 495, 4745.
— de versement de cautionnement par les officiers min., III, p. 256, 4972.
Quitus, certificat de, pour remboursement de cautionnement des huissiers ou commissaires priseurs, III, p. 262, 263, 4993, 4994.
Quote-part des dépens, condamnation, II, p. 430, 3622.
Quotité de l'amende non fixée par la loi pénale, II, p. 397, 3545.

— de cautionnement, officiers ministériels, III, p. 259, 260, 4982 à 4985; liberté provisoire, II, p. 467, 2748.
— d'une demande, calcul de la I, p. 230, 755, 756.
— disponible, I, p. 493, 4740.
— de gratification d'agent verbalisateur, chasse, II, p. 504, 3855.
— du pécule des détenus, III, p. 421, 4578, 4579.
— de la peine, réquisition, II, p. 241, 3000, II, p. 356, 3376.
— de versements à la bourse commune huissiers, III, p. 358, 5243.

R

Rade, plan livré à l'ennemi, I, p. 540, 4859, § 2, 4°; II, p. 544, 3985, 4°.
Radiation d'acte notarié faux, ordonnée par cour d'assises, III, p. 8, 4234.
— d'écrou, II, p. 478, 2783; p. 257, 3054; II, p. 305, 3247; II, p. 356, 3375; p. 446, 3569; salaire de l'huissier, III, p. 46, 4350; p. 47, 4352 à 4354.
— d'inscription sur cautionnement de conserv. des hyp., I, p. 409, 4409.
— sur liste électorale, I, p. 334, 4427.
— sur liste du jury, II, p. 324, 3277.
— du rôle I, p. 498, 646; p. 204, 654, 655; p. 205, 666; II, p. 264, 3079; correctionnel appel, II, p. 276, 3420.
— du tableau des avocats, III, p. 217, 4863, 4°.
— du tableau de l'université, III, p. 92, 4487, 7°.
Ramification de complots, réquis., introd. articulat., II, p. 98, 2530.
Ramonage des cheminées, négligence, C. P., 474, 4°.
Rang des accusés, II, p. 343, 3339.
— des assesseurs d'assises, II, p. 345, 3350.
— des autorités, cérémonies, Décr. 28 décembre 1875; Circ. min. 24 février 1876.
— des avocats au tableau, III, p. 207, 4836.
— de collocation des créanciers, ordre, I, p. 453, 4560.
— de la gendarmerie et du tribunal, cortège cérémonie, III, p. 474, 4727, 4728.
— des greffiers, III, p. 344, 5426.

— des juges d'instruction, II, p. 57, 2389.
— des juges de paix et suppléants, III, p. 484, 4759.
— des magistrats, audience, I, p. 22 à 24, 67 à 74; cérémonies, I, p. 24 à 30, 75 à 92, Circ. min. 24 février 1876.
Rapatriement de mineur réclamé par son père, frais, Circ. min. 29 décembre 1883.
Rapine, I, p. 545, 4859, IX, 13°; C. P., 474, 388, 404; 440 à 442.
Rappel de français à l'étranger, I, p. 386, 4324.
— à l'ordre contre, avoué, III, p. 293, 5080; clerc de notaire, III, p. 370, 5275; huissier, III, p. 357, 5240; peine disciplinaire, III, p. 447, 5407.
— suppléant aux copies d'acte, I, p. 499, 4727.
Rapport de capitaine de navire, I, p. 533 à 535, 4838 à 4845.
— à la chambre d'accusation, II, p. 297, 3490.
— de conseiller, I, p. 409, 343; sur appel correctionnel, II, p. 277, 3422 à 3425; à la chambre d'accusation, sur procédure crimin., II, p. 297, 3490.
— sur contravention aux lois sur les tabacs, II, p. 526, 3940.
— criminel ou procès-verbal, II, p. 10, 2253; p. 44, 2256; p. 27, 2303.
— d'expert civil, I, p. 228, 748; I p. 499 4727; criminel, II, p. 44 2342; p. 43, 2350, 2354; taxe, III, p. 57, 4380; médical, II, p. 44, 2353.

— de garde champêtre, II, p. 497, 2841, 2842.

— du juge, audience civile, I, p. 428, 442; commerce, I, p. 543, 4775; affaire d'enregistrement, I, p. 342, 4468, 4469; d'interdiction, I, p. 444, 4422; p. 448, 4436; sur renvoi à un autre tribunal, I, p. 469, 4625.

— sur les magistrats, I, p. 67, 203.

— médical, mort violente, I, p. 378, 4297.

— du M. P., assises, II, p. 358, 3382; cessions d'office, III, p. 253, 4963, 4964, p. 380 5304; dispenses d'alliance et de parenté, I, p. 434, 4493; modification du nombre des avoués, III, p. 276, 5033; politique, II, p. 596, 4438, 4439; III, p. 489, 5584; p. 490, 5586; réhabilitation, III, p. 454, 4674; p. 155, 4678; p. 456, 4679; suppression d'offices, III, 220, 4877, p. 334, 5482, p. 377, 5293.

— entre le parquet et l'administration, l'autorité militaire et la gendarmerie, III, p. 434 à 433, 5445 à 5449.

— du président d'assises sur les affaires d'assises, II, p. 357, 3379, III, p. 82, 4457; sur les jurés, II, p. 336, 3342.

— vérification d'écriture, I, p. 507, 4758.

Rapporteur de la chambre des avoués, III, p. 290, 5070, 5073; des huissiers, III, p. 355, 5233, 5234, p. 356, 5256; des notaires, III, p. 442, 5396.

— conseil de guerre, commiss. rogat. II, p. 452, 2703, franchise, III, p. 460, 5513, p. 464, 5515, p. 463, 5549.

— conseiller, sur appel correctionnel, II, p. 277, 3422, 3423.

Rapt de mineure, I, p. 544, 4859, VIII, 44°, I, p. 554, 4860, VII, 16°; obstacle à l'action publique, I, p. 626, 2076.

Rassemblement, armé, motif d'état de siège, I, 650, 2452; d'insurgés, II, p. 471, 3759.

Ratelage, contravention, art. 474, § 40 du C. P, L. 6 octobre 4794, 24; règl. du, II, p. 496, 2837, 5°, §6; statist. criminelle, III, p. 568, 5757, § 3, 3°.

Rature, non approuvée, acte notarié, III, p. 390, 5327, p. 394, 5329; arrêt de renvoi et acte d'accusation, copie, II, p. 303, 3209; frauduleuse, III, p. 426, 5432.

Ravisseur, immunité, I, p. 626, 2076.

Rayon des douanes, recherche des fraudes, II, p. 604, 4462.

Réassignation des témoins pour opposition à défaut correctionnel, II, p. 253, 3038.

Rébellion, arrestation de déserteur, III, p. 437, 5458; de malfaiteur, III, p. 438 5460.

— audience, I, p. 140, 455.

— douanes, II, p. 604, 4454, p. 604, 4462, p. 605, 4467.

— contributions indirectes, II, p. 529, 3950, p. 530, 3953, II, p. 600, 4448.

— équipage de mer, I, p. 544, 4859, VIII, 44°.

— octroi, II, p. 517, 3940.

— pénalité, I, p. 543, 4859, VI, 4°, p. 548, 4860, V, 4°, I p. 550, 4860, VII.

— prisonniers cumul des peines, II, p. 426, 3608.

— répression énergique, II, p. 598, 4442.

Reboisement des montagnes, L. 28 juill. 1860, 44, Décr. 40 nov. 1864.

Rebouteur, médecine illégale, I, p. 562, 4860, XXIII, 4°; II, p. 240, 2890.

Recel de cadavre d'un homicide, I, p. 554, 4860, § 7, 48.

— complice par, I, p. 586, 4936.

— de criminel, I, p. 549, 4860, VI, 5°; évadé, III, p. 434, 4642.

— de déserteur, I, p. 562, 4860, XXII, 2°.

— d'enfant, I, p. 544, 4859, VIII, 9°.

— d'espion ou soldat ennemi, I, p. 540, 4869, 5°.

— d'insoumis, I, p. 562, 4860, XXII, 6°, III, p. 442, 4645.

— objets contrefaits, II, 483, 3797; détournés par banqueroutier frauduleux, II, p. 478, 3782 à 3784; saisis détournés, I, p. 551, 4860, VIII, 4°; volés I, p. 586, 4936, I, p. 642, 2023, p. 645, 2032.

Recensement, chevaux, mulets, voitures, L. 4er août 4874; abrogée, Circ. min. 34 déc. 4874, 27 mars, 3 mai 4876, 44 mai 4877, L. 3 juillet et Décr. 2 août 4877, Circ. min. 47 avril, 40 juin 4878, 28 janvier, 29 avril, 4 et 8 novembre 4879, 3 janvier, 40 mai 4884, 7 mai 4883, 22 avril 4885.

— contributions fraude, I, p. 557, 4860, XIII, 2°; régie, II, p. 509, 3882.

Récépissé d'arrêté de conflit, I, p. 308, 4043.

— de cautionnement, III. p. 258, 4977; greffier, III, p. 307, 5447,

8°; mise en liberté, II, p. 467, 2750.

— de communication de pièces, I, p. 499, 4727.

— de déclaration d'ouverture d'école, III, p. 96, 4500.

— des minutes du greffe de justice de paix par le maire, III, p. 330, 5170.

— des pièces à conviction par la gendarmerie, II, 305, 3247.

— de sommes confiées aux agents de change ou courtiers, II, p. 464, 3724.

Réception d'avocat, III, p. 205, 4832.

— d'avoué, difficultés, III, p. 284, 5047.

— de cautionnement, de conservateur des hypothèques, I, p. 408, 4404.

— de magistrat, I, p. 422, 389.

— de membre de la légion d'honneur, I, p. 423, 389, 3°.

Recette, au mépris des droits d'auteurs, confiscation, II, p. 400, 3527, 42°; détournement, soustraction de deniers, effets, par les comptables, II, p. 566, 4056.

Recevabilité de l'appel de jugement correctionnel, II, p. 266 à 269, 3084 à 3095.

— conflit, I, p. 308, 4044.

— de l'opposition à défaut, I, p. 238. 794.

— du pourvoi en cassation, II, p. 363, 3393.

Receveur de deniers publics, concussion, II, p. 555, 4027, 8°.

— des domaines, inventaire, succession en déshérence, I, p. 490, 4699, serment, III, p. 439, 5464.

— des douanes, I, p. 326, 4405-4406; action en répression, II, p. 603, 4460; transactions, II, p. 604, 4464, p. 605, 4465-4466.

— de l'enregistrement, avances pour procédure militaire, III, p. 33, 4307; cautionnement de liberté provisoire, II, p. 467, 2750; contrainte par corps, II, p. 443, 3665, p. 446, 3675; enregistrement des procès-verbaux, contrôle des poursuites pour le Ministère Public, II, p. 586, 4440; exécution des jugements de S. P., II, p. 206, 2877, p. 207, 2878; extraits des jugements d'emprisonnement, II, p. 406, 3539; détournement, II, p. 567, 4064; frais de justice ordinaires et urgents, paiement, III, p.65, 4403, p. 66, 4406; franchise postale, III, p. 464, 5519, IX, § 8. p. 466,

5522; relevé des exactions des huissiers, III, p. 347, 5242; serment, III, p. 439, 5464, p. 444, 5465.

— des finances, dépôt et consignation, I, p. 348, 4078.

— municipal, concussion, II, p. 555, 4027, 8°.

— de l'octroi et greffier, incompatibilité, III, p. 340, 5423; serment, III, p. 439, 5464.

— des monnaies, serment, *ibid.*

— particulier, serment, III, p. 439, 5464.

— des postes, serment, *ibid.*

Recherche des actes de l'état civil, droit de, I, p. 352, 4203; pour bulletin n° 2, III, p. 475, 5544 à 5546.

— des délits et poursuite, II, p. 25, 2298.

— d'engins prohibés, visite domicil., II, p. 492, 3827.

— d'expert, II, p. 43, 2348.

— de gibier en temps prohibé, II, p. 488, 3814.

— de paternité et maternité, C. civ., 344, 340.

— de pièces à conviction, II, p. 402, 2544.

Récidive, après amnistie, I, p. 640, 2045.

— chasse, II, p. 497, 3844.

— circonstances à relever dans les informations, II, p. 59, 2395.

— compétence, II, p. 210, 2894.

— cumul des peines, distinction, II, p. 449, 3685.

— défense de, officiers ministériels, pénalité, III, p. 267, 5006.

— état annuel des, III, p. 594 à 594, 5809 à 5816.

— modifications, circ. min., 4er déc. 1883.

— forest., II, p. 594, 4425; contrainte, II, p. 449, 3685.

— ivresse, circ. min., 23 février 4874. Décis. Min., 20 octobre 4876.

— maximum de l'emprisonnement, II, p. 404, 3533.

— en police simple, II, p. 200, 2855.

— règles générales, III, p. 433 à 439, 4648 à 4634; L. 27 mai 1885.

— rupture de ban, II, p. 423, 3596.

Récidiviste, bulletin n. 4, III, p. 472, 5538, p. 473, 5539.

— mention sur les extraits de condamnation. Circ. min., 45 janv. 4877.

— transportation, projet. Circ. min., 44 juillet 4882; L. 27 mai 1885.

Récipiendaire, officier ministériel, serment, III, p. 256, 4974.

Réciprocité, franchise postale, III, p. 444, 5472.

Réclamation, autorisant les agents à pénétrer dans le domicile d'un citoyen, II, p. 577, 4088.
— de condamné contraint par corps, II, p. 450, 3687.
— des détenus, III, p. 445, 4560, p. 421, 4577, fonds ou valeurs saisis sur eux, Circ. min., 9 juin 1875.
— durée et exécution de la peine, II, p. 406, 3538.
— d'effets naufragés, I, p. 327, 4414.
— engagement militaire, I, p. 376, 4290.
— d'État, I, p. 477, 584.
— d'un inculpé au sujet de description de pièce arguée de faux, III, p. 43, 4249.
— contre l'organisation de la chambre des avoués, III, p. 294, 5075.
— contre les notaires, avis de la chambre, III, p. 444, 5399.

Réclusion, de la femme adultère, I, p. 473, 4639-1640.
— lieu où la peine est subie, III, p. 420, 4873.
— peine de, II, p. 391-392, 3494, 3497, p. 394, 3503.

Récolement des minutes des greffes, III, p. 332, 5475 à 5477.
— du mobilier, du palais, I, p. 94, 285, p. 92, 286 à 289.

Récolte, dévastation, I, p. 554, 4860, X, 4°.
— incendie volontaire, I, p. 545, 4859, IX, 44°.
— et fruits, dommage, L. 28 sept. 4794, titre II, art. 2, L. 23 thermidor an IV, art. 600, code du 3 brumaire an IV.
— maraudage, art. 475, § 45 du C. P. statist., III, p. 568, 5757, § 3, 44°.
— pendante, vente interdite aux huissiers, III, p. 352, 5226.
— de warech ou goëmon, II, p. 196, 2837, 5°, § 8.
— vol, C. P. 388.

Recommandation de détenu pour contrainte par corps, II, p. 444, 3666, p. 445, 3674, 3673, compte crim. III, p. 572, 5766.
— des jurés et magistrats en faveur de condamné, III, p. 84, 4456.

Récompense, légion d'honneur, III, p. 472, 4734.

Réconciliation, adultère, II, p. 455, 3704, p. 458, 3743, p. 459, 3744.

Reconnaissance d'enfant naturel, acte, I, p. 347, 4485, I, p. 365, 4248.
— d'identité de contumax, II, p. 538, 3976.
— de détenu évadé, III, p. 434 à 433, 4614 à 4617.

— des navires, mesure sanitaire. Décr. 22 février 4876.
— de remise de détenu par le gardien, II, p. 422, 2606.
— de signature fausse, III, p. 7, 4229.

Reconstitution des actes de l'état civil de Paris, I, p. 374, 4274.
— de minutes détruites, Décis. min., 42 avril 4876.

Recours, en cassation, civil, I, p. 252 à 259, 847 à 874 ; contumace, II, p. 535, 3965 ; criminel, II, p. 358 à 377, 3383 à 3446 ; forêts, II, p. 594, 4133 ; liberté provisoire, II, p. 464, 2738 ; ordonnances du juge d'instruction, II, p. 484, 2800.
— envers le condamné pour frais et dépens, II, p. 434, 3627.
— au conseil d'État, appel comme d'abus. L. du 18 germ., an X, art. 6, contre un arrêté de concession de nom, I, p. 373, 4282.
— contre les décisions disciplinaires des avocats, III, p. 209, 4842 ; des cours et tribunaux, III, p. 196, 4804 ; des notaires, III, p. 414, 5399, p. 445, 5402, p. 420, 5446.
— en grâce, amendes, II, p. 399, 3625 ; assises, rapport du président, II, p. 357, 3384 ; douanes, II, p. 605, 4466 ; contributions indirectes, II, p. 505, 3868 ; règles générales, III, p. 76 à 84, 4446 à 4448. Circ. min., 25 juin, 7 août, 1875 ; avis aux percepteurs, circ. min., 40 juillet 4877, avis aux trésoriers-payeurs généraux, circ. min., 44 décembre 4877 ; sursis, circ. min., 29 janvier 4879 ; peines corporelles, sans avis pour les finances, circ. min., 6 oct. 4879 ; peine corporelle, commutation, amende non payée, circ. min., 24 nov. 4879, mention de la condamnation sur les avis aux percepteurs, circ. min., 3 déc. 4879 ; états trim., circ. min., 8 février 4880, notifications aux trésoriers-payeurs généraux pour l'arrondissement, circ. min., 22 mai 4880 ; avis par la chancellerie à la Guyane et Nouvelle-Calédonie, circ. min. 7 mai 4881.
— du juge d'instruction et du plaignant, vers le P. G. ou le G des S contre le M. P., II, p. 97, 2527.
— contre les mandats par l'inculpé, II, 440, p. 2572.
— du M. P. contre, les ordonnances

du juge d'instruction, II, p. 142,
2577, p. 146, 2594, II, p. 184,
2800.
— du receveur de l'enregistrement
contre l'intendance militaire, II,
p. 453, 2705.
Recouvrement des amendes, II, p. 398,
3549, II, p. 399, 3522 ; douanes,
II, p. 609, 4478, p. 613, 4494 ;
extraits de jugements à fournir à
l'enregistrement, II, p. 406,
3539, III, p. 37-38, 4322, 4325 ;
forêts, II, p. 593, 4429 ; notaires,
III, p. 375, 5290 ; officiers ministériels, III, p. 265, 5001-5002,
circ. min., 22 déc. 1879 ; contrainte, circ. min., 23 mars
1882.
— cession d'office, état des, III, p.
237, 4922, circ. min., 19 octobre
1876.
— des condamnations pécuniaires,
contrainte, II, p. 445, 3672.
— des droits politiques, II, p. 647, 4203.
— des effets de commerce, huissiers,
circ. min., 2 janv. 1882, 20 juin
1882.
— postes. L. 5 avril. Déc. 5 mai 1879,
24 juil. 1880, 15 février 1881, 19
juin 1882.
— des effets de commerce par la poste,
circ. min., 19 août 1881.
— des frais par le trésor, civil, I, p.
290, 979, de capture, III, p. 50,
4359 ; correct., II, p. 284, 3449,
de justice, III, p. 59, 4388, p.
63, 4399, p. 74-75, 4434 à 4439,
solidarité des condamnés, circ.
min., 12 juin 1884.
— du revenu des domaines, I, p. 324,
4100.
— d'un rôle de restitution, III, p. 73,
4432, p. 74, 4433.
— du timbre et des amendes y relatives, I, p. 498, 4725.
Récrimination d'un inculpé envers le
plaignant.
— disjonction, P. C., II, p. 245, 3040.
Recrutement, abus d'autorité, II, p. 545,
3996.
— affaires relatives au, I, p. 459 à 464,
4583 à 4594 ; intervention du
M. P., I, p. 479, 594.
— bulletin n° 4, duplicata, circ. min.
1er oct. 1879, 31 mai 1883, 17 avr.
1885.
— corruption, II, p. 557, 4032, p.
559, 4036.
— fraudes et contraventions, III, p.
440 à 443, 4635 à 4648.
— infractions aux lois sur le, I, p.
561, 4860, XXII, circ. attén., I,
p. 600, 1979, 46°.

— législation, L. 27 juillet 1872, 31 déc.
1875.
— usage de faux certificats, III, p. 5,
4220.
Recteur d'académie, affaires criminelles
ou correctionnelles intéressant
des membres ou élèves de l'université, avis officieux par le M. P.
au, III, p. 93, 4493.
— avis au P. G. de la négligence du
M. P. à poursuivre les infractions aux lois sur l'enseignement, III, p. 95, 4499.
— franchise postale, III, p. 460,
5513, V, 4° ; p. 464, 5515, § 2,
42°.
— poursuivant disciplinairement, II,
p. 147, 2684 ; III, p. 91, 4483.
Rectification, adressée aux journaux par
l'autorité, III, p. 405, 4531 ; L.
29 juillet, Circ. min. 9 novembre
1884.
— des délibérations des notaires, III,
p. 410, 5389.
— des notes, d'audience correctionnelle, II, p. 235, 2977.
— des registres et actes de l'état civil,
I, p. 363 ; p. 369, 1244, 1265 ; I,
p. 473, 575, 4° ; conciliation, I,
p. 487, 603, 14° ; poursuite d'office, I, p. 440, 4515 ; salaires des
greffiers, III, p. 39, 4326 ; statist. civile, III, p. 509, 5626.
— taxe des lettres, III, p. 451, 5494.
Reçu de pièces relatives à une arrestation,
délivré par le greffier, II, p. 122,
2606.
Recueil des circulaires et instructions du
ministre de l'intérieur, I, p. 102,
324.
Récusation d'expert, I, p. 179, 594.
— de greffier, III, p. 340, 5424.
— d'interprète, II, p. 135, 2645.
— de juge civil, I, p. 178, 584 ; p. 461
à 487, 4592 à 4647 ; correctionnel, II, p. 208, 2884, et appendice, p. 630, 39 ; d'instruction,
II, p. 58, 2392 ; III, p. 458,
4687 ; de paix, I, p. 179, 594 ;
C. Proc., 44 et suiv.
— des jurés, II, p. 337-338, 3247 à
3323.
— des membres du conseil de discipline, III, p. 246, 4812.
— du M. P., I, p. 483, 597 ; p. 184,
598 ; p. 567, 4874 ; II, p. 208,
2884.
— des officiers de police judiciaire, II,
p. 12, 2257.
— prise à partie pour mépris de, II,
p. 579, 4094, 4°.
— recours en cassation contre jugement de, II, p. 360, 3387.

— rejet de la demande en, I, p. 175, 577, 5°.

Rédaction d'actes de l'état-civil, I, p. 346, 1182 à 1184.

— d'actes d'huissiers, I, p. 484, 1678.

— d'état de liquidation de frais criminels par le greffier, III, p. 63, 4398.

— des jugements, I, p. 157, 515, 516; p. 458, 518 à 521; forestiers, II, p. 592, 4128; de simple police, II, p. 197, 2843.

— des mémoires de frais criminels, III, p. 67, 4408.

— des procès-verbaux, II, p. 10 à 12, 2253 à 2258; des gardes champêtres, II, p. 86, 2491; des gardes forestiers, II, p. 93, 2515.

Réduction de l'amende, officiers ministériels, III, p. 264, 4997.

— de l'hypothèque légale, I, p. 404, 1376; p. 402, 1377 à 1382; statist., III, p. 509, 5626, 42°.

— des kilomètres en myriamètres pour taxes à témoins, III, p. 31, 4300-4304.

— du nombre des offices ministériels, III, p. 220, 4877; huissiers, III, p. 334, 5482; notaires, III, p. 376 à 379, 5294 à 5300.

— de peine, en appel, en cassation, effet sur la durée, II, p. 404, 3534; proposée par les douanes ou les contributions indirectes, III, p. 83, 4464; résultant des circonstances atténuantes, I, p. 599 à 602, 1978 à 1986.

— du prix de cession, III, p. 238, 4924-4925; remboursement des droits d'enregistrement, III, p. 246, 4944.

— de la surveillance de la haute police, II, p. 420, 3584; L. 27 mai 1885.

Référé, statist. des appels, III, p. 502, 5612, § 2, 20°.

Référendaire à la chancellerie, dispenses, I, p. 435, 4498; naturalisation, I, p. 383, 1315.

Refonte des rôles, I, p. 196, 637.

Reformation d'acte notarié faux, par cour d'assises, III, p. 8, 4234.

— de jugement, I, p. 247, 827.

— d'ordonnance définitive, II, p. 174, 2774-2775.

Réforme, donnée avant le temps de l'émérital, peine universitaire, III, p. 92, 4487, 6°.

— des jeunes détenus correctionnellement, II, p. 250, 3068.

— de l'organisation judiciaire, L. 30 août 1883.

— des règlements administratifs, II, p. 195, 2835.

Refus, d'affirmer les procès-verbaux des forestiers, II, p. 586, 4409.

— d'assister les gardes forestiers dans les visites ou perquisitions, II, p. 92, 2514.

— de certificat de bonne conduite ou autres, III, p. 353, 5228; par la chambre des notaires, III, p. 372, 5284.

— de communication au M. P. des délibérations de la chambre des notaires, III, p. 421, 5448.

— de comparaître en pol. correct. par détenu ou prévenu, II, p. 225, 2944.

— de conclure du M.P. en pol.correct., II, p. 254, 3041.

— de concours des ouvriers pour la confection ou réparation du poteau d'infamie, II, p. 383, 3466.

— de délibérer sur la demande d'un candidat avoué, chambre de discipline, III, p. 279, 5042.

— de déférer à une réclamation relative à une détention illégale, II, p. 550, 4013.

— de déposer, assises, témoin, II, p. 348, 3354; information, II, p. 445, 2677; pol. correct., II, p. 232, 2967.

— d'examiner un candidat, chambre des notaires, III, p. 373, 5282; p. 417, 5406.

— d'exécuter des réquisitions, I, p. 548, 1860, 4°, commandant militaire, II, p. 573, 4076.

— d'exercice, boissons, II, p. 509, 3884, 3885.

— de fonctions, constation, III, p. 178, 4750; par juré, II, p. 333, 3302.

— d'insertion, I, p. 556, 1860, XI, 22°; de communiqué, III, p. 404, 4526; p. 405, 4531.

— d'instrumenter, huissier, III, p. 351, 5222; officier public ou ministériel, III, p. 220, 4874.

— par le juge d'instruction de décerner un mandat, II, p. 416, 2592; p. 418, 2597; p. 424, 2640.

— de juger, II, p. 562, 4044.

— de livrer une pièce arguée de faux, III, p. 43, 4248.

— de loger l'exécuteur des arrêts criminels, II, p. 493, 2837, 2°, § 14; p. 383, 3465.

— par un magistrat de donner à la justice des renseignements sur les auteurs de faits punissables, III, p. 487, 4775.

— de ministère, avoué, III, p. 283,

5053; notaire, III, p. 416, 5405.

— de mise en liberté de prévenu acquitté, prise à partie, II, p. 580,
4095, 7°.

— de monnaie ayant cours, compte
criminel des juges de paix, III,
p 569.5757, IV, 6°; constatation
du, II, p. 73. 2442; peine, art.
475, § 11, C. P.

— d'obéir à un mandat d'amener,
II, p. 408, 2565.

— par l'officier de l'état civil de signer
les registres, I, p. 350, 4194.

— de péage, III, p. 569, 5757, IV, 11°,
L. du 6 frimaire an VII, art. 56,
L. 28 avril 1816, art. 231.

— de permis de chasse, II, p. 486,
3805. 3806.

— de plaider d'office, III, p. 210,
4846 ; p. 211, 4848.

— par le président de faire arrêter un
faux témoin, III, p. 21, 4273,
4274.

— de rendre des pièces par un officier
ministériel, III, p. 268, 5010.

— de service légalement dû par les
autorités, II, 573, 4076 ; les fonctionnaires, II, p. 541, 3986, 5° ;
officiers ministériels, I, p. 174,
575 ; juge suppléant, III, p. 475,
4745 ; M. P., I, p. 116, 369.

— de service légalement requis ou de
secours en cas d'accident, compte
criminel, III, p. 569, 5757, IV,
8° ; peine, art. 475, § 12 du C. P.

— de signer un jugement, I, p. 465,
551 ; p. 466, 552.

— par un tribunal de recevoir un serment de fonctionnaire, III,
p. 442, 5466.

— de taxe par un témoin, III, p. 29,
4294.

— de versement de cautionnement
d'officier ministériel, déchéance,
III, p. 259, 4981.

— de visa d'actes signifiés, I, p. 478,
1657 ; citation à prévenu maire,
II, p. 218, 2947.

Régent de collèges, juridiction, III, p. 91,
4483.

Régie des contributions indirectes, contrainte, I, p. 314, 4061 ; p. 337,
4150; instances, I, 339, 4160;
partie civile, I, p. 669, 2249;
paiement de frais de justice dans
l'intérêt de la, III, p. 74, 4423 ;
poursuites, initiative et direction,
II, p. 503-504, 3863-3864 ; transaction, I, p. 564, 4864.

— de l'octroi, poursuite des contraventions, II, p. 516, 3909.

Régime des déportés, II, p. 388, 3482.

— disciplinaire des maisons centrales,
III, p. 422, 4681.

— forestier, II, p. 583, 4102.

— matrimonial, causes communi-
cables au M. P., C. Proc. 83, statist., III, p. 502, 5612, § 1, 19°.

— des prisons, surveillance par le
M. P., III, p. 416, 4560, 11°.

Régiment, extrait de jugement de condamnation, I, p. 643, 2133.

Régisseur d'octroi, détournement, II,
p. 567, 4061.

Registre des actes des officiers ministériels, parquet, III, p. 40, 4330,
4331.

— des adjudications, greffe, I, p. 450,
1550.

— des affaires civiles soumises aux
juges de paix, Circ. min. 16 décembre 1875.

— des affaires domaniales, greffe, I,
p. 323, 1099 ; enregistrement, I,
p. 344, 1175.

— des appels, liberté provisoire,
greffe, II, p. 464, 2739.

— des aubergistes, hôteliers, logeurs,
défaut de tenue ou tenue irrégulière, compte crim., III, p. 567,
5757; peine, art. 475, § 2, 478
du C. P.

— des brocanteurs, compte crim., III,
p. 568, 5757, § 4, 4° ; peine,
art. 471, § 15, C. P.

— des circulaires, dépêches, instructions, lettres officielles, parquet,
I, p. 104, 321.

— des citations par les huissiers, parquet, II, p. 217, 2914 ; p. 224,
2938; témoins, II, p. 437, 2683.

— de commerce, timbre, I, p. 495,
1746.

— de comptabilité, greffe, III, p. 349,
5144; greffe de justice de paix,
III, p. 320, 5150; appendice,
p. 609, n° 67.

— des comptes du trésorier de la
chambre des huissiers, III, p. 360,
5250.

— des condamnés à l'emprisonnement,
copie trim. au P. G., III, p. 487,
488, 5576 à 5580 ; tenue au
greffe, III, p. 476, 5548.

— des conflits, I, p. 340, 1048, 11° et
1049 ; p. 342, 1056, 1058.

— des consignations et sommes reçues par les parties civiles,
greffe, III, p. 493, 5593.

— des contributions, I, p. 450, 1550.

— de contrôle et de recette des entre-
preneurs de transport par eau et
voiture, II, p. 528, 3946.

— de correspondance, parquet, III, p. 453, 5510.

— de déclaration de cessation de fonctions d'officier ministériel, III, p. 262, 4991.

— de déclaration d'ouverture d'école, I, p. 414, 4414.

— de déclaration de pourvoi en cassation, Circ. min., 29 novembre 1875.

— des délibérations de la chambre des officiers ministériels, III, p. 270, 5015; p. 293, 5078; des notaires, communication au M. P., III, p. 420, 5447; rédaction, expédition, III, p. 374, 5285; saisie par le M. P., III, p. 273, 5027.

— des délibérations des cours et tribunaux, réquisitions du M. P., III, p. 200, 4815.

— des dénonciations au P. G., II, p. 29, 2308.

— des dépêches télégraphiques, III, p. 456, 5504.

— de dépôt annuel des registres de l'état civil, greffe, I, p. 356, 1218.

— de dépôt des prisonniers de passage, prison, III, p. 448, 4568.

— de dépôt des répertoires de notaires au greffe, III, p. 401, 5358.

— des détenus recommandés, parquet, Circ. min., 45 juin 1877.

— domestique, altération, faux, III, p. 9, 4235.

— d'écrou, prison, II, p. 126, 2648; III, p. 448, 4566; p. 149, 4574.

— des émoluments, greffiers de paix, procès-verbal trimestriel de vérification, III, p. 490, 5585.

— des enfants en nourrice, mairie, Circ. min., 12 février 1883.

— de l'état civil, I, p. 345, 1179, 1480-1484; adoption, I, p. 274, 920; destruction ou perte, I, p. 364, 1245; p. 368, 1249, 1250; p. 369, 1266; poursuite pour faux, III, p. 46, 4256; surveillance quant aux actes de divorce, Circ. min., 3 octobre 1884.

— des expéditions délivrées par les greffiers, III, p. 37, 4320

— du failli, examen par le syndic, I, p. 523, 1802, 8°.

— des faillites, parquet, I, p. 530, 1826; greffe, extraits à fournir au P. G. Déc. 25 mars 1880.

— des frais, avoués, III, p. 286, 5060.

— du greffe de J. de P., lignes, syllabes, timbre III, p. 319, 5145, p. 327-328, 5162; vérification, III, p. 484, 4768, 5°.

— greffe de première instance, III, p. 325 à 327, 5164.

— des impressions faites ou fournies aux cours et tribunaux, III, p. 54, 4370.

— des infractions aux lois pénales, J. de P., II, p. 68, 2426.

— d'inscription des gardes champêtres et de la gendarmerie, II, p. 83, 2480.

— d'inscription des ouvrages d'or ou d'argent, reçus ou achetés par les marchands ou fabricants, I, p. 560, 4860, XX, 40°.

— d'inscription des procès-verbaux, mairie, II, p. 88, 2497.

— liquidations et partages, greffe. Décr. 7 sept. 1880.

— matricule des condamnés par département, maison centrale, III, p. 420, 4575.

— de mouvement, greffe, I, p. 340, 4048, 4049, p. 313, 4058.

— des oppositions aux défauts, I, p. 239, 794.

— liberté provisoire, II, p. 164, 2739.

— des ordres, I, p. 452, 4557; extrait trimest. III, p. 489, 5581.

— des paroisses, I, p. 367, 1258, p. 370, 4266; recours aux, III, p. 474, 5534.

— du parquet, I, p. 103 à 405, 330 à 332.

— des partages, greffe. Décr. 7 sept. 1880.

— du personnel, I, p. 65 à 67, 197 à 204; parquet, III, p. 202, 4823, et append. p. 606, 64.

— des pièces de procédure criminelle remises au M. P., II, p. 180, 2789.

— des plaintes au parquet, II, p. 33, 2319.

— notice hebdom., III, p. 480, 5556.

— recherches pour demande en réhabilitation, III, p. 454, 4674.

— de pointe, greffe, I, p. 430, 448-449, III, p. 326, 5164, 29°; relevé mensuel au P. G., III, p. 482, 5564.

— portatif des agents des contribut. indir., force probante, II, p. 20, 2284, 3°.

— des pourvois en cassation, greffe, II, p. 369, 3414.

— des prisons, séparés suivant les peines et les sexes, III, p. 449, 4572, mention des décisions gra-

cieuses, III, p. 87, 4475, refus
d'exhiber les, II, p. 552, 4049.
— des protêts, huissiers et notaires, I,
p. 547, 1783; notaires, III, p.
401, 5358; huissiers, III, p. 354,
5232.
— public, destruction volontaire, I, p.
545, 4859, IX, 42°; des officiers
ministériels, timbre, I, p. 494,
4714.
— des réprimandes du P. G., II, p. 6,
2247.
— des saisies immobilières, I, p. 405,
4394.
— des séparations, I, p. 548, 1787,
p. 475, 4647.
— de transmission, d'extraits de con-
damn. corporelles, au préfet ou
sous préfet, II, p. 443, 3558.
— de transcription des arrêts de cassation, civils, I, p. 257, 865,
crim., II, p. 376, 3443.
— des ventes publiques d'objets mobiliers, greffiers de J. de P. Décr.
2 déc. 4876, 29 mars 4879.
Règle de procédure criminelle non écrite,
II, p. 160, 2724.
Règlement des agents de change et courtiers de commerce, II, p. 464,
3736.
— des audiences, jours et heures, délibération, I, p. 447 à 420, 374
à 382, III, p. 499, 4843.
— d'avaries, statist. civile des appels,
III, p. 502, 5642, § 3, 43°.
— de compétence, II, p. 240, 2891,
incompétence du tribunal correctionnel, II, p. 255, 3048.
— des cours et tribunaux, Circ. min.,
27 nov. 4883.
— des frais criminels documents à
consulter, III, p. 23, 4280.
— général intérieur des cours et tribunaux, I, p. 447, 374-372, p.
448, 373-374, p.420, 384, p. 204,
656.
— des prisons, III, p. 143, 4553.
— inobservation des, blessures, homicide, I, p. 550, 4860, VII, 7°.
— de gestion annuelle des comm. pris.
et huissiers, III, p. 263, 4994.
— des honoraires des huissiers, III, p.
345, 5207, des notaires, III, p.
393-394, 5339 à 5344.
— immixtion des magistrats dans les,
II, p. 563, 4048
— de juges, I, p. 467 à 474, 4648 à
4629, crimes commis dans les
ports ou arsenaux, II, p. 454,
2706; après déclinatoire, II, p.
476, 2777; définition, III, p. 444,
4649; impossibilité de composer
le tribunal, I, p. 435, 435-436;

intervention du M. P., I, p. 478,
584, p. 487, 603, 40°; jugements
émanés de tribunaux suisses, I,
p. 389, 4335.
— du mode de recouvrement des frais
de justice, III, p. 64, 4404.
— municipal, caractère, II, p. 77,
2456; procès-verbaux, II, p. 24,
2286, 44°.
— d'ordre et distribution, statist., III,
p. 540, 5630.
— de police, II, p. 494, 497 à 2835 à
2842.
— de procédure correctionnelle ou
criminelle, II, p. 472 à 478,
2767 à 2784.
— professionnel, des officiers ministériels, infraction au, I, p. 475,
575.
— de stage des élèves en pharmacie,
greffe de J. de P., Circ. min., 44
juil. 4883.
— de taxe à témoin, III, p. 29, 4295.
— de vacation d'expert, III, p. 59,
4385.
Régnicole, assimilation d'étranger à un,
I, p. 437, 4507; justiciable, I,
p. 574, 4897.
Régularisation de qualification par la
chambre d'accus., II, p. 295,
3484.
— des registres de l'état civil, I, p.
348, 4492.
Réhabilitation des condamnés, III, p.
450 à 456, 4664 à 4682; après
la grâce, III, p. 89, 4480; récidive, III, p.434, 4624. Circ. min.
14 juin 4881.
— des faillis, I, p. 530 à 532, 4828 à
4837; statist. des cours, III,
p. 504, 5609, p. 583, 5784.
Réimpression d'un écrit, déjà condamné,
III, p. 409, 4543.
Réintégrande, L. 25 mai 4838.
Réintégration de détenu appelant, II,
p. 274, 3442.
— de détenu en apprentissage, II, p.
264, 3070 à 3072.
— de détenu sorti par permission
exceptionnelle, II, p. 446, 3568.
— de prévenu après l'audience, II, p.
224, 2938.
— de mineur au domicile paternel.
Circ. min., 44 mars 4884
Rejet de demande de nomination à un
officier ministériel, III, p. 255,
4969, III, p. 246, 4944; de permis de chasse, II, p. 485, 3805;
de réhabilitation, III, p. 455,
4679.
— de mémoire de frais, III, p. 69,
4447.

— de pourvoi en cassation, II, p. 376, 3445.

— de qualification par la chambre d'accusation, II, p. 295, 3184.

— de recours en grâce, III, p.83, 4462.

—. de taxe à un avoué, III, p. 287, 5064; à un greffier pour mauvaise écriture, II, p. 480, 2789.

Relâche d'un navire, I, p. 533, 4839.

Relation, criminelle, adultère, II, p. 454, 3700.

— du parquet avec l'autorité administrative et militaire, III, p. 434 à 433, 5445 à 5448; avec la gendarmerie, III, p. 433, 5450; avec les magistrats du siège, III, p. 194, 4796.

Relaxe, en police correctionnelle, démence ou imbécillité, I. p. 443, 4448; défaut de discernement, I, p. 594, 4960; jugement de défaut, signific., inutile, II, p. 247, 3047; p. 249, 3025; restitution du cautionnement, II, p. 168, 2754.

— en police simple, II, p. 202, 2860.

Rélégation, L. 27 mai 1885.

Relevé des condamnations à l'amende, II, p. 399, 3522; droits dus au greffier, III, p. 39, 4327.

— des contraignables, II, p. 446, 3676.

— décennal des actes des officiers ministériels en cas de suppression ou rétablissement d'un office, III, p. 376, 5294; p. 379, 5300.

— des jugements de S. P. susceptibles d'opposition ou d'appel, II, p. 206, 2876.

— mensuel des pointes, III, p. 482, 5564; p. 483, 5565 à 5567.

— opéré sur les registres des receveurs de l'enregistrement sur réquisition du M. P., III, p. 64, 4394.

— des produits des officiers ministériels, cession d'office, III, p. 235, 4915 à 4947; notaires, III, p. 380, 5302.

— des répertoires de notaire au M. P., III, p. 402, 5364.

— des travaux des tribunaux, III, p. 492, 5590.

Religieux, expulsion Décr. 29 mars 1880.

Religion, suffisamment éclairée du tribunal de S. P., II, p. 499, 2852.

Reliquat de compte, détournement par comptable public, II, p. 566, 4058.

Reliure du bulletin des arrêts de cassation, I, p. 100, 348; des lois, II, p. 99, 344.

— frais de, II, p. 94, 295.

Remboursement de cautionnement, III,

p. 264, 4988; p. 262 à 264, 4990 à 4995.

— de droits d'enregistrement, cession d'office, rejet ou réduction, III, p. 246, 4944.

— de frais de capture, III, p. 50, 4359, et appendice, p. 598, n° 58.

— de frais de justice, contrainte, II, p. 442, 3662; rôles de restitution, recouvrement, III, p. 73 à 75, 4432 à 4439.

— du timbre aux huissiers et greffiers, I, p. 495, 1716.

Remède, secret, vente de, I, p. 562, 4860, XXIII, 5°.

Réméré, vente à, C. civ. 4659 et suiv.

Remise de l'accusé à la gendarmerie pour translation, II, p. 305, 3247; appendice, p. 633, 44.

— en activité de magistrat, I, p. 76, 234.

— des affaires, I, p. 204, 655 à 657; p. 203, 660; p. 204, 662 à 664.

— des amendes, I, p.484, 593, 9°; officiers ministériels, III, p. 266, 5004; matières d'or et d'argent, II. p. 514, 3904.

— aux avoués et agréés sur les salaires des huissiers, I, p. 482, 1672; tribunal de commerce, III, p. 349, 5248.

— de cause, I, p. 467, 559; en S. P., II, p. 199, 2852.

— de citation à témoin, II, p. 138, 2656.

— de condamnations pécuniaires, administrations publiques, II, p. 287, 3459; grâce, III, p. 89, 4478.

— de la copie de citation par les témoins en P. C., II, p. 228, 2953.

— des dossiers communiqués au M. P., I, p. 212, 688.

— des droits d'enregistrement, I. p. 334, 4439.

— de l'emprisonnement pour délits douaniers, II, p. 609, 4179; III, p. 83, 4464.

— des exploits par les huissiers, obligation, I, p. 194, 628; III, p. 350, 5224.

— des frais, III, p. 77, 4445.

— des incapacités civiques, II, p. 645, 4495.

— de mineur aux parents, II, p. 259, 3064-3065.

— des minutes et répertoires d'un notaire à son remplaçant, III, p. 406, 5375; sommation aux héritiers, p. 407, 5378-5379.

— au parquet des exploits d'ajournement, I, p. 477, 1653.

— de peine, grâce, III, p. 76, 4440 ;
matière forestière, II, p. 594, 4426.
— de pièces aux avoués, III, p. 284,
5056.
— de pièces à conviction à la gendarmerie, II, p. 305, 3217 ; appendice, p. 633, 45 ; aux parties,
III, p. 328, 5163.
— refus de, affaire correctionnelle, II,
p. 227, 2947.
— de la surveillance de la haute police, II, p. 420, 3584 ; L. 27 mai
1885.
— à une session ultérieure, affaire
d'assises, II, p. 344, 3343.
— de titre, dispense de conciliation
pour demande en, I, p. 487,
603, 44°.
Remplaçant, militaire, faux nom, faux,
état civil, III, p. 4, 4248 ; juridiction à laquelle est soumis le,
I, p. 640, 2424.
Remplacement des assesseurs d'assises,
II, p. 347, 3256.
— d'avocat d'office, II, p. 342, 3337.
— de conseillers, I, p. 431 à 433, 421
à 426 ; chambre d'accusation, II,
p. 292, 3174.
— des dignitaires de la chambre des
avoués, III, p. 294, 5074.
— des greffiers, III, p. 344, 5429.
— des juges, I, p. 433 à 435, 426 à
436 ; rang, I, 24, 72 ; d'instruction, II, p. 56, 2386 ; de paix,
faute d'installation, I, 22, 66 ;
empêché ou absent, II, p. 494,
2823 ; liste du jury, II, p. 325, 3279.
— de juré, tirage de session, II, p.
327, 3286.
— des magistrats, I, p. 73, 223 ; II,
p. 547, 4003 ; défaut de résidence, I, p. 37, 444 ; droit au
traitement, I, p. 58, 478, III,
p. 474, 4730 ; préséances, I,
p. 24, 72.
— militaire, compétence, I, p. 459,
464, 1583, 4589 ; frauduleux, I,
p. 562, 4860, XXII, 8° ; complicité, III, p. 444, 4644 ; faux certificat, III, p. 7, 4229 ; fausse
déclaration, III, p. 4, 4248 ; officier ministériel, preuve du, III,
p. 248, 4948.
— du M. P., I, p. 445, 366-367, I, p.
443, 359 ; en simple police, II, p.
494, 2825, p. 492, 2826 à 2828,
p. 493, 2834 ; appendice, p. 629,
n° 37, p. 630, n° 28.
— de notaire démissionnaire obligé,
III, p. 405, 5372 ; moralement ou
physiquement incapable d'exercer, III, p. 404, 5369, suspendu, III, p. 379, 5297.

— de président des assises, II, p. 347,
3255.
— des registres de l'état civil, I, p.
369, 4266.
Remploi, en immeubles, I, p. 403, 4384.
— en rentes sur l'État *ibid.*
Rengagement, militaire, abus d'autorité,
II, p. 545, 3996.
Renonciation, acte de, office ministériel,
III, p. 247, 4946.
— à l'appel correctionnel, II, p. 274,
3443.
— au bénéfice des délais, accusés, II,
p. 309, 3234, 3232.
— au droit de présenter un successeur
à un office ministériel, III, p.
224, 4886.
Renouvellement de la chambre de discipline, avoués, III, p. 289,
5068 ; huissiers, III, p. 356,
5238 ; notaires, III, p. 440,
5390.
— des inscriptions hypothécaires, I,
p. 404, 1375.
— des tribunaux consulaires, I, p. 540,
4763 ; L. 8 décembre 1883, Cir.
min. 13 février 1884.
Renseignement sur les accusés, compte rendu des assises, III, p.
486, 5575, p. 587 à 589, 5795 à
5800.
— demandés par l'administration au
M. P., III, p. 432, 5446.
— sur les affaires instruites par le
parquet, demandés aux commissaires de police et J. de P., II, p.
33, 2324.
— sur les aspirants au notariat, III,
p. 375, 5289.
— sur les candidats juges de paix, III,
p. 478, 4754 ; officiers ministériels, III, p. 229, 4904.
— sur les condamnés sans acte de
naissance applicable, III, p. 474,
5534 : criminels ou correctionnels, greffe, registre de, III, p.
326, 5464, 24°.
— confidentiels et généraux sur les
magistrats, I, p. 66, 204-202.
— demandés par l'enregistrement sur
les officiers publics, contrave-
nants, III, p. 266, 5004.
— fournis par la gendarmerie, III,
p. 437, 5456 ; par les greffiers,
III, p. 39, 4327 ; par les hommes de l'art sur un point de
science, II, p. 437, 2654, III, p.
57, 4384.
— généraux, compte criminel, III, p.
542, 5698.
— sur les J. de P. au G. des S., III,
p. 484, 4767.
— officieux fournis par les J. de P. à

l'autorité administ., III, p. 485,
4770.

— personne entendue en police cor.,
à titre de, II, p. 230, 2959.

— recours en grâce, III, p. 79, 4449.

— réhabilitation, III, p. 454, 4674.

— rupturier, II, p. 424, 3599; L.
27 mai 1885.

Rente, demande en paiement d'arrérages
de, disp. de conciliat., I, p. 186,
603, 7.

— sur l'État, remploi en, I, p. 403,
1384; cautionnement du conservateur des hypothèques, I, p.407-
408, 1400, 1403.

— nationale, recouvrement des, I, p.
324, 1100.

— viagère, certificat de propriété et de
vie,III,p.395, 5346,p. 396,5347.

Rentrée des cours et tribunaux, I, p. 47,
145. Déc. min., 15 nov. 1881.
Circ. min., 24 oct. 1883; Décr.
4 juillet 1885.

— en France, d'un banni, II, p. 392,
3499; d'un déporté, p. 389,
3484; d'un étranger expulsé, I,
p. 549, 4860, VI, 2°; d'un re-
légué L. 27 mai 1885, 13.

Renversement de chaussée, digue, édifice ou pont, I, p. 545, 1859,
IX, 44°.

Renvoi, abusif d'affaires civiles, I, p. 204,
657, p. 203, 660, p. 204, 662.

— en accusation, II, p. 479, 2785, p.
629, 36.

— d'affaire d'assises à une autre session, II, p. 338, 3322 et p. 344,
3343, p. 348, 3355.

— d'affaire civile à un autre tribunal,
I, p. 135, 435-436; intervention
du M. P., I, p. 478, 584, p. 479,
594, I, p. 469-470, 1622, 1629.

— d'affaire correct., défaut du prévenu, II, p. 248, 3020, p. 249,
3025, incompétence, II, p 240,
2892, p. 244, 2893; insuffisance
de délai, II, p. 249, 2920, requis
par le M. P.; pour autre cause,
II, p. 227, 2947, p. 244, 2996 à
2999; refus de, II, p. 227, 2947.

— d'affaire criminelle ou correction.,
pour sûreté publique ou suspicion
légitime, III, p. 457 à 464, 4683
à 4696; à un tribunal voisin pour
impossibilité de pouvoir constituer celui qui est compétent, I,
p. 135, 435.

— approuvé, acte notarié, III, p. 390,
5329; non approuvé, III, p. 426,
5432.

— après cassation d'arrêt ou jugem.,
affaires criminelles, II, p. 374,
3435, p. 375, 3439, 3441.

— par chambre d'accusation, II, p.294,
3484.

— demande de, à un autre tribunal,
rejet, condamnation, I, p. 475,
577; 4°, dispense de conciliation,
I, p. 487, 603, 40°; instruction,
II, p. 58, 2392; simple police,
II, p. 499, 2852.

— des fins de la plainte par défaut en
police correct. II, p. 247, 3047;
pour défaut de discernement, I,
p. 594, 4960; pour démence ou
imbécillité, I, p. 443, 1448; en
simple police, II, p. 202, 2860.

— frauduleux, acte notarié, III, p. 426,
5432.

— hors poursuites, absolution et acquittement, II, p. 254, 3044, p.
257, 3054.

— indicatif et non attributif de juridiction des ordonnance, définitives de juge d'instruction et
des arrêts de chambre d'accusat.,
II, p. 295, 3482.

— en instruction par le président du
tribunal, à la suite des débats,
II, p. 258, 3057; par le tribunal
correctionnel, II, p. 255, 3047-
3048, p. 256, 3050.

— jugement de, civil, I, p. 452, 493,
p. 464, 535; correctionnel ou criminel, appel, II, p. 264. 3080; signification inutile, III, p. 42,
4335; recours en cassation, II, p.
360, 3387.

— des jurés dans la chambre de délibérations, II, p. 355, 3372.

— ordonnance de, instruction, II,
p. 475, 2775; III, p. 42, 4335;
incompétence, II, p. 400, 2537.

— d'un ouvrier imposé à un patron,
coalition, II, p. 502, 3859.

— des parties devant un autre juge de
paix, I, p. 481, 593, 6°; devant
un autre tribunal, I, p. 435, 435-
436; I, p. 469-470, 1622 à 1629.

— des poursuites sans dépens, II, p.
254, 3044; p. 434, 3625.

— de procédure au juge d'instruction
par le M. P., II, p. 472, 2767;
à une autre juridiction criminelle,
II, p. 480, 2790.

— pour prononcé de jugement correctionnel, II, p. 244, 3006.

— en simple police par tribunal correctionnel, II, p. 255, 3048.

— par tribunal de simple police sur la
demande du M.P., II, p 499, 2852.

Réparation des bâtiments judiciaires,
délibération des tribunaux, III,
p.499, 4813, 40°; fonds spéciaux,
I, p. 94, 293.

— civile, I, p. 573, 4894; C. P., 380;

frais à titre de, II, p. 436, 3646.
— condamnation d'une commune à des, I, p. 304, 4027 à 4030.
— d'un délit, poursuite en, II, p. 438, 3650; impression de jugement, II, p. 452, 3695.
— d'édifices, règlement sur la, II, p. 495, 2837.
— de faute ou préjudice, amende, II, p. 396, 3511.
— du mobilier des parquets, I, p. 87, 270.

Répartition des affaires d'un tribunal, I, p. 206, 667.
— des commissaires de police, II, p. 74, 2433.
— des dépens, I, p. 232, 766.
— des fonds alloués pour menues dépenses des cours et tribunaux, III, p. 499, 4813, 9°; Décr. 28 janvier, Circ. min., 44 avril, 8 août, Int., 15 déc. 1883.
— de l'indemnité pour suppression d'office, III, p. 224, 4878.
— du jury, II, p. 322, 3274.
— des magistrats pour la composition des chambres, I, p. 407, 334.
— du service des parquets, I, p. 414, 364.

Repentir, cause d'excuse insuffisante, I, p. 599, 4976.
— désertion, amnistie, acte de, instruct. minist. guerre, 23 mars 1880.

Répertoire du casier judiciaire, III, p. 469, 5528.
— des commissaires-priseurs, III, p. 302, 5105.
— des greffiers, double, III, p. 324, 5159; p. 325, 5161, 4°; inscription des états de frais et exécutoire de dépens, I, p. 234, 763; justice de paix, III, p. 327, 5162, 4°, 2°; visa, III, p. 331, 5172, 5173.
— des huissiers, III, p. 346, 5209; p. 354, 5234 p. 358, 5244; Circ. min., 40 août 1876.
— des notaires, III, p. 400 à 402, 5357 à 5364; appendice, p. 645, n° 73; non déposés au greffe, I, p. 476, 577.
— des officiers ministériels, I, p. 495, 4745; papier timbré, III, p. 242, 4882.

Répétiteur des lycées, suppression, Décr. 27 janvier 1877.

Répétition légitime des femmes ou mineurs, examen par le M. P., I, p. 402, 4384.
— de serment, II, p. 230, 2960.

Replacement des jurés sur la liste générale, II, p. 328, 3288.

Réplique des avocats, I, p. 247, 705; II p. 242, 3003-3004.
— du M. P., assises, II, p. 354, 3363; correctionnel, II, p. 242, 3003-3004.

Répondant d'un étranger, I, p. 382, 4340.

Réponse, écrite des accusés, coutumace, II, p. 538, 3977.
— de l'inculpé interrogé, II, p. 434, 2633; mensongère, III, p. 2, 4244.
— insertion obligatoire dans les journaux, III, p. 405, 4531; L. 29 juillet 1884.
— jury, II, p. 355, 3372.

Report des jurés sur la liste générale, II, p. 328, 3288.

Repos des accusé, défenseur, jurés, magistrats et témoins aux assises, II, p. 353, 3367.
— annuel du juge d'instruction ou des magistrats attachés aux chambres de vacation, III, p. 474, 4729.

Représailles, attirées à l'Etat, I, p. 540, 4859, 6°.

Représentation dramatique au mépris des droits d'auteur, I, p. 553, 4860, IX, 20°; confiscation de la recette, II, p. 400, 3527, 42°; autorisation, III, p. 465, 4714.
— des pièces à conviction à l'audience correctionnelle, II, p. 234, 2975; p. 237, 2985.
— d'un prévenu par avoué en police correctionnelle, III, p. 283, 5054-5055.

Répression, actes séditieux, II, p. 597, 4444.
— délits commis à l'audience, I, p. 440-444, 454 à 458.
— délits forestiers, II, p. 590, 592, 4420, 4427.
— par le M. P. en S. P., II, p. 493, 2831-2832; p. 494, 2833-2834.
— témoin défaillant, II, p. 448, 2694.
— tribunal de simple police, II, p. 200, 2854.

Réprimande, à un avocat, peine disciplinaire, II, p. 247, 4863.
— par le conseil académique, peine universitaire, III, p. 92, 4487.
— au M. P. pour inaction, I, p. 567, 4875.

Repris de justice, état de siège, I, p. 654, 2454; identité, II, p. 429, 2625; interrogatoire à l'audience correctionnelle, II, p. 237, 2984; témoin à décharge, II, p. 234, 2963.

Reprise de la contrainte, II, p. 454, 3689.

12

— do détenu évadé, I, p. 596, 4906, 8°.
— de fonctions, officiers ministériels, III, p. 253, 4962.
— d'instance, disp. de conciliation, I, p. 487, 603, 44°; droits des huissiers, I, p. 483, 4674.
— de poursuites, charges nouvelles, II, p. 488 à 490, 2818 à 2824.

Reproche d'officier de police judiciaire, II, p. 42, 2257.
— de témoin en pol. corr., II, p. 234, 2962 à 2965.

Reproduction de fausses nouvelles, I, p. 555, 4860, XI, 43°; III, p. 404, 4527.

Répudiation de succession dévolue à un mineur, I, p. 505, 4754.

Requête, absence, I, p. 263, 884.
— appel civil, I, p. 245, 849; correctionnel, II, p. 272, 3404, 3405; forestier, II, p. 598, 4435.
— autorisation d'ester en justice, femme mariée, I, p. 456, 4574.
— cassation, I, p. 255, 887.
— civile, dispense de consignation du M. P., I, p. 483, 597; p. 237, 785; p. 248 à 250, 834 à 840; contributions indirectes, I, p. 345, 4066, 4067; rejet et amende, I, p. 475, 877, 7°; réquisitions du M. P., I, p. 209, 679; statist., III, p. 502, 5642, § 2, 9°.
— en confiscation d'objets saisis, II, p. 245, 2906.
— pour contrainte par corps, administration, II, p. 444, 3666; élargissement du contraignable, II, p. 450, 3686.
— en désignation d'un autre tribunal correctionnel, II, p. 208, 2884.
— élargissement d'aliéné, I, p. 278, 936.
— d'expertise par l'enregistrement, I, p. 337, 4452, 4453.
— par le greffier au président pour remise de pièces à conviction au domaine, III, p. 328, 5464; p. 329, 5468.
— grossoyée, signification, Circ. min. 20 janvier 4876.
— en homologation d'acte de notoriété, I, p. 426, 4468; p. 427, 4474.
— en indication de juge, I, p. 435, 435-436.
— en interdiction, I, p. 444 à 446, 4420, 4427, 4430.
— introductive d'instance, I, p. 492-493, 647-648.
— de mise en liberté provisoire, II, p. 463, 2734, p. 464, 2736.
— postulation illicite, demande de perquisitions, III, p. 296, 5088.

— de pourvoi en cassation criminelle, II, p. 368, 3444.
— au président, droits des huissiers, I, p. 483, 4674; refus d'ordonnance, II, p. 562, 4046 et suiv;
— de prise à partie, II, p. 584, 4098; p. 582, 4404.
— rectification d'acte de l'état civil, I, p. 367, 4256.
— règlement de juge, III, p. 149, 4658 à 4660.
— réhabilitation, I, p. 534, 4830.
— renvoi d'une affaire à une autre session d'assises, II, p. 344, 3343.
— renvoi à un autre tribunal civil, impossibilité de constituer le tribunal, I, p. 435, 436; suspicion légitime, II, p. 488, 4689; appendice, p. 603, 63.
— succession vacante, I, p. 487, 4685 à 4688.

Réquisition d'un chef de maison, II, p. 4, 2239; p. 36, 2326 et 2328; officiers de police, II, p. 64, 2409.
— aux compagnies de chemins de fer, transport des prévenus, Circ. min. 29 oct. 4884, 5 juil. 4885.
— de la force publique, II, p. 3, 2236; par garde forestier, II, p. 92, 2544; illégale, II, p. 544, 3995.
— du M. P., affaire revendiquée par l'administration, I, p. 546, 4860, § 2, 6°;
  contrainte par corps, incarcération, II, p. 443, 3665; appendice, p. 636, 52;
  exécution capitale, II, p. 384, 3458-3459; appendice, p. 635, n° 48; p. 383, 3466, 3467;
  experts écrivains, III, p. 44, 4252; appendice, p. 597, 57; II, p. 42, 2345; appendice, p. 624, 27;
  extraction de prévenus pour l'audience, II, p. 224, 2938; à la gendarmerie, III, p. 434, 5452;
  incarcération des condamnés à l'emprisonnement, II, p. 407, 3544; p. 636, 54;
  information, II, p. 456, 2743, insertion de jugements, II, p. 452, 3696;
  interdiction du compte rendu des débats, avis au P. G., III, p. 404, 4528;
  mandats judiciaires, II, p. 408, 2564;
  mémoire de frais, III, p. 68, 4444, 4445;
  militaire, L. 3 juillet 4877, Décr. 2 août 4877;

aux officiers de l'armée, Circ.
min. 2 mai 1883 ;
en pol. correct., II, p. 240, 2994,
2995 ;
télégraphique de la gendarmerie, Circ. min. 18 novembre
1880 ;
tirage du jury de session, II, p.
326, 3283 ;
translation de l'accusé aux assises, II, p. 305, 3217; appendice, p. 632, 43 ;
transport des prévenus, II, p.
53, 2378, 2379 ;
en transport, II, p. 38, 2333 ;
d'usage de l'évocation à la la
chambre d'accusation, II, p. 310,
3234.
— des parties pour renvoi devant un
autre tribunal, III, p. 457, 4684.
— du P. G. près la cour de cassation,
aux fins de renvoi devant un autre
tribunal, III, p. 457, 4683.
— refus par la garde nationale d'obéir
à une, I, p. 538, 1800, XVI, 3°,
II p. 573, 4077, p. 874, 4079.
— de taxe, par témoin, III, p. 29,
4294.
Réquisitoire du M. P. accusation, II,
p. 297, 3490 ; assises, II, p. 350,
3361, 3362; pol. correct., II,
p. 244, 2997.
— définitif, II, p. 469, 2759, p. 470,
2760 à 2763.
— de dessaisissement, II. p. 404, 2544.
— écrit et motivé de mise en accusation, II, p. 297, 3490, p. 299,
3495.
— élection du bâtonnier des avocats,
III, p. 607, 65.
— final, II, p. 469 à 472, 2757, 2766.
— sur fait nouveau, II, p. 99. 2334.
— garde des minutes de notaire, décédé, III, p. 403, 5367, app., p.
647, 75.
— introductif, II, p. 97, 2529 et app.
p. 626, 34.
— du P. G. près la cour de cassation,
pour la saisir disciplinairement,
III, p. 492, 4789.
— de renvoi devant un autre juge d'instruction, II, p. 400, 2537.
— témoin défaillant, II, p. 445-446,
2677, 2681.
Rescindant, jugement ou arrêt sur le,
I, p. 249, 837.
Rescisoire, jugement ou arrêt, sur le, I,
p. 249, 837.
Réserve, droit d'appel, II, p. 273, 3440,
3444.
— par le M. P., à l'audience quant à
la répression, II, p. 245, 2905,
II, p. 240, 2994, II, p. 258,

3058; en pol. correct. quant à
la poursuite des crimes, II, p.
242, 3004, II, p. 258, 3057-3058;
poursuite des délits de chasse,
II, p. 494, 3834.
— ordonnance de renvoi en accusation,
II, p. 474, 2764-2765.
Réserviste, bulletin, n° 2, circ. min., 1er
oct. 1879.
— mariage de, I, p. 441, 1519 ; juridiction, I, p. 638, 2443.
— poursuites, juridiction, I, p. 638,
2444. L. 18 nov. 1875.
Résidence, avocats, III, p. 207, 4837.
— avoués, III, p. 281, 5048.
— commissaires de police, II, p. 74,
2433.
— condamnés aux travaux forcés, libérés, colonies, II, p. 387, 3478.
— étranger en France, I, p. 382,
1309.
— greffier et commis-greffier, III, p.
314, 5127.
— huissiers, III, p. 343-344, 5203,
5206.
— interdite, II p. 420, 3647; L. 27
mai 1885.
— juges de paix et suppléants, III, p.
174, 4744, p. 480, 4755, III, p.
481, 4760.
— magistrats, I, p. 36, 411 à 414 ;
transport hors de leur, III, p. 26,
4288-4289.
— notaires, III, p. 374, 5286, p. 377,
5292, p. 378, 5295, p. 382, 5305,
5307, p. 383 à 387, 5309 à 5320.
— obligée, II, p. 422, 3594, Décr.
30 août, Circ. min. int. 5 nov.
1875; L. 27 mai 1885; Circ.
min. Int., 1er juillet 1885.
— du président des assises, II, p. 348,
3288.
— du prévenu inconnu, II, p. 248,
2917 ; signification de défaut à
la dernière, II, p. 250, 3027.
Résiliation de baux à ferme, I, p. 186,
603, 3°.
— de traité de cession d'office impossible après nomination, III,
p. 244, 4937.
Résistance, à l'autorité publique, I,
p. 543, 1859, VI, 548, 1860 ;
V, 4°.
— des avoués à la mise au rôle, I,
p. 497, 642.
— à l'exécution des décisions judiciaires, II, p. 598, 4442.
— à l'exécution des jugements civils,
I, p. 258, 869 à 871 ; p. 259,
872 à 874.
— des officiers ministériels aux injonctions ou aux arrêtés ministériels, III, p. 273, 5027.

— permise contre arrestation illégale ou irrégulière, II, p. 421, 2604.

— par refus de répondre au juge d'instruction, II, p. 429, 2625.

Résolution d'attentat contre le gouvernement, la vie ou l'autorité du chef de l'Etat, I, p. 540, 1859, 9°.

Respect des autorités constituées, répression des délits contraires au, C. inst. crim. 504 et suiv.

— de la chose jugée, mépris du, I, p. 259, 872.

Responsabilité des avoués, III, p. 285, 5057.

— civile, amende, II, p. 396, 3512; appel, II, p. 282, 3143; chasse, II, p. 498, 3848; contrainte, II, p. 444, 3664; défaut, II, p. 247, 3048; généralités, II, p. 437 à 439, 3647 à 3654; des pères et mères pour les contraventions, II, p. 496, 2840; L. 6 octobre 1791, sect. VII, tit. II, art 7; pourvoi en cassation, II. p. 363, 3394; solidarité des dépens criminels, II, p. 435, 3641.

— des commis-greffier, III, p. 343, 5132.

— des communes, statist., III, p. 502, 5612, § 4, 8°; I, p. 300 à 304, 1007 à 1030; L. 5 avril 1884, C. F., 72.

— évasion de détenus, III, p. 428, 4602; des prévenus, II, p. 224, 2939.

— des gardes champêtres pour négligence dans les procès-verbaux, II, p. 86, 2489; des gardes forestiers, II, p. 94, 2509.

— des habitants d'une commune, I, p. 300, 4007.

— du juge, taxe à témoins, III, p. 34, 4314.

— du M. P., taxe de frais de justice, III, p. 70, 4422.

— ministérielle, II, p. 549, 4010, L. 25 février 1875.

— des notaires, actes nuls, III, p. 392, 5334; dissimulation, III, p. 393, 5336; placements, III, p. 392, 5335; statist. des appels, III, p. 502, 5612, § 4, 6°.

— du P. G., acte d'accusation, II, p. 302, 3205.

— d'un refus de service légalement requis, II, p. 573, 4077.

— du trésorier de fabrique, I, p. 397, 4362.

Ressort, judiciaire, I, p. 2, 2.

— arrêts et jugements en premier et dernier, I. p. 229, 750-754; p. 230, 755 à 758; p. 240, 795; correctionnel, II, p. 247, 3046;

p. 264, 3079; simple police, II, p. 202, 2860.

Restaurateur, fraude au préjudice d'un, I, p. 584, 1860, VIII, 6°.

Restauration des terrains en montagne, L. 4 avril, Décr. 44 juillet 1882, 23 octobre 1883.

Restitution de l'amende et des frais, III, p. 88, 4478.

— de cautionnement pour mise en liberté provisoire, II, p. 468, 2752 à 2754.

— condamnation à, contrainte par corps, II, p. 440, 3657.

— de choses soustraites, I, p. 568, 1880; II, p. 256, 3052.

— de frais de justice alloués indûment, III, p. 73, 4432; Circ. min. 14 avril 1884, 22 décembre 1884.

— ordonnée sur pourvoi en cassation, I, p. 256, 863.

— de pièces à conviction, II, p. 51, 2372; II, p. 256, 3053; contumace, II, p. 539, 3981; forêts, II, p. 590, 4422.

— question des, conclusions du M. P. en correctionnel, II, p. 244, 2998.

Restriction, à imposer aux dépositions en police correctionnelle, II, p. 232, 2966.

Résumé d'affaire correctionnelle par le M. P., II, p. 244, 2997.

— du président d'assises, II, p. 384, 3364.

— des travaux judiciaires de l'année, III, p. 492, 5589.

Rétablissement d'acte de l'état civil, I, p. 365, 1248; 1, p. 473, 573; droits des greffiers, III, p. 39, 4326.

— d'acte de mariage, I, p. 472, 572, 4°.

— d'acte notarié faux, par la cour d'assises, III, p. 8, 4234.

— d'une affaire civile, I, p. 450, 489.

— de cautionnement, III, p. 200, 4985.

— de la communauté dissoute par séparation de biens, I, p. 474, 1645.

— d'étude de notaire supprimée, III, p. 379, 5300.

— de pièce de procédure criminelle ou correctionnelle, II, p. 460, 2723.

— du registre de l'état-civil, I, p. 369 à 374, 1266 à 1274.

Retard d'envoi au P. G. de dossier de cession d'office, III, p. 251, 4965; de procédure criminelle, II, p. 181, 2794.

Retenue, peine disciplinaire des lycées et collèges, III, p. 92, 4488.
— de traitement, greffiers et commis-greffiers, III, p. 313-314, 5133 à 5135 ; magistrats, I, p. 57, 474 à 476.
Rétention de pièces par les avoués, III, p. 284, 5056; les officiers ministériels, III, p. 268, 5040.
Rétractation des aveux d'un prévenu en pol. correct., II, p. 237, 2984.
— de démission par notaire, III, p. 405, 5373.
— de désistement d'appel, II, p. 279, 3133.
— de désistement de plainte d'adultère, II, p. 459, 3744.
— de faux témoignage, III, p. 21, 4275.
— de jugement, I, p. 464, 545.
— de signataire de procès-verbal, II, p. 20, 2285.
Retrait de l'assistance judiciaire, I, p. 294, 292, 984 à 986.
— de permis de chasse, II, p. 485, 3805.
— de plainte, adultère, II, p. 455, 3703, p. 458, 3743.
Retraite, donnée avant le temps de l'éméritat, peine universitaire, III, p. 92, 4487, 6°.
— des magistrats, I, p. 67, 205, p. 68, 206 à 209, p. 69, 210.
— précipitée des fonctionnaires, II, p. 553, 4023; III, p. 428, 5436.
Retranchement d'insurgé, II, p. 474, 3759.
Rétribution, exigée par fonctionnaire, corruption, II, p. 557, 4030.
Rétroactivité des lois, I, p. 538, 4854 ; pénales, II, p. 263, 3076.
Rétrocession d'immeuble, I, p. 336, 4446.
Réunion des chambres d'accusation et d'appel corr., II, p. 293, 3477; des huissiers, III, p. 356, 5237; des notaires, III, p. 429 à 431, 5439 à 5444; absence, III, p. 447, 5405.
— électorale, I, p. 332, 4430 ; du collège électoral, II, p. 649, 4208.
— illicite, coalition, II, p. 502, 3864 ; L. 24 mars 1884, Circ. min., 45 septembre 1884.
— interdite, état de siège, I, p. 651, 2154.
— non autorisée, I, p. 546, 4860, 9°, p. 550, 4860, VI, 19° et 20°; L. 24 mars 1884, circ. min., 45 septembre 1884.
— officielle, cérémonie publique, I, p. 24, 75.
— pacifique, II, p. 468, 3747.

— publique, infractions, I, p. 550, 4860, VI, 2°; L. 30 juin 1884 ; Circ. min., 43 mars 1883; L. 21 mars 1884 ; Circ. 45 sept. 1884.
— de rebelles, I, p. 543, 1859, VI, 2°.
— séditieuse, facilité donnée, I, p. 544, 1859, 14° ; provocation ou direction, I, p. 550, 4860, VII, 3°
Réunion (la), C. P. métropolitain, Décr., 8 janvier 1877.
Révélation, afficheur, crieur, distributeur ou vendeur d'imprimés, C. P., 284.
— de complice, exemption de peine, frais, dépens, II, p. 436, 3644.
— de complot, I, p. 596, 1966, 2°.
— de condamné à mort, II, p. 380, 3450.
— de faux monnayeur, I, p. 596, 1966, 6°.
— de l'inculpé au cours de l'interrogatoire, II, p. 430, 2631.
— non exigible des témoins, II, p. 446, 2682 à 2684.
— de secret de fabrique, I, p. 548, 4859, IX, 9°; I, p. 552, 4860, IX, 9°.
— de secret professionnel, I, p. 554, 4860, VII, 23°; II, p. 29, 2307.
Revendeur, défaut ou irrégularité des registres, compte crim., III, p. 568, 5757, § 4, 4°, art. 471, § 15 du C. P.
— règlement de police, II, p. 496, 2837, 4°, § 8.
Revendication d'affaire judiciaire par l'administration, C. P., 128.
— faillite, C. de com., 574 et suiv.
Revenu moyen des offices minist., calcul, III, p. 233, 234, 4941, 4942.
— public, concussion, II, p. 554, 4025.
Révision, conseil de, fausse déclaration, III, p. 4, 4248 ; jugement au sujet d'une délibération, I, p. 376, 4294.
— des jugements suisses, I, p. 389, 1335.
— des lois constitutionnelles, L., 25 février 1875, art. 8, L. 14 août 1884.
— de procès criminel, III, p. 464 à 465, 4697 à 4706.
Révocabilité des magistrats, I, p. 50, 453.
Révocation d'arrêté autorisant un changement d'avoué, III, p. 281, 5049.
— de nom, I, p. 373, 4284.
— de commissaire de police, II, p. 72, 2439.
— de fonctionnaire, II, p. 546, 4000.
— de garde champêtre, II, p. 82, 2475.

— de greffier, III, p. 312, 5130 ; commis greffier, III, p. 314, 5434.
— des huissiers, III, p. 339, 5194 ; p. 342, 5200.
— des instituteurs primaires, III, p. 92, 4489.
— de magistrats, I, p. 11, 22 p. 49, 149, 150, p. 52, 460, p. 53, 462, p. 56, 170, p. 82, 256,
— de mandat d'amener, II, p. 52, 2376.
— de mandat de dépôt, II, p. 123, 2607 ; II, p. 244, 3006.
— de nomination de président des assises. II, p. 348, 3257.
— d'officier de l'état-civil, I, p. 350, 4497.
— d'officier ministériel, présentation de successeur, III, p. 223, 4885, p. 228, 4897 ; radiation des listes électorales, III, p. 268, 5007.
— de président d'assises, II, p. 348, 3257.

Révolte, provocation, presse, circ. min., 13 mars 1883.

Révolution, responsabilité des communes, I, p. 302, 1016.

Revolver, arme prohibée, II, p. 466, 3743.

Rhabilleur, médecine illégale, I, p. 562, 4860, XXIII, 4° ; II, p. 210, 2890.

Rigueur, inutile, abus d'autorité, II, p. 543, 3990.

Rivière, cadavre rejeté par une, I. p. 380, 1304 ;
— pêche, délits, I, p. 558, 4860, XV, 2° ;
— propriété, C. C., 538.

Rixe, arrestation, II, p. 122, 2604 ; répression, II, p. 195, 2837, 2°, § 1, art. 311 C. P., 605, 600, 606 C. 3 brumaire, an IV, L. 18 thermidor, an III, L. 21 avril 1832, art. 10.
— réserve du M. P. pour les poursuites, I, p. 572, 4891.

Robe, avoués, III, p. 281, 5048 ; greffiers, III, p. 314, 5126 ; juge, I, p. 420, 382, p. 422, 388 ; juge de paix, III, p. 181, 4758, p. 184, 4768, 6°.

Rochefort, bagne, II, p. 384, 3469.

Rôle des assises, II, p. 343, 3339.
— d'audience, I, p. 419, 378, p. 420, 382 ; registre, III, p. 325, 5161, 4° ; vérification du M. P., III, p. 332, 5175.
— des causes, I, p. 496 à 499, 637 à 646.
— des contributions foncières, I, p. 335, 1144.
— dispense du, affaires domaniales, I, p. 322, 1094.

— d'équipage, I, p. 563, 4860, XXIV, 3°.
— d'expédition, 1, p. 234, 774 ; fraction de, III, p. 37, 4321 ; greffe, droits, III, p. 36, 4319 ; jugem. de S. P., maximum de, II, p. 198, 2844 ; taxe aux huissiers, III, p. 41, 4333, 4334 ; taxe à un traducteur, III, p. 58, 4384.
— inscription au, droit de greffe, III, p. 317, 5141 ; statist., III, p. 606, 5621.
— de minute de greffier, nombre de lignes et syllabes, III, p 319, 5145 ; prolixité calculée, III, p. 320, 5147, ou frauduleuse, III, p. 286, 5061.
— de répartition des cotisations pour la bourse commune des notaires, III, p. 430, 5442.
— de restitution, décerné par le G. des S., III, p. 70, 4420, p. 73, 4432, p. 74, 4433.

Romaine, balance, poinçonnage, Décr., 20 janv. 1880.

Rossignol, C. P., art. 398.

Rouissage du chanvre, contravention, art. 471, § 15 du C. P. ; règlement, II, p. 496, 2837, 5°, § 3 ; statist., III, p. 568, 5757, § 2, 10°.

Roulage, amendes pour contravention, II, p. 398, 3524 ; infraction à la police du, II, p. 22, 2286 ; peines, L. 30 mai 1851 ; Décr. 10 août 1852, II, p. 529, 3949 ; ponts et chaussées, états des ingénieurs transmis au parquet, II, p. 246, 3045.

Roulement des assesseurs d'assises, II, p. 348, 3250.
— des chambres d'accusation, II, p. 293, 3176.
— des cours et trib., I, p. 106 à 108, 333 à 344, p. 409 à 411, 345 à 355 ; circ. min., 11 août 1883, 27 novembre 1883 ; Décr. 4 juillet 1885.
— des juges d'instruction, II, p. 57, 2390.
— de tambour, attroupement, sommations, II, p. 468, 3749, p. 469, 3751.

Roulier, obligations des, I, p. 561, 4860, XXI, 2°.

Roupie, taux de la, Inde, Décr., 13 sept. 1884.

Route, frais de route aux gendarmes pour conduite de détenus, III, p. 55, 4374. Circ. min. 5 juillet 1885.
— inobservation des règlements relatifs à la police des, statist., III, p. 569, 5757, 44°.

— traversant une ville, police de, II, p. 196, 2838.

Ruban de la légion d'honneur, port illégal, II, p. 575, 4084.

Ruche, destruction, C. P., 479, 1°.

Rue, nettoyage, C. P., 474, §§ 3 et 7.

— sûreté et commodité des, II, p. 195, 2837, 1°.

Ruine de bâtiment, responsabilité civile des propriétaires ou fermiers, II, p. 437, 3647.

Rumeur publique, connaissance de faits délictueux par la, II, p. 27, 2303; soupçons, II, p. 34, 2322.

Rupture de ban, II, p. 422 à 425, 3591 à 3602; du banni, II, p. 390,

3490, p. 392, 3499; du déporté, II, p. 389, 3484; récidive, III, p. 435, 4622; résidence interdite II, p. 429, 3617; L. 27 mai 1885, Circ. min. Int. 1er juillet 1885.

— surveillance de la haute police, I, p. 549, 1860, VI, 4°; reconnaissance de l'identité du rupturier, III, p. 132, 4614; récidive, III, p. 135, 4621, 4622, p. 138, 4629; voir Circ. min., 22 mars 1881; L. 17 mai 1885; Circ. min. Int. 1er juillet 1885.

— d'instruments aratoires, cabanes, parcs, I, p. 554, 1860, 7°.

S

Sabre, arme de guerre, II, p. 466, 3742.

— contrebande avec, II, p. 601, 4155.

Sac, pour pièces à conviction, II, p. 49, 2368.

— vol dans les champs avec, I, p. 554, 1860, VIII, 2°.

Sagacité du magistrat, II, p. 34, 2323; II, p. 598, 4144.

— du M. P. pour les taxes, III, p. 51, 4360.

Sage-femme, expert, II, p. 44, 2342.

— secret professionnel, II, p. 29, 2307; II, p. 146, 2682.

— taxe des vacations, III, p. 56 à 59, 4378 à 4388.

Sagesse du jury, remise à la, II, p. 350, 3361.

Saint-Domingue, exploits destinés à, I, p. 479, 1659.

Sainteté du serment, II, p. 230, 3061.

Saisi, détournement d'objets saisis sur le, I, p. 259, 871-872; I, p. 554, 1860, VIII, 4°; tentative, I, p. 594, 1951.

Saisie-arrêt, par établissements de bienfaisance, I, p. 294, 989.

frais de constitution d'avoué, III, p. 288, 5065.

par incapables, I, p. 294, 990.

irrégulière, I, p. 475, 575.

répartition du prix, I, 449, 1546.

signification, I, p. 478, 1655; p. 479, 1661.

sur sommes dues par l'Etat, I, p. 324, 1104.

— d'armes prohibées, C. P., 314.

— des biens de Français à l'étranger, I, p. 386, 1326.

— brandon, répartition du prix de vente, I, p. 450, 1546; statist., III, p. 502, 5642, § 2, 480.

— de cartes à jouer, II, p. 543, 3897.

— de cautionnement d'officier ministériel, III, p. 261, 4989.

— et confiscation, pénalité de, II, p. 399 à 403, 3526 à 3534.

— conservatoire, C. de Proc., 849, Com., 172.

— au domicile d'un inculpé d'objets lui appartenant, II, p. 237, 2985.

— douane, compétence, II, p. 600, 4149.

— engin prohibé, chasse, II, p. 492, 3826.

— exécution, I, p. 244, 816; statist., III, p. 502, 5642, § 2, 14°.

— d'exemplaires, affiches, avis, bulletins écrits, feuilles, imprimés, journaux anonymes, C. P., 286.

— de feuilles, écrits, journaux, publiés en contravention, III, p. 402, 1548.

— foraine, statist., III, p. 502, 5642, § 2, 23°, C. de Proc., 822.

— gagerie, répartition du prix de vente, I, p. 450, 1546; compétence des juges de paix, III, p. 185, 4772; statist., III, p. 502, 5642, § 2, 22°, art. 819, C. de Proc.

— du gibier en temps prohibé, II, p. 489, 3814, 3816.

— immobilière, I, 403 à 406, 4385 à 4394.

   distribution du prix, I, p. 454, 4566.

   intervention de la gendarmerie, III, p. 438, 5458.

   simultanée dans divers arrondissements, conclus. du M. P., I, p. 181, 893.

   vente sur, placards, huissiers, III, p. 353, 5229.

— d'inculpé, droits dus, III, p. 50, 4357.

— de lettre à l'audience, II, p. 32, 2318.

   par le juge d'instruct., II, p. 544, 3994.

— de navire, C. de Com., 197 à 215.

— octroi, II, p. 519, 3948.

— de planches et exemplaires de chansons, figures, images, pamphlets contraires aux bonnes mœurs, C. P., 287.

— de pièces à conviction, par garde forest., II, p. 91, 2507; p. 92, 2512-2513.

   par juge d'instruction, II, p. 59, 2396.

   par le M. P., II, p. 48, 2367.

— de poudre, II, p. 521, 3926.

— par le préfet, II, p. 4, 2239-2240; p. 73, 2440; lettres, II, p. 544, 3994.

— préventive, dessins, emblèmes, écrits, gravures, images, imprimés, peintures et autres productions honteuses ou obscènes, L. 2 août, Circ. min., 7 août 1882.

   de rente, répartition, I, p. 450, 4546.

— revendication, statist., III, p. 502, 5612, § 2, 24°, art. 826, C. de Proc.

Saisine des syndics de faillite pour l'administration des biens du failli, II, p. 477, 3777.

Salaire de dépositaire de registres de l'état-civil, I, p. 351, 1202; p. 352, 1203; p. 354, 1211.

— des gardes champêtres, II, p. 82, 2476.

   forestiers, II, p. 89, 2503.

— des greffiers, III, p. 35 à 39, 4316 à 4328; bullet. n° 2, III, p. 475, 5544, III, p. 314 à 321, 5435 à 5452.

— des huissiers, III, p. 39 à 48, 4328 à 4355; p. 345 à 349, 5207 à 5218; fausse déclaration, III, p. 2, 4212; signification de défaut, II, p. 250, 3029.

— indu reçu par fonctionnaires, offi-

ciers publics, leurs commis ou préposés, concussion, II, p. 554, 4025.

— d'interprète, II, p. 135, 2646.

— des ouvriers, hausse et baisse, coalition, II, p. 502, 3858; tentative d'abaissement, I, p. 591, 4951; L. 21 mars 1884.

Saline, L. 24 avril 1806, art. 1er.

Salle d'asile, I, p. 177, 878; III, p. 97, 4507, L. 2 août 1884.

— d'assises, I, p. 85, 263 à 265.

— d'attente des témoins, I, p. 84, 262; conduite des témoins à la, II, p. 228, 2952.

— de dépôt des prévenus, I, p. 84, 262.

— d'école ou de mairie, vente aux enchères dans les, III, p. 398, 5351.

— de ventes publiques, Décr. 12 mars 1859.

Salpêtre, contravention aux lois sur, I, p. 559, 1860, XIX; réglementation, II, p. 521 à 524, 3924 à 3933.

Saltimbanques, protection des enfants, L. 7 décembre 1874.

Salubrité des prisons, surveillance, III, p. 112, 4549.

— publique, règlements, II, p. 196, 2837, 3°; contraventions, art. 471, §§ 6, 14, 15 et 475, § 14; statist., III, p. 568, 5757, § 2.

Sanglier, colportage permis, Circ. min., 21 mars 1874; Circ. min. int., 16 juin 1881; chasse, destruction, L. 5 avril 1884, 90.

Santé, publique, faits punissables, I, p. 562, 1860, XXIII.

— militaire, service, Décr. 27 mai 1882.

Sardaigne, commission rogatoire, II, p. 155, 2709-2710; extradition, I, p. 577, 4904.

Satisfaction, pécuniaire, amende, II, p. 396, 3514.

Sauf-conduit, au failli, I, p. 525, 1808 p. 527, 1818.

Saumon, longueur, pêche, Décr. 10 août, 20 novembre 1875.

Sauvetage, statist. des appels, III, p. 502, 5612, § 3, 15°.

Sauveteur, salaire dû au, I, 327, 1114.

Savoie, organisation judiciaire, Décr. 1er août 1860, 22 août 1860.

Saxe, extradition, I, p. 577, 4904.

Scandale, audience, I, p. 146-147, 477 et 478.

— à l'église, I, p. 30, 92.

— résultant de mariage prohibé, I, p. 446, 1535.

Sceau et cachets des cours et tribunaux, mobilier, I, p. 89, 279; p. 90, 280-281.

— droit de, dispenses, I, p. 435, 4498;
naturalisation, I, p. 383, 4345;
nom, changement, I, p. 374,
4272; service à l'étranger, I, p.
385, 4324.

— de l'Etat, contrefaçon du, 1, p. 544,
4859, § 3, 2°.

— judiciaire, chargements, III, p.
449, 5487.
enveloppes, II, p. 409, 2566.
pièces à conviction, II, p. 49,
2368.

— des notaires, III, p. 364, 5259.

— du secret, II, p. 446-147, 2682 à
2684.

Scellé, apposition, absence, I, p. 263,
882; action d'office du M. P., I,
p. 474, 573, I. p. 484, 4676;
divorce, C. C., 270; failli, I, p.
522, 4802; militaires absents, I,
p. 270, 905; minutes de notaire
décédé, III, p. 403, 5366-5367;
notaire destitué ou en fuite, III,
p. 422, 5420; sur pièces à conviction, II, p. 46, 2360; p. 49,
2368; succession en déshérence,
I, p. 490, 4696 à 4699; succession d'étranger, Circ. min. 47
août 4872; urne du jury, II, p.
329, 3289; ustensiles d'imprimerie et articles de librairie, I,
p. 519, 4789; vacation des
greffiers de just. de p., Circ. min.
27 novembre 4880.

— à bord des navires, effets des pas-
sagers, I, p. 486, 4681.

— bris, II, p. 544, 3986, 7°; par un
voleur, I, p. 545, 4859, 4°.

— croisement des, Circ. min., 17 août
4872.

— levée de, I p. 484, 4676.

— opportunité d'apposer les, présomption de crime, I, p. 379, 4300.

— opposition au, III, p. 268, 5008;
statist., III, p. 525, 5659.

Schiste, huile, L. 46 septembre 4874;
réglementation, Décr. 27 janvier
4872, et 19 mai 4873.

Scie, pour couper des arbres sur pied,
usage de la, II, p. 594, 4425.

Scrutin d'élection, altération, falsification, II, p. 544, 3985; II, p. 648,
4206; violation, II, p. 648,
4208.

— élection consulaire, Circ. min.
43 février 4884.

— nomination des membres de la
chambre des notaires, III, p. 440,
5388; destitution ou suspension
d'un notaire, III, p. 448, 5410.

— secret du jury, II, p. 354, 3370.

Séance d'assises, II, p. 345, 3348.

— du conseil-d'Etat et du corps légis-

latif, comptes rendus, III, p.
102-103, 4520, 4524.

— du juge d'instruction au tribun.,
II, p. 57, 2389.

— des magistrats, I, p. 22 à 24, 67 à 74.

Secours, aux anciens militaires, arrérages,
III, p. 397, 5348.

— aux ennemis, argent, armes, hommes, vivres, C. P., 77.

— au failli, I, p. 523, 4802, n° 47.

— aux huissiers nécessiteux, III, p.
359, 5247.

— refus de, accident, flagrant délit,
pillage, C. P., 475, 42°.

Secret de la confession, II, p. 29, 2307.

— des délibérations, I, p. 457, 543;
II, p. 298, 3493.

— d'Etat, révélation, I, p. 540, 4859,
4°; II, p. 544, 3985, 4°.

— de fabrique, I, p. 545, 4859,
IX, 9°.

— de l'instruction, II, p. 103, 2549;
p. 457, 2745, 2717.

— mise au secret par le juge d'instr.,
II, p. 126, 2649-2620; 472,
2766; par le M. P., II. p. 52,
2375.

— non professionnel, déposition, assises, II, p. 318, 3354; Pol.
corr., II, p. 232, 2967.

— professionnel respecté, II, p. 29,
2307; II, p. 446, 2682; avocats,
III, p. 212, 4854.
révélation de, I, p. 554, 4860,
23°.

— promis par serment, II, p. 232,
2967.

— du bureau d'assistance judiciaire,
I, p. 282, 950.

Secrétaire des chambres de discipline,
avoués, III, p. 290, 5070, 5073;
huissiers, III, p. 355, 5233, 5234;
notaires, III, p. 444, 5392; p.
443, 5397; refus de délivrer expédition des délibérations au
M. P., III, p. 447, 5405.

— du conseil de discipline des avocats, III, p. 244, 4857.

— des écoles de droit, serment, III,
III, p. 439, 5464.

— de mairie, I, p. 354, 4498; concussion, II, p. 555, 4027, 7°; corruption, II, p. 559, 4036, 2°; incompatibilité avec les fonctions
de greffier, III, p. 309, 5422.
protection des enfants en bas âge,
Circ. min. 42 février 4883.

— de parquet, I, p. 60, 483; p. 97,
303.

Section de bureau d'assist. judic., I, p.
282, 949-950.

— de commune, L. 5 avril 4884,
art. 4.

— criminelle de cour d'appel, II, p. 490, 2848.
— de tribunal consulaire, I, p. 542, 4770.

Sécurité de la commune assurée par le maire, II, p. 78, 2458; L. 5 avril 1884.
— des transactions, II, p. 547, 4003.
— statist. des contraventions à la, III, p. 567, 5757, § 1.

Séditieux, pardon aux, I, p. 596, 4966; peine, C. P., 97; répression, presse, Circ. min., 13 mars 1883

Sédition, motif d'état de siège, I, p. 650, 2152.
— bandes ou réunions, C. P., 97, 98.

Séduction, envers juges et jurés, II, p. 558, 4035.
— envers témoins, II, p. 457, 2745.

Seigle, ergoté, vente, L. 23 juin 1873.

Séjour des condamnés dans les maisons d'arrêt et de justice, II, p. 411, 3552.
— forcé des médecins experts, III, p. 59, 4387.
— du président des assises au chef-lieu de la cour, II, p. 348, 3258; indemnité, III, p. 25, 4284.
— des surveillés de la haute police à leur résidence, II, p. 422, 3594 ; L. 27 mai 1885, Circ. min. Int. 1er juillet 1885.
— des témoins, frais de, III, p. 29, 4295 ; p. 31, 4303.
gendarmerie, Circ. min. 29 novembre 1884 ; note min. guerre, 25 mars 1885.

Sel, contravention aux lois sur le, I, p. 557, 4860, XIII, 6° ; législation, II, p. 524-525, 3934-3935.

Séminaire, autorisation de plaider, I, p. 294, 988.
— affaires concernant les, I, p. 476, 578; 6°.

Semis, contravention, C. For., 223.

Sénat, constitution, L. 9 décembre 1884.
— des états sardes, commission rogatoire, II, p. 455, 2740.

Sénateur, poursuite contre, I, p. 627, 2080.

Sentence arbitrale, I, p. 334, 4135; exécutoire en Suisse, I, p. 389, 4334; statist. commerciale, III, p. 527, 5664.
— judiciaire, I, p. 457, 545; cassation, I, p. 252, 848.

Sentiment, politique des candidats officiers ministériels, renseignements sur, III, p. 254, 4953.
commissaires-priseurs, III, p.300, 5102.

Sentinelle d'honneur au président d'assises, I, p. 36, 440; au P. G., art. 95, Décr. 6 juillet 1810.

Séparation des accusés à l'audience, II, p. 346, 3348.
— de corps, I, p. 471 à 474, 1630 à 1644.
demande en, I, p. 472, 572, 5°.
dispense de conciliation, I, p. 487, 603, 42°·
divorce, Circ. min. 3 octobre 1884.
interdiction du compte rendu des débats, III, p. 103, 4524.
plainte en adultère après, II, p. 487, 3708.
statist. civile, III, p. 519, 5648 à 5651.
— de biens, I, p. 474 à 476, 1642 à 1661 ; affichage, I, p. 518, 1787; conclusion du M. P., I, p. 480, 594, 14°; registre des publications de jugements de, greffe, III, p. 325, 5164, 9°; p. 326, 5164, 22°; statist., III, p. 502, 5642, § 2, 26°.
— des pouvoirs, I, p. 305, 1034; sanction, II, p. 563, 4048; III, p. 431, 5446.

Septuagénaire, contrainte par corps contre, II, p. 443, 3664.
— déportation de, II, p. 390, 3488.
— juré, L. 21 novembre 1872, 5.

Sépulture à la charge de succession, en deshérence, I, p. 494, 1704.
— d'inconnu, I, p. 379, 1301.
— de magistrat, I, p. 33, 34, 102.
— violation de, I, p. 554, 4860, VII, 49°.

Séquestration d'aliéné, I, p. 449, 1444; I, p. 276 et 277, 925 à 929; p. 420, 1444.
— arbitraire de personne, II, p. 551, 4017.
— illégale, crime, I, p. 544, 4859, VIII, 8°; délit, I, p. 550, 4860, VII, 44°, 42°.
— de prévenu provoquée par le M. P. II, p. 258, 3059.

Séquestre des animaux, art. 39 et 436 Décr. 18 juin 1811.
— des biens du contumax, II, p. 531, 3955 ; p. 534, 3963.
— des choses enlevées par les gardes champêtres, II, p. 87, 2495.
— de livres étrangers par un agent de librairie, III, p. 107, 4537.
— opéré par les gardes champêtres, II, p. 87, 2495 ; forestiers, II, p. 92, 2512, 2514.
— statist. des appels, III, p. 502, 5642, § 1, 27.

Sergent de recrutement, corruption, II, p. 557, 4032.
— de ville, caractère, II, p. 3, 2237; procès-verbal, II, p. 76, 2452.

— affirmation des procès-verbaux, II, p. 15, 2268.

Serment, agent de change, II, p. 462, 3729.

— agent du monopole des allumettes, II, p. 508, 3880.

— avocat, III, p. 204, 205, 4829 à 4832.

— avoué, III, p. 280, 5046.

— commis greffier, III, p. 313, 5131.

— commissaire-priseur, III, p. 300, 5100.

— conservateur des hypoth. I, p. 408, 1402.

— courtier de commerce, II, p. 462, 3729.

— déféré par le M. P., partie jointe, I, p. 183, 598.

— expert en écriture, III, p. 15, 4252; appendice, p. 597, 57; autre, II, p. 42, 2346, 2347.

— facteur ou garde vente d'adjudicataire de coupe, II, p. 585, 4108.

— faux, au civil, C. P., 366; I, p. 544, 4859, 13°.

— fonctionnaires, III, p. 438 à 443, 5461 à 5470; électifs ou temporaires, II, p. 546, 4002; omission de prestation, pénalité, II, p. 545, 3998; I, p. 548, 4860, IV, 13°.

— des gardes champêtres communaux, II, p. 82, 2477; forestiers, II, p. 89, 2560; particuliers, II, 2484.

— greffier, III, p. 307, 5147, 9°; p. 388. 5121.

— interprète, II, p. 433, 2644, 2642; pol. cor.., II, p. 236, 2981.

— juré, II, p. 346, 3350.

— magistrats, I, p. 15 à 19, 37 à 54, p. 123, 389, p. 434, 432; juges consulaires, I. p. 423, 389; p. 510, 1762; 1, p. 514, 4777, 3°; juge d'instruct., II, p. 55, 2385; juge de paix et suppl., I, p. 423, 389; juge suppl., III, p. 474, 4740.

— notaire, III, p. 381, 5305; p. 382, 5306.

— officiers ministériels, III, p. 256, 4974 à 4975; caution préalable, III, p. 259, 4982.

— politique ou général, III, p. 440, 5464.

— prestation de, audience civile, III, p. 170, 4725; magistrats, ordre de, I, p. 514, 4768.

— professionnel ou spécial, III, p. 444, 5465.

— à un prince étranger, I, p. 385, 1321; p. 386, 1324.

— refus de, C. inst. crim. 355.

— sur la sincérité du prix de cession d'office, III, p. 232, 4908.

— témoin aux assises, II, p. 349, 3357.

de mariage, I, p. 428, 1473.

mode d'audition, information, II, p. 143, 144, 2671 à 2676; en pol. corr., II, p. 229 à 233, 2956, 2771; en pol. simple, II, p. 499, 2852, 2853.

Serrure, effraction, vol, C. P. 393.

Serrurier expert, II, p. 40, 2344.

Service, actif ou sédentaire de la magistrature, remise en, I, p. 76, 234.

— de la chambre des notaires, obligat., III, p. 440, 5388.

— civil des magistrats, I, p. 68, 209; p. 73, 223; p. 74, 229.

— exceptionnel, décoration, III, p. 172, 4734.

— d'extraction des prévenus, II, p. 224, 2938, 2939.

— extraordinaire de la gendarmerie, p. 436, 5456.

— des gardes champêtres, II, p. 82, 2474.

— des huissiers audienciers, III, p. 344, 5199; p. 342, 5200, 5201; p. 345, 5207; refus de, III, p. 351, 5222.

— de juge suppléant, III, p. 175, 4743, 4745.

— légalement requis, refus, peine, 475, § 12, du C. P., statist. III, p. 569, 5757, IV°, 8°.

— militaire, Algérie, L. 6 novembre 1875; à l'étranger, I, p. 384, 385, 1318 et 1321.

exclusion par interdiction des droits civiques, II, p. 449, 3576.

exonération frauduleuse, III, p. 440, 441, 4635, 4636; p. 442, 4642, 4643.

infirmité ou maladie simulée, III, p. 444, 4640.

interdiction civique, II, p. 448, 3576.

des magistrats, pension, I, p. 74, 228; réserve, Circ. min. 29 mars 1876, 5 août 1876, 13 août 1877, 25 août 1877, 26 octobre 1877, 14 février 1878, 29 mars 1878, 24 juillet 1878.

— mutilation volontaire pour se soustraire au, III, p. 440, 4637.

— des ordres, I, p. 453, 1564.

— du parquet, I, p. 144 à 147, 353 à 370.

— de la police, II, p. 70 à 72, 2430 à 2439.

— postal et télégraphique, Décr., du 6 décembre 1873.

— public, certificat fabriqué pour s'y soustraire, C. P. 159 et suiv.

— refus de, par comm^re, officier ou sous-offi. de la force publique, II p. 573, 574, 4076 à 4079. en cas de réquisition, C. P. 234, 475, § 12.

Serviteur, abus de confiance, C. P., 408.
— accusé fugitif, notifications, II, p. 303, 3211.
— signification de défaut, II, p. 250, 3028.
— viol, C. P. 333.
— vol, C. P. 386.

Servitude militaire, I, p. 325, 4104.
— statist., III, p. 501, 5642, 12°.

Session d'assises extraordinaires, I, p. 61, 187; ordinaires, II, p. 310 à 312, 3236 à 3241; ordonnance, II, p. 312, 3242-3243; présidence, II, p. 318, 319, 3259, 3261.

Sévérité des juges taxateurs, III, p. 51, 4360.
— du M. P. pour excuses des jurés, II, p. 335, 3308.

Sévices, motif de séparation, I, p. 471, 1630; p. 472, 1634; p. 473, 1639.

Sevrage, enfant en, protection, Circ. min. 12 février 1883.

Sexagénaire, âge constaté au dossier, II, p. 482, 2795, 3°.
— contrainte par corps réduite de moitié, II, p. 449, 3684.
— lieu de détention des condamnés aux trav. forcés à perpét., II, p. 385, 3472; III, p. 120, 4573.

Sexe, séparé dans les écoles, III. p. 97, 4506; dans les prisons, III, p. 116, 4560, 8°.

Sicile, extradition, I, p. 577, 4904; ouverture de succession, I, p. 489, 4695.

Siège d'audience du M. P., I, p. 87, 271.
— de cour d'assises, II, p. 343, 3244.
— état de, I, p. 650 à 653, 2152 à 2160.
— de jurés, II, p. 345, 3345.
— réservé aux magistrats, cérémonie, église, I, p. 31, 95-96.

Signal d'alarme, chemin de fer, usage sans motif, Décr. 11 août 1883; navire, Décr. 4 nov. 1879.

Signalement de contumax, II, p. 540, 3983.
— décédé inconnu, I, p. 379, 1303; p. 380, 1304.
— envoyé au ministre de l'intérieur pour insertion à la feuille de, III, p. 164-165, 4707, 4710.
— des évadés, III, p. 126, 4593.
— sur extraits de condamnation, Circ. min. 7 juin 1879, 19 mars 1880.

— feuille de, insertion des mandats d'arrêt à la, II, p. 125, 2616.
— frais d'impression de, III, p. 53, 136, 6°.
— gens suspects, II, p. 40, 2340.
— recueilli au cours d'interrogatoire, II, p. 131, 2632.
— transmis aux gardes champêtres par la gendarmerie, II, p. 83, 2480.

Signature, acte d'accusation, II, p. 302, 3205.
— acte de l'état-civil, I, p. 348, 1190-1192; p. 349, 1193-1194.
— acte notarié, III, p. 390, 5325.
— arrêt de cour d'assises, II, p. 366, 3377: omission, prise à partie, II, p. 580, 4095.
— article de journaux, III, p. 101, 4516; L. 29 juillet 1881.
— contre-seing, franchise postale, III, p. 446, 5476 à 5478.
— déclaration du jury, C. Inst. crim., 349.
— déniée et reconnue vraie, I, p. 175, 577, 2°.
— dénonciation, II, p. 30, 2311; p. 79, 2464.
— dépositions reçues en transport, II, p. 40, 2340.
— écrits électoraux, Circ. min. 27 fév. 1876.
— exploit de notification de liste des jurés, II, p. 331, 3297.
— extorquée, C. P., 400.
   acte illégal, inconstitutionnel, II, p. 549, 4011.
   acte notarié, III, p. 6, 4226.
— fausse, attentat à la liberté, II, p. 541, 3985, 3°.
   interrogatoire de l'inculpé. III, p. 2, 4211.
   pièces diverses, crime ou délit, III, p. 4, 4219.
   registres d'administrations publiques, III, p. 7, 4229.
— d'imprimés rendus publics, L. 29 juillet, Circ. min. 9 nov. 1881.
— des interrogatoires, II, p. 432, 2636.
— des jugements civils, I, p. 164 à 167, 547 à 556; correction., II, p. 246, 3044; police simple, retard, prise à partie, II, p. 580, 4095.
— légalisation de, III, p. 252, 4960.
— lisible, exigée des fonctionnaires ou magistrats, I, p. 5, 10.
— mandats, II, p. 405, 2553.
— notaire, dépôt au greffe de, III, p. 388, 5321.
— notes d'audience correct., II, p. 235, 2976-2977.

— d'officier de l'état-civil, dépôt au greffe, I, p. 332. 1205.

— d'officier ministériel conforme à l'orthographe de l'acte de naissance, III, p. 247, 4947.

— d'original de citation, II, p. 219, 2918.

— de partie prenante exigée sur mémoire ou état de frais, III, p. 69, 4417.

— de pièce arguée de faux, ne varietur, III, p. 12, 4245-4246 ; p. 13, 4249.

— de pièce de comparaison, III, p. 45, 4253.

— de pièce à conviction, II, p. 49, 2368.

— de plainte, II, p. 30, 2310 ; p. 79, 2464.

— de procès-verbaux de garde forestier, II, p. 93, 2517.
de séances d'assises, II, p. 356, 3377.

— des questions posées au jury, II, p. 352, 3366.

— des ratures et renvois, C. Inst. crim., p. 78.

— des registres des prisons, III, p. 449, 4871.

— des réquisitions du M. P. en pol. corr., II, p. 240, 2995.

— du P. G., C. inst. crim., art. 277.

— surprise pour acte illégal, II, p. 549, 4009.

Signe d'approbation ou d'improbation, I, p. 139, 450.

— de l'autorité suprême, dégradé ou enlevé, I, p. 546, 4860, § 2, 14°.

— destiné à propager l'esprit de rébellion ou à troubler l'ordre public, I, p. 547, 4860, § 2, 16°.

— de ralliement, port public, L. 29 juillet, Cir. min. 9 nov. 1831.

— séditieux, exposition, ibid.

Signification d'appel, au préfet dans les affaires domaniales, I, p. 323, 4098.

— d'arrêts ou jugements civils, I, p. 236 à 237, 781 à 784.
préalablement à l'appel, I, p, 243, 809.

— de cédule à témoins, II, p. 137, 2653 ; ports et arsenaux, II, p. 153, 2706.

— de citations correct., II, p. 217, 2944.

— des conclusions civiles, I, p. 207, 671.

— des défauts, I, p. 223, 728 ; p. 225, 734-735 ; de police correct., II, p. 248 à 250, 3022 à 3029 ; frais, p. 251, 3034 ; p. 253, 3040 ; opposition et appel, II, p. 270, 3097.

— des exploits, I, p. 194 à 195, 625 à 636.
affaires douanières, II, p. 607, 4473 ; hors du territoire, I, p. 478, 4689.

— expropriation, I, p. 393, 1350.

— frustratoire, taxe rejetée, III, p. 69, 4416.

— des huissiers, règles générales, III, p. 40 à 42. 4332 à 4336.

— illisible, I, p. 476, 577, 43°.

— irrégulière, I, p. 499, 1727 ; p. 500, 1728.

— de jugements, contrainte, II, p. 443, 3665.
de police simple, II, p. 206, 2875.

— des mandats, II, p. 106, 2558 ; d'amener, 113, 2584 ; d'arrêt, p. 124, 2609, 2612 ; ports et arsenaux, II, p. 153, 2706.
au M. P. par la partie civile, II, p. 487, 2807.

— des ordonnances de renvoi, II, p. 477, 2781 ; II, p. 247, 2944.

— au prévenu, de l'opposition du M. P. à une ordonnance finale du juge d'instruction, II, p. 186, 2806.

— des qualités en matière civile par le M. P., partie principale, I, p. 460, 527.

— règles générales, I, p. 477 à 484, 1652 à 1675.

— requête de prise à partie, II, p. p. 582, 4104.

Silence, à l'audience, I, p. 139, 448.

— blâmable des maires sur les faits punissables, II, p. 77, 2458.

— de la loi, prétexte à déni de justice, II, p. 562, 4044.

Simarre du magistrat portée par un avocat, II, 576, 4086.

Simple police, affaires, II, p. 191 à 207, 2822 à 2882 ; contrainte, II, p. 449, 3682.

— récusation, I, p. 462, 1594 à 1597 ;

— tribunal de, II, p. 191 à 194, 2822 à 2834.

Simulation d'actes, fonctionnaire, adjudication, II, p. 570, 4068, 4069.

— franchise postale, III, p. 454, 5499.

— d'infirmité, recrut., III, p. 144, 4640.

— de prix, adjudication devant notaire, III, p. 398, 5352 ; cession d'office, III, p. 231, 232, 4906 à 4909.

Sincérité de certificats de stage et autres, III, p. 249, 4953 ; des obligations entre parties, III, p. 254, 4964 ; III, p. 380, 5304 ; du prix en matière de cession d'office, III, p. 232, 4908.

Sobriété de paroles pour la réplique du M. P. aux assises, II, p. 351, 3363.

Société, charitable, placement des jeunes détenus correct., II, p. 260, 3068.
— civile, statist., III, p. 502, 5612, § 1, 24 ; III, p. 527, 5663.
— commerciale, affichage, I, p. 517, 1875 ; statist. III, p. 502, 5612, § 3, 1°.
  greffe, registre des, III, 326, 5161, 21°,
  infractions aux règles sur, I, p. 553, 4860, IX, 26°, 27° ; stat. des actes de dépôt, III, p. 524, 5659.
— exploitation d'un notariat, III, p. 362, 5255.
— opposée au gouvernem., affiliation de magistrats, III, p. 487, 4775.
— opérations usuraires, III, p. 168, 4720.
— secours mutuels, I, p. 177, 578.
— secrète, surveillance et répression, II, p. 598, 4144.

Sœur du prévenu, témoignage en P. C. de la, II, p. 234, 2063.

Soin, administré à un blessé, frais de, III, p. 56, 4378.

Soissons, perte des registres de l'état civil à, I, p. 367, 1258.

Soit communiqué, ordonnance de, II, p. 469, 2758 ; II, p, 174, 2774.

Soldat, incorporation, I, p. 637, 2144 ; p. 640, 2121.
— jeune, casier, Circ. min. 4 avril 1885.
— réserviste, I, p. 638, 2143.
— témoin, taxe, III, p. 32, 33, 4306 à 4308.

Solde, militaire en demi, I, p. 640, 2124.

Sole, pêche, longueur, Décr., 10 août, 20 novembre 1875.

Solennité judiciaire, I, p. 24, 73, 74.
— notaires, III, p. 388, 5322.

Solidarité, amendes, II, p. 397, 3547
— chasse, II, p. 499, 3880.
— contrebande, II, p. 640, 4484, 4485.
— contributions indirectes, II, p. 507, 3875.
— dépens au civil, I, p. 232, 765.
— évasion de détenu, connivence, C. P. 244.
— frais et dépens au criminel, II, p. 435, 436, 3641 à 3646 ; répartition, Circ. min. 12 juin 1884.

Sollicitation, envers témoin, II, p. 457, 2715.

Solvabilité des condamnés, grâces, Cir. min., 20 mars 1876.
— des contraignables, II, p. 446, 3674, 3675; p. 449, 3684.

— des officiers ministériels, III, p. 222, 4884 ; III, p. 380, 5302.

Solvit, sur les actes judiciaires signifiés par huissiers, III, p. 349, 5247.

Sommation de communiquer un dossier au M. P., I, p. 214, 686.
— à un détenu de comparaître en pol. corr., II, p. 225, 2942.
— des huissiers, III, p. 350, 5220.
— aux incapables notifiée au M. P., I, p. 405, 4393.
— au juge en cas de déni de justice, II, p. 582, 4400.
— légale, attroupements, II, p. 469, 3750, 3751 ; p. 470, 3752.
— au mari par la femme pour ester en justice, I, p. 456, 4373.
— par le M. P. aux héritiers d'un notaire pour remise des minutes, III, p. 407, 5378, 5379.
— préalable au faux incident, III, p. 17, 4263.

Sommier des condamnations à la préfect. de police, III, p. 476, 5547.
— des notes d'audience, III, p. 325, 5161, 5°.
— du receveur de l'enregistrement, I, 491, 4704.

Somnambule, C. P., 479, § 7, 480, § 4 ; I, p. 562, 4860, XXIII, 1°.

Son de caisse ou de trompe, II, p. 470, 3752 ; p. 532, 3957.

Songe, métier de deviner, pronostiquer et expliquer, art. 479, § 7, 480 § 4 du C. P., statist., III, p. 569, 5757, 9°.

Sonnerie des cloches des églises, L. 5 avril 1884, art. 100.

Sophistication, boissons, denrées, engrais, médicaments, vins, I, p. 553, 4860, IX, 16°, 17°, Circ. min. 1er septembre 1879.

Sorcellerie, escroquerie, I, p. 554, 4860, VIII, 8°.

Sortie de détenu tolérée par un gardien, III, p. 129, 4607.
— des élèves, privation, peine disciplinaire, III, p. 92, 4488, 3°.

Soulèvement, insurrection, II, p. 471, 3756 à 3759.

Soumission de caution civile et correctionn., registre de, III, p. 325, 5164, 14°.
— paiement des frais de détention d'un mineur, I, p. 316, 4072.

Soupçon, sur qui les porter, II, p. 34, 2422.

Sourd-muet, électeur, I, p. 330, 1149.
— inculpé, II, p. 134, 2644.
— interprète de, salaire, III, p. 65, 4402.
— mariage, I, p. 442, 4553,

Souscription, association internationale, I, p. 546, 1860, § 2, 14°.
— indemnité de condamnation judiciaire, I, p. 555, 1860, X, 14, L. 29 juillet et Circ. min. 9 novembre 1881.
— des magistrats, calamité ou nécessité publique, I, p. 97, 304.

Sous-inspecteur des écoles primaires, franchise post., III, p. 464, 5545, § 2, 14; III, p. 464, 5519, VIII, 5.
— des forêts, II, p. 94, 2524; poursuite des délits, II, p. 585, 4406; franchise post., III, p. 463, 5519, V, 3°; p. 465, 5524, § 3, 3°.

Sous-intendant, décédé, scellés, I, p. 486, 1682; franchise post., III, p. 464, 5545, § 10; recours du receveur de l'enregist. contre le, II, p. 453, 2705.

Sous-lieutenant de gendarmerie, II, p. 78, 2464.

Sous-officier de la force publique, refus d'agir sur réquisition, I, p. 548, 1860, V, 4°; II, p. 573, 4076.
— de gendarmerie, II, p. 3, 2237; force des procès-verbaux, II, p. 24, 2286, 10°.

Sous-préfet, attroupement, intervention, II, p. 469, 3749; commerce de denrées, I, p. 548, 1860, IV, 4°; II, p. 574, 4071.
— empiètement sur les fonctions judiciaires, II, p. 563, 4055.
— franchise postale, III, p. 459, 5511, 5512; p. 460, 5513; p. 464, 5515; p. 462, 5516, p. 464, 5519; p. 465, 5520, 5524; p. 466, 5522.

Sous-seing privé, mention du timbre dans un acte, I, p. 497, 1724; III, p. 224, 4381.
— recherches pour en connaître l'auteur, vérification d'écriture, I, p. 507, 1758.
— rédigé par individu sans caractère ni pouvoir, III, p. 397, 5349.

Soustraction d'actes ou titres, I, p. 542, 1859, IV, 2°; I, p. 549, 1860, VI, 8°.
— de bulletins de vote, II, p. 647, 4206.
— par comptables ou dépositaires publics de deniers, effets, titres, I, p. 542, 1859, IV, 2°; I, p. 547, 1860, IV, 4°; II, p. 565 à 569, 4056 à 4067.
— dans les établissements militaires, II, p. 8, 2249, 16 et 17.
— frauduleuse, vol, C. P., 379, 401.
— de fumier ou engrais portés sur les terres, I, p. 557, 1860, XII, 3°.

— par notaire, de pièce ou titre, III, p. 408, 5382.
— à des parents ou alliés, I, p. 623, 624, 2064 à 2064; III, p. 9, 4233.
— de pièces dans les dépôts publics, I, p. 543, 1859, VI, 8°; II, p. 544, 3986, 6°.
produites en justice, I, p. 554, 1860, VIII, 10°.
— de procédures criminelles ou correctionnelles, II, p. 460, 2722.

Souteneur, I, p. 549, 1860, VI, 15°; I, p. 550, 1860, VII, 9°; Circ. min. 23 mai 1885.

Souterrain, circ. aggrav., de vol, I, p. 545, 1859, IX, 1°; fraude, octroi, II, p. 520, 3922.

Souverain, étranger, offense à, I, p. 626, 2074.

Spectacle, règlements, II, p. 195, 2837, 2°, 8.

Spéculation illicite, par fausse nouvelle, III, p. 104, 4528.
— interdite aux notaires, III, p. 446, 5404.
— sur offices ministériels, III, p. 375, 5288.
— scandaleuse, adultère, II, p. 458, 3710.

Spiritueux, fraudes, répression, L. 23 février 1872.

Spoliation, C. C., 1446.

Stabilité des institutions politiques, fait attentatoire à la, avis au G. des S. et au P. G., II, p. 26, 2300.

Stage, avocat, III, p. 206, 4833; certificat, III, 249, 4952, 4953; p. 250, 4955; prolongation, peine disciplinaire, III, p. 217, 4863.
— avoués, III, p. 277, 5037; p. 278, 5039.
— commissaires priseurs, III, p. 300, 5100.
— greffiers, III, p. 306, 5147.
— huissiers, III, p. 335, 5185; p. 338, 5192.
— notaires, III, p. 364 à 370, 5264 à 5275; dispense, III, p. 372, 5284.

Stagiaire, avocat, III, p. 204, 4828.

Stalle, de chœur réservée aux magistrats, cérémonies religieuses, I, p. 34, 96.

Stationnement des voitures, règlement, II, p. 195, 2837, 1°, § 9.

Statisque agricole, commissions, juges de paix, Dépêche min. 13 septembre 1875.
— civile, III, p. 494 à 544, 5595 à 5693.
— criminelle, III, p. 544 à 594, 5695 à 5846.

Statue, dégradation, C. P., 257.

Statut, personnel, I, p. 477, 581.
— religieux, ordres, congrégations, Décr. 29 mars 1880.
Stellionnat, I, p. 296, 996, 4°.
Stipulation, illicite, cession d'office, III, p. 240 à 244, 4929, 4938 ; III, p. 407, 5380 ; résidence des huissiers, III, p. 343, 5204.
— illicite avec failli, II, p. 479, 3785, 3786.
— qualifiée verbale, I, p. 499, 1727.
— secrète, cession d'office, III, p. 231 à 233, 4906 à 4909.
Stupidité, I, p. 417, 1433.
Stylet, arme prohibée, II, p. 466, 3743.
Subdélégation, par un juge délégué pour informer, II, p. 450, 2696.
Subordination des gendarmes, officiers du M. P. au M. P., II, p. 78, 2461.
— du M. P. au P. G., I, p. 51, 157.
— des officiers de la police, auxiliaires du M. P., II, p. 67, 2423.
— des officiers du M. P. de S. P. au P. de la R., II, p. 192, 2828.
Subornation de témoins, I, p. 544, 4889, VIII, 42° ; confiscation du prix, II, p. 400, 3527, 7° ; III, p. 22, 4279 ; tentative de, I, p. 590, 4949.
Subrogé tuteur, I, p. 500, 1730 ; à un condamné, C. P., 29.
— failli, banqueroutier, II, p. 477, 3777.
Subsistance, objet de commerce illicite, confiscation, II, p. 400, 3527, 4°.
— des prisonniers déposés dans les chambres de sûreté, III, p. 124, 4589.
Substance d'acte, examen pour le faux, III, p. 4, 2, 4210, 4211.
— falsifiée ou corrompue, L. 27 mars 1851.
— inflammables, Décr. 27 janvier 1872, 19 mai 1873.
— nuisible à la santé, administration de, I, p. 550, 4860, VII, 5°.
— vénéneuse, vente de, I, p. 562, 4860, XXIII, 3 et 4.
Substitut de 1re instance, I, p. 444, 364 ; p. 416, 368 ; appel correct., II, p. 265, 3082 ; délégué au conseil académique, Décis. min. 16 février 1853 ; indemnité de déplacement, Décr. 12 janvier 1884.
— du Proc. Gén., I, p. 443, 357, 358 ; chambre d'accus., II, p. 293, 3176 ; pourvoi en cassat., II, p. 362, 3392 ; près la cour des comptes, Décr. 20 octobre 1880.
Substitution d'arme de chasse à celle saisie et décrite, II, p. 500, 3853.

— d'enfant, I, p. 514, 4859, VIII, 9.
— de mandat de dépôt à mandat d'arrêt, II, p. 445, 2588.
— de nom, I, p. 372, 4277.
— de peine, III, p. 89, 4482.
— de qualification par la chambre d'accus., II, p. 295, 3184.
— recrutement, I, p. 459, 1584 ; p. 460, 1587 et p. 562, 1860, XXII, 8° ; III, p. 444, 4641.
de suffrage, vote, C. P., 111 et 112.
— succession, I, p. 493-494, 1710-1713, I, p. 173, 572, 7°.
Successeur de notaire, III, p. 402, 5362.
Succession, bénéficiaire, concl. du M. P., I, p. 484, 593.
vente, I, p. 486, 4683 et 4684.
— captation, C. C., 4416.
— compte civil, III, p. 504, 5612, 13.
— en déshérence, I, p. 490 à 492, 4696 à 4706 ; I, 320, 4084, Inst. génér. de l'enregistrem., 40 octobre 1878 ; bull. offic., 4879, p. 99.
— dévolue à des mineurs, I, p. 505, 1751.
— de François mort en Suisse, I, p. 388, 1333.
— greffe, registre des déclarations d'acceptation ou de renonciation à, III, p. 325, 5161, 8°.
— vacante, I, p. 487 à 489, 4685 à 1695.
d'officier minist., III, p. 226, 4893, instruction générale de l'enregistrement, 45 juin 1878.
Sucre, contraventions, II, p. 528, 2936-2937.
régime, LL. 30 décembre 1875, 19 juillet 1880, 29 juillet 1884.
Suède et Norwège, extradition, I, p. 577, 1904.
Suffrage, élections, achat et vente, II, p. 648, 4207 ; altération, II, p. 544, 3985.
— interdiction du droit, C. P., 42-43.
— jury, majorité, II, p. 354, 3370.
Suicide, coopération à, I, p. 585, 4930.
— constatation, I, p. 377, 4295 ; transport, indemnité, III, p. 26, 4288.
— présomption, II, p. 45, 2356.
— statist., III, p. 546, 5705 ; p. 574, 5762.
Suisse, casier judiciaire, échange de bulletins n° 4, Circ. min. 20 déc. 4880, 7 déc. 1884, III.
— concierge, signification au, I, p. 481, 1668.

— enfants français naturalisés suisses, Circ. min. 18 novembre 1880, Circ, min. int., 24 mars 1884.

—— nationaux, extradition, I, p. 577, 1904; indigents aliénés, Décr. 3 août 1883.

mariages, Circ. min. 2 août 1884. matière civile et commerciale, compétence, Circ. min. 12 avril 1873.

liquidat. de success., I, p. 387 à 389, 1332 à 1336.

témoin, II, p. 144, 2665.

— pêche dans les eaux frontières, Décr. 28 décembre 1882.

— séjour, établissement des Français en, traité, Décr. 13 mai 1882.

Suite, donnée aux affaires, statist., III, p. 544 à 546, 5704, 5705.

— des marchandises, circulation en fraude, II, p. 505, 3367.

Supercherie, jeu, C. Civ., 4967, C. P., 405.

Suppléant de dignitaires ou officiers de la chambre des notaires, III, p. 413, 5398.

— de juge de paix, affirmat. des procès-verbaux, II, p. 43, 2264.

attroupements intervention, II, p. 469, 3749.

candidat, juge de paix, III, p. 479, 4752, 4754.

liste du jury, II, p. 322-323, 3272-3273.

nomination, III, p. 476, 4747.

parenté et alliance prohibées, III, p. 220, 4875.

poursuite contre un, I, p. 630, 2087.

serment, III, p. 439, 5462, 2°.

— de juge de 1re instance, avocat, III, p. 208, 4840.

délibération des tribunaux, III, p. 200, 4815.

généralités, III, p. 473 à 476, 4736 à 4746.

remplacement, juge suspendu, III, p. 498, 4814.

— juré, II, p. 323, 3276; p. 332, 3300; p. 333, 3304.

Supplément d'hypothèque légale, I, p. 403, 1383.

— d'information, II, p. 456, 2714; II, p. 469, 2759.

ordonné par la chambre d'accusation, II, p. 295, 3183; II, p. 178, 2782.

par le juge d'instruction, II, p. 178, 2782.

— de prix, cession d'office, contrelettre, III, p, 231, 4906.

Supplice, capital, II, p. 379, 3449; parricide, *ibid.*, p. 3450.

— instruments de, vente, III, p. 60, 4390.

Supplicié, corps de, II, p. 379, 3451.

Supplique, recours en grâce, III, p. 78, 4446; p. 79, 4447-4448, p. 81, 4456.

Supposition d'enfant, I, p. 544, 1859, VIII, 9°.

— de nom, feuille de route, C. P., 157; lettre de change, C. de Com., 112; passe-port, C. P., 154.

— de personne, acte notarié, faux par, III, p. 7, 4228; p. 397, 5350.

Suppression d'acte de mariage, faute de l'officier de l'état-civil, I, p. 449, 1544.

— de commis-greffier, emploi, Circ. min. 13 novembre, 27 décembre 1883.

— d'emploi, magistrature, I, p. 68, 208; p. 78, 231.

— d'enfant et de part, I, p. 544, 1859, VIII, 9°; I, p. 627, 2077.

— d'écrit ou mémoire ordonnée par arrêt ou jugement, I, p. 233, 769.

— d'état, I, p. 627, 2077.

— frauduleuse de la vérité par écrit faux, III, p. 4, 4210.

—. de journal, III, p. 106, 4532.

— de juge suppléant, Circ. min. 13 novembre 1883.

— de lettre confiée à la poste, I, p. 548, 1860, IV, 9°; II, p. 543, 3993.

— de nom, I, p. 372, 1277.

— d'objet saisi, presse, III, p. 109, 4543.

— d'office, III, p. 220, 4877; p. 245, 4942; huissier, III, p. 334, 5482; notaire, III, p. 377 à 379, 5293 à 5300.

— de stage, peine discipl., notaire, III, p. 370, 5275.

— de titre ou acte par dépositaire public, II, p. 544, 3985, 6°.

Suprématie du procureur sur les commissaires de police, II, p. 75, 2454.

Surcharge, acte notarié, III, p. 394, 5329; III, p. 426, 5432.

— copie d'acte d'accusation ou arrêt de renvoi, II, p. 303, 3209.

— liste des jurés, notification, II, p. 334, 3297.

Surdité, juré, II p. 334, 3305.

— témoins, assises, II, p. 349, 3357.

Surenchère, statist. des appels, III, p. 502, 5642, § 2, 25; des ventes, III, p. 538 539, 5687 à 5694.

Sûreté de l'Etat, crime contre la, I, p. 540, 1859.

état de siège, tribunaux militaires, I, p. 651, 2455.

poursuite, articulation de faits, II, 98, 2530.

surveillance de la haute police, II, p. 420, 3583; L. 27 mai 1885, Circ. min. int., 1er juil. 1885.

— générale, infractions aux lois de, I, p. 547, 1860, § 2, 17°; II, p. 599, 4445; direction, Décr., 9 février 1876.

— police de, agent demandé par les parquets, III, p. 64, 4394.

— publique, contraventions, statist., III, p. 567, 5757.

renvoi devant un autre tribunal pour cause de, III, p. 157, 4683; p. 159, 4690.

— de la voie publique, II, p. 195, 2837.

Surnom, acte de naissance, L. 6 fructidor an II.

— signature de procès-verbal par un, II, p. 93, 2517.

Surnuméraire, détournement, II, p. 567, 4061.

Surprise de la signature d'un ministre ordonnant ou autorisant un acte contraire aux constitutions, C.P., 116.

Sursis, contrainte par corps, II, p. 446, 3676.

— contumace, II, p. 534, 3963.

— délai de citation insuffisant en pol. correct., II, p. 233, 2969.

— exécution capitale, II, p. 379, 3452, 3453.

— exécution de jugements correct., II, p. 287, 3160.

— faillite, I, p. 524, 1807.

— faux incident, III, p. 18, 4265, 4266.

— indéfini, déni de justice, II, p. 562, 4045.

— information de délit, II, p. 474, 2764.

— inscription de faux, II, p. 24, 2293 et 2296.

— par M. P., condamnation de témoin, II, p. 233, 2970; jugement correct., II, p. 254, 3042.

— police simple, II, p. 204, 2857.

— police correct., coups et blessures, II, p. 254, 3043.

— recours en grâce, III, p. 82, 4458, 4459; p. 83, 4461.

— révision de procès crim., III, p. 463, 4706.

— suspicion légitime, III, p. 459 et 460, 4694.

— tribunal de répression, I, p. 645, 2138 - 2139; p. 646, 2140 à 2141.

Surveillance des agents de change par le M. P., II, p. 445, 3565, 3566.

— du canton, par le juge de paix, II, p. 68, 2426.

— des commissaires priseurs, par le M. P., III, p. 302, 5105.

— des commissaires de police, par le M. P., II, 74, 2435.

— des condamnés, en prison par le M. P., II, p. 445, 3565-3566.

— des établissements d'instruct. publique, III, p. 94 à 99, 4494 à 4509.

— de l'exécution des peines correct. par le M. P., II, p. 406, 3540; p. 412, 3557.

— des frais de justice criminelle, III, p. 23, 4281.

— des gardes champêtres, II, p. 84, 2483.

— des greffiers par le M. P., III, p. 312, 5130; p. 330, 5174.

— de la haute police, accessoire de la détention, II, p. 394, 3493; II, p. 419 à 425, 3577 à 3602; condamnation pour complicité d'évasion, III, p. 130, 4609; poudres, II, p. 524, 3933; récidive, III, p. 137, 4627; remise par voie de grâce, III, p. 77, 4444; p. 89 et 90, 4482; tableau des condamnés, état mensuel, III, p. 482, 5564; p. 488, 5574; Décr. 30 août 1875, Circ. min. int., 5 novembre 1875; L. 27 mai 1885, Circ. min. int., 1er juil. 1885.

— des huissiers, par le M. P., III, p. 354, 5233.

— sur les jeunes détenus en apprentissage, II, p. 264, 3070.

— des maisons d'arrêt, III, p. 444, 4547-4548.

— des marchés passés par les cours et tribunaux avec les imprimeurs, III, p. 53, 4369.

— des notaires, par le M. P., III, p. 364, 5260.

— des officiers de gendarmerie, par le M. P. et le juge d'instruct., II, p. 79, 2462.

— des officiers ministériels, par le M. P., III, p. 267, 5005.

— des officiers du M. P. de simple police, par le procureur de 1re inst., II, p. 492, 2828.

— politique, rapport du M. P., II, p. 596-597, 4438 à 4440.

— du P. G., sur l'instruction, II, p. 58 2392; sur les officiers de police judiciaire, II, p. 6, 2247.

— du procureur de 1re inst., sur les officiers de police judiciaire, II, p. 6, 2248.

— des registres de l'état civil, I, p. 350, 4496.
— des syndics de faillite et de leurs opérations, I, p. 524, 4807; p. 529, 4821; p. 530, 4826.
— de témoin suspect de faux témoignage, III, p. 20, 4270.
— des tribunaux, par les cours, III, p. 494, 4784-4785.
— des tribun. de simple police par les tribun. de 4re inst., III, p. 494, 4786.

Surveillant de nuit, taxe à témoin, III, p. 33, 4309.
— des ponts et chaussées, droits, II, p. 9, 2250.

Survenance de nouvelles charges, information, II, p. 488, 2814; p. 297, 3488.

Survie, questions de, I, p. 380, 4304.

Susceptibilité légitime du juge d'instruction, II, p. 455, 2712.

Suscription, pièces à conviction, II, p. 49, 2368.

Suspension d'audience, I, p. 428, 440; assises, II, p. 353, 3366-3367; crime commis pendant la suspension, I, p. 443, 464.
— d'avocat, III, p. 247, 4863.
— d'avoué, III, p. 293, 5081-5082.
— de commis-greffier, III, p. 314, 5134.
— des débats, assises, II, p. 353, 3367.
— d'exécution de jugements correct., II, p. 287, 3160.
— d'exercice des droits politiques, II, p. 616, 4202.
— de fonctions pour un temps déterminé, peine universitaire, III, p. 92, 4487, 5°.
— de fonctionnaires, peine pour exercice de fonctions après, I, p. 548, 4860, IV, 43°; notification, II, p. 546, 4000.
— de garde-champêtre, II, p. 82, 2476; forestier, II, p. 90, 2504.
— d'huissier, III, p. 357, 5241-5242.
— d'instituteur primaire, III, p. 92, 4489.
— de jouissance de pension, magistrat, I, p. 82, 257.
— de journal, III, p. 406, 4532; p. 409, 4544.
— de magistrat, I, p. 49, 450-451; par la cour de cassation, III, p. 492, 4789 à 4794; p. 496, 4803. poursuites correction. ou crimin., I, p. 53, 164.

privation de trait, III, p. 498, 4814.
— du M. P., connivence ou négligence, I, p. 567, 4875.
— de notaire, cautionnement absorbé, avis au trésorier payeur-général, III, p. 384, 5304; p. 396, 5346; cas de, III, p. 449, 5442; p. 420, 5445; délibération de la chambre, III, p. 448, 5440; prononcée par le tribunal; III, p. 426-427, 5430 à 5433.
— d'officier ministériel, cautionnement insuffisant, III, p. 260, 4985; mesure discipl., III, p. 267, 5006; p. 268, 5007; p. 273, 5025; p. 274, 5028-5029; M. P., partie principale, I, p. 474-475, 575-576.
— de la surveillance de la haute police, II, p. 420, 3584; p. 421, 3588; L. 27 mai 1885, Circ. min. int., 1er juil 1885.

Suspicion du juge d'inst., II, p. 58, 2392.
— d'un tribunal, demande de renvoi d'affaire civile, I, p. 469, 4624; affaire criminelle, II, p. 344, 3344; correctionnelle ou de police, III, p. 157, 4683; p. 159, 4689; J, p. 469, 4624; II, postes, fraudes, III, p. 454, 5492.

Syllabe, nombre par ligne des, copies remises au parquet, I, p. 480, 4665; expéditions du greffe, III, p. 36, 4318-4319; huissiers, III, p. 44, 4333-4334; minutes du greffe, III, p. 349, 5445.

Symbole destiné à la rébellion ou à troubler l'ordre public, I, p. 547, 2860, § 2, 16°.
— séditieux, distribution, exposition, vente, L. 29 juillet, Circ. min. 9 novembre 4884.

Syndic des agents de change ou courtiers, II, p. 464, 3736.
— de la chambre des avoués, III, p. 290, 5070 et 5072.
— de la chambre des notaires, III, p. 444, 5392; p. 442, 5395; pourvoi en cassation, III, p. 446; 5403; p. 448, 5408.
— de la communauté des huissiers, III, p. 354, 355, 5233 à 5236.
— de faillite, citation devant cour ou tribun., III, p. 273, 5027, communication de pièces, lettres, papiers, renseignements au M.P., II, p. 476, 3776. incompatibilités, I, p. 7, 42, 4°. malversation, II, p. 479, 3784 à 3786. nomination, I, p. 522, 4790, 4801; p. 528, 4820, § 3.

officier ministériel failli, cession
d'office, III, p. 226, 4892.
poursuite du failli en banqueroute, II, p. 480, 3788.

Syndicat professionnel, L. 24 mars
1884, Circ. min., 15 septembre
1884.

T

Tabac, contravention, I, p. 557, 4860,
XIII, 5°.
— culture non autorisée, II, p. 525 à
527, 3938 à 3943.
— débitant de, vente de timbre, I, p.
498, 1726.
— fraude, arrestation, II, p. 62, 2406.
— procès-verbaux des gardes-champêtres, II, p. 86, 2489.
Tabellionnage, III, p. 388, 5321, 5348.
Table de registres de l'état-civil, annuelles
et décennales, I, p. 353, 4208.
Tableau des agents de change, II, p. 462,
3727; des changements survenus
dans leur service, III, p. 299,
5098.
— des avocats, III, p. 204, 4828; p.
206 à 210, 4833 à 4844; III,
p. 217, 4863, 4°.
— des causes instruites par les avoués
à joindre au rapport sur la modification du nombre des avoués,
III, p. 276, 5033.
— des contrats de mariage des commerçants, III, p. 395, 5344.
— des courtiers de commerce, II, p.
p. 462, 3727.
— des distances, III, p. 26, 4289;
p. 31, 4300; p. 43, 4338; taxe
des huissiers, III, p. 348, 5213.
— des études où sont déposées les minutes des anciens notaires, III,
p. 408, 5383.
— des huissiers, I, p. 225, 735.
— des interdits, I, p. 420, 1442; III,
p. 398, 5351.
— du jury, assises, II, p. 332 à 338,
3298 à 3323.
— des logements des fonctionnaires
dans les bâtiments de l'État af-
fectés au service judiciaire, I, p.
325, 1103.
— du notariat, III, p. 362, 5253; append., p. 644, 72; III, p. 408,
5383.
— officiel de la population, jury, II,
p. 322, 3271.
— des peines, II, p. 462, 2730.
— du personnel des parquets, III, p.
202, 4823; app., p. 604, 64.

— des rangs et préséances, I, p. 26, 82.
— du recrutement, omission frandu-
leuse, III, p. 140, 4635-4636.
— des séparations de biens, I, p. 475,
1648; III, p. 395, 5344.
— statist. du mouvement de la population, I, p. 356, 1219.
— de l'Université, radiation, III, p. 92,
4487.
Tache, de sang, constat., II, p. 43, 2351;
p. 45, 3358.
— de sperme, viol, II, p. 45, 2359.
Taillis, bois, pâturage, C. F., 7; volontairement, incendie, C. P., 434,
I, p. 548, 4859, IX, 44°.
Tambour, attroupements, roulement, II,
p. 468, 3749; p. 469, 3751;
p. 470, 3752.
— contumace, publications, II, p. 532,
3957.
Tante, mariage prohibé avec neveu, I,
p. 434, 1485.
— du prévenu, déposition en police
correct., II, p. 234, 2964.
Tapage, injurieux, constatation, incompétence du garde-champêtre, II,
p. 86, 2488; répression, II, p.
495, 2837, 2°, § 3, art. 479, § 8,
480, § 5, du C. P.; statist., III,
p. 567, 5757, § 1, 45°.
Tare, huile et essences, Décr. 2 juillet
1881.
Tarif, cautionnement, III, p. 259, 4982.
— civil, Décr. du 16 février 1807,
12 juillet 1808.
— commissaire-priseur, III, p. 299,
5097.
— contraventions des officiers minist.
aux lois sur la compétence, III,
p. 272, 5022.
— droit de navigation, II, p. 545,
3904.
— exploitation par les greffiers, III,
p. 320, 5447.
— faillite, émoluments, I, p. 530,
1827.
— frais de justice, III, p. 23, 4280;
p. 24, 4283.
— notaires, III, p. 393, 5339; p. 395,
5345.

— partie civile, frais, I, p. 667, 2242.

Taux, cession d'office, III, p. 233, 234, 4941, 4945; huissiers, p. 337, 5189.

— émoluments du notariat, III, p. 395, 5346.

— réduit à 6 p. 100, Algérie, L. 27 août 1884.

— usuraire, III, p. 166, 4743.

Taxe, avoués, III, p. 287, 5063, 5064; honor. au crim., II, p. 434, 3637.

— commissaires-priseurs, III, p. 303, 5443; p. 305, 5545.

— dépens, I, p. 231, 762.

— experts, III, p. 57, 4384.

— frais d'inhumation par le M. P, II, p. 45, 2357.

— frais ordinaires, III, p. 68, 4414.

— frais urgents, III, p. 65, 4403.

— huissiers, III, p. 41-42, 4332 à 4336; II, p. 334, 2295.

— illégale, II, 544, 3985, 7°; concussion, II, p. 554, 4025.

— médecins, chirurgiens, officiers de santé, sages-femmes, III, p. 56-57, 4378, 4382.

— notaire, III, p. 393, 5339; p. 394, 5342.

— d'office, fraude postale, III, 451, 5493; double, p. 453, 5498-5499.

— du pain et viande, contraventions, art. 471, § 15, C. P. et statist., III, p. 568, 5757, IV, 3°.

— postale, franchise, III, p. 444 à 451, 5471 à 5489.

— rejet de taxe, I, p. 499, 4727; écriture illisible, II, p. 480, 2789.

— de témoins, III, p. 29 à 35, 4294 à 4315; police cor., II, p. 228, 2953; non entendus, II, p. 236, 2979; p. 433, 3635.

Télégraphe, brisé, détruit, intercepté par des insurgés, II, p. 472, 3759.

— correspondance des parquets par, III, p. 455, 5503, Circ. min., 19 novembre 1878, Bull. off., 1880, p. 258.

— fausse nouvelle propagée par, III, p. 104, 4528.

— réquisition de la gendarmerie par, Circ. min., 18 novembre 1880.

— service des postes et, L. 6 déc. 1873, Décr. 16 avril 1881.

Témérité de plainte, II, p. 31, 2315.

Témoignage de condamnés aux travaux forcés et à la réclusion, II, p. 645, 4197.

— faux, III, p. 19 à 23, 4268 à 4279; révision de procès criminel, III, p. 463, 4703.

— hommes de l'art, II, p. 137, 2654; III, p. 57, 4384.

— interdiction, C. P., 42-43.

— mineur de 15 ans, II, p. 229, 2957.

— obtention de passeport sous un nom supposé, I, 547, 4860, § 3, 3°.

— partie civile, I, p. 663, 2495 à 2497; p. 664, 2498.

— de satisfaction aux magistrats, III, p. 172, 4733.

Témoin, acte notarié, III, p. 388, 5322.

— arme interdite, I, p. 139, 449.

— assigné pour information, II, p. 435 à 438, 2647 à 2656; pour assises, II, p. 340, 3326.

— attestant l'identité devant notaire, III, 397, 5350.

— cantonnier-chef, taxe non due, Circ. min., 8 août 1874, Demoly, 4440.

— choix de, affaire d'assises, II, p. 340, 3328.

— cité en appel correct. par le M. P., II, p. 278, 3126.

— cité d'office, assises, II, p. 344, 3332; tribunaux, II, p. 222, 2934; p. 234, 2965.

— à décharge en police correct., II, p. 222, 2931 à 2933.

— cité et non entendu, frais, II, p. 433, 3635.

— défaillant, assises, II, p. 348, 3354-3355.

contrainte par corps, II, p. 442, 3662.

enquête civile, I, p. 228, 746.

information, II, p. 415, 2588, II, p. 445 à 447, 2677 à 2684; II, p. 448, 2688-2689.

opposition à une ordonnance refusant de condamner un, II, p. 61, 2401.

police correct., II, p. 232-233, 2968 à 2974.

— délit de chasse, II, p. 496, 3840-3841.

— détenu, II, p. 142, 2670; p. 222, 2935; III, p. 32, 4305, Circ. min., 29 novembre 1884.

— dignitaires, II, p. 138-139, 2657 à 2660.

— diversité de déclaration, I, p. 572, 1892.

— divorce, Circ. min., 3 octobre 1884.

— domiciliés dans divers cantons, III, p. 45, 4346.

— de duel, I, p. 585, 4930; p. 586, 4934.

— économies sur les, III, p. 24, 4282.

— enquête par la chambre des notaires, III, p. 418, 5441.

— état-civil, I, p. 345 à 384; p. 4178 à 4307.

— étranger, II, p. 441, 2665 à 2667; p. 454, 2707.
— faux, arrestation, III, p. 19, 4268; avertissement, I, p. 572, 4891; peine, III, p. 21 et 22, 4276-4277.
— fonctionnaire, II, p. 234, 2973; III, p. 33, 4309; de la marine, Circ. min., 4er août 1881.
— garde-champêtre, II, p. 88, 2498; III, p. 31, 4300.
— garde-forestier, II, p. 94, 2520; III, 32, 4306.
— garde-ville, III, p. 32, 4306.
— gendarme, II, p. 84, 2471; III, p. 32, 4306; frais, Circ. min., 29 novembre 1884; note du ministre de la guerre, 25 mars 1885.
— interdiction civique, II, p. 447, 3571.
— inspecteur divisionnaire du travail des enfants, Circ. min., 7 avril 1884.
— instruction, II, p. 58, 2293; p. 59, 2394; p. 435 à 447, 2647 à 2684.
— instrumentaire, capacité, II, p. 646, 4200.
    preuve d'un faux, III, p. 10, 4240.
— juré, II, p. 322, 3269; p. 336, 3341.
— magistrat, II, p. 224, 2927; p. 340, 3327; juge de paix, p. 234, 2973.
— malade, II, p. 148, 2687; p. 234, 2972; voiture, III, p. 62, 4395; transport auprès du, II, p. 233, 2972.
— manque de, II, p. 96, 2526.
— mariage, affirmation sous serment quant au domicile des ascendants, I, p. 428, 1473; quant à l'identité des époux, I, p. 365, 1248.
— marin, III, p. 33, 4308, Circ. min., 4er août 1881, II, p. 440, 2663.
— militaire, avis, II, p. 440, 2663; dépôt des armes, I, p. 87, 272; I, p. 139, 449; taxe, III, p. 32, 33, 4306-4307.
— mineur de 15 ans, II, p. 229, 2957.
— non assigné, police correct., II, p. 222, 2934.
— non entendu, frais dûs, II, p. 433, 3635.
— officier militaire ou civil, frais de route, III, 33, 4308.
— officier de police judiciaire, II, p. 234, 2973.
— outrage, II, p. 555, 1860, XI, 4°.
— parent ou allié, II, p. 234, 2963-2964.
— partie civile, I, p. 663, 2195-2296.

— police correct., citation, II, p. 220, 2924-2925; comparution, II, p. 228, 2952; appel de préfet, II, p. 439, 2660.
— police simple, II, p. 199, 2852-2853; p. 203, 2866.
— princes et hauts fonctionnaires, II, p. 438-439, 2657 à 2660.
— ports et arsenaux, II, p. 453, 2706.
— produit par le prévenu, appel correct., II, p. 278, 3426.
— réassigné pour opposition à défaut correct., II, p. 253, 3038.
— touchant un traitement, Circ. min. 8 août 1874.
— taxe, III, p. 29 à 35, 4294 à 4315; II, 433, 3635.
— transport criminel, II, p. 38, 2333.
— unique, testis unus, testis nullus, contrà, II, 244, 3007; chasse, II, p. 496, 3840.
— violation des règles pour l'audition, prise à partie, II, p. 580, 4095, 4°.
Temple, règlement de police, II, p. 195, 2837, 2°, § 10.
Temps de neige, chasse, II, p. 488, 3812.
— de nuit, chasse, II, p. 489, 3818.
— prohibé, chasse, II, p. 487 à 490, 3814 à 3818.
— prohibé, signification d'exploits, I, p. 493, 622.
Tentative, complicité, I, p. 588, 4943.
— conciliation, I, p. 185 à 192, 604 à 646.
— conditions, constatations, I, p. 589 à 594, 4944 à 4952.
— contrebande, II, p. 640, 4483.
— corruption ou contrainte, I, p. 542, 4859, IV, 4°, p. 548, 4860, IV, 5°; II, p. 560, 4037 à 4039; p. 561, 4040-4041; confiscation d'objets offerts, II, p. 400, 3527, 2°.
— examen en chambre d'accusation, II, p. 294, 3479.
— évasion, cumul des peines, II, p. 426, 3608.
— faux, III, p. 3, 4246.
— introduction frauduleuse à l'octroi, II, p. 520, 3920.
— mutilation volontaire, III, p. 144, 4638.
— réconciliation des époux, I, p. 472, 4636.
— subornation de témoins, III, p. 22, 4279.
Tenue des avocats à l'audience, III, p. 211, 4850.
— de livres, défaut de, banqueroute, II, p. 480, 3788.
— du M. P. à l'audience, I, p. 220, 748-749.

— des registres de l'état-civil, I, p. 345, 1178, 4181.

Terme de l'art dans les requêtes, II, p. 44, 2354.

Terrain d'autrui, chasse, II, p. 494, 3834; passage, C. P., 471. §§ 13 et 14, 478, § 9.

— clos, chasse, II, p. 484, 3802.

Terre enlevée sur les biens communaux, III, p. 568, 5757, § 3, 10ª. sur les chemins publics, I, p. 557, 1860, XII, 4°.

— ensemencée, chasse sur, II, p. 493, 3830; p. 497, 3843.

— neuve, armateur de, juré excusé, II, p. 334, 3304.

Territoire, communal, transport des magistrats hors du, III, p. 28, 4291.

Territorial, soldat, bull. n°2, Circ. min., 1er octobre 1879; juridiction, L. 18 novembre 1875.

Testament, reçu sans témoins, peine, III, p. 427, 5433; statist., III, p. 501, 5642.

Testicule, amputé, II, p. 50, 2374.

Texte de lois inséré dans les décisions judiciaires, I, p. 163, 544 à 544; peines disciplinaires, III, p. 498, 4812.

Théâtre, contraventions et prohibitions, III, p. 465-466, 4711-4712.

— du crime, information sur le, II, p. 444, 2674; opérations, II, p. 39, 2337.

— droit des auteurs, C. P., 428.

Thèse, impression, Décr. 30 juillet 1883, art. 20.

Tierce-opposition, I, p. 209, 679; p. 237, 786; I, p. 475, 577, 7°; amende, II, p. 280, 3135; statist., III, p. 502, 5642, § 2, 8°.

Tiers, facilitant le commerce interdit aux fonctionnaires, II, p. 574, 4071.

— grevé de substitution, I, p. 493, 1710.

— recours contre un arrêté de changement de nom, I, p. 373, 4282.

— représentant une partie au tribunal de commerce, pouvoir, I, p. 514, 4777.

— solvable, cautionnement, II, p. 467, 2749.

Timbre des affiches, II, p. 460, 3718 à 3721, L. 30 mars 1880.

— des allumettes, II, p. 508, 3879.

— des bulletins de vote du jury, II, p. 355, 3374.

— des cartes à jouer, II, p. 512, 3895.

— contraventions, compétence, I, p. 497, 4722.

— de dimension, I, p. 495, 4715.

— expédition des délibérations de la chambre des notaires, III, p. 421, 5417.

— journaux et publications, I, p. 556, 1860, XI, 30; III, p. 402, 4518.

— mémoires, états exempts de, II, p. 593, 4431. de frais ordinaires, III, p. 66, 4406. des notaires, III, p. 364, 5259.

— mention dans les actes des officiers ministériels, III, p. 221, 4881.

— mobile, I, p. 495, 4715.

— mobilier des cours et trib., I, p. 89, 279.

— notaires, III, p. 364, 5259.

— nationaux, contrefaçon, I, p. 544, 1859, § 3, 2°.

— papier des actes produits en justice, I, p. 494 à 500, 4714 à 4729.

— poste ayant servi, usage, I, p. 561, 1860, XXI, 6°; vente, I, p. 591, 4951. contrefait, III, p. 5, 4221; III, p. 99, 4514; I, p. 547, 1860, § 3, 9°, art. 142 du C. P.; imité, L. 11 juillet 1885.

— de procès-verbaux de gendarmes et d'huissier, II, p. 2, 2334, p. 25, 2297.

— registres des greffiers, feuilles et minutes, III, p. 319, 5445; III, p. 328, 5462.

Tir, chasse à, II, p. 491, 3824.

— de pièces d'artifices, art. 471, § 2, du C. P., L. 16-24 août 1790; III, p. 567, 5757.

Tirage du jury de session, II, p. 326 à 330, 3282 à 3992; II, p. 335, 3309, p. 337, 3315 à 3347, p. 338, 3322, p. 372, 3429; frais d'expédition du proc. verb. de III, p. 36, 4317.

Tiré, imaginaire, lettre de change fausse, III, p. 4, 4219.

Tireur de lettre de change fausse, III, p. 4, 4219.

Titre d'avocat, III, p. 205, 4832.

— destruction, volontaire de, I, p. 545, 1859, IX, 12°.

— détourné par dépositaire, I, p. 542, 1859, IV, 2°; I, p. 547, 1860, IV, 1°; II, p. 568, 569, 4062 à 4067.

— étranger, I, p. 391, 4341.

— d'excellence, III, p. 457, 5507.

— faillite, communication au M. P., des, II, p. 476, 3776.

— à l'honorariat, I, p. 70, 246.

— nobiliaire impérial ou royal, I, p. 185, 600; I, p. 348, 1188; I, 367, 1255, p. 372, 1275.

rédaction des actes de l'état-civil. Circ. min., 22 juillet 1874.

— nominatif ou au porteur, pièce à conviction, III, p. 329, 5165.

— au porteur, perte, L. 15 juin 1872, art. 7, remis à un tiers ; succession ; Circ. min., 22 juillet 1874.

— pris illégalement, I, p. 549, 1860, VI, 10° ; I, p. 366, 1255.

— produit en justice, timbre, I, p. 497, 1723 à 1725.

— de rente imité, fabrication, distribution, L. 11 juillet 1885.

— soustrait ou détourné par comptable, II, p. 566, 4056.

— usurpation de, état des condamnations pour, III, p. 489, 5581.

Titulaire d'office ministériel, transmission, III, p. 222, 4883.

Toisage des jeunes gens, recrutement, corruption, II, p. 557, 4032.

Tolérance, maison de, police II, p. 496, 2837, 3° § 6.

Tombeau, violation de, I, p. 554, 1860, VII, 19°.

Tonkin, protectorat sur le, L. 28 mai 1883.

Topographie du canton, à consulter pour la réduction des études de notaire, III, p. 376, 5291.

Tort, réciproque ou incertain, I, p. 572, 4894.

— diffamation, I, p. 599, 1977.

— poursuite à la requête de la partie civile, I, p. 660, 2484.

Torture, I, p. 544, 1859, VIII, 4° et 3°.

Toscane, extradition, I, p. 577, 4904.

Toulon, bagne, II, p. 384, 3469.

Tour, de faveur, I, p. 199, 647.
d'opinion pour les jugements, I, p. 152, 496.

Tours, rétablissement des, Circ. min., 28 août 1878.

Tourbière, exploitation, L. 21 avril 1810, 84.

Tournant de moulin, meuble, I, p. 336, 1448.

Tournée de canton ; par le M. P., III, p. 484, 4768.

— de gendarme, II, p. 84, 2483.

Traducteur, taxe de rôle ou vacation, III, p. 58, 4384.

Traduction de pièce étrangère, I, p. 390, 1338.

Trafic, fonctions judiciaires, III, p. 469, 4723.

— d'office ministériel, de notaire, III, p. 375, 5288.

— de votes, II, p. 618, 4207.

Trahison, fonctionnaire, II, p. 544, 3985.

Traite des noirs, I, p. 544, 1859, VIII, 45° ; confiscation des bâtiments, II, p. 404, 3527, 24 ; conséquences, I, p. 384, 1348.

Traité d'apprentissage, jeunes détenus, libérés, II, p. 260, 3069, p. 261, 3070 ; surveillance administrative, II, p. 496, 2837, 4° § 13.

— de cession d'office, III, p. 230 à 246, 4903 à 4944 ; avoués, III, p. 276, 5035 ; notaire, p. 375, 5287 à 5290.

— d'extradition, I, p. 577, 4904.

— international, affaires litigieuses, I, p. 387, 1330 ; succession vacante, I, p. 489, 4695.

— liquidation de succession, I, p. 387, 1330.

— pécuniaire au sujet de fonctions judiciaires, III, p. 469, 4723.

Traitement, administré par les hommes de l'art, frais, III, p. 56, 4378.

— des commis-greffiers, III, p. 343, 5133.

— des ecclésiastiques, droit de suppression ; avis, conseil d'Etat, 26 avril 1883.

— des greffiers, III, p. 314 à 317, 5135 à 5140.

— des juges de paix, III, p. 482, 4763 ; des suppléants intérimaires, ibid.

— des magistrats, I, p. 54, 167, p. 55, 168-169, p. 56, 170-171, p. 59, 182 ; concussion, II, p. 554, 4025 ; effectif, I, p. 73, 226. états de, III, p. 485, 5571-5572 ; privation à la suite de censure et suspension, II, p. 498, 4844.

— mauvais, envers les animaux, I, p. 554, 1860, X, 11°, L. 2 juillet 1850 ; statist., III, p. 569, 5787, 46° ; sur détenus en apprentissage, II, p. 261, 3070 ; envers les élèves de collège, III, p. 91, 4484 ; graves, entre particuliers, I, p. 572, 4891.

— du président alloué au magistrat qui le remplace provisoirement, III, p. 171, 4730-4734.

Traiteur, règlement de police, II, p. 496, p. 2837, 4°, § 6.

Trajet, magistrats en transport, III, p. 26 à 28, 4288 à 4291.

— maximum des gendarmes d'escorte, Circ. min. 5 juillet 1885.

— témoins, III, p. 31, 4302.

Tramways, L. 11 juin 1880. Décr., 48 mai 1881, 9 août 1881, 20 mars 1882.

Tranquillité, publique, règlement concernant la, II, p. 495, 2837, 2° ; troubles, avis au gouvernement, II, p. 26, 2300, II, p. 597, 4440.

Transaction, administrations, II, p. 40,
2252, II, p. 287, 3459 ; Circ.
min., 23 mars 1882.
adultère, II, p. 459, 3713.
— contributions indirectes, I, p. 564,
4864 ; p. 566, 4872, II, p. 505,
3868, p. 40, 2252.
— douanes, II, p. 604-605, 4464 à
4467, p. 642, 4489, II, p. 10,
2252.
— contrainte, élargissement, II, p.
451, 3691.
— fait punissable, II, p. 77, 2458.
— femme mariée, II, p. 458, 4879.
— forêts, II, p. 94, 2521-2522, p.584,
4405, p. 586, 4440.
— gardes-champêtres, II, p. 86, 2489-
2490.
— influence sur l'action publique, I,
p. 563-564, 4861 à 4864, II, p.
77, 2458, p. 68, 2425.
— intérêt civil, I, p. 564, 1863.
— matières d'or et d'argent, II, p.514,
3904.
— mineur, I, p. 506, 1753, I, p. 498,
646.
— octroi, II, p. 547, 3944, II, p. 10,
2252.
— poudres, II, p. 522, 3927.
Transcription, actes d'adoption registres
de l'état civil, I, p. 274, 920.
— des arrêtés ministériels disciplinaires sur les registres des délibérations des tribunaux, III, p.
273, 5028.
— des arrêts civils de cassation, I,
p. 257, 865.
— des arrêts criminels de cassation
sur les registres des tribunaux,
II, p. 359, 3383, II, p. 376, 3443.
— de la loi dans les arrêts d'assises,
II, p. 356, 3377 ; jugements de
S. P. II, p. 498, 2844.
— des mandats sur le registre d'écrou,
II, p. 126, 2618.
Transfèrement des condamnés à l'emprisonnement, infirmité, II, p.
405, 3535; inutilité, II, p. 409,
3546; paiement des frais, III,
p. 55, 4376.
— des contraints par corps, III, p. 55,
4376, art. 126, Décr. 18 juin
1811.
— des déportés, II, p. 389, 3486.
— des étrangers à la frontière et d'extradés, III, p. 56, 4377.
— des inculpés II, p. 53, 2378-2379 ;
append. p. 625, n° 30; appel, II,
p. 275, 3445, III, p. 55, 4376 ;
assises, II, p. 301, 3204-3202;
contumace, III, p. 55, 4376 ;
trajet maximum des gendarmes,
Circ. min. 5 juillet 1885.

— des militaires condamnés correctionnellement, II, p. 440, 3550-
3554.
Transfert de cautionnement, III, p. 288,
4977, 4979.
Transit, gibier, temps prohibé, Circ. min.
28 avril 1884.
— librairie, bureaux de, Décr. 21 juillet
1879.
Translation de l'accusé en cour d'assises,
II, p. 305, 3216-3217.
— des archives de cours ou tribunaux,
I, p. 103, 328.
— des condamnés correctionnellement, II, p. 409, 3550 ; militaires, II, p.409, 3550-3551, aux
travaux forcés, II, p. 387, 3477.
— des détenus, II, p. 53, 2378 ; append., p. 625, n° 30; p. 54,
2380; p. 65, 2443; appel, II,
p. 275, 3445; assises, II, p. 304,
3204-3202; frais de, III, p. 54 à
56, 4372 à 4377; mode de, II,
p. 414, 3560 ; motif d'ordre ou
salubrité, II, p. 443, 3559, Circ.
min., 29 novembre 1884; 5 juillet
1885.
— d'inculpé, II, p. 53, 2378.
— de résidence d'un notaire, III, p.
385, 5315; p. 386, 5318; force
majeure, III, p. 383, 5310.
Transmission des actes de l'instruction
au M. P. pour exécution, II, p.
97, 2528.
— des commissions rogatoires, II, p.
454, 2698.
— des comptes civils et criminels, III,
p. 540, 5694; 544, 5695; p. 594,
5846.
— de dossier de cession d'office, III,
p. 254, 4965.
— de dossier de pourvoi en cassation
crim., II, p. 374, 3425-3426.
— de greffe, III, p. 308, 5449.
— de mandats, II, p. 106, 2557.
— de mémoire des frais de justice,
III, p. 71-72, 4425 à 4427.
— d'offices d'agent de change, II, p.
462, 3796.
ministériels, III, p. 222 à 230,
4883 à 4902; p. 244 à 246, 4939
à 4944.
abus, III, p. 375, 5288.
— des pièces signifiées à l'accusé, au
parquet d'assises, II, p. 304,
3215.
à conviction au greffe d'assises,
II, p. 305, 3216.
— des procédures et dossiers par le
greffe, registre, III, p. 326, 5161,
28° et app., p. 642, 70°.
au juge compétent sur jugement
d'incompétence, II, p. 285, 3454;

au P. G., appel, II, p. 275, 3115
à 3118; crim., II, p. 170, 2760;
II, p. 179, 2788.
— de procès-verbal de commissaire
de police ou proc. de 1re inst.,
II, 72, 2437 ; II, 77, 2457.
id. de garde-champêtre, II, p.
87, 2496.
id. de maire, II, p. 77, 2457.
de vérification de l'état-civil, I,
p. 359, 1229 à 1231.
— de récépissé de cautionnement, III,
p. 258, 4978.
— par voie diplomatique, II, p. 155,
2708.

Transport de l'accusé à l'audience, II,
p. 346, 3348.
— d'armes ou munitions, complot, II,
p. 34, 2322.
— d'assesseur d'assises, III, p. 26,
4286.
— de boissons sans déclaration, II,
p. 514, 3893.
— de cautionnement, I, p. 408, 1406.
— de commissaire de police, III, p.
28, 4293.
— de condamné à mort au lieu du supplice, II, p. 379, 3449.
— de créance, I, p. 496, 1720; droits
des huissiers, I, p. 483, 1673,
4°.
— criminel, II, p. 36 à 40, 2327, 2340.
— de dépositaire de pièce arguée de
faux ou de comparaison à remettre au greffe, III, p. 16,
4257.
— de détenu, accusé ou prévenu, III,
p. 54 à 56, 4372 à 4377.
— d'enfant mineur réintégré au domicile paternel, Circ. min., 29 nov.
1883, 14 mars 1884.
— des exécuteurs et instruments de
justice, II, p. 382, 3463.
— d'expert, III, p. 59, 4386.
— de gibier en temps prohibé, II,
p. 488, 3813 ; p. 489, 3815,
3817.
— de greffier, III, p. 39, 4328.
— d'huissier, III, p. 42-43, 4337 à
4341 ; extraordinaire sur mandement exprès, III, p. 44, 4342 ;
frais, III, p. 347, 5212-5213; p. 348,
5214 ; fraude, III, p. 349, 5216.
— d'inculpé arrêté sans mandat, voiturier, taxe, III, p. 51, 4369;
autre, II, p. 53, 2378 ; app., p.
625, n° 30; voie ferrée, Circ.
min., 29 novembre 1884 ; gendarmes d'escorte, trajet maximum, Circ. min. 5 juillet 1885.
— de juge d'instruction, ordonnance,
II, p. 99, 2533 ; perquisitions,
II, p. 102, 2544.

— de juge de paix, affaire crim., II,
p. 69, 2427 et 2428.
— de lettres, écrits, journaux, papiers par une personne étrangère
au service de la poste, III, p. 98,
4510; frais de poursuite, III, p.
100, 4515.
— de magistrat, affaire civile, I, p. 227-
228, 743 à 745 ; affaire crimin.,
III, p. 26, 4288.
déposition de grand fonctionnaire, II, p. 138, 2657.
interrog. d'interdit., I, p. 417,
1431.
— du maire sur les lieux d'un crime,
II, p. 77, 2457.
— de marchandise dangereuse, I, p.
553, 4860, IX, 18°.
— de médecin, III, p. 59, 4386.
— du M. P., enquête pour remplacement des registres de l'état civil,
I, p. 370, 1270 ; flagrant délit,
II, p. 36 à 38, 2327 à 2333; p.
61, 2403.
information, II, p. 99, 2533,
2534.
mort violente, I, p. 377, 1294-
1295.
vérification des greffes, III, p. 333,
5178.
des registres de l'état-civil, I, p.
360-361, 1234, 1235; indemnité,
III, p. 26, 4288 ; visite des établissements d'aliénés, I, p. 277,
932.
— des notaires hors de la résidence,
III, p. 384, 5342.
— d'officier de police judiciaire, indemnité, II, p, 65, 2415.
— de pièces à conviction, II, p. 50,
2370; frais urgents, III, p. 65,
4402.
— de poudre, II, p. 523, 3930, 4°, 3°,
6°.
— de prix de cession d'office, III, p.
239, 4925.
— du président des assises, III, p. 26,
4284 à 4285.
— du procureur-général, III, p. 26,
4287.
— sur les lieux, magistrats de première instance, frais, III, p. 26
à 28, 4288 à 4293; III, p. 69,
4418.
information, II, p. 36 à 40, 2327,
2340 ; p. 99, 2533 ; p. 102,
2544.

Transportation d'étrangers vagabonds,
C. P., 272.

Traque, battue, L. 5 avril 1884, 90.

Travail des détenus, produit, III, p. 424,
4578-4579, arr. min., 15 avril
1882.

— du dimanche, ateliers, usines, II, p. 196, 2837, 4°, § 44. interdiction, abrogation, L. 12 juillet 1880.

— des enfants dans les fabriques, statist., III, p. 569, 5757, § 4, 15, Décr., 7 déc. 1868, L. 19 mai 1874, Décr. 27 mars 1875, Décr. des 12, 13, 14, et 22 mai 1875, Circ. min., 1er mars 1876, 14 juin 1879, 14 avril 1881 ; Décr. 31 oct., 3 nov. 1882, 16 févr. 1883.

— entrave au libre exercice du, II, p. 502, 3858, L. 24 mars 1884, Circ. min., 15 septembre 1884.

Travaux correctionnels, peine, C. P., 40-41.

— communaux, L. 5 avril 1884, art. 115.

— forcés, II, p. 384 à 387, 3469 à 3478 ; régime disciplinaire, Décr. 18 juin 1880 ; prisons, L. 25 décembre 1880. dégradation civique, II, p. 394, 3503.

— du gouvernement, entraves, C. P., 438.

— intérieurs du parquet, III, p. 445 à 594, 5474 à 5846.

— publics, exécution des Décr. 8 février 1868.

Traversée, Algérie, gratuité pour les magistrats, arr. min., 28 avril 1882. Bull. off., 1882, p. 215.

Travestissement, arrestation illégale, C. P., 344 ; mendiants et vagabonds, I, p. 549, 1860, VI, 18° ; vol., C. P., 381.

Trésor public, ajournement, I, p. 477, 1653, 1654.

— condamnation aux frais et dépens, II, p. 431, 3624.

— hypothèque sur les biens du condamné, I, p. 400, 1372.

— privilège sur les biens des condamnés, III, p. 75, 4437.

Trésorier de la chambre des avoués, III, p. 291, 5073 ; p. 295, 5086. des huissiers, III, p. 355, 5233, 5234 ; p. 356, 5236 ; 360, 5249, 5250. des notaires, III, p. 413, 5396.

— de fabrique d'église, I, p. 396, 1360.

— de gendarmerie, états des sommes dues aux brigades pour gratifications en matière de chasse, III, p. 52, 4364.

— payeur général, I, p. 348, 1079 ; dépôts et consignations, I, p. 348, 1078 ; franchise, III, p. 467, 5524.

Tribunal civil, audiences, I, p. 447 à 448, 371 à 478 ; jugeant commercialement, I, p. 514, 1778 ; ordre intérieur, III, p. 499 à 203, 4813 à 4824.

— de commerce ou consulaire, L. 8 décembre 1883, Circ. min., 13 février 1884, I, p. 509 à 513, 1760 à 1776 ; action disciplinaire sur les membres du, III, p. 490, 4783 ; statist., III, p. 525 à 529, 5661 à 5668 ; vérification des greffes, III, p. 332, 5176 ; récusations, I, p. 465, 1609, règles de procédure en cass., élections, L. 26 janvier 1877.

— des conflits, I, p. 344, 1053.

— correctionnel, II, p. 208 à 214, 2883 à 2902 ; jugeant un crime, I, p. 594, 1962 ; saisi sur renvoi de cassation, II, p. 375, 3440, 3441.

— dénonciation des crimes et délits au M. P., II, p. 29, 2308.

— étranger, commission rogatoire, II, p. 154, 2707.

— maritime, compétence, II, p. 153, 2706.

— menues dépenses, Décr. 28 janvier, Circ. min., 14 avril et Int. 15 déc. 1883.

— militaire et maritime, compétence civile, I, p. 654, 2154 ; conflit, III, p. 446, 4654, 8° ; juridiction, I, p. 637 à 644, 2440 à 2435 ; I, p. 628, 2080 ; I, p. 640, 2123, état de siège, I, p. 650 à 653, ; 2152 à 2160 ; frais des affaires, III, p. 24, 4282 ; pourvoi en cassation contre ses décisions, I, p. 365, 3402 ; règlement de juges et renvoi à un autre tribunal, III, p. 158, 4688 ; révision de procès, III, p. 462, 4700.

— de paix, III, p. 476, 4747 ; p. 484, 4769 ; p. 485, 4770 à 4772 ; statist., III, p. 520 à 525, 5652 à 5660 ; surveillance exercée sur le, III, p. 490, 4783, 4784.

— de police simple, II, p. 491 à 494, 2822 à 2834 ; injures à l'audience, I, p. 444, 467 ; manières de le saisir, II, p. 497, 2844 ; statist., III, p. 567 à 570, 5757 à 5760 ; surveillance, III, p. 490, 4784 ; vérification du greffe, III, p. 332, 5177.

— de première instance agissant disciplinairement, I, p. 446, 475-476 ; III, p. 214, 4856 ; III, p. 270 à 274, 5046, 5030, III, p. 357, 5241.

compétence civile, premier et dernier ressort, I, p. 229, 753.
composition, I, p. 433 à 135, 426 à 436; p. 448, 480; impossible, III, p. 458, 4688.
détruit ou rendu inaccessible, I, p. 469, 4622.
rang dans les cérémonies et cortèges, III, p. 470, 4727.
règlement de juge de simple police, III, p. 148, 4656.
statist., III, p. 504 à 520, 5646, 5654; p. 544 à 564, 5695 à 5748.
surveillance des cours d'appel sur le, III, p. 494, 4784.
vacances, Décr. 4 juill., Circ. min. 23 juill. 1885.
Trimestre, judiciaire, assises, II, p. 348, 3260.
états à fournir, III, p. 486 à 490, 5574 à 5586.
Tromblon, C. P. 314.
Trompe, son de, attroupements, II, p. 470, 3782; publication d'ordonnance contre contumace, II, p. 531, 3926; p. 532, 3957.
Tromperie, sur la qualité des marchandises vendues, I, p. 552, 4860, 45°; confiscation, II, p. 400, 3627, 40°; successive, I, p. 615, 2033; tentative, I, p. 594, 4954.
Trouble, à l'audience, I, p. 438 à 447, 447 à 478; p. 440, 455; p. 444, 456; prévenu, II, p. 243, 2904; p. 225, 2942.
— dans les églises, I, p. 549, 4860, VI, 42°.
— dans les établiss. publics, II, p. 29, 2307.
— aux opérations électorales, II, p. 618, 4208.

— à l'ordre public par un ministre du culte, I, p. 542, 4859, V.
— politique, attitude des magistrats, II, p. 547, 4003.
Troupe, armée levée sans autorisation, C. P. 92.
Truite longueur, pêche, Décr. 40 août, 20 novembre 1875.
Tumulte à l'audience, I, p. 439, 450; p. 440, 455; p. 444, 456; prévenu, II, p. 243, 2904; 224, 2942.
— sur la voie publique, II, p. 495, 2837, 2°, § 1.
Tunisie, traité, protection, Circ. min. 27 août 1881; juridiction française, L. 27 mars 1883.
Tutelle, dispense de conciliation pour les demandes concernant la, I, p. 487, 603, § XI.
— de l'interdit, I. p. 420, 4443; p. 424, 4445.
— interdiction de la, C. P. 42, 43, 335.
— officieuse, I, p. 275, 924.
— statist. civile, III, p. 504, 5642.
Tuteur, I, p. 500 à 507, 4730 à 4757.
— failli, banqueroutier, II, p. 477, 3777
— interdiction civique, II, p. 447, 3574.
— nommé à un condamné, C. P. 29, 30.
— responsabilité civile, II, p. 437 à 439, 3647 à 3654; chasse, II, p. 498, 3848.
— de témoin mineur, double taxe, III, p. 30, 4297.
— à substition, I, p. 494, 4744.
Type des paraphes et signatures, dépôt de, magistrats légalisateurs, I, p. 353, 4207; notaires et officiers de l'état civil, I, p. 352, 4205; III, p. 388, 5324.

U

Ultrà petita, moyen de requête et cassation, I, p. 250, 839.
Unanimité des voix, inutile au jury, II, p. 354, 3370.
Uniforme, port illégal d', II, p. 574, 4080; p. 576, 4086; insurrection, II, p. 474, 3756.
— usurpé, I, p. 549, 4860, n° 40.
Union des créanciers, I, p. 529, 4824.
Universitaire, poursuite contre, I, p. 630, 2087.

Université, juridiction, III, p. 90, 94, 4483 à 4486.
— partie civile, I. p. 670, 2220, 8°.
Urbanité du M. P. envers l'accusé et son conseil, II, p. 354, 3362.
Urgence, actes d'information, II, p. 59, 2396; II, p. 65, 2442.
— frais de justice, III, p. 65, 66, 4402 à 4405; aff. forest., indemnité à témoin, II, p. 594, 4434; exhumation de cadavre, II, p. 45, 2357.

Urne, électorale, enlèvement, II, p. 619, 4208.
— du jury, audience, II, p. 332, 3299; scellée, II, p. 329, 3289. tirage, II, p. 327, 3284, 3285.

Usage d'acte faux, III, p. 3, 4217; III, p. 8, 4232.
— d'appareil contrefait, II, p. 483, 3799.
— d'armes, mouvement insurrection., II, p. 474, 3756.
— de cartes à jouer de fabrique fausse, II, p. 512, 3895.
— de certificat faux, I, p. 547, 4860, § III, 8°.
— droit d', procès, statist., III, p. 504, 5612, 44°.
— de faux, I, p. 544, 4859, § III, 3°, 4°.
— illégal de pièces délivrées gratis à des indigents, I, p. 439, 4514.
— de pièce fausse, écriture privée, III, p. 9, 4234; délit successif, III, p. 14, 4242.
— de poids et mesures faux ou prohibés, I, p. 552, 4860, IX, 15°; C. P., 479, § 6; 480, § 3; 481, § 2.
— rural, L. 6 octobre 4791, titre 4er.
— de timbre poste ayant servi, III, p. 99, 4514 ; p. 400, 4514; par militaire, I, p. 644, 2426.
— de timbre-poste faux, I, p. 547, 4860, § 3, 9°; art. 442 du C. P.
— vicieux des trib., I, p. 206, 669.

Usine, accidents mortels survenus dans une, I, p. 380, 4305.
— non autorisée, I, p. 552, 4860, IX, 2°.

Ustensile aratoire, destruction, C. P. 451.
— d'imprimerie, détention ou vente non autorisée, I, p. 559, 4860, XVII, 40°, 44°; scellés, I, p. 485, 4678; surveillance des ventes I, p. 519, 4789.

Usufruit, droit d', statist., III, p. 504, 5612, 44°.
— d'office, réservé dans une cession, III, p. 244, 4932.

Usure et escroquerie, cumul des peines, II, p. 426, 3608.
— notaire, III, p. 447, 5405, 4°; p. 427, 5433.
— peine, I, p. 552, 4860, IX, 4°.
— poursuites, III, p. 466 à 468, 4743 à 4724.

Usurpation d'autorité, fonctionnaire, II, p. 544, 3986, 4°.
— de chemin, proc. verb., de garde champ, II, p. 86, 2489.
— de commandement militaire, I, p. 544, 4859, 42°.
— de fonctions de commissaire-priseur et autres officiers vendeurs d'effets mobiliers, I, p. 553, 4860, IX, 22°.
    de jaugeur ou mesureur public, I, p. 552, 4860, IX, 44°.
    publiques, costume, décoration, uniforme, I, p. 549, 4860, VI, 40°; dans les établissements militai-II, p. 8, 2249, 46 et 47.
    universitaires, III, p. 94, 4485.
— de marques de fabrique, I, p. 552, 4860, IX, 6°.
— de nom supposé, dans un passeport, I, p. 547, 4860, § 3, 3°.
— de titre, II, p. 574, 578, 4080 à 4085, circ. aggr. du vol, I, p. 545, 4859, IX, 4°. honorifique, I, p. 549, 4860, VI, 40°.
— du titre nobiliaire, état trimest. des condamnés pour, III, p. 489, 5584.
— d'uniforme et décoration, C. P., 259, 384 ; codes militaires, 9 juin 4857, art. 266, 4 juin 4858, 359.

V

Vacances judiciaires, I, p. 44 à 49, 139 à 449, Décr. 4 juillet, Circ. min., 23 juillet 4885.
    chambre d'accusation, II, p. 293, 3476.
    juge d'instruction, II, p. 58, 2394 ; III, p. 474, 4729.
    trib. correct., II, p. 208, 2885.

— d'office d'huissier, III, p. 335, 5484.
— d'office ministériel, remplacement du titulaire, III, p. 228, 4897.
— de place de greffier, intérim, traitement, III, p. 346, 5439.
— de place de magistrat, I, p. 44 à 45, 22 à 36, Circ. min., 5 mars 4879.

— de place de président, traitement, III, p. 174, 4730.

— de succession d'un officier ministériel, cession par le curateur, III, p. 226, 4893.

Vacation, audience, de I, p.423 à 125, 394 à 398; I, p. 132, 424, Circ.min. 19 juillet 1880.

— d'expert criminel, II, p. 43 et 44, 2351, 2382; III, p. 56 à 59, 4378 à 4388.

— de greffier de paix, III, p. 347, 5444.

— de juge de paix, scellés, I, p. 485, 4678; procès civil, III, p. 482, 4764.

— de notaire, III, p. 393, 5339.

— registre des pointes, causes des, III, p. 483, 5565.

Vagabond, ajournement, I, p. 477, 1653, 2°.

— arrestation, II, p. 53, 2377; II, 92, 2511.

— compétence, II, p. 100, 2536.

— étranger se disant incendié, naufragé ou pèlerin, I, 575, 1901.

— extrait ou certificat d'ordonnance de non-lieu et de remise en liberté, II, p. 477, 2780, 628, n° 35.

— extrait de jugement d'acquittement tenant lieu de passeport, II, 258, 3060.

— liberté provisoire, II, p. 162, 2727, p. 183, 2797.

— mineur de 46 ans, surveillance de la haute police, II, p. 420, 3583.

— surveillance de la haute police, II, p. 420, 3584. L. 27 mai 1885.

Vagabondage, I, p. 549, 4860, VI, 45°; Circ. min. 23 mai 1885.

— concours de l'autorité administrative, III, p. 434, 5446, L. 40 vendém. an IV, art. 6 et 7, Circ. min., Int, 5 janv. 1880, Bul. off. just., 1881, p. 46.

— discernement, I, p. 593, 1956.

— et rupture de ban, II, p. 423, 3596.

Valeur, déclarée frauduleusement ou non déclarée à la poste, I, p. 564, 4860, XXI, 7°, 9°; III, p. 99, 4514.

— détournée par comptable, II, p. 566, 4055, p. 567, 4060.

— fiduciaire, imitation, tromperie, L. 44 juillet 1885.

— judiciaire des pièces à conviction, II, p. 237, 2985.

— mobilière, I, p. 335, 4444; consignation, Circ. min., 20 janvier 4876; des mineurs, aliénation, L., 27 février 1880, Circ. min. 20 mai 1880.

— des offices ministériels, études de notaires et autres charges, calcul, III, p. 233, 234, 4910, 4942; III, p. 235, 4946; défaut d'états de produits, III, p. 236, 4920; III, p. 253, 4964; fixation par trib., III, p.199, 4843; inaction des héritiers ou prétentions exagérées, III, p. 225, 4894, 227, 4894.

— saisie sur un détenu, Circ. min. 9 juin 1875.

Validité de cautionnement de conservation des hypothèques, I, p. 409, 1406.

— de mariage par grossesse ou prescription, I, p. 448, 1539-1540.

— de procès-verbal, octroi, II, p. 548, 3945.

— de saisie-arrêt ou opposition par établissement de bienfaisance, I, p. 294, 989.

Vapeur, appareil à, destruction, I, p.548, 4859, IX, 44°. L. 21 juillet 4866, Déc., 30 avril 4880; explosion, mines, Circ. min., 21 juin 4884, 17 septembre 1883.

Vase, pour pièces à conviction, II, p. 49, 2368, 50, 2374.

Vaseline, pétroléine, ou neutraline, graisse, falsification de denrées, I, p. 594, 1954; Circ. min. com. 10 juillet 1885.

Velours, contravention dans la fabrication des étoffes de, I, p. 564, 4860, XX, 42°.

Vénalité de charge d'agent de change, II, p. 462, 3726.

— d'office de commis-greffier, abus III, p. 343, 5432.

— d'office ministériel, III, p. 222, 4883, 233, 4910.

Vendange, chasse avant la clôture du ban, II, p. 487, 3844. infractions au ban, C. P. 475, 1. III, p. 568, 5757, § 3, 5°; règlements, II, p. 196, 2837, 5°, § 5.

Vénézuela, extradition, I, p. 577, 1904.

— ouverture de succession, I, p. 489, 4695.

Vente, acquéreur ivre, III, p. 398, 5351.

— appel, statist., III, p. 502, 5642, § 2, n° 21.

— d'armes de guerre ou prohibées ou d'effets militaires, I, p. 553, 4860, IX, 23°, 25° par un garde national, I, p. 558, 4860, XV, 4.

— d'armes confisquées et saisies, II, p. 500, 3854.

— de biens de mineur, liquidation, taxe, III, p. 399, 5354.

— de biens mobiliers ou immobiliers des communes, L., 5 avril 1884, art. 440.

— de bois communaux, II, p. 584, 4103.

— de boissons, II, p. 510, 3888 : falsifiées, II, p. 511, 3892, ou nuisibles, I, p. 550, 1860, VII, 6°.

— de cartes à jouer, II, p. 512, 3894.

— de comestibles gâtés, III, p. 568, 5757, § 2, 4°, art. 475, § 14 du C. P., L. 27 mars 1851.

— par condamné incapable, nullité, II, p. 645. 4198.

— de dessin, écrit, emblème, estampe, gravure, image, imprimé, lithographie, médaille, photographie, peinture sans autorisation, III, p. 407, 4536 ; obscènes, II, p. 400, 3527, 4°, L. 2 août 1882, Circ. min., 7 août 1882.

— aux enchères, I, p. 535, 536, 1846 à 1850 ; I, p. 645, 2034 ; police, de, II, p. 495, 2837, 2°, § 6.

— fraudes, L. 27 mars 1851 ; engrais, du 27 juillet 1867.

— de gibier en temps prohibé, II, p. 488, 3813.

— de grains en vert, prohibition, L. 6 messidor, an III.

— d'immeuble de mineur, I, p. 504, 4747, 505, 1748 à 4750. saisi, I, p. 448, 4538. de succession bénéficiaire, I, p. 486, 1683. statist. des appels, III, p. 502, 5612, § 2, 28.

— de journal non déposé, III, p. 404, 4526, L. 29 juillet, Circ. min., 9 novembre 1881.

— judiciaire, droit de greffe, III, p. 347, 5144, 324, 5152 ; expertise, I, p. 337, 4454 ; statist., III, p. 502, 5612, § 2, 28. d'immeubles, L. 23 octobre 1884.

— de manuscrits, I, 519, 4790, Circ. min., 23 avril 1883.

— de meubles par les officiers publics, I, p. 452, 4559 ; I, p. 518, 4789, 4790, Circ. min., 20 déc., 4876, 24 avril 1879.

— mobilière par Cre priseur, relevé de, III, p. 299, 5099 ; police des ventes. III, p. 302, 5104

— de navire hypothéqué, L. 10 juil. 1885, 18 à 30.

— par notaire, manœuvres répréhensibles, III, p. 398, 5352.

— d'objets saisis à l'octroi, II, p. 519, 3949 ; contrefaits, II, p.483, 3797.

— par officier ministériel, mention au procès-verbal d'opposition ou de remise de prix, III, p. 268, 5008 ; versement du reliquat du prix de

III, p. 224, 4884 ; vol, détournement, soustraction, II, p. 567, 4061.

— ordonnée par le tribunal, III, p. 509, 5626, 13 ; III, p. 537 à 540, 5686 à 5694.

— de papiers d'État, I, p. 519, 4790.

— de papier timbré et de timbre, I, p. 498, 4726.

— de pièces à conviction, III, p. 328, 329, 5163 à 5168.

— placards de, III, p. 353, 5229.

— de poudre, II, p. 523, 3930 ; circ. attén., I, p. 600, 1980.

— de presses ou ustensiles d'imprimerie, I, p. 519, 4789.

— publique, huissier et location de place, III, p. 352, 5226. livres manuscrits, autographes, catalogue au ministre des affaires étrangères, Circ. min., 23 avril 1883.

— de salpêtre, I, p. 560, 1860, XIX, 4° ; II, p. 524, 3934.

— de succession en déshérence, I, p. 490, 1699.

— de suffrage, II, p. 618, 4207.

— de tabac, II, p. 525, 3938.

— de timbres-poste contrefaits, III, p. 5, 4224.

— de valeurs fiduciaires imitées, L. 44 juillet 1885.

— de valeurs mobilières des mineurs, L. 27 février, Circ. min. 20 mai 1880.

— volontaire ou forcée, détournement du prix par un huissier, II, p. 567, 4061.

Verdict, déclaration, II, p. 355, 3372.
— discussion devant le jury sur les conséquences légales du, II, p. 346, 3349.
— lecture, II, p. 355, 3372.

Verglas, règlement de police, II, p. 495, 2837, 4°, § 12.

Vernis et couleurs, fabrication, Décr., 27 janvier 1872, 19 mai 1873.

Vérificateur de l'enregistrement concours du parquet, I, p. 334, 1139 ; p. 499, 1728.
— des poids et mesures, II, p. 8, 2249, 13 ; franchise, III, p. 464, 5519 ; p. 465, 5521 ; procès-verbaux, II, p. 21, 2286, 5° ; II, p. 73, 2444 ; serment, III, p. 440, 5462, 19°.

Vérification des actes d'engagement militaire, I, p. 375, 1288.
— des actes de l'état civil étrangers, I, p. 345, 4178.
— des actes des officiers ministériels, registre du parquet, III, p. 40, 4330.

— des agents de l'enregistrement, I,
 p. 499, 1728.

— des bulletins n° 1 par les greffiers,
 III, p. 470, 5533.

— des caisses publiques, preuve des dé-
ficits, II, p. 567, 4059.

— du casier judiciaire par les parquets, proc. verb. mens., III, p.
477, 5549, 5550; app. 620, n. 78;
III, p. 483, 5564.

— d'écriture, I, p. 507, 508, 1758,
1759; demande en, I, p. 187,
603, 10°; statist. des appels, III,
p. 502, 5613, § 2, 4°.

— des expéditions délivrées par les
greffiers, III, p. 36, 4318.

— des frais de justice, bulletin, Circ.
min., 13 août 1875.

— des fraudes à la franchise postale,
III, p. 452, 5494; p. 453, 5495.

— des lingots d'or et d'argent, II, p.
514, 3903.

— des mémoires de frais de justice,
III, p. 70 à 73, 4422 à 4431.

— des minutes d'arrêts ou jugem., I,
p. 168, 561.

— des minutes du greffe, I, p. 497,
638; III, p. 26, 4288.
 des greffes de justice de paix, III,
4784, 4768.

— des poids et mesures, assistance
des commissaires, et maires ou
adjoints, II, p. 73, 2444.

— des procès-verbaux enregistrés, II,
p. 86, 2490; p. 95, 2822; II, p.
586, 4110.

— des registres des consignations du
greffe, III, p. 493, 5593.
 des émoluments des greffiers de
paix, III, p. 490, 5585.
 de l'état civil, I, p. 357 à 661,
1224 à 1237; III, p. 26, 4288.
 d'ordres, I, p. 453, 1562.
 des prisons, III, p. 419, 4570.

— du répertoire des greffiers par le
vérificateur de l'enregist., III, p.
347, 5212.

— des rôles des greffiers par le M. P.,
III, p. 320, 5147.

— de la sincérité du prix, des cessions
d'office, III, p. 233, 4909; des
greffes, III, p. 332, 333, 5475 à
5480.

— des titres et droits des avocats inscrits au tableau, III, p. 207,
4838.

Vérité, serment, de dire la, II, p. 229,
2956.

Ver, à soie, destruction, C. P., 479, § 1.

Vers, plaidoirie en, II, p. 239, 2992.

Versement de cautionnem. pour mise en
liberté provisoire, II, p. 167,
2748 à 2750.

— de cautionnement des officiers ministériels, III, p. 256, 4972; p.
257, 4976; notaires, III, p. 381,
5304.

— de consignations imposées aux officiers minist., III, p. 224, 4881.

— des curateurs de succession vacante,
I, p. 489, 1694, 1692.

— de deniers provenant de vente de
biens de faillite, I, p. 528, 1820.

— des huissiers à la caisse commune,
III, p. 358, 5244.

— de marchandises de contrebande
opéré sur la côte, II, p. 600, 4449.

— du prix d'un office ministériel à la
caisse des dépôts et consignations,
III, p. 228, 4898.

Vestiaire des avocats, I, p. 85, 264.

Vétérinaire, délégation, L. 24 juillet,
1881; Circ. min., 15 mars 1883.

Vétusté, incendie causé par, C. P. 458.

Veuvage, dispenses d'alliance, I, p. 434,
4493.

— obligatoire de dix mois, I, p. 548,
1860, IV, 12°; II, p. 573, 4073.

Veuve d'huissier, secours, III, p. 359,
5247.

— d'officier ministériels, présentation
de successeur, III, p. 224, 4886.

— de magistrat, I, p. 76, 235; p. 77,
236, à 238; p. 78, 239, 244;
p. 79, 244, 245; p. 80, 247; p.
81, 249 à 254; p. 82, 255 à 258.

— de mari mort sans acte de décès, I,
p. 366, 1234, 1282.

— de militaire, I, p. 272, 942; pension, certificat des juges de paix,
III, p. 485, 4770.

— poursuite de l'assassin du mari,
I, p. 654, 2164.

— responsabilité civile, II, p. 437,
3647, 3648.

— soustraction commise par un veuf
ou une, I, p. 623, 2064.

Viabilité de l'enfant, infanticide, II, p.
3°; p. 45, 2358.

Viande, corrompue, gâtée, mise en vente,
I, p. 553, 1860, IX, 16°.

Vicaire général, capitulaire, franchise
postale, III, p. 461, 5515, § 2,
3°; 463, 5519, § 4, 3°.

Vice de citation couvert par comparution
volontaire, II, p. 248, 2948.

— de forme, infirmation en appel, I,
p. 246, 823; jugem. de simple
police, II, p. 204, 2848.

— de procédure couvert par l'acquiescement à l'arrêt de renvoi, II, p.
309, 3233.

— recteur d'académie, franchise postale, III, p. 460, 5513, § 5, 4°,
p. 461, 5515, § 2, 12°, p. 465,
5521, § 4, 3°.

Vice-Président, congé, I, p. 39, 421; roulement, I, p. 109, 345, I, p. 114, 352, p. 133, 426.

Vice, rédhibitoire, L. 2 août 1884.

Victime d'acte arbitraire, dommages intérêts, II, p. 549, 4010,
— du coup d'État, L. 30 juillet, Circ. min., 3 septembre 1881, L. 7 août 1882.

Vidange de puits ou fosse d'aisances, information, frais, III, p. 60, 4391.
— règlements, II, p. 496, 2837, 3° § 4.

Vie, certificat de, notaire, III, p. 395, 5346, déclarations exigées, Circ. min., 30 août 1881; pensionnaire décédé, Circ. min. 6 fév. 1882, formule, 17 avril 1882.
— certificat de bonne, candidat à un office minist., III, p. 249, 4932.
avoué, III, p. 278, 5044.
— commune des époux insupportable, I, p. 473, 4638.
— intime, désordres cachés, II, p. 455, 3700.
— privée des magistrats, avertissement, III, p. 197, 4805 à 4808; mesures disciplinaires, III, p. 186, 4774; des notaires, chambre des notaires, III, p. 415, 5401, p. 428, 5434; publication d'un fait de la, I, p. 556, 4860, X, 24, L. 29 juillet, Circ. min., 9 nov. 1884.

Vieillard, sexagénaire, inculpé, acte de naissance au dossier, II, p. 482, 2798, 3°.

Vigilance des magistrats, II, p. 547, 4003.
— clauses des traités de cession d'office, III, p. 233, 4909.

Vigne, bestiaux dans les. C. P., 479, § 10.
— chasse, II, p. 487, 3844.
— maladie de la, mesures de précautions. L. 15 juillet 1878; Arrêtés min., 14 déc 1880; 13, 14, 15 mai, 9 juillet 1882.

Ville, divisée en plusieurs cantons, II, p. 494, 2823.

Vin, commerce de, par command. milit. préfets ou sous-préfets, I, p.548, 4860, IV, 4°, II, p. 574,4070.
— falsifié, Circ. min., 14 oct. 1876, piquette, Circ. min., 1er sept. 1879.
— fuschiné, Circ. min. 24 avril 1882.
— hausse ou baisse opérée frauduleusement, I, p. 552, 4860, IX, 44°.
— pillé, I, p. 545, 1859, IX, 13.

— plâtrage, Circ. min., 27 juil. 1880, poursuites suspendues, 1er sept. 1880.
— transport de, altération par batelier ou voiturier, C. P. 387.

Vindicte publique, dénonciations intéressant la, I, p. 570, 1885, I, p. 572, 1890, 1892, I, p. 670, 2222.
— dénonciations faites par les juges de paix dans l'intérêt de la, II, p. 68, 2425.
énervée par l'élargissement nonobstant appel du M. P., II, p. 257, 3055.
enregistrement des procès-verbaux concernant la, II, p. 17, 2275.
forêts, II, p. 384, 4104, II, p. 589, 4418.
lois fiscales, II, p. 517, 3910.
transactions sans effet sur la, II, p. 77, 2458.

Viol, I, p. 544, 1859, VIII, 6°, recherche de trace, II, p. 45, 2359.

Violation de dépôt par comptable, II, p. 566, 4058.
— des devoirs de fonctions ou charge, concussion, II, p. 555, 4026.
— de domicile, I, p. 548, 4860, IV, 6°, p. 594, 1950, II, p. 576 à 578, 4088 à 4091; autorisée, II, p. 67, 2422; obligée, II, p. 47, 2363.
— de fidélité conjugale, II, p. 454, 3700.
— de la foi publique, enlèvement dans un dépôt public, II, p. 569, 4066.
— de lettre, II, p. 543, 3993.
— de la liberté individuelle, II, p.548, 4004.
— de la loi, correctionnalisation, II, p. 176, 2777-2778; ordonnance finale du juge d'instruction, II, p. 187, 2809; pourvoi en cassation, I, p. 253, 849, II, p. 364, 3399.
— des lois et règlements relatifs à l'industrie et au commerce, I, p. 552, 4860, IX, 4°; confiscation, II, p. 400, 3627, 9°.
— des lois et règlements sanitaires, I, p. 544, 4859, 46°.
— du secret des délibérations de la chambre d'accusation, II, p. 298, 3492.
— du scrutin, II, p. 618, 4208, p. 619, 4208.
— des tombeaux ou sépultures, I, p. 551, 4860, VII, 19°.

Violence, attroupements, II, p. 470, 3752.
— émeutes, II, p. 598, 4442.

14

— bureau électoral, II, p. 649, 4208.
— circonstances aggravantes, du vagabondage, C. P., 279; du vol,
   I, p. 545, 4859, IX, 4°, p. 548,
   4860, IV, 8°.
— compétence, II, p. 9, 2254.
— contre employés des douanes, II,
   p. 605, 4467.
— de l'octroi, II, p. 517, 3940.
— de la régie, II, p. 529, 3950.
— du trésor, II, p. 598, 4442.
— des détenus contre les gardiens,
   III, p. 443, 4552.
— évasion par, III, 425, 4592.
— extorsion de signature, C. P.
   400.
— par fonctionnaires ou officiers publics, C. P., 486.
— graves, I, p. 550, 4860, VII, 2°.
— inutile des agents ou fonctionnaires, I, p. 542, 4859, IV, 7°,
   II, p. 543, 3990-3994.
— involontaire, I, p. 550, 4860, VII,
— de langage à éviter aux assises par
   le M. P., II, p. 350, 3362.
— légère, statist., III, p. 568, 5757,
   § 4, 46 ; articles, 600, 605, 606
   du code du 3 brum. an IV.
— contre magistrats et dépositaires
   de la force publique, I, p. 548,
   4860, V, 2°.
— morale ou révérentielle, I, p. 604,
   4994.
— poursuites, I, p. 572, 4894, sursis,
   II, p. 254, 3043.
— du prévenu à l'audience, II, p. 225,
   2943.
— viol. C. P., 334.
— et voie de fait empêchant l'exécution des actes de l'autorité publique et jugements, I, p. 258,
   874, II, p. 598, 4442.

Visa d'affiches relatives aux contumaces,
   par le maire ou le juge de paix,
   II, p. 532, 3958.
— des articles de loi, ordonnance définitive, II, p. 474, 2774; réquisitoire définitif, II, p. 470, 2764.
— de certificat d'indigence par les
   juges de paix, pour disp. d'alliance, I, p. 435, 4497.
— de citation à prévenu par le maire,
   II, p. 248, 2946.
— de copie de notification à un juré
   par le maire, II, 330, p. 3293.
— de mandat d'arrêt ou de dépôt par
   les maires ou juges de paix, II,
   p. 409, 2568, II, p. 443, 2582,
   II, p. 425, 2614.
— du ministère des affaires étrangères,
   actes de l'état-civil et autres
   pièces, Circ. min., 49 mai, 22
   juin 4880.

— des notes d'audience correctionnelles par le président, II, p. 235,
   2976, 2977.
— de l'original d'assignation du préfet par le juge de paix ou le
   M. P., I, p. 477, 4654; refus,
   poursuites, I, 478, 4657.
— du parquet, acte d'huissier en matière crimin., correct. ou de police, III, p. 40, 4334.
   actes des officiers ministériels,
   III, p. 40, 4334.
   acte notarié destiné à l'Algérie,
   III, p. 390, 5326.
   bulletins n° 2, III, p. 474, 5543.
   copie de l'acte d'accusation et de
   l'arrêt de renvoi, II, p. 302,
   3208, p. 303, 3240.
   délibération accordant le certificat de moralité et de capacité aux
   aspirants notaires, III, p. 372,
   5279.
   de dossier des causes communi-
   quées, I, p. 209, 677
   des expéditions du greffe, III,
   p. 37, 4320, 4324.
   des extraits de condamnation à
   l'amende, II, p. 399, 3523; au
   bagne, II, p. 386, 3476; à l'emprisonnement, II, p. 442, 3555.
   des extraits de quinzaine, jugements correct., III, p. 482,
   5562.
   des inventaires de dossier d'appel, II, p. 275, 3446.
   des mémoires de frais des affaires forestières, III, p. 73,
   4430.
   des mémoires de gratification
   pour délits de chasse, III, 52,
   4363, 4364.
   permis de visite à un prisonnier,
   Circ. min., 49 juillet 4882,
   des registres d'établissement
   d'aliénés, I, 277, 932.
   des registres des prisons, III,
   p. 449, 4570, 420, 4575.
   des répertoires des greffiers de
   j. de p., III, p. 334, 5472.
   des significations de purge, I,
   p. 406, 4395.
   des significations de saisie immobilière, I, p. 405, 4394.
— de permis de chasse par les préfets,
   II, p. 486, 3807.
— du préfet, mémoire de frais, III,
   67, 4407.
— refus de, poursuite du M. P., I,
   p. 475, 577, 9°; I, 478, 4657.
— pour timbre, I, p. 289, 976-977;
   indigents, I, 439, 4543, P. V.
   criminels; II, p. 47, 2277; de gendarmerie, III, 436, 5456.

Visite du chef de parquet à l'inspecteur général de gendarmerie, Circ. min., 27 juin 1873, I, p. 35, 106.

— domiciliaire, II, p. 46 à 48, 2363 à 2366 ; II, p. 62, 2404-2405, 66, 2420.

contribut. ind., II, p. 504, 3866.

débitants de tabacs, II, p. 526, 3939.

état de siège et lieux publics, II, p. 577, 4089.

faillite, I, p. 528, 1821.

fausse monnaie, faux billets, sceau de l'Etat falsifié, III, p. 16, 4259.

garde champêtre, II, p. 87, 2495.

garde forestier, II, p. 92, 2513.

gendarmerie, II, p. 80, 2465.

juge d'instruction, II, p. 102, 2544 à 2546.

officiers de police judiciaire, II, p. 67, 2422.

recherche des engins de chasse prohibés, II, 492, 3827.

— des employés de la régie, II, p. 509, 3882 ; tabacs, II, p. 526, 3939.

— des établissements d'aliénés, I, p. 277, 930 à 932.

— des greffes de juge de paix, par le M. P., III, p. 184, 4768.

— des lieux, aff. civ., I, p. 227 à 228, 743 à 746 ; trib. de simple police, II, p. 198, 2846.

— aux magistrats, par les autorités militaires, I, p. 32, 33, 400, 404 ; par les avocats étrangers, III, p. 210, 4845 ; préalable au serment, I, p. 49, 56.

— des magistrats en corps, I, p. 34, 105 ; aux officiers généraux, Décret, 29 septembre 1876 ; président d'assises, I, p. 35, 109, 110.

— des médecins, blessures, II, p. 46, 2364 ; III, p. 56, 4378 ; morts accidentelles ou violentes, III, p. 56, 4379 ; frais, transport des inculpés, III, p. 57, 4382 ; p. 58, 4383.

viol ou attentat à la pudeur, II, p. 45, 2359.

— des navires, I, p. 534, 1844.

— des ports et arsenaux, II, p. 453, 2706.

— des prisons, par le juge d'inst., III, p. 415, 1558.

par le M. P., II, p. 415, 3566, 3567 ; III, p. 80, 4450 ; III, p. 415, 4560 ; p. 116, 4562 ; p. 120, 4575 ; p. 121, 4576.

par le président des assises, II, p. 357, 3380 ; III, p. 117, 4565.

— aux prisonniers par leurs parents ou amis, III, p. 117, 4564 ; Circ. min., 19 juillet 1882.

Visiteur de douane, droit de faire appel, II, p. 642, 4488.

— libre des prisonniers, interdiction de communiquer, II, p. 128, 2622.

Visu, agents verbalisateurs témoins, de, II, p. 23, 2290.

Vivandière, blanchisseuse, justiciable de trib. milit., I, p. 638, 2113 ; Décr., 24 juillet 1875, art. 528.

Viviers, poissons empoisonnés, C. P., 452.

Vivres, donnés à l'inculpé, II, p. 52, 2375 ; p. 54, 2381.

— fournis à des bandes armées, C. P. 96.

Vœu des jurés en faveur d'un condamné, III, p. 81, 4455.

— formulé par les trib., III, p. 202, 4822.

Voie d'action du M. P., partie principale, I, p. 171 à 176, 567 à 577.

— d'autorité du père de famille, I, p. 315, 1068.

— de contrainte, II, p. 446, 3677.

— diplomatique transmission par, II, p. 155, 2708.

— extraordinaire, transport de dépêches, parquet, III, p. 455, 5502.

— de fait, attroupements, II, p. 470, 3752.

douanes, II, p. 605, 4467.

empêchem. de l'exercice de droits civiques, II, p. 647, 4204.

sur employés de la régie, II, p. 529, 3950 ; p. 530, 3953.

exécution de jugement, I, p. 258, 871.

légère, II, p. 495, 2837, 2°, § 13 ; peine, art. 600, 605, 606 du Code du 3 brum. an IV ; statist., III, p. 568, 5757, § 4, 46.

sur magistrats à l'audience, I, p. 141, 456 ; ailleurs ; I, p. 543, 4859, VI, 3° ; II, p. 9, 2251.

sur ministre du culte, I, p. 543, 4859, VI, 9°.

octroi, II, p. 517, 3910.

ordinaire ou simple, I, p. 550, 1860, VII, 2°.

provocation à la corruption, II, p. 561, 4041.

entre universitaires, III, p. 91, 4484.

— ferrée, états des délits intéressant la, II. p. 246, 3045 ; transport des détenus par, III, p. 55, 4375 ; sur le sol de voie publique, Décr., 9 août 1881.

— d'instruction non explorée, II, p. 175, 2775.

— de navigation, police, II, p. 516, 3907.

— d'opposition à défaut correct., II, p. 250 à 254, 3030 à 3044.

— de persuasion, attroupements, II, p. 469, 3751.

— postale, correspondance des parquets, III, p. 455, 5504.

— publique, arrestation sur la, II, p. 53, 2377.

attroupements, II, p. 467, 3746; p. 469, 3750.

balayage et nettoiement, art. 471, § 45 du C. P.; statist., III, p. 568, 5757, § 2, 1.

embarras, immondices, art. 471, § 6 du C. P.

— de recours contre jugements, I, p. 237 à 258, 785 à 869; simple police, II, p. 201 à 205, 2859, 2874.

— réglementaire interdite aux tribunaux, I, p. 161, 533.

— de réquisition du M. P., I, p. 176 à 182, 578 à 596.

du père de famille, I, p. 315, 1068.

— télégraphique, correspondance des parquets, III, p. 455, 5503.

Voile des parricides, II, p. 379, 3450.

Voirie, grande, contraventions, II, p. 7, 2249; compétence, II, p. 9. 2250; conflit, II, p. 564, 4051.

— petite, contrav., art. 471, § 5, 475, § 3 et 4; C. P.

édit de décembre 1607, arrêt du conseil, 27 février 1765, déclaration du roi, 16 juin 1693, LL. 46, 24 août 1790, 19, 22 juillet 1791, 48 juillet 1837.

statist., III, p. 567, 5757, n° 1, 6°.

— règlements de police sur la, II, p. 195, 2837, 1°.

— urbaine, II, p. 196, 2838.

— vicinale, contraventions et délits, états, Circ. min., 31 octobre 1874.

Voisin d'aliéné, intervention pour l'internement, I, p. 277, 928.

— arrêt de renvoi visé par un, II, p. 303, 3210.

— citation à prévenu visée, II, p. 218, 2916.

— défaut correctionnel signifié, II, p. 250, 3028.

— exploit visé par un, I, p. 495, 630; p. 481, 4668.

— procès-verbal dressé par commissaire de police, assistance d'un, II, p. 74, 2447.

— procès-verbal de perquisition, assistance, II, p. 425, 2643.

Voiture, cellulaire, III, p. 55, 4372-4373.

— de délinquant, saisie et séquestre, II, p. 92, 2512.

— direction et stationnement, règlement, II, p. 195, 2837, 1°, § 9.

— impôts et contraventions, II, p. 527 à 529, 3944, 3949.

— mauvaise direction ou rapidité, art. 475, § 4 du C. P., statist., III, p. 567, 5757.

— inobservation des règlements, III, p. 568, § 1, 19, 5757, art. 475, § 3 du C. P.

— publique, défaut de déclaration d'un établissement de, I, p. 564, 4860, XXI; police des, II, p. 195, 2837, 1°, § 40.

— recensement, L., 3 juillet, Décr., 2 août 1877.

— transport de prévenu, réquisition de, II, p. 53, 2378; appen., p. 625, n. 30, p. 54, 2380.

— transport de témoin malade, III, p. 62, 4395.

— incendie volontaire, I, p. 545, 4859, IX, 44°.

Voiturier, altération des vins, liquides ou marchandises à lui confiés avec mélange de substances malfaisantes, I, p. 545, 4859, IX, 2°; sans mélange malfaisant, I, p. 554, 4860, VIII, 4°.

— mauvaise direction, chargement, C. P. 475, 4°, 476.

— obligations imposées sur les routes au, I, p. 564, 4860, XXI, 2°.

— transport d'accusés ou d'inculpés, III, p. 54, 4372; d'individus arrêtés sans mandat, III, p. 54, 4372.

— vol commis par un, I, p. 545, 4859, IX, 4°.

Voix, délibérative, juge suppl., III, p. 474, 4742; jury, II, p. 354, 3370.

magistrat honoraire, I, p. 69, 211-212.

— partage de, affaires civiles et criminelles, I, p. 454 à 457, 505 à 514.

— publique, connaissance des faits par la, II, p. 27, 2303.

soupçons nés de la, II, p. 34, 2322.

Vol d'arbre, II, p. 590, 4420.

— à bord d'un navire de commerce, I, p. 545, 4859, IX. 3°.

— de bâtiment naufragé, frais de poursuite, I, p. 671, 2225.

— avec bris de scellés, I, p. 545, 4859, IX, 4°.

— caractère intentionnel apprécié par la chambre d'accus., II, p. 296, 3487.
— domestique, I, p. 545, 4859, IX, 4°; II, p. 90, 2506, ; complice, I, p. 588, 4944.
— dans les carrières, les champs, les étangs, les ventes, I, p. 554, 4860, VIII, 2°.
— d'effets naufragés, I, p. 674, 2225.
— par enfant de 14 ans, I, p. 595, 4964.
— avec escalade, en Pol. Corr., II, p. 240, 2889.
— dans les établissements militaires, II, p. 8, 2249, 46 et 47.
— hôtel garni, av. Cons. d'Etat, 40 octobre 4844.
— de matériaux, compétence, II, p. 9, 2254.
— par militaires, L. 9 juin 4857, 248, 4 juin 4858, 334.
— entre parents ou alliés, immunité, I, p. 623, 624, 2064, 2064; crime de faux, III, p. 9, 4233.
— poursuites, I, p. 574, 4890.
— qualifié, I, p. 545, 4859, IX, 4°, 4°.
— relaxe, restitution des objets, II, p. 256, 3052.
— simple, I, p. 554, 4860, VIII, 5°. dans les champs, *ibid.*, 2°.
— tentative de, I, p. 594, 4950, 4954.
Volaille, destruction, II, p. 465, 3739; art. 42, L. 6 octobre 4792; 2, L. 4 thermidor, an IV.
Vote, altération de la sincérité du, II, p. 544, 3985, 2°.
— atteinte à la liberté du, II, p. 647, 4204, p. 648, 4208.

— de créancier, de failli, II, p. 479, 3785.
— et élection, interdiction civique, II, 447, 3574.
— exercice du droit de, II, p. 646, 4202.
— incapacités pour contrebande, II, p. 644, 4486.
— des membres du parquet dans les délibérations des cours et trib., III, p. 202, 4820, 4824.
— trafic, II, p. 648, 4207.
Voyage, affirmations de, registre des, III, p. 326, 5164, 47°.
— des greffiers, frais de, III, p. 39, 4328.
— des huissiers, frais de, III, p. 42 à 44, 4337 à 4344; III, p. 347, 5242.
— au longs cours; I, p. 534, 4844.
— des magistrats en transport, frais de, III, p. 26 à 28, 4288 à 4293. avec permis gratuit sur les chemins de fer, Circ. min., 42 août 4873, *Demoly*, 4406. traversées, Arr. min. 28 avril 4882.
— de médecins, experts, ou interprètes, III, p. 59, 4386, 4387.
— des préposés et gardes-forestiers, III, p. 73, 4429.
— des témoins, remboursement des frais de, III, p. 29, 4295; p. 30, 4298.
Voyageur, sans passe-port, II, p. 5, 2242.
— transport de boissons pour la consommation, II, p. 544, 3893.

W

Wagon, incendié volontairement, I, p. 545, 4859, IX, 44°.
— transport de détenus en, III, p. 55, 4373.
Waldeck et Pyrmont, extradition, I, p. 577, 4904.

Warech, récolte du, II, p. 496, 2837, 5°, § 8.
Warrant, Décr. 42 mars 4859, L. 34 août 4870.
Wurtemberg, extradition, I, p. 577, 4904.

Z

Zèle des commissaires de police, II, p. 493, 2829.
— des gardes champêtres, II, p. 84, 2483.
— du juge aux ordres, I, p. 454, 4555 ; II, p. 598, 4444.
— des magistrats, II, p. 34, 2323 ; II. p. 547, 4003.

— des maires pour la répression des contraventions, II, p. 494, 2833.
— du M. P. de simple police, II, p. 492, 2828.
Zone, frontière, L. 7 avril 4851, Décr. 45 mars 4862, 8 sept. 4878.
— militaire, travaux mixtes, Décr., 8 septembre 4878.

Paris. — Imprimerie L. BAUDOIN et Cᵉ, rue Christine, 2.

MINISTÈRE PUBLIC (MANUEL DU) près les Cours d'appel, les Cours d'assises et les Tribunaux civils, correctionnels et de police ; par M. MASSABIAU, Président honoraire à la Cour de Rennes. 4ᵉ édition, refondue et considérablement augmentée. 3 vol. in-8. 1876.   **27 fr.**

THÉORIE DU CODE PÉNAL par CHAUVEAU ADOLPHE, ancien Doyen de la Faculté de droit de Toulouse, et FAUSTIN HÉLIE, Membre de l'Institut, Président honoraire à la Cour de cassation, 5ᵉ édition, entièrement refondue et considérablement augmentée, par M. FAUSTIN HÉLIE. 6 vol. in-8. 1872-73.   **54 fr.**

CODE PÉNAL (ÉTUDES PRATIQUES SUR LE), par ANTOINE BLANCHE, premier Avocat général à la Cour de cassation. 7 forts vol. in-8°. 1864-72.   **59 fr. 50**

LA COUR D'ASSISES Traité pratique, par M. Cn. NOUGUIER, Conseiller à la Cour de cassation. 4 tomes en 5 vol. in-8. 1860-1870.   **44 fr.**

PRÉSIDENT D'ASSISES (MANUEL DU) ; par M. MARIAGE, Conseiller à la Cour d'appel de Paris. 1 vol. in-4. 1884.   **10 fr.**

CIRCULAIRES (ANALYSE DES), Instructions et Décisions émanées du Ministère de la justice (12 janvier 1791 — 23 juillet 1875) avec Tables alphabétique et analytique ; par M. GILLET, Conseiller à la Cour de Nancy, avec le concours de M. DEMOLY, Conseiller honoraire à la Cour d'appel de Dijon. 3ᵉ édition, complétement refondue et considérablement augmentée, par M. DEMOLY. 2 vol. in-8. 1876.   **16 fr.**

PRATIQUE CRIMINELLE DES COURS ET TRIBUNAUX ; Résumé de la jurisprudence sur les codes d'instruction criminelle et pénal ; par M. FAUSTIN HELIE, Président honoraire à la Cour de cassation. 2 vol. in-8. 1877.   **18 fr.**

CODE PÉNAL (COURS DE), et leçons de législation criminelle. Explication théorique et pratique ; par A. BERTAULD, Procureur général près la Cour de cassation, Sénateur. 4ᵉ édition, revue, complétée et mise au courant de la législation et de la jurisprudence jusqu'en 1873. 1 vol. gr. in-8. 1873.   **9 fr.**

DROIT CRIMINEL (JOURNAL DU) ou Jurisprudence criminelle de la France. Recueil critique des décisions judiciaires et administratives sur les matières criminelles, correctionnelles et de simple police, fondé en 1829, par MM. Ad. CHAUVEAU et FAUSTIN HÉLIE, continué par M. A. MORIN, et rédigé par MM. E. SAUVEL, Avocat au Conseil d'État et à la Cour de cassation ; J. GODIN, Conseiller à la Cour d'appel de Paris, et P. GODIN, Avocat à la Cour d'appel de Paris.

Abonnement annuel, à partir du 1ᵉʳ janvier.   **10 fr.**

Paris. — Imp. L. Baudoin et Cᵉ, rue Christine, 2.

www.ingramcontent.com/pod-product-compliance
Lightning Source LLC
Chambersburg PA
CBHW070458200326
41519CB00013B/2633